普通高校国际经济与贸易应用型本科系列规划教材

国际商务

主　编　曹慧平
副主编　高　新　李长书
编　委（按姓氏笔画排序）
　　　　王　欣　许　敏　李长书
　　　　杨　杰　陆晓璇　陈　红
　　　　高　新　曹慧平　董雯雯
　　　　魏彦杰

中国科学技术大学出版社

内容简介

本书共分4篇11章,包括国际商务基础、国际商务环境、国际商务战略与组织、国际商务运营等内容,各章开头以导入案例引出章节内容,文中结合分析案例对重要知识点进行详细解读,章末附有思考案例和分析案例,以启发学生运用所学知识分析实际问题。全书突出新颖性、应用型和启发性。

本书适合应用型高等院校经济管理类专业学生使用,也可作为跨国公司、涉外企业的中高层管理人员及从业人员学习国际商务知识的必备参考书。

图书在版编目(CIP)数据

国际商务/曹慧平主编. —合肥:中国科学技术大学出版社,2022.1
ISBN 978-7-312-05170-8

Ⅰ.国… Ⅱ.曹… Ⅲ.国际商务—高等学校—教材 Ⅳ.F740

中国版本图书馆CIP数据核字(2021)第042926号

国际商务
GUOJI SHANGWU

出版	中国科学技术大学出版社
	安徽省合肥市金寨路96号,230026
	http://press.ustc.edu.cn
	https://zgkxjsdxcbs.tmall.com
印刷	安徽省瑞隆印务有限公司
发行	中国科学技术大学出版社
经销	全国新华书店
开本	787 mm×1092 mm 1/16
印张	20.75
字数	492千
版次	2022年1月第1版
印次	2022年1月第1次印刷
定价	58.00元

总 序

随着经济全球化和科技革命的发展,国际服务贸易、跨境电商、跨国并购等贸易投资方式不断升级,多边主义受到冲击,国际金融市场震荡,全球贸易投资规则正面临重大变革。党的十九大报告提出"拓展对外贸易,培育贸易新业态、新模式,推进贸易强国建设""大幅度放宽市场准入,扩大服务业对外开放"。全球经济贸易和中国对外经济贸易的新发展对当前高校国际经济与贸易专业建设提出了新要求。

教材建设是高校专业建设的重要组成部分,更是一流专业建设和专业综合改革的落脚点与抓手。高校国际经济与贸易专业教材体系的改革和实践,要将教材建设与专业师资队伍建设、课程建设、实践教学建设等相融合,充分利用现代信息技术手段,建立微课、慕课等在线教学平台,逐步建设电子教材和纸质教材共享资源平台,实现多层次、连续性专业教材体系建设。要创新教材呈现方式和话语体系,实现理论体系向教材体系转化、教材体系向教学体系转化、知识体系向价值体系转化,使教材更加体现科学性、前沿性、针对性、实效性。

安徽省国际经济与贸易专业建设年会已连续举办七届,会议讨论内容涉及国际经济与贸易专业人才培养方案修订、专业综合教学改革、特色专业建设、前沿学术问题、教材建设等方面。年会分别由安徽省内高校相关院系承办,为安徽省国际经济与贸易专业的教学科研团队提供了一个良好的交流平台,同时展示了安徽省高校国际经济与贸易专业教学团队团结、合作的精神风貌。基于多年来安徽省国际经济与贸易专业建设研讨会成果,中国科学技术大学出版社陆续出版了国际经济与贸易专业系列教材。该系列教材发行以来,受到国际经济与贸易专业教师和学生的好评。

本套规划教材是2017年安徽省高等学校省级质量工程项目"国际经济与贸易专业应用型本科系列教材"(2017ghjc120)建设成果,项目负责人为安徽财经大学冯德连教授。其中部分教材入选2018年安徽省高等学校省级质量工程一流教材建设项目。

本套规划教材有以下特点:

(1) 政治性和新颖性。深入学习领会习近平新时代中国特色社会主义思想和十九大报告精神,将新的研究成果带进课堂、融入教材。在原教材的基础上增加新时代中国特色社会主义经济的新思想、新观念、新趋势,增加国际经济与贸易学科和产业创新的新内容和新案例,突出新时代国际经济与贸易专业发展的新特色。力求准确阐述本学科先进理论与概念,充分吸收国内外前沿研究成果。

(2) 实践性和启发性。结合国际经济与贸易专业实践特点和专业人才培养要求,增加实践教学的内容比重,确保理论知识在专业实践中的应用。浓缩理论精华,突出理论、实践、创新三方面教学任务的相互协调,实现知识传授、能力训练和智慧启迪的有机融合。充分发挥学生主动性,加强课堂师生的互动性,在课堂中让学生的主体性体现出来。贯彻素质教育思想,着力培养学生的学习能力、实践能力和创新能力。

(3)系统性。突出系列教材之间的有机协调。遵循国际经济与贸易发展的逻辑规律,并以之协调系列教材中各本教材之间的关系。各教材内容既相对独立又具有连贯性,彼此互为补充。

(4)规范性。编写体例上进一步完善和统一。各章都编写了"学习目的与要求"。每章节相关知识点关联之处设计"分析案例",使学生在轻松有趣的学习中,加深对相关知识、数据、实例和理论的理解和掌握。各章后设计有"思考题""思考案例""应用训练",用来检验学生学习效果。

(5)数字性。纸质教材与数字资源相结合,提供丰富的教学资源。本套教材通过二维码关联丰富的数字资源,为学生提供丰富的学习材料,同时为教师提供教学课件等教学资源。

本套规划教材整合安徽省各高校国际经济与贸易专业教学实践、教学改革的经验,是安徽各高校国际经济与贸易专业教师合作的成果。我们期望,该套规划教材能够帮助国际经济与贸易专业的老师和学生更好地开展教学和学习,并期待他们提出意见和建议,以便我们持续修订和改进。

冯德连
教育部高等学校经济与贸易类专业教学指导委员会委员
安徽财经大学副校长,二级教授,博士生导师
2019年8月

前　言

伴随着经济全球化的发展和中国经济实力的不断增强，中国与国际市场的联系越来越紧密，参与国际分工的程度也在不断深化。然而，一个不容忽视的现实是中国在国际分工格局中整体上处于不利地位。从全球价值链的角度来看，中国处于价值链的中低端，所能获得的附加值甚少。造成这种不利局面的因素有很多，其中一个重要因素就是中国缺乏真正意义上的跨国企业和跨国企业管理人才，缺乏高层次国际商务人才。虽然有许多中国企业在开展国际经营，但因管理者习惯于国内市场竞争，对国际商务经营陌生而无从下手，常常陷入经营困境。国际商务人才除需要掌握基本的经济学与管理学的原理外，还需掌握跨国企业战略以及国际商务运营的相关知识，还需对技术变化，特别是对自己服务企业的技术变化有展望性的思考，同时对未来社会结构的变化具有前瞻性的分析。21世纪，国际商务人才如何面对角色的变化、使命的变化，是管理学界需要面对的全新课题。

为满足社会对高层次国际商务人才的需求以及高等院校国际商务专业和国际经济与贸易等专业课程教学需要，在吸收国内外相关教材的基础上，我们经过多次调研和讨论，编写了《国际商务》教材。本书的特点有：

(1) 章节安排合理。国际商务是一门综合性课程，以理论—环境—战略—运营作为分析的逻辑线索与框架，探析企业在动态复杂的国际竞争环境下，走向国际化的理论依据、行为动机、发展过程、管理方式、控制手段、经营战略和国际商务人员所应具备的素质、条件和能力等。

本教材内容共分为4篇11章：

第一篇为国际商务基础，包括第一章和第二章，主要介绍国际商务的基本概念和内容以及国际商务中所需要的贸易与投资理论等。

第二篇为国际商务环境，包括第三章和第四章，介绍国际企业经营面临的政治、经济、法律等国家因素的差异性，同时介绍不同国家文化、宗教、社会责任等对国际企业经营的影响。

第三篇为国际商务战略与组织结构，包括第五章至第七章，对国际企业的竞争战略、组织结构、国际市场进入方式等进行深入介绍。

第四篇为国际商务运营，包括第八章至第十一章，从国际市场营销、供应链管理、国际人力资源管理、国际财务管理等方面分析和研究国际企业在全球运作中的管理问题。

(2) 案例贯穿始终。本书每一章都设计了导入案例、分析案例、思考案例、章末案例。案例观点多样，包括环境的、制度的、国家的、行业的、公司的和个人的观点，可有效代表当今的国际商务世界；在地理覆盖面上，这些案例的主题以全球经营为背景，充分顾及了各个地区、各个主要市场;在公司覆盖面上,案例中的问题反映了多种企业的多种观点,尤其是总部位于世界各地的不同企业的观点,从大型跨国企业到中小企业出口商,从历史悠久的企业到新兴的互联网企业,从生产产品的企业到提供服务的企业。

每章开头都提供了一个具有挑战性的案例,其中的话题覆盖了本章所要讨论的主题。为了引起学生的注意,这些案例所涉问题新颖、有趣,而且所提出的观点能促使学生去探究国际商务的思想和观点。这些案例通过给出众多个人、企业和组织的观点,极大地丰富了所在章的学习内容。当然,来自导入案例的内容也会体现在所在章节的重要讨论中。每章中间为了让学生加深对重点知识点的理解,根据难易程度的不同又穿插了很多分析案例。每章末尾都设计了思考案例和分析案例栏目,通过提供精心设计、内容丰富的案例,让学生讨论和思考作为企业管理人员,面对案例中出现的情况,应该如何分析问题并做出正确决策,通过这些模拟演练,使学生学会正确解决国际商务活动中遇到的问题。

(3) 内容追踪前沿。结合理论的最新发展,参考最新文献,力争教材能够反映当前国际商务的前沿知识。本书不仅介绍了国际商务的理念,而且运用最新的例子、情景和案例,来诠释哪些是管理者要做的而且是必须要做的,以期读者更好地通过本书把握商业世界正在发生的以及未来将要发生的一切。本书还附有重要的名词术语及相关习题,帮助读者通过概念和理论方法的学习,了解国际商务的特点和构成;通过对相关问题的思考,对国际商务的实践产生兴趣。

(4) 章末应用训练。随着国际商务的进一步深化,国际企业管理的重要性日益凸显出来。许多学习国际商务课程的学生毕业后会在跨国企业、新兴技术及电子商务企业、金融机构、管理咨询公司、政府及事业单位等从事企业经营管理、营销管理、公司金融、综合管理、数据分析等各项经营管理工作,需要利用各种教学手段增强学生的感性认识,为此,本教材每一章最后都设计了"应用训练"栏目,从国际企业管理视角分析国际商务理论与国际企业管理的关联,以培养学生管理的全球理念和全球意识,提高学生的实际应用能力。

本书由曹慧平担任主编,负责组织分工安排、删减与定稿;高新、李长书担任副主编。参加本书编写的老师有:曹慧平(第一、二章),高新(第三章),高新、陆晓璇(第四章),李长书(第五章),董雯雯(第六章),许敏(第七章),王欣(第八章),陈红(第九章),杨杰(第十章),魏彦杰(第十一章)。

依托安徽省和安徽财经大学课程思政示范课程(国际商务)建设,编写团队完成了本教材的编写。同时,本书是安徽省级质量工程项目(2020szsfkc0045)和安徽财经大学本科教学质量与教学改革工程项目(ackcsz2020024)阶段性成果。感谢安徽财经大学国际经济贸易学院冯德连教授的热情鼓励、帮助和支持,感谢中国科学技术大学出版社领导和编辑认真细致的辛勤工作。本书的编写参考了国内外许多专家学者的著作和论文,在此一并致谢。

教材中难免有缺点和错误,衷心希望读者提出宝贵意见与建议。

曹慧平
2021 年 1 月 30 日

目　　录

总序 ·· (i)

前言 ·· (iii)

第一篇　国际商务基础

第一章　导论 ·· (2)
第一节　国际商务概述 ··· (4)
第二节　经济全球化与国际商务 ··· (7)
第三节　国际商务课程的研究内容 ·· (14)

第二章　国际商务基础理论 ·· (18)
第一节　国际贸易理论 ··· (20)
第二节　国际投资理论 ··· (29)

第二篇　国际商务环境

第三章　国际商务的正式制度环境 ·· (42)
第一节　制度概述 ··· (45)
第二节　政治体制 ··· (50)
第三节　经济体制 ··· (54)
第四节　法律体系 ··· (58)

第四章　国际商务的非正式制度环境 ··· (68)
第一节　非正式制度的由来 ··· (70)
第二节　文化 ··· (72)
第三节　跨文化差异与管理 ··· (84)
第四节　道德与规范 ·· (98)

第三篇　国际商务战略与组织

第五章　国际企业战略管理 ·· (108)
第一节　战略与国际企业管理 ·· (110)
第二节　两种全球竞争压力 ··· (115)

第三节 国际竞争战略抉择 …………………………………………………… (123)

第六章 国际企业的组织 ………………………………………………………… (131)
第一节 组织结构 …………………………………………………………… (132)
第二节 控制体系 …………………………………………………………… (139)
第三节 协调体系 …………………………………………………………… (144)
第四节 组织变革和组织文化 ……………………………………………… (147)

第七章 国际市场进入方式 ……………………………………………………… (156)
第一节 非股权进入方式 …………………………………………………… (158)
第二节 股权进入方式 ……………………………………………………… (167)
第三节 跨国并购 …………………………………………………………… (172)
第四节 跨国战略联盟 ……………………………………………………… (182)

第四篇 国际商务运营

第八章 国际企业市场营销管理 ………………………………………………… (198)
第一节 国际市场营销概述 ………………………………………………… (200)
第二节 国际市场细分及目标市场的选择 ………………………………… (203)
第三节 国际市场营销策略 ………………………………………………… (210)

第九章 国际企业供应链管理 …………………………………………………… (231)
第一节 国际企业供应链管理概述 ………………………………………… (234)
第二节 国际企业采购与物流管理 ………………………………………… (241)
第三节 国际企业生产管理 ………………………………………………… (247)

第十章 国际企业人力资源管理 ………………………………………………… (255)
第一节 国际企业人力资源管理概述 ……………………………………… (256)
第二节 国际企业人员配备政策 …………………………………………… (258)
第三节 外派人员的选拔、培训与业绩考核 ……………………………… (262)
第四节 国际薪酬政策 ……………………………………………………… (272)
第五节 国际劳资关系 ……………………………………………………… (278)

第十一章 国际企业财务管理 …………………………………………………… (283)
第一节 国际企业财务管理的环境 ………………………………………… (285)
第二节 外汇风险管理 ……………………………………………………… (290)
第三节 国际融资管理 ……………………………………………………… (300)
第四节 国际投资管理 ……………………………………………………… (305)
第五节 国际营运资金管理 ………………………………………………… (308)

参考文献 ………………………………………………………………………… (320)

第一篇
国际商务基础

　　国际贸易和国际直接投资是国际商务活动的两种主要形式。因此,有关国际贸易和国际直接投资的理论实际上构成了国际商务的理论基础。国际贸易理论主要是用来解释国际贸易的原因、结构和数量的。即为什么某国出口、进口某些类型的商品,其出口、进口数量是多少,并在此基础上分析国际贸易的利益分配、国际市场相对价格的决定、国际分工等问题。国际直接投资理论摒弃了传统国际贸易理论中生产要素在国际间不能流动、市场充分竞争等假设,以动态比较优势分析对外直接投资现象,旨在解释企业对外直接投资的动因、流向及经济效益。两者均有助于更好地理解企业的国际商务行为,也有助于理解并预测政府的贸易和投资政策及其对企业开展国际商务活动的影响。

第一章 导 论

本章结构图

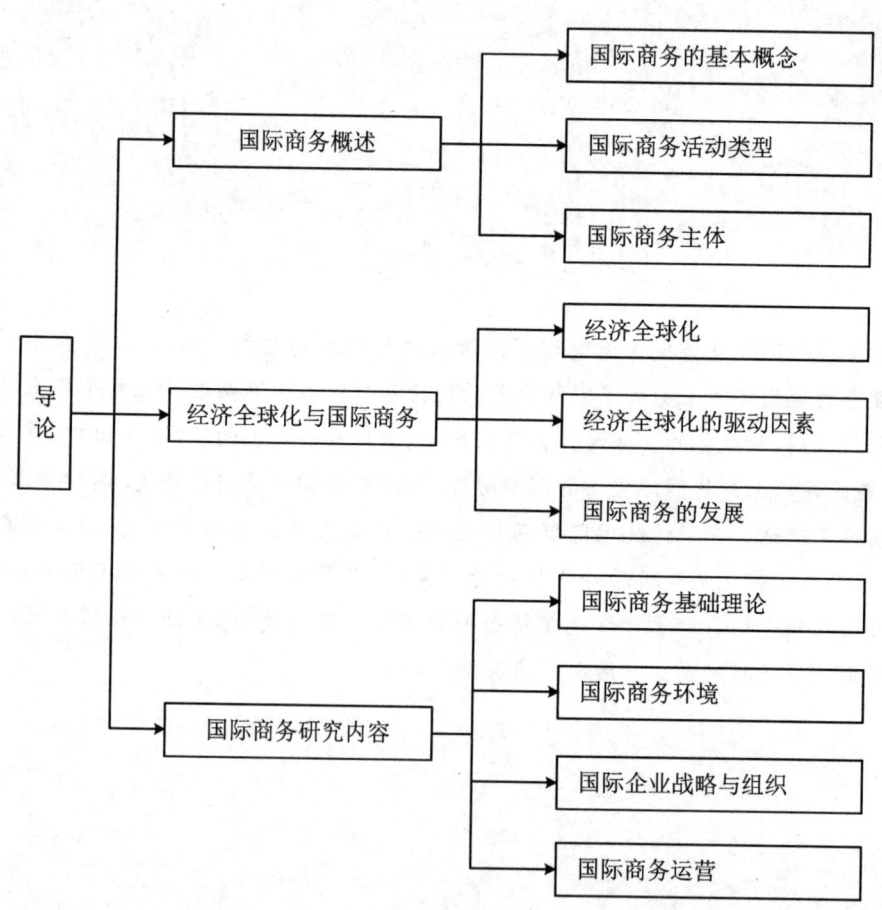

第一篇 国际商务基础

第一章 导 论

学习目标

了解国际商务的基本内涵,能够从业务类型和业务主体角度辨别、理解国际商务活动的类型;理解全球化的含义及特征,熟悉全球化的主要驱动因素以及对国际商务活动的影响,学会正确分析判断经济全球化的利弊;了解国际商务学科的研究内容。

导入案例

福耀集团:中国玻璃的全球化之路

2016年10月,福耀集团投资6亿美元在美国俄亥俄州代顿市建造的全新工厂竣工投产,这是全球最大的汽车玻璃单体工厂,有雇员2500人。经过2年多的运营,福耀美国公司已成为当地最大的制造厂之一,同时也是代顿地区最大的雇主之一。美国本地汽车厂商的订单不断涌入,这个工厂仍在计划扩张,雇员人数在不久的将来预计仍会增加。时至今日,福耀在美国已形成从玻璃原片、汽车玻璃制造、玻璃包边、设计服务、销售为一体的全供应链、全流程模式,并保持持续盈利。至今,福耀集团对美投资总额已超过7亿美元,是中国汽车零部件企业在美的最大投资。

"走出去"进行国际化发展,对于福耀集团这样的行业龙头而言,是顺势而为,也是必然的选择。2001年,中国正式加入WTO,与此同时,中国玻璃企业在国际上遭遇反倾销调查。面对不正当竞争手段,福耀拿起法律武器,积极追求商业公平,最终打赢了中国入世后的第一例反倾销案,为中国企业进入国际市场探索了一条道路。在此之后,福耀的国际征途进入了快车道,先后与奥迪、宝马、奔驰、通用、大众、丰田、本田等全球知名汽车品牌合作,提供同步设计及OEM产品。

2010年以后,随着国家"走出去"战略的实施及全球化发展的需要,福耀先后在俄罗斯、美国、德国布局生产基地,通过制造、服务、销售全方位"全球化",更深地进入世界市场的大潮中。福耀在海外的第一项重大投资在俄罗斯。2011年,应德国大众汽车的要求,福耀投资2亿美元在俄罗斯卡卢加州建设工厂,这是福耀走向海外的第一个生产性企业。目前,福耀俄罗斯生产基地已成为福耀产品出口欧洲的"桥头堡"。2018年年底,位于德国海尔布隆的福耀欧洲公司新厂也竣工投产。作为福耀国际化重要战略布局之一,该厂不仅能够零距离地为宝马、奥迪、大众等欧洲传统汽车品牌提供玻璃增值服务,还能对接德国先进制造技术与装备工艺,从而持续引领汽车玻璃行业。现在一片片福耀玻璃正从这里源源不断地供应到德、英、意、瑞等国家的汽车厂。2019年,福耀收购德国老牌汽车零部件公司SAM资产,它的主要业务为生产和销售铝亮饰条,该收购有助于提升福耀的汽车玻璃集成化能力和产品附加值,更好地为汽车厂商提供优质产品和服务,增强与汽车厂商的合作黏性。

目前,福耀已经在美国、俄罗斯、德国、日本、韩国等9个国家和地区建设产销基地,成为名副其实的大型跨国工业集团,汽车玻璃全球市场占有率超过25%。

——资料来源:福耀集团. 中国玻璃的全球化之路[EB/OL]. (2019-05-17)[2020-08-25]. http://www.acfic.org.cn/fgdt1/minqifengcai/201905/t20190517_123778.html.

第一节 国际商务概述

一、国际商务的基本概念

国际商务(international business)是20世纪50年代开始发展起来的一门新兴的综合性、跨专业交叉学科。它涉及面很广,与其他学科(如经济学、管理学、人类学、社会学、组织学及心理学等)有很多交叉。由于发展时间较短,国内外学界对国际商务尚未有统一的定义。美国国际商务著名学者钦科陶提出,国际商务包括一切为满足组织和个人需求而跨越国界进行的交易活动。这个定义包含三层含义:① 国际商务是一种跨越国界的活动,从而具有与国内商务活动不同的环境并蕴含着更大的风险。② 国际商务是一种商业性的经济活动,其目的是在国际市场寻找商业机会,因此会涉及如何选择国外目标市场、进入国外市场的方式以及如何管理跨国经营活动等。③ 国际商务既可以是组织的行为,也可以是个人的行为。

二、国际商务活动类型

国际商务活动可以采取多种形式,各种形式之间往往相互关联。最常见的国际商务交易形式是国际贸易与国际投资。国际贸易(international trade)是指产品和服务的跨国交换。贸易既包括产品贸易(有形产品),也包括服务贸易(无形产品)。交换可以通过出口(exporting)进行,即将产自本国或者第三国生产基地的产品或服务销售给国外客户的一种市场进入策略。交换也可以通过进口(importing)形式进行,向国外产品和服务的供应商购买产品和服务,用于本国或者第三国的消费。出口是指产品和服务的对外流出,进口则是指产品和服务的流入。无论是制成品还是诸如原材料和零部件这样的半制成品,都是可以用于出口和进口的。

国际投资(international investment)是指通过跨国转移本国资产或者直接兼并其他国家[①]现有资产,以从事商务活动的行为。这些资产包括资本、技术、管理技能以及基本生产设施,即各种生产要素。通过贸易,产品和服务可以跨越国界。同样,通过投资,企业可以跨越国界获取国外资产的所有权。跨国投资的主要形式有两种:国际证券投资和对外直接投资。国际证券投资(international portfolio investment)是指为了获得经济收益而持有外国有价证券,如股票和债券。外国投资者不需要亲自管理或控制这些资产,他们只通过短期持有这些资产来获得短期利润。对外直接投资(foreign direct investment,FDI)是企业通过兼并如资本、技术、劳动力、土地、工厂和设备等生产性资产,在国外建立有形实体企业的一种国际

---

① 根据《国际货币基金协定》,本书所述及的"国家"为广义概念,包含通常意义上的独立经济体。

化策略。它是进入国外市场的一种策略,使投资者能够获得企业制造、营销或者管理活动的部分或者全部所有权。

此外,国际商务活动还包括许可证贸易、连锁经营、技术转让、管理技术输出、劳务输出等多种形式。

三、国际商务主体

(一)跨国企业

跨国企业(multinational enterprise,MNE),也被称作跨国公司,是拥有大量资源,通过许多位于国外的子公司和分支机构从事各类商务活动的大型企业。跨国企业充分利用了世界各地的资源优势进行研发、采购、生产和营销活动。例如,爱尔康(Alcon)是瑞士的一家制药公司,它将主要的研发设备都建在美国,以更好地利用美国先进的化学技术。美国威瑞森无线公司(Verizon Wireless)将它的技术支持设备放在印度,以充分利用当地高质量、低成本的售后服务人力资源。类似的还有荷兰皇家壳牌公司(Royal Dutch Shell),它在加拿大拥有几个炼油厂和将近2000个加油站。除了本国营业部或总部外,跨国企业通常拥有大量世界性的子公司网络。跨国企业与国外无数供应商以及独立的商业伙伴(通常称分支机构)进行合作。

《财富》杂志每年都进行"全球500强"跨国企业评选,石油业中的埃克森-美孚(Exxon-Mobil)和荷兰皇家壳牌公司,汽车业中的通用汽车和本田,以及零售业中的沃尔玛都是典型的跨国企业。这些企业大多数集中在发达国家,2018年公布的榜单中,美国企业有126家,占据总数的1/4,日本企业有52家,占总数的1/10。

近年来,大型的跨国企业开始在诸如中国、墨西哥和俄罗斯这样的新兴市场经济国家中出现。2018年中国企业在"全球500强"企业中占据了120个席位。来自新兴国家的新的全球挑战者,正快速成为世界市场上强劲的竞争者。例如,墨西哥公司西麦斯(Cemex)是世界上最大的水泥生产商之一;在俄罗斯,卢克(Lukoil)公司在全球能源方面具有很大的发展空间;中国移动(China Mobile)主宰了亚洲的手机行业。这些新的全球挑战者凭借对本国的资源和低成本劳动力的充分利用,在全球市场上获得成功。新兴市场中有数以千计的公司都有着各自远大的全球目标,它们同时也给来自发达国家的企业带来了很大的挑战。

(二)中小企业

虽然跨国企业是主要参与者,但国际商务却不仅仅被资本雄厚的大型企业所独占,许多中小企业也参与其中。在美国和加拿大,中小企业(small and medium-sized enterprise,SME)指的是员工人数在500人以下的公司。在欧盟国家,中小企业被定义为员工少于250人的公司。除了市场占有率相对较低外,中小企业的管理和其他资源也很有限,主要通过出口来扩展国际业务。然而,在大多数国家里,中小企业是公司的主要形式。

随着市场的全球化、技术的进步和其他辅助因素,越来越多的中小企业开始在全世界寻找商业机会。中小企业出口额占亚洲总出口额的1/3,约占欧洲和北美富裕国家出口总额的

1/4。我国、意大利、韩国的中小企业的出口额甚至达到全国出口总额的50%。

从事国际商务,需要企业具有专业的知识、资源和充裕的时间来建立国外商业伙伴关系。中小企业如何在资源有限的情况下成功地从事国际商务活动?第一,与大型跨国企业相比,在利用新概念、新技术以及满足客户需要方面,中小企业则显得更具有创新精神,更能适应变化,并能够更快地应对。第二,中小企业能够更好地为世界各地的利基市场(niche markets)①服务,而跨国企业对此却缺乏兴趣。第三,中小企业通常更乐于使用新的信息和通信技术,包括互联网。第四,由于经常缺乏充足的资源,中小企业会尽力将经费或固定开支降到最低。它们依赖于物流等企业提供的外部协助,并需要国外市场的独立分销商的合作。

分析案例 1-1

中小企业的重要作用

中小企业在发展中国家的工业化进程和融入世界经济的过程中往往能发挥特别重要的作用。对于某个供应链的跨国领导厂商而言,通常正是那些与之合作的发展中国家的中小企业增强和扩大了它们的生产链和供应链;对于发展中国家的中小企业而言,与跨国企业合作常常是其发展和扩张的最好机会,也是进入更广阔国际市场的切入点。

中小企业在世界各国经济发展中发挥着不可替代的作用。一是增强市场活力。大多数国家(地区)中小企业数量占全部企业数量的比例都在95%以上,英国和韩国高达99.9%,这使得大企业不能任意操纵市场,有利于公平竞争和增强市场活力。二是提供大量就业岗位。大多数国家(地区)中小企业都提供了近50%的就业岗位,如美国53%、德国78%、韩国87.7%的就业岗位来自中小企业。三是创造巨大社会财富。德国75%的国内生产总值(GDP)、美国39%的GDP、53.5%的销售额是由中小企业实现的。四是推动经济增长。中小企业成就了"意大利制造"的美誉,支撑其进入世界经济强国行列。德国中小企业完成了全国总投资的46%,贡献了70%的税收和2/3的专利技术,约有1/3的开发项目在商业上得到应用,为德国形成强大的国际竞争力奠定了坚实基础。

新中国成立以来,我国的中小企业、民营企业蓬勃发展,从小到大,由弱到强,在增加就业、稳定增长、促进创新方面发挥了独特的重要作用,作为国民经济生力军的作用也日益凸显。截至2018年年底,我国中小企业的数量已经超过了3000万家,个体工商户数量超过7000万户,贡献了全国50%以上的税收、60%以上的GDP、70%以上的技术创新成果、80%以上的劳动力就业。随着中央和地方一系列支持中小企业发展的政策落实,我们国家的中小企业发展将会面临更多的机会、更大的空间和更强的活力。

——资料来源:全球扶持中小企业发展的四大经验[EB/OL].(2011-11-15)[2020-08-25].
http://epaper.zqcn.com.cn/content/2011-11-15/content_27427.htm.

---

① 利基市场是在较大的细分市场中具有相似兴趣或需求的一小群顾客所占有的市场空间。大多数成功的创业型企业一开始并不在大市场开展业务,而是通过识别较大市场中新兴的或未被发现的利基市场而发展业务。

(三) 天生全球化企业

天生全球化(born-global)企业一词最早由麦肯锡公司提出,用于研究澳大利亚的早期国际化企业。天生全球化企业是指从其成立或接近其成立开始,寻求从国际市场产品销售中获得相当大比例收入的初创企业,该定义更加强调早期和快速国际化的企业,包括:① 年轻公司;② 以企业为分析单位;③ 主要通过出口实现国际化。这种公司在其起步阶段就开始从事国际商务活动,并能够迅速打开国外市场,而且通信技术的进步也有助于它们把握全球的市场和供应。天生国际企业既存在于澳大利亚和日本这样的发达经济体中,也存在于中国和印度这些新兴市场国家中。总部位于中国浙江省杭州市西湖区的美通香薰集团创立于1995年,是一家专门从事香薰蜡烛和家庭芳香产品的集研发、设计、生产和销售于一体的天生全球化企业。在越南拥有大规模的蜡烛生产工厂,公司生产的香薰产品在国际市场上享有盛誉,产品远销欧美澳等全球50多个国家和地区。

第二节 经济全球化与国际商务

一、经济全球化

(一) 经济全球化的含义

经济全球化(globalization)是指世界各国和地区之间通过商品、服务、资本、信息、技术、管理等生产要素的跨国界流动,寻求资源最优配置的一个相互联系、相互依赖并不断深化的过程。经济全球化从根源上说是生产力和国际分工的高度发展,要求进一步跨越民族和国家疆界的产物。纵观历史,人们之间的相互联系拓展了人们取得更多种资源、产品、服务与市场的途径。经济全球化让人们的消费有更多选择,而且质量更高、价格更低廉。

经济全球化,有利于资源和生产要素在全球的合理配置,是人类发展进步的表现,是世界经济发展的必然结果。但它对每个国家来说,都是一柄双刃剑,既是机遇,也是挑战。特别是对经济实力薄弱和科学技术比较落后的发展中国家,面对全球性的激烈竞争,所遇到的风险、挑战将更加严峻。经济全球化中亟须解决的问题是建立新的经济秩序,以保证竞争的公平性和有效性。

(二) 经济全球化的分类

全球化包含市场全球化和生产全球化两个基本方面。市场全球化(globalization of markets)是指把历史上独特的和分离的国家市场合并为一个巨大的全球市场。麦当劳的汉堡、星巴克的咖啡以及宜家的家具等使得不同国家消费者的嗜好和偏爱正在趋近某些全球标准。生产全球化(globalization of production)指的是从全球各地区筹供商品和服务,以利用各国在生产要素(factors of production)(如劳动力、能源、土地和资本)上的成本和质量差异。通过这种做法,公司希望降低其总成本构成,提高质量或改善它们所提供产品的功能,从而使它们更为有效地竞争。例如,美国波音公司生产波音客机所需的450万个零部件来自6个国家的1500家大企业和1.5万家中小企业。波音公司则完成科技的设计、关键零部件的生产和产品的最终组装。

(三)经济全球化的特征

冷战结束后至国际金融危机爆发前,经济全球化成为国际经济发展大趋势,科技资本富集国、制造国、资源国之间分工协作,国际大三角分工体系基本确立,形成资本、原材料、制成品和服务的国际环流。发达国家依托跨国公司,在全球范围内配置价值链,新兴市场和发展中国家加快融入以世界贸易组织(WTO)为代表的全球经贸规则体系,信息技术的发展应用大幅降低了生产要素的流动成本,世界经济发展进入一个前所未有的黄金期。经济全球化促进了国际贸易、国际投资、国际金融的快速发展,加速了生产要素在全球范围内大规模流动,使生产要素在全球范围内优化组合和优化配置。其基本特征有:

1. 贸易全球化

世界市场的形成使各国市场逐渐融为一体,并极大地促进了全球贸易的发展。第二次世界大战结束以来,国际贸易一直在以比生产更快的速度增长,国际贸易占世界生产的比重一直在上升。据统计,1960年世界贸易出口占全球GDP的比重为17%,到2008年这一比重已上升为27%,2016年则提高到28.5%。受贸易摩擦升级和经济不确定性加剧等因素影响,2018年,全球贸易总额约为39.342万亿美元,增长3.0%,远低于预期。其中,全球商品出口总额为19.475万亿美元,全球商品进口总额约为19.867万亿美元。

2. 投资全球化

各经济体相互之间跨境投资呈现加速增长的态势。据联合国贸发组织统计,国际投资中资本流动规模持续扩大。1995年发达国家对外投资总额达到了2.66万亿美元,是1945年的130多倍;2015年全球对外直接投资流入量同比增长38%,达到1.76万亿美元,是2008年金融危机爆发后的最高水平。2018年,全球外国直接投资流量减少13%,降至1.3万亿美元,其中,流入发达经济体的外国直接投资达到2004年以来的最低点,减少了27%,主要原因是2017年年底美国实行税制改革后,美国跨国企业将累积的国外收益大规模汇回美国。流入发展中经济体的外国直接投资保持稳定,增长2%,达到7060亿美元。资本流向从单向发展为双向,过去只有发达国家输出资本,现在发展中国家也对外输出资本,包括向发达国家输出。

3. 金融全球化

金融全球化是指世界各国为适应全球化而持续放松金融管制、开放金融业务,促进资本跨境自由流动,金融市场联系日益密切,最终逐步实现金融一体化的过程。金融全球化作为经济全球化的重要内容,伴随着世界各国经济联系日益密切而快速发展、深化。资本跨境流动日趋频繁,利率汇率等资本价格市场化程度大幅提升,金融市场联系日益密切,金融资源配置效率稳步提高,金融全球化有力地促进了全球实体经济快速发展。迅速扩展的跨国银行、遍布全球的计算机网络，使全世界巨额资本和庞大的金融衍生品在全球范围内流动，各国金融命脉更加紧密地与国际市场联系在一起。

伴随着20世纪90年代东西德合并、苏联解体，先前倡导计划经济的社会主义国家纷纷推行市场经济体制改革，逐步融入现代国际金融体系，金融全球化呈现加速发展态势。观察世界主要经济体的储蓄状况，很多发达经济体储蓄占GDP比重远远低于同期新兴及发展中经济体储蓄占GDP比重。如2018年，美国和加拿大总储蓄占GDP比重分别为18.58%、19.7%，而中国和印度总储蓄占GDP比重则分别高达46.25%、30.94%，新兴及发展中经济体较高的储蓄亟待在全球市场进行投资，而发达经济体较低的储蓄亟待从国际市场融资，打通发达经济体与新兴市场之间的金融通道势在必行，由此要求金融全球化加快发展。2008年金融危机的爆发尽管对金融全球化构成负面冲击，但其对全球的巨大影响揭示了当代金融全球化的深化发展和世界各国的金融联系日益密切这一事实。

4. 区域性经济合作日益加强

区域经济组织遍及全世界，如欧洲联盟、北美自由贸易区等。在许多区域集团内部都实现了商品、资本、人员和劳务的自由流通，使得区域内能够合理配置资源，优化资源组合，实现规模经济，提高经济效益。作为全球经贸合作新平台，"一带一路"建设有助于推动全球贸易投资增长，加强国际金融合作，深化全球经济联系，从而为世界经济的积极复苏及新周期发展注入新动能。而且，作为一个以"发展"为核心指针的全球经济合作新平台，"一带一路"建设有助于促进基础设施互联互通，推动贸易投资自由化、便利化及相关体制机制创新，提高沿线国家和地区的经济社会发展水平，培育和提升发展中国家的"供给能力"，帮助发展中国家补齐发展短板，从而有助于改善全球经济发展的结构性失衡，为实现"发展"这一全球治理中最重要的议题提供新的解决方案。

分析案例1-2

澳中两国签署自由贸易协定

2014年11月18日，澳中两国在经过差不多十年的谈判后签署了自由贸易协定。这个协定紧随澳大利亚与韩国、澳大利亚与日本签署类似的自由贸易协定之后。中国是澳大利亚最大的贸易伙伴，2013年澳大利亚向中国出口的商品额占商品出口总额的近32%，从中国进口的商品额占该国进口额的15%。2009~2013年，由于原材料贸易增加，尤其是铁矿石贸易增加，澳大利亚对华出口额大幅上升。贸易协定的支持者认为，虽然中国对澳大利亚矿产需求的增长将放缓，但澳大利亚农业和服务企业的产品更容易出口到中国，从而抵消矿物出口增长率的下降。

根据澳大利亚议会批准的交易条款，高达20%的乳制品出口关税将在4~11年内取消，牛肉、羊肉和活牛出口关税将在4~9年内逐步取消，目前高达30%的葡萄酒出口关税将在4年内取消。

澳大利亚的自然资源部门也将从关税削减中受益。最值得注意的是，中国对从澳大利亚进口的煤炭征收的关税将被取消。该协定还前所未有地准许澳大利亚服务出口商进入中国市场。澳大利亚金融服务公司,包括银行、保险公司和投资基金管理公司都将进入中国市场,它们享受的准入条件仅次于中国香港的企业。该协定还将允许澳大利亚旅游和医疗保健提供者在中国全资拥有、建设和经营酒店和医院。

对于中国来说,该协定将取消出口到澳大利亚的中国制造商品(包括汽车、服装、丝织品和电子设备)的关税。这将有助于中国企业在澳大利亚市场与来自韩国和日本的竞争对手展开竞争。协定的签订将使中国企业更容易直接在澳大利亚投资。10亿美元以下的投资将不再需要由澳大利亚的外国投资审查委员会审查,这使得中国的投资者与新西兰和美国的投资者处于平等的地位。

经济学家估计,该协定签署后,澳大利亚实际国内生产总值(GDP)20年内将增加1500亿澳元,中国将增加1310亿澳元。最近的估计表明,澳大利亚的收益可能会多得多。由于中国的经济总量比澳大利亚大得多,直接影响必然会小一些。不过,经济学家认为,中国试图通过这样的交易为国内市场带来更多的竞争,推动国内生产商变得更加高效。过去,中国在国际贸易协定的支持下推动了国内市场化的经济改革,特别是在2001年加入世贸组织之前。尽管与澳大利亚的交易规模小得多,但是它符合中国的总体战略。

——资料来源:查尔斯·希尔,托马斯·霍特.国际商务[M].11版.郭羽诞,等译.北京:中国人民大学出版社,2019.

综上所述,战后特别是20世纪八九十年代以后,世界经济发生了广泛而深刻的变化,各国经济已经被世界经济的密网紧紧地编织在一起,各国经济的相互渗透和相互依赖不断加深,各国共同利益有所增加并呈现相互融合的态势。但也不能否认,随着孤立主义、民粹主义、保护主义等"逆全球化"思潮的兴起,经济全球化发展的内涵、速度、结构都将面临深刻的调整与转型,未来全球化发展的动力、规模、速度和节奏也需要进行一定的调节与重置,在修正、完善和调整之中构建更加包容、平衡、公平、更有活力的全球化发展新机制,从而更好地创新和推动经济全球化继续向前发展。

二、经济全球化的驱动因素

经济全球化的快速发展,得益于以下5种驱动力:技术、政治、市场、成本和竞争。

(一)技术

科学技术的发展是经济全球化的前提条件,技术的创新、积累和扩散是推动各国经济增长和经济全球化的最主要原因之一。许多新产品的生产,要在单一国家完成并不容易。新的技术创新需要利用众多的经济资源和人力资源,以至于企业之间必须开展研发方面的合作,这些工作很可能需要不同国家拥有经济资源和专业能力的公司进行相互协作。新产品一旦被开发出来,单一国家的市场需求很难达到最优生产规模的要求。因此,企业需要在国内和国际市场上销售产品,以便按更大的产出来分摊固定的研发和生产成本。

计算机和通信技术的发展使思想和信息的跨国界传播增加,客户能够更多地了解外国商品。例如,欧洲和亚洲的有线和卫星电视系统允许广告客户同时向许多国家进行传播,从而创造区域性,有时甚至是全球性的需求。全球通信网络使生产人员可协调全球的生产和设计职能,这样,位于全球多个位置的工厂便可以共同生产同一产品。

互联网和网络计算使小企业也能参与全球竞争,无论买方和卖方的实际位置在哪里,都可以实现信息的快速传播。互联网视频会议使卖家无需前往世界各地便可向所有潜在买家展示他们的产品。交通和通信技术的进步增强了管理者管理海外业务的能力,如能更为便利地访问国外工厂并与当地管理者交流。在互联网上获取信息和进行交易非常方便,这已经开始对许多企业,特别是B2B电子商务,产生了深远的影响。企业可以即时交换样本图片,即便是小公司也可以接触到全球的客户和供应商。公司以前使用传真、电话或普通邮件来完成他们的交易,但现在使用更便宜和更快速的互联网。宽带无线通信技术的出现和相关应用的兴起进一步加快了这一趋势。

（二）政治

各国政府在经济全球化进程中发挥越来越大的作用,各国政府为了使本国在国际竞争与合作中占据有利地位,主动转变政府职能,调整经济发展战略,实行必要的体制改革,完善国内行政立法和经济立法,以更好地适应经济全球化的发展进程。政府会参加各种国际组织,并签订有关各种商务活动的条约和协议。特别是1995年世界贸易组织（WTO）的成立,进一步推动了经济全球化进程。当前,在世界范围内,国际货币基金组织、世界银行、世界贸易组织等国际组织的国际经济协调机制日趋完善,同时越来越多的国家形成了区域性和跨地区国家元首或政府首脑定期或不定期会晤机制,就共同感兴趣的政治、经济和社会问题进行磋商,协调政策立场,制订行动计划,所有这些都为经济全球化的发展提供了组织、制度和法律保障。

与此同时,2013年中国首次向全球提出"丝绸之路经济带"和"21世纪海上丝绸之路"（后简称为"一带一路"）倡议,成为经济全球化发展史上的又一里程碑。"一带一路"沿线国家和地区覆盖全球超过60%的人口、全球GDP和贸易的1/3以上,该倡议提出后,全球100多个国家和国际组织共同参与,40多个国家和国际组织同中国签署合作协议超过50项,覆盖全球6大经济走廊,形成广泛国际合作共识。"一带一路"倡议所倡导的"共商、共建、共享"理念深入人心,通过打造开放型合作平台,创造有利于开放发展的环境；通过构建公正、合理、透明的国际经贸投资规则体系,促进生产要素有序流动、资源高效配置、市场深度融合；通过维护多边贸易体制,推动自由贸易区建设,促进贸易和投资自由化、便利化；通过解决发展失衡、治理困境、数字鸿沟、分配差距等问题,建设开放、包容的经济全球化格局。

分析案例1-3

"一带一路"国际合作重构经济全球化发展新格局

当前,全球贸易、投资持续低迷,传统增长引擎对世界经济的拉动作用逐渐减弱,新科技产业革命也尚在孕育阶段,对世界经济有着巨大影响的经济全球化的发展方向同样出现了动摇,走出结构性低迷、走向新发展周期的世界经济需要有新的引擎带动,经济全球化的新发展也需要新的动力支撑。"一带一路"建设作为全球合作发展新平台,不仅有助于为陷入增长限制和结构性低迷的世界经济注入新动能,也有助于驱散"逆全球化"暗流的干扰和阻滞,引领并推动全球化走向深入发展的新阶段。

作为全球经贸合作新平台,"一带一路"建设有助于推动全球贸易投资增长,加强国际金融合作,深化全球经济联系,从而为世界经济的积极复苏及新周期发展注入新动能。而且,作为一个以"发展"为核心指针的全球经济合作新平台,"一带一路"建设有助于促进基础设施互联互通,推动贸易投资自由化、便利化及相关体制机制创新,提高沿线国家和地区的经济社会发展水平,培育和提升发展中国家的"供给能力",帮助发展中国家补齐发展短板,从而有助于改善全球经济发展的结构性失衡,为实现"发展"这一全球治理中最重要的议题提供新的解决方案。

"一带一路"建设将为经济全球化的转型调整与创新发展注入新动力和新活力。"一带一路"建设首倡"共商、共建、共享"的发展原则,为全球化新调整、新发展及其自我修复提供了新理念和新指向。在未来的经济全球化发展过程中,参与全球化的各方力量将逐步以"共商、共建、共享"新理念取代并摒弃"主导论""强国论""唯我论"等传统国际经贸合作思维,成为指引新型全球化发展的行动指南。遵循共商共建共享的全球化合作新理念,不仅充分反映了广大发展中经济体加速崛起的客观事实,同时也更加契合全球化参与各方的利益诉求,有助于引领更加平等、合理、包容的经济全球化发展。

——资料来源:盛垒,权衡."三大变革"引领世界经济新周期之变[J].国际经济评论,2018(4):6,86-101.

(三)市场

科学技术的进步和经济发展水平的提高,客观上要求分工的深化和市场规模的扩张。这一要求推动着生产从国内区域间分工向国际分工发展,销售从国内市场向国际市场扩张。跨国公司在追逐规模效益与分工效益的过程中,通过跨国投资活动,形成了在全球配置资源、跨国协调其生产与经营活动的格局,推动了产业内贸易、公司内贸易的高速发展。例如,著名的ABB公司总部设在瑞士,工作语言是英语,财务报表以美元为单位,生产销售遍及全世界。其总裁曾说:"ABB公司四海为家,是多个国家的公司在世界范围内协作的联盟。"

(四)成本

微观经济主体的趋利动机,是推动经济全球化的基本动因。通过规模经济降低单位成本始终是企业管理的目标,实现这些目标的一种方法就是全球化产品线。商品与要素价格在全球不同地区存在差异,公司可以将生产或公司价值链的部分环节转移到成本较低的国家,于是,便有了对外投资、技术转让以及企业生产过程的分解与全球配置,以降低开发、生产和库存成本。计算机和电信领域的创新使得信息的产生和传输成本大幅降低,同时运输成本也有所下降,为全球公司搬址这一趋势提供了有利条件。在这个过程中,跨国公司扮演了主角。这是因为跨国公司本身具有"所有权优势"和"内部化优势"。所有权优势使跨国公司可以凭借其独有的知识产权、技术诀窍、管理战略以及资金实力;利用发展中国家低成本的生产要素,将产品销售到价格更高的市场上获取更高的利润;同时将巨额剩余资本转向资本稀缺、投资回报率高的发展中国家进行资本套利。而内部化优势又使得跨国公司能够将生产和销售活动按照最有利的区位优势配置于世界各地,并将每一个分支机构及其所联系的企业在职能专门化的情况下组成一个一体化的网络,通过在世界各地的生产、销售等活动而服务于母公司的发展战略。这样做的结果是,国际范围的分工与协作实际上变成了跨国公司内部的分工与协作。当跨国公司利用其优势而大举进行全球性套利活动的时候,其客观的效应便是推动了经济全球化的发展。

(五)竞争

许多来自新兴工业化国家和发展中国家的新公司已进入全球市场的各个领域,例如汽车、计算机和电子。鉴于现在的和将来的国内外竞争加剧,企业需要赴国外进行采购或销售。例如,企业会在竞争对手已经有一定销量的市场上设法推入产品,或者需要在竞争对手取得廉价或富有吸引力产品的市场上寻求供应商或生产方法。许多新公司通过"集群"(clustering)或"集聚"(agglomeration)的方式将公司设在具有很多竞争对手和供应商的地区,随着供应商和人才在这些地区的集聚,企业就更容易获取进入国际市场所需的资源。不论处于什么行业,大多数企业和个人都必须进一步适应全球化。面对如今竞争激烈的商业环境,一旦有一些企业对国外的机会做出响应,其他企业必然就会跟随,并相互学习国外的经验。

三、国际商务的发展

尽管国际商务已经存在了几个世纪,但其真正取得飞速发展并变得越来越复杂却是最近几十年的事情。当今的企业比过去任何时候都更注重寻求国际市场机会,它们希望可以通过国际商务活动来影响全世界几十亿人的生活。如今,像购物、休闲活动这样的日常活动(例如,听音乐、看电影或者网上冲浪)都与国际商务息息相关。国际商务将每个人和全球经济联系起来,使我们能够获得来自世界各地的产品和服务,并间接改善人们的生活质量和经济福利。

经济全球化推动并辅助企业进行跨国商务活动和国际扩张。几十年前,国际商务的主角在很大程度上仅限于大型跨国公司。近几十年国际商务的发展为所有的企业创造了一个多层次的竞技场,使得各种类型的企业都能积极投身于国际商务并从中获取收益。比如,在20世纪前期,英国的跨国公司是世界经济活动的主导力量,第二次世界大战后特别是20世纪60年代起,美国的跨国公司取代英国公司成为国际商务活动中最重要的力量。在20世纪70年代,全球260家最大的跨国公司中,美国占了48.5%。此外,从20世纪90年代起,新兴工业国家,特别是金砖国家(BRICS)——中国、印度、巴西、俄罗斯和南非的跨国公司逐渐成为新的生力军出现在全球国际商务的舞台上,过去10年对世界经济增长的贡献率超过50%,并将持续发挥着越来越重要的作用。在本书中,既包含众多较小规模企业的国际商务活动,也有大型跨国企业的国际商务活动。尽管国际商务曾一度被从事制造业的企业所包揽，但是如今却大不相同了。从事服务业的企业也正在积极地投身于国际化，例如，银行业、工程业、保险业和零售业。

以经济全球化为特征的国际商务发展现实告诉我们，一国再奉行经济孤立主义既没有现实的可能性，也没有经济、政治和社会的合理性。唯一理性的选择是顺应历史潮流，迎接经济全球化的挑战。在最大限度地利用和享受经济全球化所带来利益的同时，最大限度地规避和降低它所产生的负面影响。像中国这样的大国在关注自身发展的同时，也越来越体现出在全球化中的大国担当。中国在自身深入参与全球治理的进程中，不断引导经济全球化朝着更加包容互惠、公正合理的方向发展；在关注国家富强的同时，积极携手各国一起，在共同协商、平等对话、相互助力的基础上，合力解决现代化发展面临的普遍性难题，积极提供解决全球性和地区热点问题的建设性方案。特别是"一带一路"倡议的提出与推进，使中国和亚非欧各国乃至整个世界在共商、共建、共享中更好地实现开放、包容、均衡、普惠发展。这是中国为区域乃至整个国际合作提供的新方案，是中国对世界发展贡献的新智慧，是推动国际商务活动发展的新的伟大实践。

第三节　国际商务课程的研究内容

国际商务作为国内高校国际商务专业的一门专业必修课，是为了适应全球经济一体化和国际企业管理发展及我国企业体制改革的需要而设置的，与国际企业管理密切相关。国际商务课程的研究内容主要包括国际商务的基础理论、国际商务环境、国际商务战略与组织和国际商务运营四部分。通过该课程的学习，使学生掌握国际商务的发展和相关基础理论，认识企业从事国际商务活动面临的复杂国际环境，学习和了解企业国际化经营的战略以及组织结构，掌握国际市场营销管理、国际企业供应链管理、国际企业人力资源管理以及国际企业财务管理等相关知识。

一、国际商务基础理论

随着经济全球化的发展，各国之间的经济联系日益紧密，国际贸易和投资迅速发展，跨国公司成为世界经济舞台上越来越重要的角色。国际商务实践的发展促进了由国际贸易理论、对外直接投资理论、跨国公司理论等构筑成的国际商务理论的发展，作为国际商务理论的主要内容，三个组成部分并没有严格的界限，并且彼此正越来越趋向融合和相互重叠。作为跨国公司存在的物质基础——对外直接投资在战后的发展尤为迅速，对外直接投资理论（某种意义上即为跨国公司理论）随着对外直接投资实践的发展而成为国际商务理论的核心内容。国际商务理论是国际商务专业的研究方向之一，对其发展演进的研究对于掌握国际商务学科发展前沿、理论基础，特别是对中国国际商务发展的启示等都有非常重要的意义。

二、国际商务环境

在东道国从事国际商务活动的潜在利益、成本和风险受到该国正式制度(如政治、经济和法律制度)和非正式制度(如文化)的共同影响。这一方向的研究主要从国内商务环境和国际商务环境研究全球宏观政治和经济变化,特别是东道国宏观环境的变化、东道国与母国宏观因素的差异与联系来分析国家差异对国际商务活动的影响。作为国际商务专业的重要研究方向之一,宏观国际差异与国际商务发展的研究对于跨国公司如何准确把握宏观大势做出相适应的战略决策,东道国和母国国家和地方政府如何根据宏观环境和国家差异制定出与之相适应的促进投资和贸易的政策都具有重要指导意义。

三、国际商务战略与组织

作为国际投资的主要载体,跨国公司的战略选择及其相应的组织结构成为国际商务研究领域最重要的研究方向之一。这一方向的研究主要包括国际企业面临的国际竞争压力及其来源,以及国际企业面对不同的国际竞争压力应该做出的国际竞争战略抉择。组织结构的形式与选择、组织的控制与协调体系、公司变革与组织文化,以及国际市场进入方式等内容。

四、国际商务运营

经济全球化是人类社会发展的客观要求和必然趋势,新知识和科技的变革式发展进一步促使经济全球化在全球范围的迅速扩展。跨国公司作为经济全球化的重要载体,逐步形成全球生产、交换、分配和消费的体系,从而促进经济要素在全球范围内的优化配置。国际商务运营主要研究全球营销与品牌战略,跨国公司全球生产、外包与物流战略,跨国公司内部、外部的知识流动与创新战略以及国际企业财务管理等。国际商务运营领域的研究对于跨国公司自身核心竞争力的提升、东道国企业的发展、全球范围内的经济要素的优化配置具有重要的指导意义。

◆ **内容提要**

二战结束后,世界经济进入一个相对稳定的发展时期,各国之间的经济联系越来越紧密,国际贸易、投资迅速发展,推动企业进行跨国商务活动和国际扩张,跨国公司成为世界经济舞台上越来越重要的角色。本章通过对国际商务的基本内涵及特征,经济全球化与国际商务之间的关系,以及国际商务主要研究内容的介绍,使读者能比较清晰地了解国际商务学科的发展历程及研究内容。

◆ **关键词**

国际商务　经济全球化　跨国企业　贸易全球化　投资全球化　金融全球化

◆ **复习思考题**

1. 简述国际商务的概念、类型与特征。

2. 简述经济全球化的含义、特征与驱动力。
3. 讨论经济全球化的利弊。
4. 简述全球化与国际商务的关系。
5. 简述国际商务研究的主要内容。

◆ **思考案例**

疫情之后的经济全球化：终结还是重启？

截至北京时间2020年4月5日中午12点，全球感染新冠肺炎的人数超过120万人，感染新冠肺炎死亡人数超过6万人。虽然海外疫情扩散的速度有所减慢，从一周以前的5天翻倍降至7~8天翻倍，但依然是非常快的速度。如果保持这一速度不变，到5月份全球感染人数或会突破1000万人。

为何新冠疫情扩散如此之快？一方面与新冠病毒的高传染性有关，但另一方面好像也与全球化有关，正是全球化借以实现的全球生产、跨国企业、国际旅游、海外留学、体育比赛等所带来的人流、物流的全球大流动，成为病毒迅速在全球扩散的基本原因；正是生产的国际分工和产业链的全球布局，使得任何一个国家都难以真正切断与外界的联系，一旦联系中断，经济活动便陷于停摆。从统计上看，经济越发达、对外开放程度越高、交通越便捷的国家或者地区，感染新冠肺炎的程度就越严重，全球感染最严重的10个国家，有6个是前十大经济体。为了应对疫情，全球有多个国家关闭了边境，暂停航班。如果疫情迟迟得不到控制，未来全球化会不会全面倒退，进入一个开放度、繁荣度和自由度更低的世界？

思考：疫情之后的经济全球化：终结还是重启？

——资料来源：王跃生.疫情之后的经济全球化：终结还是重启？[N].第一财经日报，2020-3-31.

◆ **应用训练**

建造波音787

美国最大的出口企业——波音公司建造大型商用喷气式飞机（比如747或787）需要把数百万个零部件按不同的飞机机型组合在一起。45年前，波音最早的机型737和747都是在公司所在地西雅图的生产线上建造的，外国供应商提供的零部件平均只占5%。当时，波音采取的是垂直一体化的生产模式，独立生产绝大部分的零部件。由外部供应商生产的最大零部件是飞机发动机，三个供应商里面有两个是美国公司，唯一的外国供应商是英国公司劳斯莱斯。

之后情况发生了很大变化。波音最新的商用喷气式飞机——宽体客机波音787的50个外部供应商分布在世界各地，为飞机创造了65%的价值。意大利的Alenia Aeronautica公司生产机身中段和水平尾翼；日本川崎公司生产前机身和机翼的固定后缘；法国的梅西公司生产飞机起落架系统；德国的Diehl Luftahrt Elektronik公司提供主要的机舱照明系统；瑞士的萨博航空公司生产通道门；日本的Jamco公司生产厕所、驾驶舱内部和走廊的部件；日本的三菱重工生产机翼；韩国的KAA生产翼尖；等等。

为什么会发生这样的变化？其中一个原因是波音公司80%的客户是外国的航空公司，

生产业务外包给这些国家有助于把产品销往这些国家。这种趋势开始于1974年,日本三菱公司获得为747生产内侧襟翼的合同,同时波音从日本获得了一个大订单。第二个原因是把零部件生产分散给各个供应商可以利用这些最有效率的生产商的技能。比如,在过去数年中,三菱公司获得了生产机翼的大量经验,所以波音公司让三菱公司为787生产机翼是完全合理的。又如,787是第一架完全使用碳纤维材料的商用飞机,日本东丽工业公司为波音提供机身材料,因为它是全球最顶尖的生产牢固但轻盈的碳纤维合成材料的企业。787零部件大量外包的第三个原因是波音想要减少与建造787所需的生产设施相关的风险和成本。通过外包,它把一些风险和成本转嫁给供应商,这些供应商承担了生产787所需的提升生产能力的主要投资。

那么,波音自己剩下哪些东西呢?设计飞机、营销,以及在西雅图北部的埃弗里特工厂里进行最后的组装,这些活动是波音做得最好的。在零部件的生产上,波音只生产尾翼和翼捎小翼(用来把机翼搭载在机身上),其他的零部件都外包出去。

但是,在21世纪,随着787的不断发展,波音的外包模式显得有些过度,协调如此分散的全球生产系统具有极大的挑战性。零部件不能及时交货;有些部件没能按照波音设想的那样"契合在一起";有些供应商遇到工程问题,从而耽误了整个生产流程。这些挑战的结果是,首架飞机的交付日期被推迟四年多,波音因为延迟交付而不得不支付数百万美元的罚款。其中一家供应商,北卡罗来纳州的Vought飞机制造公司(一家与意大利的Alenia合资的主要机身零部件生产商)存在的问题过于严重,波音不得不收购这家公司,从而实现自制这部分零部件。

有迹象表明,波音正在重新思考它的全球外包政策。它的下一代机型,也就是它广受欢迎的宽体客机777的新机型——777X将会使用与787一样的碳纤维技术,波音会将机翼的生产收回。日本的三菱和川崎公司曾为787和777原型机生产大部分的机翼结构系统,但是,日本航空业最近把大订单给了空中客车,违背了对波音的忠诚,这似乎给了波音把机翼的生产收回的理由。波音的高管还注意到,外包使得波音在过去20年中失去了在机翼生产上的专长,新型碳纤维机翼的自制可以使波音公司重新获得这些重要的核心技术,提高公司的竞争优势。

——资料来源:希尔,王蔷. 国际商务[M]. 9版. 北京:中国人民大学出版社,2014.

◆案例问题

1. 波音公司把787飞机的很多零部件的生产工作外包给国外的供应商有什么好处?
2. 波音公司外包潜在的成本和风险是什么?
3. 除了外国分包商和波音公司,还有谁会从波音把零部件的生产外包给其他国家的做法中受益?谁会是受害者?
4. 如果波音的管理层决定把所有的生产工作都留在美国,会对公司、员工和社区产生什么样的影响?
5. 总的说来,你认为波音采取的外包策略对于美国经济是好事还是坏事?请解释你的理由。

第二章 国际商务基础理论

本章结构图

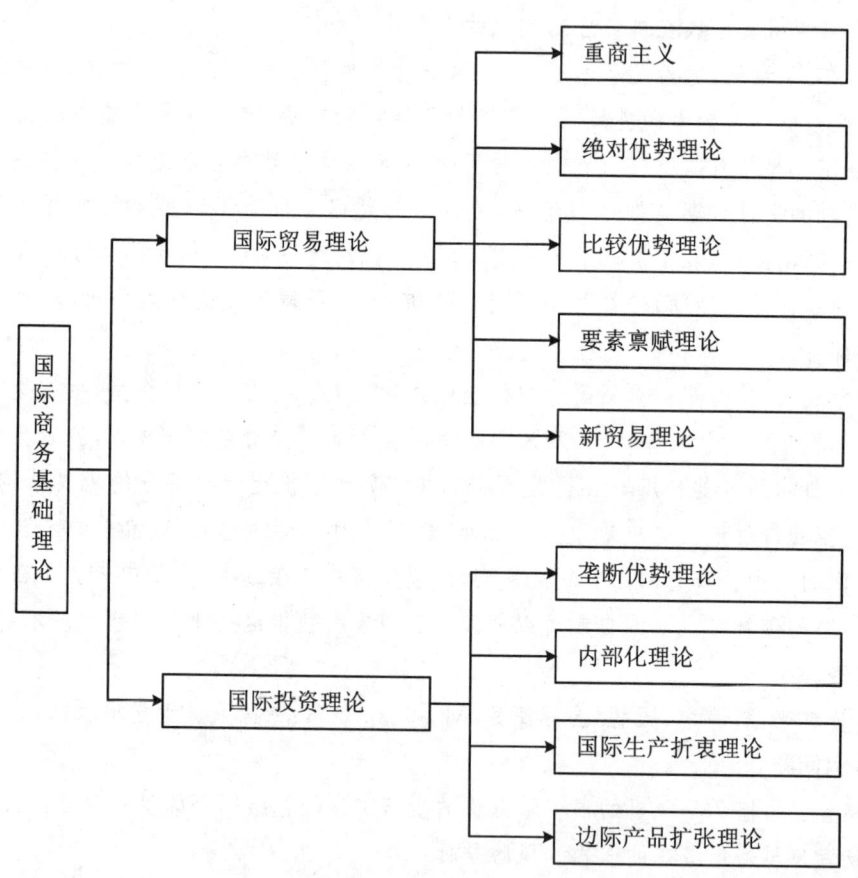

第一篇 国际商务基础

第二章 国际商务基础理论

学习目标

了解国际商务理论发展的基本脉络,熟悉各种理论的基本观点,理解各自的贡献与不足;对企业进行跨国经营的动机、条件和区位选择等决定性因素有充分的认识。

导入案例

为什么美国出口的产品如此有竞争力?

在《全球商务》出版的2008~2011年间,中国把德国从世界出口第一的宝座上赶了下来。中国成为世界出口第一大国的消息在全球广为报道,引起了轰动和关注。然而,很少有媒体报道美国超越了德国成为世界第二大出口国。

2011年,美国出口额达到创纪录的1.48万亿美元,年均增长达到16%。尽管仍然落后于中国1.90万亿美元的出口额,但美国超过了曾长期占据出口冠军宝座的德国(1.47万亿美元)和出口一直很强大的日本(8230亿美元)。那么,美国排在前几位的出口种类是哪些?答案是精炼石油产品、民用飞机、半导体、客车和电信设备。前五大出口的州分别是得克萨斯州(占美国出口总额的1/6)、加利福尼亚州、伊利诺伊州、路易斯安那州和纽约州。美国商务部表示:"出口是美国经济的一个亮点,可以带动经济的复苏。而且,美国有望在2014年年底达到总统制定的出口额翻一番的既定目标。"

为什么美国出口如此有竞争力?美国出口有何独特之处?在全球经济刚刚从2008~2009年大衰退中走出来,仍然不够景气的情况下,是什么驱动了美国出口在近期快速增长?首先,美国出口必须有价值。以民航飞机为例,波音787梦想飞机在投产前就成为最畅销客机的一个重要原因是它能够把油耗降低15%。面临油价不断上涨的压力,这个消息对航空公司管理层来说无疑是重大利好消息。其次,考虑到几乎所有有志于提升本国经济的政府都在敦促本国企业更多出口以对抗经济衰退,美国的出口应该会有几招绝活让对手难以模仿。美国在全球不乏有竞争对手将其产品分解开来并进行逆向工程。欧洲、俄罗斯、中国的航空航天企业此时此刻正在试图超越波音。美国出口商必须用一种更加高效的方式组织起来以面对全球的竞争对手。设计和制造世界级的客机是非常困难的,但是在世界范围内在出售客机后的20~30年里提供服务、训练和维修网络也不简单,客机上任何设备都不能出现故障太久而不修复。

尽管产品自身要有过硬的品质和竞争力,但美国政府也在其中帮了忙。至少十个联邦机构对出口提供了帮助:商务部、国务院、财政部、能源部、农业部、美国贸易代表办公室(USTR)、进出口银行(Ex-Im Bank)、美国国际开发署(USAID)、美国海外私人投资公司(OPIC)和美国小企业管理局(SBA)。由于只有大约1%的美国企业出口,且其中的58%只出口到一个国家,所以如果更多的企业有兴趣参与出口的话,显然会得到更多的帮助。

除了这些常规的出口帮扶,新的举措正在关注自由贸易协定(FTA)的谈判。截至笔者撰写本书时,美国已经与18个国家签署了12项自由贸易协定:澳大利亚、巴林、智利、中美洲自由贸易协定(包括哥斯达黎加、多米尼加共和国、萨尔瓦多、危地马拉、洪都拉斯和尼加

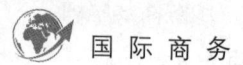

拉瓜)、以色列、约旦、摩洛哥、北美自由贸易协定(包括加拿大和墨西哥)、阿曼、秘鲁、新加坡和韩国。此外,与巴拿马和哥伦比亚的自由贸易协定的谈判已经结束,等待国会的批准。自由贸易协定通常会降低美国出口的贸易壁垒,创造一个更加持续透明的贸易环境。于2011年年末签署的韩美自由贸易协定(KORUS)是美国首次与东亚国家签署该协定,韩美两国同意在5年内取消商品贸易95%的关税。例如,韩国同意逐步取消对美国牛肉进口40%的关税,美国同意取消对韩国汽车进口2.5%的关税。

除了自由贸易协定,美国政府还经常为了更好的市场准入和美国出口贸易条款而与他国政府协商谈判。给中国人民币施压使其升值而美元相对贬值,从而让美国出口更有竞争力就是其中一例。尽管中国政府也希望扩大自己的出口,中国还是从2001年美国第九大出口市场跃升至2011年第三大出口市场,仅次于加拿大和墨西哥。在此期间,美国对中国的出口提高了400%,而美国对世界其他地区的出口只增长了55%。鉴于美国仍然有着巨额贸易赤字(中美贸易逆差是最大的组成部分),显然还有很大的空间去扩大美国出口。

除了正式的制度,国内外非正式的规范和价值观都在美国出口中扮演了重要角色。在本土,所有关于能源节约和绿色环保的善举的言论正在缓慢成为美国文化规范的一部分。其中一例是美国石油消费自2006年起有所下降。这可以解释为什么精炼石油(如汽油、柴油及航油)最近超过民用飞机成为第一大出口项目,部分是因为过去几十年里美国增加的精炼石油产能主要面向出口。尽管有专家写了关于美国影响力下降的文章,但消费和欣赏美国产品等的非正式制度似乎在海外得以扩散。在巴黎地铁站,几乎所有的海报都是关于好莱坞大片的。在阿克拉,中产阶级涌入加纳的第一家肯德基,享用在美国生产的鸡肉。

——资料来源:彭维刚.全球商务[M].3版.易靖韬,译.北京:中国人民大学出版社,2016.

第一节　国际贸易理论

国际贸易理论大致可以划分为古典贸易理论、新古典贸易理论、新贸易理论。古典贸易理论的代表性理论是绝对优势理论和比较优势理论,绝对优势理论和比较优势理论从技术差异角度,分别强调劳动生产率的绝对差异和相对差异。比较优势学说的问世,标志着国际贸易理论体系的建立。古典贸易理论之"古典",在于其分析模型是古典模型,即完全竞争市场和规模报酬不变。新古典贸易理论中,最著名的赫克歇尔-俄林模型从要素禀赋相对差异解释贸易的产生。新古典理论的特征在于,一方面还是分析完全竞争市场,继承"古典"之风,沿用古典模型;另一方面,"新"在该理论的研究角度从交换转移成生产,即解释外生技术差距的原因。新贸易理论认为即使两国的初始条件完全相同,没有李嘉图所说的外生比较优势,但如果存在规模经济,两国同样可以选择不同的行业进行分工,开展贸易。新贸易理论之"新"在于,其理论突破了传统理论中完全竞争与规模报酬不变的假设,而建立在不完全竞争与规模经济等全新的假设之上。

一、重商主义

对国际贸易的系统研究,开始出现于重商主义经济学时代,重商主义是国际贸易理论的思想先驱,产生于14世纪末到18世纪,这一阶段正是资本主义经济的资本原始积累阶段,除了在国内对农民剥夺之外,国际贸易和海外掠夺是西欧国家资本原始积累的重要手段。而地理大发现勾勒了最初的世界体系,全球贸易、贵金属和商业资本快速增长和流通,欧洲加速从传统社会向现代社会转型,经济上向资本主义经济转变。

（一）重商主义的主要内容

货币(以金银为代表的贵金属)是衡量一国财富的唯一标准,各国尽可能积累更多的财富,增加财富的唯一办法就是增加货币拥有量。重商主义认为出口是有益的,进口是有害的,国家的繁荣来自贸易顺差。尽可能地多出口、少进口,这样一国就能积累金银,增加国民财富、声望和权力。基于这样的理念,重商主义者一贯主张政府干预以便实现对外贸易的顺差。他们建议政策的目标应该是出口最大化而进口最小化,为此可以通过关税和配额限制进口,并对出口进行补贴。

贸易参与国不可能同时出现贸易顺差,一国的贸易顺差必然意味着另一国的贸易逆差,而且任一时点上的金银总量是固定的。因此,一国在贸易中的获利总是以其他国家的损失为代价的,即国际贸易是一种"零和博弈"。

（二）重商主义的发展阶段

(1) 早期重商主义:货币差额论(15世纪末至16世纪中叶)。早期的重商主义者强调绝对的贸易出超,也被称为重金主义,其代表人物为英国的威廉·斯塔福(William Stafford)。早期重商主义者主张国家采取行政手段,禁止货币的输出,控制商品的输入,以贮藏尽量多的货币。一些国家甚至要求外国人来本国进行交易时,必须将其销售货物所获得的全部款项用于购买本国货物或在本国消费。

(2) 晚期重商主义:贸易差额论(16世纪下半叶至17世纪)。晚期重商主义认为,从长远的观点看,在一定时期内的贸易入超是允许的,只要最终的贸易结果能保证出超,保证货币最终流向国内就可以。晚期重商主义代表人物英国的托马斯·孟认为,对外贸易必须做到商品的输出总值大于输入总值(即卖给外国人的商品总值应大于购买他们商品的总值),以增加货币流入量。为了达到此目的,政府应该实施"奖出限入"的政策措施,即通过关税和配额限制进口,并对出口实施补贴,以保证对外贸易的出超。

（三）对重商主义的评价

从历史的观点来看,重商主义理论及其政策主张促进了商品货币关系和资本主义工场手工业的发展,为资本主义生产方式的确立与成长创造了必要的条件。然而,其局限性也是

非常明显的,具体如下:

第一,错误地将货币(金银)与财富等同起来,从而将高水平的货币积累与供给等同于经济繁荣,并以贸易顺差与货币流入作为其唯一的政策目标。

第二,重商主义把贸易看作一种"零和博弈"的观点显然是错误的,斯密和李嘉图揭示了该理论的局限性,并证明贸易是正和博弈,即所有的国家都能获益。

总体而言,重商主义解释了国家希望获得贸易顺差的原因,即使在今天仍有许多人认为贸易顺差是有益的,他们推崇一种叫作新重商主义的观点。这种观点将政治势力等同于经济势力,将经济势力等同于贸易顺差。工会(努力保护本国就业机会)、农民(希望提高作物价格)和某些生产厂商(非常依赖出口)都倾向于支持重商主义。然而重商主义会损害进口企业的利益,尤其是那些进口原材料和零部件用于生产成品的企业。重商主义还损害了消费者的利益,因为限制进口会缩小他们可以购买的商品的选择范围。进口限制引起的产品短缺可能会导致价格提高、通货膨胀。在极端情况下重商主义者可能会采取"以邻为壑"的政策,以牺牲其他国家利益为代价来保护本国利益。

分析案例 2-1

贸易关税是特朗普政府对华推行"新重商主义"的重要政策工具。特朗普贸易政策的主要理念体现了美国传统的极端重商主义特点。正如劳尔·普雷维什(Raúl Prebisch)曾于1949年指出当世界经济体系的"动力中心"转移到美国以后,"外围"国家(地区)就处在更加不利地位上。造成这种后果的主要原因在于"因为自然资源丰富和实施保护性关税政策,美国历来就是一个进口系数较低的国家"。

2016年,美国大选期间,考虑到中国对美国的巨大贸易盈余及美国高失业率现状,特朗普扬言对中国出口产品课征45%关税。2017年特朗普执政初期,美方随即以"国家安全"为武器,以各种理由对华提出"双反"赋税制裁乃至301、337调查,美方贸然频繁使用"新重商主义"措施的举动一下成为短期内推进中美双边贸易包容性战略合作的主要障碍。截至2018年5月底,特朗普政府已对中国产品实施至少40起反补贴、反倾销以及337调查与关税制裁。随着特朗普政府激进冒险主义的加剧,中美贸易关税之争正式展开。2018年美方率先对华先后启动二轮加征关税清单方案,涉及商品高达2500亿美元。2019年5月美方公布对第二轮2000亿美元中国输美商品的关税提高到25%的加征实施方案。2019年9月特朗普政府进一步对中国出口美国余下的价值3000亿美元商品实施第三轮加征15%的关税清单方案。若上述系列关税加征方案持续性付诸实施,对中美产业价值链合作乃至全球经济将产生广泛的负面影响,甚至对美自身也会导致严重的"特朗普式衰退"。

二、绝对优势理论

在1776年出版的标志性著作《国民财富的性质和原因的研究》(《An Inquiry into the Nature and Causes of the Wealth of Nations》),即《国富论》一书中,英国古典经济学家亚当·斯密(Adam Smith)批评了重商主义的观点,认为国家通过自由贸易能获得最大收益。斯密认为重商主义侵犯了个人进行自由贸易并从自由交换中获利的权利。如果尽量减少进口,一个国家将不可避免地将大部分本国资源浪费在生产低效率的产品上。因此重商主义的效率低下最终减少了整个国家的财富,仅仅使有限的一部分人和利益集团富起来。

(一)绝对优势理论的主要内容

斯密提出了绝对优势理论(theory of absolute advantage),分工与交换是该理论的逻辑起点。斯密认为互通有无、物物交换是人类共有的、也是人类所特有的倾向,这种倾向导致了分工的产生。分工能够提高劳动生产率,在先天禀赋和后天技术的共同影响下,各国生产某种产品的劳动生产率会有绝对的差异,这种劳动生产率的绝对差异导致了各国生产成本的差异,并进而导致了国际贸易的产生。

在自由贸易下,每个国家通过专门从事其具有绝对优势的经济活动来获益。绝对优势是指一国所具有的绝对有利的、适合某些特定产品生产的条件。例如,斯密指出,相比英国,葡萄牙因为拥有更优越的土地、水和气候条件,在种植葡萄和生产葡萄酒方面处于绝对优势;同样,相对于葡萄牙,英国在养殖绵羊和生产毛呢上更具有优势。斯密建议,英国应该专业化养殖绵羊和生产毛呢,葡萄牙应该专业化种植葡萄和生产葡萄酒,然后两国进行交换。如果各国都按照其绝对有利的生产条件去进行专业化生产并彼此交换产品,那么它们就能有效地利用各自的资源、劳动和资本,从而有效地提高生产效率,增加各自的福利。换言之,一个国家在国际贸易中应该出口那些在生产成本上具有绝对优势的产品,进口那些在生产上处于绝对劣势的产品。国际贸易并非像重商主义所认为的那样是一种零和博弈,它是一种正和博弈。

(二)对绝对优势理论的评价

1. 绝对优势理论的贡献

斯密的贸易理论揭示了国际分工能够使资源得到有效利用,说明了分工的重要性,指出了贸易的互利性,使人们认识到了自由贸易的好处。应该说,绝对优势理论第一次从经济学原理角度探讨国际贸易产生的原因、贸易模式以及贸易利益,为以后的国际贸易理论研究奠定了非常重要的基础。绝对优势理论是最早的国际分工理论,它为西欧资本主义国家后来推行自由贸易政策提供了强有力的支持。

2. 绝对优势理论的缺陷

(1)它最大的缺陷是不能解释如果两个国家中有一国在任何商品的生产上都不拥有绝对优势时所进行的分工与交换,条件苛刻,局限性大。

(2)虽然它以劳动价值论为基础,但不能说明在国际交换中是不是等价交换。

根据这一理论,一国要参与国际贸易,就必须有至少一种产品在生产上与贸易伙伴相比处于生产成本低的优势地位,但如果一个国家没有一种具有绝对成本优势的产品,那么,这个国家是否还进行国际贸易?在这种情况下贸易双方还能不能都获得利益呢?在上述情况下,自由贸易仍然是各国应该执行的政策吗?这些问题显然不易用绝对优势理论进行解释,或者说绝对优势理论仅解释了小部分的贸易事实。

三、比较优势理论

尽管绝对优势的概念为国际贸易提供了大概最早的、合理的理论基础，但它只解释了国家之间具有绝对优势的情形。当国家不具备绝对优势的时候，斯密的理论未能给出答案。

（一）比较优势理论的主要内容

英国古典经济学家大卫·李嘉图在其1817年发表的《政治经济学及赋税原理》一书中，以英国和葡萄牙之间的贸易为例，提出了比较优势（comparative advantage）理论，认为比较优势是分工和贸易的依据。比较优势理论是对斯密的绝对优势理论的重大补充和发展，成为自由贸易理论体系建立的标志。

李嘉图认为，即使一个国家在所有产品的生产上都处于绝对劣势，也可以通过参与国际贸易来实现更多的利益。贸易得以产生的原因在于，各国劳动生产率之间的绝对差距并不是在任何产品的生产上都一样，于是处于绝对劣势的国家应专业化生产并出口其绝对劣势较小的商品，即具有比较优势的商品；同时，进口其绝对劣势较大的商品，即具有比较劣势的商品。同样，对于在每种商品上都拥有绝对优势的国家而言，也不必生产全部商品，只需选择其绝对优势较大的商品进行专业化生产并出口，而进口绝对优势较小的商品。此外，李嘉图还指出，生产技术上的相对差异导致了相对劳动生产率的不同，进而导致相对生产成本和相对价格的不同，两国劳动生产率的相对差异构成了贸易的基础。

（二）对比较优势理论的评价

1. 贡献

比较优势理论比绝对优势理论更全面、更深刻地揭示了国际贸易产生的原因，说明了国际贸易的产生不仅在于绝对成本的差异，而且在于比较成本的差异，从而阐明了发展程度不同的国家都可以从参与国际贸易和国际分工中获得利益，更符合实际；揭示了国际贸易的互利性，是国际贸易理论的主流理论，至今仍具有指导作用。比较优势理论是很多国家制定贸易政策的理论依据。从整体来看，这些观点对世界市场的扩大、社会生产力的进步和国际贸易在更广泛领域的展开都无疑具有积极的促进作用。

2. 缺陷

为了论证其比较优势理论，李嘉图提出很多假设条件，这些假设条件过于苛刻，影响了其普遍适用性；从国际贸易的互利性出发，要想获得贸易利益，必须是自由贸易，但现实是各国都存在贸易保护主义；未能解释两国进行商品交换的比率问题，即贸易利益或利得是如何在贸易双方分配的；比较优势理论也未能解释比较优势的根源问题，即一国为何具有比较优势。到底是什么原因造成了各国在生产不同产品时的比较成本差异，李嘉图的理论并未给出合理的解释。

分析案例 2-2

传统上,贸易流量是由各国在劳动力和资本禀赋、相对生产率、地理、基础设施或制度因素等方面的差异决定的。在数字时代,比较优势的前述传统来源的重要性正在发生改变,物质基础设施、跨境手续和地理因素可能变得不那么重要,新的优势源泉不断出现。

在数字经济模式下,数字资源禀赋及数字技术使用的能力差异成为国际分工合作的新依据,那些数字化转型起步较早、数字技术较为成熟、数字基础设施较为完善的国家将进一步强化其在技术和资本方面的比较优势,在内部形成更加稳定的分工体系。发展中国家一向将低劳动成本和低附加值生产作为其参与国际贸易体系的一种传统比较优势,但其作用将被人工智能、3D打印和先进的机器人技术削弱,数字化基础薄弱的发展中国家将进一步陷入产业转型升级和发展赶超的困境,从而与发达国家之间产生新的贸易逆差。

除了传统来源外,针对数字时代贸易的比较优势将会出现新来源。数字技术在降低贸易壁垒的同时,也会引发网络安全、数据保护、知识产权、跨境业务准入、内容审查、道德伦理等新的问题,而解决这些问题的正式和非正式制度因素可能会变得特别重要,从而放大了制度对比较优势的重要性。

在新的贸易体系中,大数据是实现贸易产品多样化的重要源泉,而数字平台将成为协调和配置数据资源、实现价值创造和价值汇聚的基本经济组织。各贸易主体以数字平台为核心,带动各贸易环节智能联动,形成一个互利共赢的生态系统,利用网络规模效应形成垄断性优势,并可能使全球价值链布局产生根本性变革。可以说,未来掌握数字平台的国家和企业将成为贸易利益分配的主导者。

——资料来源:陈健,陈志.数字技术重塑全球贸易:我国的机遇与挑战[J].科技中国,2020(5):57-59.

四、要素禀赋理论

同古典经济理论关注劳动生产率不同,20 世纪上半叶瑞典经济学家赫克歇尔(Eli F. Heckscher)和俄林(Bertil G. Ohlin)从要素禀赋的相对差异出发,解释国际贸易的起因及贸易形态的决定。赫克歇尔和俄林指出,李嘉图理论中只有一种要素——劳动力,国际分工和贸易的出现完全是因为不同国家的劳动力生产不同产品存在技术差距,由此产生比较优势。然而在现实中,即使是已经完成工业化、技术水平差距不大的发达国家之间,相同产品的生产成本仍然存在很大差异。因此,技术差距并不能完全解释国际贸易。他们提出并完善了要素禀赋理论,这种理论也被称为赫克-俄林理论(H-O 理论)。这一理论认为,不同国家的贸易和国际分工的原因除了技术差距之外,各国不同的要素禀赋差异也是重要原因。

(一)要素禀赋理论的主要内容

1. 要素禀赋理论的主要观点

根据要素禀赋理论,一国应该出口密集使用该国相对充裕而便宜的生产要素生产的产

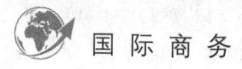

品,而进口密集使用该国相对稀缺而昂贵的生产要素生产的产品。简言之,劳动丰富的国家出口劳动密集型商品,而进口资本密集型商品;相反,资本丰富的国家出口资本密集型商品,进口劳动密集型商品。

2. 要素禀赋论的理论分析

俄林认为,同种商品在不同国家的相对价格差异是国际贸易的直接基础,而价格差异则是由各国生产要素禀赋不同,从而要素相对价格不同决定的,所以要素禀赋不同是国际贸易产生的根本原因。

(1)国家间的商品相对价格差异是国际贸易产生的主要原因。在没有运输费用的假设前提下,从价格较低的国家输出商品到价格较高的国家是有利的。

(2)国家间的生产要素相对价格的差异决定商品相对价格的差异。在各国生产技术相同,因而生产函数相同的假设条件下,各要素相对价格的差异决定了各国商品相对价格存在差异。

(3)国家间的要素相对供给不同决定要素相对价格的差异。俄林认为,在要素供求决定要素价格的关系中,要素供给是主要的。在各国要素需求一定的情况下,各国不同的要素禀赋对要素相对价格产生不同的影响;相对供给较充裕的要素相对价格较低,而相对供给较稀缺的要素相对价格较高。因此,国家间要素相对价格差异是由要素相对供给或供给比例不同决定的。

通过严密的分析,俄林得出了结论:一个国家生产和出口那些大量使用本国供给丰富的生产要素的产品,价格就低,因而有比较优势;相反,生产那些需大量使用本国稀缺的生产要素的产品,价格更贵,出口就不利。各国应尽可能利用供给丰富、价格便宜的生产要素,生产廉价产品输出,以交换别国价廉物美的商品。

3. 要素价格均等化理论

要素价格均等化定理是俄林研究国际贸易对要素价格的影响而得出的著名结论。俄林认为,在开放经济中,国际间因生产要素自然禀赋不同而引起的生产要素价格差异将通过两条途径而逐步缩小,即要素价格将趋于均等。第一条途径是生产要素的国际移动,它导致要素价格的直接均等化;第二条途径是商品的国际移动,它导致要素价格的间接均等化。国际贸易最终会使所有生产要素在所有地区都趋于相等。同时,俄林认为生产要素价格完全相同几乎是不可能的,这只是一种趋势。

(二)对要素禀赋理论的检验——里昂惕夫之谜

要素禀赋理论一直是国际经济学中最有影响力的理论之一,并得到很多经验检验。美国拥有大量的资本,似乎它应该出口资本密集型产品。在20世纪50年代,里昂惕夫(Wassily W. Leontief)经验检验的结果似乎与要素禀赋理论相悖。尽管美国拥有足够的资本,它却在出口劳动密集型产品,进口资本密集型产品。这就是所谓的里昂惕夫之谜。

为了证明H-O理论的正确性,也为了消除里昂惕夫之谜,里昂惕夫及许多经济学家都提出了各种各样的解释。里昂惕夫认为,美国工人的劳动生产率比其他国家高3倍,因此,美国的劳动存量应是劳动人数乘以3,这样美国出口的就是劳动密集型产品了。其他经济学家从要素密集度逆转、需求逆转、贸易保护政策、自然资源要素影响等方面对里昂惕夫之谜进行了解释。也许里昂惕夫悖论的主要贡献在于它揭示了国际贸易是复杂的,是无法用某一个理论完全解释清楚的。

（三）对要素禀赋理论的评价

1. 贡献

赫克歇尔-俄林的要素禀赋论和要素价格均等化学说是在比较利益学说基础上的一大进步,有其合理的成分和可借鉴的意义。大卫·李嘉图假设两国交换是物物交换,国际贸易起因于劳动生产率的差异,而赫克歇尔、俄林用生产要素禀赋的差异寻求解释国际贸易产生的原因和国际贸易对要素价格的影响,研究更深入、更全面,认识到了生产要素及其组合在各国进出口贸易中居于重要地位。一国的某种生产要素丰富,要素价格低廉,出口该要素密集型产品具有比较优势；某种生产要素稀缺,要素价格昂贵,进口这种要素密集型产品对本国有利。他们研究所得出的结论有一定的政策含义,即"靠山吃山,靠水吃水",发挥一国要素上固有的优势,从固有的要素优势出发进行国际贸易,使自己能够把成本较为低廉的产品推向国际市场。因此,依照H-O理论制定一国的对外贸易战略与政策,是多数国家,特别是发展中国家对外开放的出发点。

2. 局限

只用要素禀赋差异解释贸易的发生,并不具有普遍性,因为自然禀赋并非贸易发生的充分条件,社会因素在确定一国对外开放的战略中具有极其重要的地位。同时,H-O理论比较强调静态结果,排除了技术进步等因素,这严重影响了该理论的广泛适用性。事实上,一国的资源优势除了自然禀赋外,更有来自社会经济发展而重新产生的后天优势。例如,一国的资本丰富状况大多是社会经济发展的产物。另外,这一理论对于需求因素并未予以考虑,因此,其对现实的解释能力受到一定削弱。

五、新贸易理论

20世纪60年代以来,国际分工(international division of labor, IDL)格局出现了两大倾向：其一是发达国家间的贸易量大为增加,发达国家间的贸易成为国际贸易的主要构成部分；其二是同类产品之间的贸易量大为增加,出现了许多同一行业既出口又进口的行业（产业）的国际分工模式。用传统的"资源禀赋"或"比较优势"差异原理,都不能对上述倾向做出令人满意的解释。20世纪70年代末,以保罗·克鲁格曼为代表的一批经济学家将产业组织理论运用于国际贸易研究,从不完全竞争和规模经济的角度说明贸易的起因和利益,被称为"新贸易理论"(new trade theory)。从本质上讲,新贸易理论并没有否定比较优势理论,而是根据市场结构对贸易功能进行重新定位,新贸易理论主要观点包括：

（1）在国际分工中,规模经济和自然禀赋差异均是引发国际分工和贸易的经济变量。在完全竞争条件下,自然禀赋差异率或比较优势是引发国际分工和贸易的主要原因。而在不完全竞争市场结构框架中,规模经济、产品差异等是国际分工和贸易发生的主要解释变量。新贸易理论认为,在完全竞争市场结构中,传统意义上的要素禀赋理论,对于解释部门间贸易模式,特别是对贸易流量中的要素含量差异,始终是有效的。在不完全竞争市场状态下,生产要素价格偏离边际价值,商品价格大于边际成本和平均成本,不能如实反映一国的比较成本优势和劣势,从而引起贸易福利的不均衡分配。因此,在不完全竞争市场结构条件下,规模经济是独立于比较成本之外的又一引发对外贸易的决定因素和经济变量。前者属于垂直型产业间分工模式,后者属于水平型产业内分工模式。

(2) 规模经济下的国际分工格局、贸易模式具有不确定性。现实中,一个国家出口什么产品常常由一些偶然因素或历史因素决定。例如瑞士的钟表行业。在18世纪,钟表行业主要为手工作坊生产,钟表属于技能劳动密集型产品,而当时瑞士恰好拥有大量的技能型劳动力,于是钟表行业在瑞士率先得到发展。随着行业的发展壮大,这种先行优势因规模经济的存在迅速转化为成本优势,奠定了瑞士钟表行业在国际分工中的地位。此外,国内市场的规模以及政府政策也会影响规模经济下的贸易格局。

(3) 在不完全竞争和规模经济条件下,国际贸易的作用在于使一国市场扩大。市场扩大将产生两种积极效应:一是通过企业产量的提高实现规模经济利益;二是增加差异产品的品种数量。从整个社会的福利来看,贸易的利益体现在以下两个方面:一是生产成本的降低使消费者可以更低的价格购买商品;二是产品品种的增加使消费者有更多的选择,从而满足消费者的多样化偏好(love of variety)。

表2.1为对以上几种国际贸易理论的比较。

表2.1 国际贸易理论比较

	古典贸易理论	新古典贸易理论	新贸易理论
代表性理论	绝对优势理论 比较优势理论	生产要素禀赋理论 要素价格均等化理论 里昂惕夫之谜	基于外部规模经济的新马歇尔模型 基于内部规模经济的新张伯伦模型 古诺双头垄断模型
基本假设(技术、要素、产品、市场、企业)	外生技术差异、一种要素、同质产品、完全竞争市场、企业同质	外生技术差异、两种要素、同质产品、完全竞争市场、企业同质	内生技术差异(规模经济)、多种要素、差异化产品、不完全竞争市场(垄断竞争)、企业同质
贸易动因	劳动生产率差异 (外生比较优势)	生产要素禀赋差异 (外生比较优势)	规模经济效应 (内生比较优势)

第二节 国际投资理论

国际直接投资作为国际投资的一种主要形式,引起了生产要素在各国之间的流动,影响了投资国的对外贸易状况,同时也对东道国引进外资、技术、产业发展等产生影响。在第二次世界大战后,国际直接投资得到了前所未有的发展,成为世界各国发展对外经济关系、参与国际分工的重要形式。所以,对国际直接投资理论的研究就显得十分重要。20世纪60年代初期,海默最先提出国际直接投资理论(theory of foreign direct investment),其后经过弗农、巴克莱、小岛清等人的发展,到70年代后期终于由邓宁完成了国际直接投资的一般理论。这些理论侧重于研究跨国公司对外直接投资的决定因素、发展条件及其行为方式,强调跨国发展的企业需具有垄断性的竞争优势地位。但随着经济全球化步伐的日益加快,国际直接投资日益呈现出多样化的格局。不仅欧、美、日"大三角"国家及地区加大了对外直接投资的广度和深度,新兴发展中国家也积极参与到国际直接投资的行列中。如果按照这些理论进行论断,都无法解释发展中国家企业跨国发展的动因。因为无论从规模、资本还是技术水平和经营管理技能等方面,发展中国家的企业同发达国家的企业相比,均存在着明显的差距。基于这种实际情况,国际直接投资理论在近几年取得了许多新的发展,陆续出现了一些专门用来解释发展中国家企业对外直接投资行为的理论。

一、垄断优势理论

1960年,美国学者斯蒂芬·海默(Stephen Hymer)在麻省理工学院完成的博士论文《国内企业的国际化经营:对外直接投资的研究》中,率先对传统理论提出了挑战,首次提出了垄断优势理论(the theory of monopolistic advantage)。该理论是在批判传统的国际资本流动理论的基础上,通过实证研究美国跨国公司对外直接投资实践而建立的。随后,金德尔伯格(C. P. Kindleberger)、约翰逊(H. G. Johnson)、凯夫士(R. E. Caves)和尼克博克(F. T. Knickerbocker)等人分别对海默提出的垄断优势理论进行了补充和发展,使之成为系统、独立地研究跨国公司与对外直接投资最早和最有影响力的理论。

(一)主要内容

垄断优势理论的核心内容是"市场不完全"与"垄断优势",即市场的不完全性是对外直接投资的根本原因,同时跨国公司的垄断优势是对外直接投资获利的条件。

海默认为,当时的市场竞争不再是完全竞争,而是不完全竞争。传统的解释国际资本流动的理论是要素禀赋理论,该理论认为各国的产品和生产要素市场是完全竞争的:资本从"资本过剩"的国家流向"资本稀缺"的国家,国际资本流动的根本原因在于各国间利率的差异,对外投资的主要动机是追求较高的利率。海默等认为这种理论已不能科学地揭示战后迅速发展的国际直接投资现实。跨国公司从事对外直接投资会遇到诸多障碍,如语言、法律、文化、经济制度的不同,非国民待遇,汇率风险等。与东道国企业相比,跨国公司在这些方面处于不利的地位。面对诸多问题,跨国公司仍然进行对外直接投资的根本动因是跨国公司拥有的垄断优势,主要分为以下几类:

第一,来自产品市场不完全的垄断优势。这主要与商品特异、商标、特殊的市场技能或价格联盟等因素有关,如来自跨国公司拥有的产品差异化能力、商标、销售技术和渠道或其他市场特殊技能以及包括价格联盟在内的各种操纵价格的条件。

第二,来自要素市场不完全的垄断优势。这主要是由于特殊的管理技能、在资本市场上的便利及受专利制度保护的技术差异等原因造成的,如技术要素(优势可来自专利、技术诀窍等知识产权,技术的专有垄断既可以使跨国公司的产品与众不同,又可以限制竞争者进入市场;充分的研发费用,加快了大公司的技术创新步伐)、资本要素(跨国公司可凭借其拥有较高的金融信用等级而在资本市场上以较低的成本,较多较快地筹集到资金)、管理技能和信息等方面。

第三,来自规模经济的垄断优势。即通过横向一体化或纵向一体化,在供、产、销各环节的衔接上提高效率。大企业为谋求规模经济而投入的巨额初始资本,对欲加入市场与之竞争的新企业来说无疑是一道难以逾越的门槛,而且伴随着很大的风险,另外,跨国公司可以利用国际专业化生产来合理配置生产经营的区位,避免母国和东道国对公司经营规模的限制,扩大市场占有份额。

第四,来自政府干预的垄断优势。东道国和母国政府可以通过市场准入、关税、利率、税率、外汇及进出口管理等方面的政策法规对跨国公司的直接投资进行干预,跨国公司可以从政府提供的税收减免、补贴、优先贷款等方面的干预措施中获得某种垄断优势。

(二)简要评价

1. 贡献

垄断优势论以不完全的市场竞争代替完全的市场竞争,说明企业可以运用其组织上的效率和优势与当地企业展开角逐,有效地解释了第二次世界大战后美国跨国公司迅速发展的实际状况。此外,将跨国公司作为研究对象的主体,把对外直接投资和对外证券投资区分开来,创立了独立的跨国公司理论。这种剥离对以后的理论研究产生了重大影响,使此后的国际投资理论越来越接近现实,具有较强的科学性和现实意义。

2. 缺陷

由于海默的研究针对的是美国跨国公司,具有特殊性而缺乏普遍性,尤其是对于20世纪60年代以后发展中国家的对外直接投资更是难以做出科学解释。另外,垄断优势论只是阐明了对外直接投资的动机,对于跨国公司对外直接投资的产业分布和区域分布并未做出深入分析。

二、内部化理论

内部化理论(the theory of internalization)又称市场内部化理论,是在20世纪70年代以后由英国学者巴克莱(P. J. Buckley)、卡森(M. Casson)和加拿大学者拉格曼(A. M. Rugman)在对传统的国际直接投资理论批判的基础上共同提出来的。内部化理论的渊源可以追溯到英国学者罗纳德·科斯(R. H. Coase)于1937年发表的《企业的性质》(《The Nature of the Firm》)一文中的产权经济学理论。科斯认为由于市场失效、市场不完全将使企业的交易成本大大增加,包括签订合同的签约费用、信息收集费用以及签订合同后发生的各种费用等。企业为了避免这些额外增加的成本,便产生了"内部化",即以企业内部市场取代不完全的外部市场的倾向。1976年,英国学者巴克莱(Peter J. Buckley)和卡森(Mark Casson)在《跨国公司的未来》(《The Future of the Multinational Enterprises》)一书中运用交易成本理论和垄断优势理论,正式提出了内部化理论,后来加拿大学者拉格曼(A. M. Rcgman)在1981年出版的《跨国公司的内幕》和1982年出版的《跨国公司新理论》中对其做了进一步的发展。

（一）主要内容

从国际直接投资理论形成过程中可以看出,海默等首先用不完全竞争(即市场不完全)代替传统理论中完全竞争的假定前提条件,建立了垄断优势论。巴克莱和卡森仍以不完全竞争作为假定前提条件,但对其重新做出了解释,从而建立了内部化理论。海默认为,由于垄断造成了市场的不完全,市场不完全是跨国公司进行对外直接投资的前提条件。内部化理论也承认市场的不完全,但是已不是海默等人强调的规模经济、产品特异、市场进出障碍等内容,而是指由于市场失灵以及产品的特殊性质或垄断因素的存在而导致企业参加市场交易的成本上升。

巴克莱和卡森认为,市场内部化的过程取决于四个因素:一是产业特定因素,是指与产品性质、外部市场结构和规模经济等有关的因素;二是区位特定因素,是指由于区位地理上的距离、文化差异和社会特点等引起交易成本的变动;三是国家特定因素,是指东道国的政治、法律和财经制度对跨国公司业务的影响;四是公司特定因素,是指不同企业组织内部市场的管理和协调能力。在这几个因素中,产业特定因素是最关键的因素。随着科技的进步,企业生产经营活动的内容和范围都发生了很大的扩展,它需要有良好的外部环境,特别是发达的中间产品市场,若中间产品特别是知识产品的市场是不完全的,这就导致企业只能将不完全的外部市场进行内部化。

知识产品具有以下几个特点:

(1) 知识产品耗时长、费用大。在知识产品的研究与开发过程中,企业要投入大量的人力、物力和财力,如西方一些大型跨国公司每年要投入大量的技术人员和数十亿美元的研究与开发费用,用于新产品的开发(即生产知识产品)。同时,花费的时间也比较长,短则几年,长则十几年甚至几十年,亦即企业要花费巨大的代价,但其研究与开发的结果具有不确定性,并不一定能保证生产出预期的知识产品。一次性在外部市场转让知识产品,并不一定能全额补偿最初的投入。

(2) 知识产品可以给拥有者提供垄断优势。知识产品的拥有者如在外部市场上将其转让,无疑等于扶持了竞争对手,削弱了自身的竞争力,而利用差别性定价则比通过发放许可证更能有效地利用这些优势,给知识拥有者带来更大的收益。

(3)知识产品市场的外部化可能导致增加额外的交易成本。知识具有公共产品的性质。由于公共产品的消费是"共享"的,它对于某一个人或企业的供给并不减少对其他人的供给,某一个人或企业的享用也不影响其他人的享用。因此,将知识产品提供给某个人或企业的时候,就不可能或者至少要花很大的代价才能阻止其他人从中受益。

(4)由于市场的不完全性,知识产品的价格不易确定。在各类市场中,知识产品市场的不完全性表现得尤为突出。基于保密方面的考虑,企业在转让知识产品的时候,不可能和盘托出所有的技术细节,并且知识产品的效益只有在将其投入生产过程中后才能体现出来,而且还会受到其他相关因素的影响和制约。这些因素均会导致买方对知识产品的价值缺乏全面而深刻的认识。知识产品的唯一性,可能导致卖者提出过高的要价,买卖双方就知识产品的价格很难协调一致,其出路只有进行市场内部化。

知识产品的市场结构和知识产品在现代企业经营管理中的重要地位决定了其市场内部化的动机最强。内部化市场是相对于外部化市场而言的。跨国企业为了避免在外部化市场销售知识产权所引起的优势散失风险,便组成自己的内部化市场,使企业内跨国界的生产组织、资源调配和内部定价相互依赖,结成一体。正是这种内部化组织方式,使跨国企业能够有效地使用企业产权知识,获取更高的收益。国外子公司把在国内市场开发发展起来的产品扩展到国际市场上,在国际经营中保持优势。跨国企业在所有可能的市场上开发利用知识优势,并使利用知识的收益保持在企业内部,以便补偿创造知识所花费的成本。实行市场内部化已成为当代大型跨国企业的重要经营策略。

(二) 简要评价

1. 贡献

内部化理论是西方学者跨国公司理论研究的一个重要转折,具体表现在:第一,它从内部市场形成的角度阐述了对外直接投资理论,对跨国公司的内在形成机理有比较普遍的解释力,与其他对外直接投资理论相比,它适用于不同发展水平的国家,包括发达国家和落后国家,因而在跨国公司理论研究中具有相当于"通论"和"一般理论"的地位,大大推进了对外直接投资理论的发展。第二,该理论强调了知识产品内部一体化市场的形成,更加符合当今国际生产的现实状况。

2. 缺陷

内部化理论的不足之处有:第一,过分注重企业经营决策的内部因素,却忽略了对影响企业运作的各种外部因素的分析,比如,它不能够解释对外直接投资的地理方向和跨国公司经营的布局。第二,内部化理论不能很好地解释为什么交易的内部化在特定的情况下必须表现为跨越国界的行为。第三,内部化理论说明的是跨国公司纵向一体化的国际直接投资行为,对横向一体化、无关多元化的跨国投资行为缺乏解释力度。

三、国际生产折衷理论

1977年,英国里丁大学的教授约翰·邓宁发表了《贸易、经济活动的区位和多国企业:

折衷理论探索》一文,提出了国际生产折衷理论。邓宁认为,过去的国际直接投资理论是建立在对不同时期和不同国家对外直接投资的实证分析基础之上的,都只是从某一个侧面进行研究,都有其片面性,只是对国际直接投资行为做了部分解释,不能成为国际直接投资的一般理论,应该建立一种综合性的理论,以系统地说明国际直接投资的动因和条件。邓宁归纳并吸收了以往各种理论中的合理内容,又加上了他自己的区位理论,最终形成了当代国际直接投资理论体系中概括性和综合性较强的一种理论——国际生产折衷理论。

(一) 主要内容

国际生产折衷理论认为,跨国公司开展对外直接投资是由三种因素共同决定的:所有权优势、内部化优势和区位优势。这三个条件互相联系,缺一不可。

1. 所有权优势

所有权优势也就是垄断优势。这类优势又具体分为三种:一是跨国公司由于多国经营形成的优势;二是跨国公司各分支机构在生产管理上集中所形成的优势;三是在同一区位内,跨国公司拥有优于当地企业的优势。

所有权优势来自企业对有形和无形资产的占有状况。有形资产包括规模经济、多样化经营以及对原料和产品市场的垄断。无形资产则包括技术专利、商标、管理技能、营销技能、研发能力、融资能力等。显然,就某一经济主体拥有的资产来说,无形资产比有形资产的流动性更强,因此,跨国公司拥有在世界上任何地方都可以利用的无形资产优势是其从事国际生产的重要条件。

2. 内部化优势

跨国公司将其拥有的优势内部化的主要动机是避免世界外部市场的不完全性对公司跨国经营产生不利影响,并保持和充分利用公司技术创新方面的垄断领先地位。巴克莱等人特别强调了中间品的特殊属性和市场的不完全。邓宁则认为外部市场对于中间品和最终产品来说都是不完全的,都存在这样或那样的交易障碍。他把市场失灵分成两类:一类是结构性的市场失灵,具体表现为东道国政府的限制(如关税壁垒和非关税壁垒)所引起的市场失灵。这是促使跨国公司把原先从事的国内生产加出口的方式改成国际直接投资从而绕过这些壁垒的主要因素。此外,知识资产的特殊属性所导致的外部市场的"发育不良"也可划入结构性的市场失灵。另一类是交易性的市场失灵,主要是指外部市场因交易成本畸高而引起的市场失灵,如交易渠道不畅、信息成本高、成交效率低、不履约风险大等状况。邓宁认为,跨国公司的内部化优势在技术等无形产品的生产和销售领域,以及利用某些自然资源生产加工产品的生产和销售领域表现得最为突出。实证分析的结果表明,这两个领域的确也是跨国公司的国际生产极为活跃的领域。

3. 区位优势

区位优势是指东道国所特有的、不可移动的要素禀赋优势,以及社会经济环境等方面的有利条件,包括优势的地理位置、丰富的自然资源、巨大的潜在市场、良好的社会经济和投资环境,以及相应的法规制度等。可见,与所有权优势、内部化优势不同,区位优势不属于跨国公司,而主要属于东道国所有。一般来说,跨国公司无法支配和控制区位因素,而只有选择、适应和利用区位因素,才能取得区位优势。跨国公司在其国际直接投资区位选择时一般要考虑以下几个因素:

(1) 劳动力成本。劳动力成本是影响企业国际竞争力的一个重要因素。由于各国社会经济发展水平不同,许多国家都实行严格的移民政策,使劳动力成本在国家间的差异很大,形成了一个不完全竞争的国际劳动力市场,从而使劳动力成本成为跨国公司对外直接投资区位选择的一个重要因素。尤其当产品生产技术标准化以后,成本成为决定企业市场竞争能力的重要因素时,劳动力成本的作用将越加明显。

(2) 市场潜力。生产要素的投入和市场潜力的大小密切相关。国际直接投资的一个重要目的是开拓国外市场,扩大企业产品的国际市场占有率。因此,在许多情况下,只有当东道国具备较大的潜在市场规模时,跨国公司才会做出对外直接投资的决策。

(3) 投资环境。投资环境是决定跨国公司对外投资的一个重要因素。投资环境包括东道国的社会、经济、文化等宏观环境,也包括特定区位的地理位置、交通通信条件等微观环境。

(4) 东道国政策。东道国的外资、外贸、金融和税收等方面的政策,对国际直接投资的区位选择也有重要影响。

邓宁对跨国公司在出口、对外直接投资及许可证安排三种方式之间的选择做了进一步的解释。他认为,公司拥有所有权优势是其从事国际商务活动的基本前提。如果公司对其技术等优势实行内部化有利可图,同时国外的区位因素又有较大的吸引力,企业将选择对外直接投资方式。如果国外的区位优势不明显,公司将选择出口方式。如果公司对其拥有技术优势实行内部化无大利可图(比如该技术在其生命周期中已快过时或该项无形资产无过多秘密),同时国外的区位因素吸引力又不大时,公司将选择以许可证方式出售或出租其拥有的无形资产。几种情况如表2.2所示。

表2.2 企业进入国际市场的方式选择

进入国际市场的方式	所有权优势(O)	内部化优势(I)	区位优势(L)
许可证安排	√	×	×
出口	√	√	×
对外直接投资	√	√	√

注:"√"代表具有或应用某种优势;"×"代表缺乏或丧失某种优势。

(二) 简要评价

1. 贡献

邓宁的折衷理论在理论渊源上融合了以往多种学说的精华,并加以归纳与总结,使理论更加丰富,较以往的多种理论更全面地解释了企业国际经营的动因,从而形成了一个具有普遍性的理论体系,涵盖和应用的范围更加广泛。邓宁在后续的研究中,还结合各国经济发展阶段和人均收入水平，扩展性地提出了"投资发展周期"学说，较好地解释了发展中国家不同经济发展阶段资本流出流入的特征，具有很强的说服力。另外，国际生产折衷理论对服务业跨国投资也给出了令人满意的解释。

2. 缺陷

该理论缺乏统一的理论基础和研究主线。总体来说，该理论是对各种理论的简单归总，其较强的解释能力，只是来源于它几乎囊括了已有的其他各种跨国公司理论。另外，它过于关注微观层面，过分注重对企业内部要素的研究，忽略了企业所处的特定社会政治、经济条件对企业经营决策的影响。虽然提出了投资国和东道国的宏观经济环境会对企业的投资行为产生影响，但并没有深入考察和分析这种影响。

四、边际产业扩张理论

（一）主要内容

小岛清（Kiyoshi Kojima）从日本贸易导向的产业政策角度分析日本的对外直接投资，提出了"边际产业扩张理论"，从企业比较优势的动态变迁角度解释日本企业的对外直接投资行为。他将对外直接投资的动机分为资源导向型、市场导向型和生产要素导向型三种。一国应从已经或即将处于比较劣势而对东道国来说具有比较优势或潜在优势的产业开始对外直接投资，并依次进行。

小岛清认为，对外直接投资应该从本国（投资国）将陷入比较劣势的产业（边际产业）依次进行，而这些产业是东道国具有明显或潜在比较优势的部门，但如果没有外来的资金、技术和管理经验，东道国的这些优势又不能被利用。因此，投资国通过对外直接投资可以充分利用东道国的比较优势。日本的传统产业部门之所以能够比较容易地在海外找到有利的投资场所，是因为它们向具有比较优势的国家和地区进行投资。小岛清分析了美国与日本两种不同类型的对外投资对本国经济和进出口贸易产生的影响。他认为，美国式的对外直接投资属于贸易替代型，而日本式的对外直接投资属于贸易导向型——投资的主要目的是获得东道国原材料和中间产品，这样可发挥母国和东道国的比较优势，使双方获利。

（二）简要评价

1. 贡献

边际产业扩张理论是一种符合发展中国家对外直接投资的理论。在国际直接投资理论中，边际产业扩张理论被认为是发展中国家对外直接投资理论的典范，它来源于当时高速发展的日本跨国经营实际状况，正是在这一理论的指导下，日本的对外直接投资大规模发展，带来了日本经济的腾飞，日本很快从发展中国家的队伍稳步迈进了发达国家的行列。而小岛清的边际产业扩张理论很好地揭示了发展中国家的对外直接投资的原因和行业特点，弥补了原有的国际直接投资理论只能解释发达国家的状况，对我们广大的发展中国家开展对外直接投资指明了方向和道路,有着巨大的借鉴和指导意义。

2. 缺陷

小岛清的这一理论也存在很多缺陷。首先,他把对外直接投资截然分成两种类型——美国式的贸易替代型和日本式的贸易导向型,无论在理论上还是在现实生活中都很难站得住脚。事实上,随着日本经济和社会的发展以及企业垄断优势的增强,日本的对外直接投资越来越与美国方式趋同。其次,他否认了垄断因素在对外直接投资中的作用,回避了发达国家通过对外直接投资维护不合理的国际分工格局的现实。

◆ **内容提要**

国际商务实践的发展促进了由国际贸易理论、对外直接投资理论、跨国公司理论等构筑成的国际商务理论的发展。作为国际商务理论的主要内容,三个组成部分并没有严格的界限,并且彼此正越来越趋向融合和相互重叠,对外直接投资理论某种意义上即为跨国公司理论。国际贸易理论主要是用来解释国际贸易的原因、结构和数量的,即为什么某国出口、进口某些类型的商品,其出口、进口数量是多少;并在此基础上分析国际贸易的利益分配、国际市场相对价格的决定、国际分工、国内经济增长对国际分工的影响,以及国内经济增长同国际贸易之间相互关系等问题。国际直接投资理论摒弃了传统国际贸易理论中生产要素在国际间不能流动、市场充分竞争等假设,以动态比较优势分析考察对外直接投资现象所及的国际商务的各个方面,旨在解释企业对外直接投资的动因、流向及经济效益。两者均有助于更好地理解企业的国际商务行为,也有助于理解并预测政府的贸易和投资政策及其对企业开展国际商务活动的影响。

◆ **关键词**

比较优势理论　贸易利益　相对价格　丰裕要素　稀缺要素　资本密集型产品　劳动密集型产品　H-O理论　里昂惕夫之谜　产业内贸易　规模经济　产品差异　边际产业

◆ **复习思考题**

1. 简述比较优势理论。
2. 简述要素禀赋理论。
3. 什么是里昂惕夫之谜?如何解释?
4. 简述新贸易理论与传统比较理论的异同。
5. 什么是新贸易理论?
6. 简述垄断优势理论的主要思想。
7. 内部化理论的主要内容是什么?
8. 国际生产折衷理论的主要内容及优缺点是什么?
9. 简述小岛清的边际产业扩张理论。

◆ **思考案例**

发展中国家和新兴市场国家的对外直接投资区位选择

发展中国家与发达国家在经济、文化技术水平等方面还存在着很大差距,完全照搬发达国家的对外直接投资等理论来指导和验证发展中国家的投资实践是脱离实际的。发达国家跨国公司凭借垄断优势、比较优势理论开展对外直接投资,并进行区位选择,而发展中国家自身相对不具备上述的竞争优势,近年来却也开始对外直接投资。进入21世纪,新兴市场国家对外直接投资成为世界经济领域里的一个亮点,这些"后发"企业凭借在母国开发的"非传统型能力",更早、更快地开展国际化经营,追赶发达国家的"先行"企业。作为新兴市场国家的中国对外直接投资发展更迅猛,中国的企业能够到发达国家开展投资,以劣势产业收购强势产业的现象很多。中国的联想收购IBM笔记本,双汇收购美国的肉类加工商Smith-fieldFood,并购规模达到70多亿美元,吉利汽车公司收购了美国老牌汽车公司沃尔沃。跨国并购投资也不再是大企业的专利,中国小企业也开始进行并购投资,2013年10月青岛的一家藻业集团就成功地并购了澳洲的一家大的海藻公司。

研究发展中国家和新兴市场国家为什么进行对外直接投资,如何进行对外直接投资的区位选择,对外直接投资的作用机理是怎样的,发展中国家和新兴市场国家对外直接投资有何特殊性。

◆**应用训练**

现代汽车公司:在国际汽车行业处于领先地位

汽车行业是最庞大的经济产业,也是国际化程度最高的行业。全球有17家主要的国际汽车公司,它们每年生产100多万辆汽车。现代汽车公司是韩国最大的汽车制造商,也是全球第十大汽车制造商。现代汽车公司在超过190个国家和地区推销自己的产品,生产大约10多种型号的汽车和小型车,以及卡车、大客车和其他商用车。在美国受到欢迎的出口型号有雅坤特和索纳塔,而在欧洲和亚洲有GRD和雅科仕的出口。2008年,正当全球经济危机之时,现代汽车公司取得了13亿美元的收益,是全球汽车行业较好的业绩。

一、全球汽车产业

在最近的全球经济危机中,全球汽车产业销售额几乎达到了史上最低。汽车行业生产获益受到生产能力过剩的限制。尽管汽车行业有生产8000万辆汽车的能力,但是全球的需求每年只有大约6000万辆,这导致很多企业之间的联合和吞并,例如,福特和路虎、捷豹和沃尔沃、菲亚特和克莱斯勒、通用和奥佩尔,等等。与新的交易理论相符的是,对规模的需求迫使汽车制造商将目标锁定国际市场,因为只有这样他们才能达到经济效益,增加销售。

二、韩国的汽车产业

尽管韩国的汽车市场不小,但是对本土汽车制造商现代、起亚来说还是不够的。韩国在汽车生产行业中享有很多竞争优势。韩国是世界上新兴技术发展的核心之一;韩国有大量廉价高素质的知识工人,他们推动了设计、性能、生产和产品质量的创新。韩国同时具有较高的储蓄率,大量来自国外的直接投资为汽车制造商的科研提供了资金。总体来说,韩国拥有丰裕的生产要素,包括廉价高素质的劳动力、高科技和资本,这一切构成了韩国的地域优势。

韩国的消费者非常挑剔,因此韩国生产者需要下工夫生产优质产品。韩国国内汽车产业的激烈竞争迫使汽车制造商和零件制造商不断努力改进产品。

一些联合的大型企业对韩国的经济发展贡献了很多,这种企业也叫作财阀。包括现代、三星、LG和SK,它们大约占韩国国民生产总值和出口额的40%。

最近几年,韩国政府对许多公司施行了严格的财务控制。政府与产业紧密合作,保护一些企业,为一些企业担保,或者赞助一些企业。政府通过出口消费品促进原材料和技术的进口,并鼓励储蓄和投资,限制消费,部分由于这些努力,韩国成为汽车和汽车零件生产的大型产业集群基地。韩国本身也受益于拥有全球汽车产业的供应商和制造商。

在过去的几年,现代汽车公司还受益于弱势的韩国货币,使得用当地的货币购买进口汽车的欧洲和美国的消费者购买现代车很便宜。现代的成功也得益于国际汇率。

三、现代的背景

现代公司于1947年由一位农民出身的富有远见的企业家郑周永创建。20世纪70年代末,现代汽车开始积极努力开发工程技术和新的设计。20世纪80年代,现代开始向美国市场出口其经济型品牌——卓越,这种车的价格为4995美元。这款汽车很快大获成功,出口增长到每年250000辆。不幸的是,卓越遇到了质量问题和经销商网络问题。20世纪90年代,消费者对现代汽车品牌开始丧失信心。为了回应产品质量的投诉,现代公司启用了质量管理项目和一项汽车10年保修项目,这在汽车行业是前所未有的。这一举措是现代公司的一个转折点。

四、地理多样性

1997年,现代在土耳其建立工厂,使公司对中东和欧洲的关键市场有了便利的进入通道。接着,现代在印度也建立了工厂并在几年内成为全印度最高销量的进口品牌车。2002年,现代汽车厂在中国建立,产量翻了一倍,而且正在向中国汽车市场20%占有率的目标接近。现代汽车公司还与广州汽车集团合作,成功进入中国巨大的商务车市场。除了在新兴市场获得质高价廉的劳动力之外,现代希望它能增加消费者的意识,并带来新的销售点。

现代公司利用对外直接投资来发展世界各地的主要业务。管理人员在国外选择厂址是根据该地区是否能为企业的全球业务带来优势决定的。在2006年,现代公司在伊朗、苏丹、越南、委内瑞拉等国家建立了工厂。最近,现代还在美国的亚拉巴马州和佐治亚州建立了工厂。现代公司在欧洲、日本和北美也建立了科研中心。同时也在不同的地方建立了分部中心和分支,以在全球内扩展其汽车销售商。现代在亚洲、欧洲和北美还建立了地区总部。为了确保能够控制汽车在全世界的生产和营销,现代公司将其国际业务的很大一部分内部化了。

为了获得竞争优势,现代公司必须寻求质高价廉的劳动力。像发动机、轮胎等重要投入品也是从廉价的供应商处获得的。现代公司已经与合作伙伴成立了多个合作企业,在研发、设计、生产和其他价值增值活动中进行协作,这使现代公司能够获得外国合作伙伴的专有技术、资本、销售渠道、营销资产,并克服当地政府施加的阻力。例如,现代公司和戴姆勒-克莱斯勒公司合作开发新技术,改进供应链管理。和日本以及西方的竞争对手相比,现代汽车在高质量投入的获得方面有优势。

当日本的汽车大亨本田和丰田对在美国的销售严重依赖的时候,现代汽车却更加多样化。在2008年,美国市场仅占现代汽车总销量的14%,中国、印度、俄罗斯和拉丁美洲则共同占据了总销量的35%。

现代汽车后来推出了其第一款奢侈型汽车现代劳恩斯,并在北美2009年底特律国际车展上,战胜了行业内广受欢迎的奥迪A4、捷豹XF和卡迪拉克CTS-V被评为年度汽车。

现代在市场方面的最新创新是"保险项目":购车者若在购车的一年之内失业,则可以退还汽车。这个项目甚至帮助消费者在寻找新工作时支付90天的租用费。当然,如果消费者选择不退还汽车,也不强制要求其退还。

五、近期事件

和其他汽车制造商一样,现代汽车也遭遇到生产过剩的问题。在2009年,由于多余的存货,公司减慢了亚拉巴马工厂的生产,解雇了美国的近百名员工。在韩国的工厂,现代汽车的生产量减少了25%。

然而,现代公司仍然推出新的市场策略,并取代通用成为奥斯卡奖的官方汽车赞助商。

现代公司积极寻求国际化道路。在其他跨国公司祈求在危机中自保的时候,现代汽车在寻找机会扩大规模。现代公司把危机看成一种机会,并有计划地让自己变强大。尽管市场千变万化,现代公司仍然提高着自身的品质,提高着自身的销售量。由于对质量、能源利用效率、成本控制和消费者满意度的重视,现代公司将会成为全球汽车行业的新标准承担者。

◆**案例问题**

1. 比较优势和竞争优势对于现代企业的成功而言分别扮演什么角色?根据先天和后天的优势,举出具体的例子来说明现代汽车的员工是如何在全球汽车工业中取得成功的。

2. 根据要素比例理论,在现代公司全球业务运行中,哪些要素是最充足的?举例解释现代公司是如何充分体现理论的。在哪些方面现代公司的成功与这一理论相矛盾?证明你的答案。

3. 根据波特钻石模型讨论现代公司在全球汽车工业中的地位。从现代公司的国际进程角度思考企业策略、结构、竞争对手、要素状况、需求状况以及相关支持产业分别有什么作用?

4. 韩国政府在现代公司的成功中起着至关重要的作用。在国家产业政策方面,政府做了什么以支持现代公司?政府可以做什么来鼓励现代公司未来的成功?思考自己国家政府应如何支持一个强大的汽车产业的发展或维护。

5. 应用邓宁的折衷理论,描述现代公司所具有的所有权优势、位置优势和内部化优势。你认为这三者中哪一种对于现代公司的成功起到了重要作用?证明你的结论。

第二篇
国际商务环境

　　企业从事国际商务活动的环境因素十分复杂,特别是在经济全球化的大环境之下,一个企业要想发展,不仅受到企业内部资源的制约,还受到企业外部商务环境的制约。内部资源是企业发展的内在根本条件,而外部环境则是企业经营绩效的重要影响因素。因此,当企业的内部资源、经营战略、组织行为发生变化,或者当外部各种影响企业经营决策行为的因素,如政治与经济形势、法律政策、文化习俗、行业竞争、环境保护标准、社会责任标准等发生变化时,企业的经营绩效都会受到影响。

　　商务环境可分为国内商务环境和国际商务环境,而国内商务环境与国际商务环境是相互作用和相互影响的。一国国内政治、经济、法律、政策的变化直接或间接影响到国际商务环境,而国际商务环境的改变也直接影响到国内商务环境。同时,由于各国间在许多领域存在着差异,因而国际商务比国内商务更为复杂。各国有不同的制度环境,会对个人和企业的国际商务活动产生重要影响,对在不同国家开展商务活动所产生的利益、成本和风险有着深远的影响。在本书中,我们重点讨论国际商务制度环境。企业国际商务活动的成败在很大程度上取决于其对各国商务制度环境的认识,本篇探讨影响国际商务活动的制度环境,即正式制度(如政治、经济和法律制度)和非正式制度(如文化)的国家差异及其对国际商务活动的影响。

第三章 国际商务的正式制度环境

本章结构图

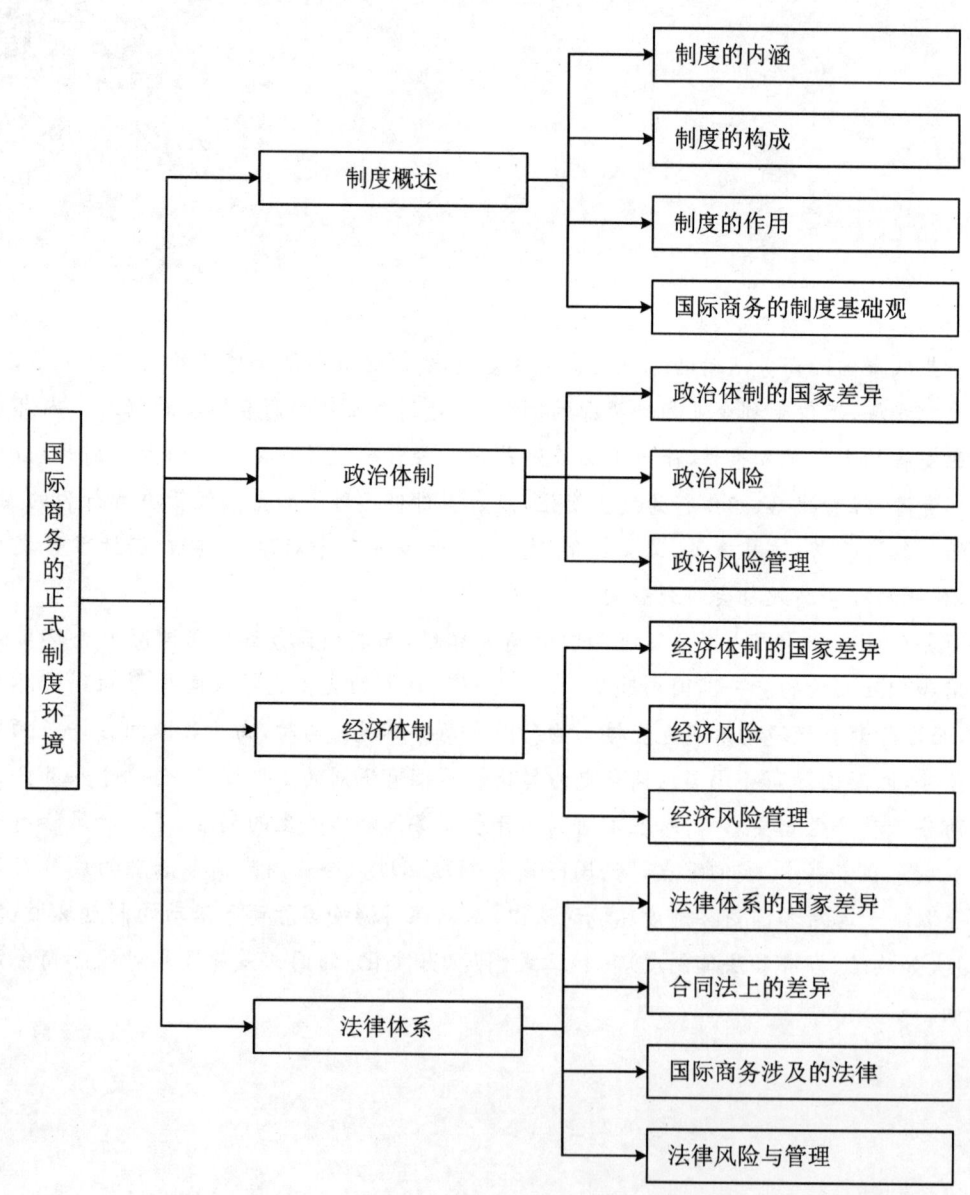

第二篇 国际商务环境

第三章 国际商务的正式制度环境

学习目标

理解国际商务的正式制度环境,熟悉政治体制、经济体制以及法律体系的基本概念、类型以及国家间差异,了解不同类型的风险,培养国际商务活动中风险管理的能力。

导入案例

新兴市场:俄罗斯的危险和前景

在西方国家中我们读到关于俄罗斯的新闻似乎都是负面的,在那里腐败盛行(在透明国际180个国家中俄罗斯的排名第146位),民族情绪也似乎阴郁(相关调查显示,俄罗斯过半数的企业家和大学生想在国外生活)。2004年,俄罗斯被自由之家(Freedom House)从"部分自由"降级到"不自由"国家行列。2012年,虽然普京再次当选俄罗斯总统,但是由于所有潜在竞选者不允许与之对抗,俄罗斯国内爆发了对普京的抗议示威。同时,国际社会也有不少人认为俄罗斯缺乏活力,甚至有人建议将其从金砖国家中剔除。

俄罗斯真的那么差劲吗?答案当然是否定的。尽管俄罗斯的GDP比中国和巴西小,但比印度大。俄罗斯的人均GDP按照购买力平价计算大约有16000美元,比巴西的人均GDP高出1/3,分别是中国和印度的3倍、5倍。简单来说,俄罗斯庞大而富有,这不能被忽略。没有任何一家科技巨头(如思科、惠普、英特尔)和消费品公司(如家乐福、达能、宜家、雀巢、百事可乐和联合利华)宣称要离开俄罗斯。俄罗斯的经济增长或许不如中国和印度那么快,但肯定比美国和欧洲的增长要快。

因为俄罗斯是如此庞大和复杂,所以如何读懂俄罗斯仍然是一个难题,大部分的争论集中在政治、经济和法律层面。政治上,俄罗斯的民主确实在倒退。一部分人群(尤其是有着更好教育背景的人群)受到自由主义思想的影响,认为普京会维持现状而不能带来政治变革,因而对普京的回归感到失望,这种观念是可以理解的。但一个更相关的问题是:2000年以来普京更加独裁的治理与20世纪90年代叶利钦更加民主也更加混乱的治理相比,哪个时期经济状况更好?2000~2008年普京领导下的俄罗斯以平均每年7%的速度发展,而90年代在叶利钦领导下的俄罗斯的经济经历了灾难性的下滑。任何抱怨普京独裁的人不应忘记政府当局在应对1998年和2008年金融危机时的反差。1998年,叶利钦政府债务违约并让卢布贬值。2008年,当全球金融海啸来袭时,普京政府在油气出口的支撑下引入平准基金以防止卢布大幅贬值,颁布了2000亿美元的经济刺激计划,给银行系统注入流动性,并帮助几家关键公司摆脱困境。所有这些都不可能在1998年付诸实施,因为叶利钦政府负债累累,只剩下绝望。

在经济方面,俄罗斯确实还有很多提升空间。它过于依赖石油和天然气出口,而且创新能力不足。在世界经济论坛的全球竞争力报告中,俄罗斯在创新方面于133个参选国家中仅排名第51位,落后于中国(第26位)和印度(第30位)。2008~2012年普京任总理期间,任职总统的梅德韦杰夫于2009年发表了一篇题为"俄罗斯向前进"的文章,文中他问道:"难道我们未来的经济还是像现在这样停留在基于原材料和地方腐败的原始经济上吗?"2010

年,作为平板电脑忠实粉丝的梅德韦杰夫在莫斯科郊区的斯科尔科沃(Skolkovo)创建了一个创新中心和众多的科技园,并在全国各地成立了许多经济特区。

在法律方面,制定尊重私有财产的法律规范是工作重点之一。在一个直到最近还几乎没有人有较多私有财产的社会中,小部分人如何在一夜之间成为超富寡头(大财阀)是非常耐人寻味的。2000年前后,四大家族或集团掌握了俄罗斯市场总资本的60%。如果私有财产是通过非法手段或灰色途径获取的,政府还应该保护吗?大多数寡头是在20世纪90年代从混乱中获得财富的。他们要求政府尊重并保护他们的私有财产,政府因而面临两难困境:如果没收资产进行财富再分配会导致更多不确定性,而如果尊重和保护寡头的财产权利又会引起公愤。迄今为止,除少数寡头,特别是霍多尔科夫斯基(Khodorkovsky)这样在政治上已经威胁到政府的,政府都是站在寡头一边的。寡头们很快学会按照普京的两套简单规则行事:① 不要涉足政治;② 交税。寡头们只做自己的事情,他们在俄罗斯比其他类型企业主(除了外国企业主)更加高效。

俄罗斯将何去何从?一派观点认为这将取决于新一任普京总统任期的政策能否顺利推行。不要把莫斯科的反普京示威活动扩展到俄罗斯其他地方。2012年3月,普京在全国获得64%的选票时,他在莫斯科只获得了不到50%的选票。莫斯科市民受过更好的教育,也有更多的自由主义者,而俄罗斯其他地方则有着更多的传统主义者。在普京早期任职总统期间,他承诺过也推行过更高收入和更大稳定性的政策。这次普京做出了近期美国总统都没能做出的承诺,即给军人、教师和医生大幅加薪,而且他很可能再次说到做到。另一派观点认为尽管俄罗斯有着昔日超级大国的地位,但它现在已经成为一个普通的中等收入国家。在这个收入范围内的民主国家大多进入发展临界点,如1990年的阿根廷和2000年的墨西哥。这些国家常有着腐败的政府、较明显的收入不均、集中的企业所有权和动荡的经济表现。考虑到所有这些方面,俄罗斯还是很"正常的"。然而这些并不一定与进一步谋求政治、经济和法律发展的道路不兼容。最后,尽管会经常看到有关俄罗斯的负面报道,但俄罗斯恢复原来苏联体制的巨大政治风险似乎是相当遥远的事情。普京不止一次说过"谁不为苏联解体而惋惜,谁就没有良心;谁想恢复过去的苏联,谁就没有头脑"。

——资料来源:彭维刚. 全球商务[M]. 3版. 易靖韬,译. 北京:中国人民大学出版社,2016.

为什么西方对俄罗斯的新闻报道如此负面?俄罗斯真的有民主吗?这有关系吗?民主是发展俄罗斯经济最好的政治体系吗?俄罗斯有法律规范吗?如果你的公司考虑在新兴经济体投资,会考虑俄罗斯吗?正如导入案例中所述,这些问题都归结为制度(institutions),即广为人知的"游戏规则"。企业从事国际商务活动,需要遵守这些规则。然而制度不是一成不变的,它们的变化会导致制度转型(institutional transitions),即"对影响企业的正式和非正式游戏规则进行根本、全面的变革"。企业从事国际商务获得成败很大程度上取决于其理解和利用不同制度的能力。这要求企业需要不断监控、解读和适应变化的国际商务制度环境。本章首先介绍制度的内涵。其次关注不同类型的正式制度(如政治体制、经济体制和法律体系)的国家差异、风险及其管理。非正式的制度(如文化、道德和规范)将在第四章讨论。

第一节 制度概述

一、制度的内涵

目前,关于制度的内涵尚未达成统一的说法。理论界存在多种解释,但多数学者都将制度概括为约束人们行为的一系列行为规则。例如,艾尔斯纳将制度定义为"一种决策或行为规则,后者控制着多次博弈中的个人选择活动,进而为与决策有关的预期提供了基础"。舒尔茨同样将制度定义为"一种行为规则,这些规则涉及社会、政治及经济行为"。诺思的定义则更具有代表性,他认为:"制度是一个社会的游戏规则,更规范地说,它们是为决定人们的相互关系而人为设定的一些制约……制度包括人类用来决定人们互相关系的任何形式的制约……制度可能是由人们创造出来的,也可能仅仅是随时间演进的。"

具体而言,制度是一系列被创造出来以约束行为主体福利或效用最大化的个人行为的规则、守法程序、道德和伦理的行为规范。从内容上,制度是一个系统化的结构,是以某种方式构建社会互动的规则,包括了价值、目标、功能、工具、机制、过程以及预期效果。制度最重要的一个因素是某种程度上它是一个社会或政体的结构性特征,这个结构或许是正式的或许是非正式的;制度的第二个特征是一段时间内的稳定性;第三个特征是它一定影响个人和企业的行为。同时,制度并非一成不变,制度转型(institutional transitions)在全世界随处可见,特别是在新兴经济国家中非常普遍,比如那些由计划经济转型到市场经济的国家(中国、波兰、俄罗斯和越南等),这些国家的制度转型给国内和国际企业带来了巨大的挑战,也创造了大量的机遇。

需要注意的是,正如诺思所认为的,任何制度均具有影响当前和将来的社会行为的作用,但是,是否有利于社会经济发展,是否有利于全体人民的共同利益和福祉,是否有利于社会的长期可持续发展,是否有利于本民族和全人类的利益,则是衡量一种制度优劣的重要标准。在有利于社会发展的制度中,一些制度比另一些制度对社会经济发展的推动作用更为有效、明显,这就是制度优势。制度优势是一个国家的最大优势,制度竞争则是国家间最根本的竞争。

分析案例 3-1

中国的制度优势

党的十九届四中全会总结了中国特色社会主义制度13个方面的显著优势,包括:① 党领导的优势,即坚持党的集中统一领导的优势;② 人民民主优势,即坚持人民当家做主、发展人民民主的优势;③ 法治优势,即坚持全面依法治国,建设社会主义法治国家的优势;④ 集中力量办大事的优势,即坚持全国一盘棋、集中力量办大事的优势;⑤ 民族团结平等的优势,即坚持各民族一律平等,实现共同团结奋斗、共同繁荣发展的优势;⑥ 所有制优势,即坚持公有制为主体、多种所有制经济共同发展和按劳分配为主体、多种分配方式并存的优势;⑦ 理念精神优势,即坚持共同的理想信念、价值理念、道德观念,促进全体人民在思想上精神上紧紧团结在一起的优势;⑧ 人民性优势,即坚持以人民为中心的发展思想,走共同富裕道路的优势;⑨ 创新发展优势,即坚持改革创新、与时俱进、不断发展的优势;⑩ 人才优势,即坚持德才兼备、选贤任能,培养造就更多优秀人才的优势;⑪ 党领导军队优势,即坚持党指挥枪,确保人民军队绝对忠诚于党和人民的优势;⑫ "一国两制"优势,即坚持"一国两制",保持香港、澳门长期繁荣稳定的优势;⑬ 外交优势,即坚持独立自主和对外开放相统一,为构建人类命运共同体做出贡献的优势。

中国特色社会主义制度优势充分体现了中国特色社会主义制度的优越性。这种优越性不是一般的、现象层面的优越性体现,而是带有根本性和决定性的优势,这种制度优势又会进一步影响人们经济、社会、政治行为及其整体发展形态。"中国之治"的根本在于构建了一套系统完备、规范科学、运行有效的制度体系,这一制度体系是中国特色社会主义制度优势转化为国家治理效能的前提和基础。

二、制度的构成

根据新制度经济学的观点,制度提供的一系列规则由支配个人和企业且被社会认可的非正式约束、国家规定的正式约束和支撑性支柱(实施机制)所构成。也就是说,一个完整的制度框架包括正式制度和非正式制度。知名社会学家斯科特指出,制度由规章、规范和认知这三个"支柱"来支撑。

正式制度(formal institutions),又称为正式约束,是指人们有意识创造出的一系列政策法规,它们由行为人所在的组织进行监督并用强力保证实施。正式制度包括政治规则、经济规则和契约,以及由这一系列规则构成的一种等级结构,从宪法到一般法律及其细则,再到个别契约,它们共同约束着人们的行为。正式制度的主要支撑性支柱——规章支柱(regulatory pillar)是指政府的强制力。例如,尽管许多企业和个人可能存在逃税的现象,但更多人还是惧怕政府对偷税漏税的惩罚。

非正式制度(informal institutions),又称为非正式约束,是指人们在长期交往过程中自发形成并被无意识接受的行为规范,主要包括价值信念、伦理规范、道德观念、风俗习性和意识形态等。非正式制度两个主要的支撑性支柱:规范支柱和认知支柱。规范支柱(normative pillar)是指其他相关参与者的价值观、信仰和行动(统称规范)如何影响个人和企业的行为。例如,近年来,涌向中国和印度的投资行动促使许多西方企业在还没有弄清楚该如何做的情况下就相互模仿。而反对这种"从众行为"的谨慎的经理人则要时常面对来自董事会、投资者和记者的询问"为什么你不去中国和印度投资?"或者说,"为什么你不遵循规范?"认知支柱(cognitive pillar)指的是被内部化了的、被认为是理所当然的指导个人和企业行为的那些价值观和信仰。例如,"爆料者"们揭露公司内部人员错误行为的诱因就是他们自己的是非观。尽管大多数的员工对于组织的错误行为可能会感到不太舒服,但企业宣扬的规范并不是"惹是生非"。从本质上说,"爆料者"们打破了鼓励沉默的企业规范,选择了遵从自己内在的信仰。

分析案例 3-2

制度的三个支撑性支柱与行为约束

怎样让规章支柱、规范支柱和认知支柱这三个支撑性支柱结合在一起来规范个人和企业的行为?让我们用两个例子来说明,一个是个人层面的,另一个是企业层面的。

首先,限速正式定义了驾驶员可以开得多快,然而许多驾驶员对行车速度的操控却取决于其他车辆的速度,这就是规范支柱的一个形式。当一些驾驶员因为超速而收到罚单时,他们抗议道"我们只是跟着车流而已"。这个说法表明他们在什么是正确的速度方面缺少一个清晰的认知支柱;他们经常让其他司机来定义正确的速度。

2008 年,纳税人数万亿美元的钱被用来救助华尔街,而华尔街高管却给自己开出了高达 180 亿美元的奖金,由此产生的公众抗议也就不难理解。然而,对自己如此慷慨的高管并不承认自己所犯的罪或者所从事的不法行为。因此,规章制度似乎没发挥什么作用。相反,这是高管所持有的规范支柱和认知支柱之间的主要冲突。这些高管有自己的认知支柱,他们认为自己应该得到这些奖金,他们所不明白的是那些来自愤怒群众的规范压力。

需要注意的是,强制性的实施机制是任何契约得以贯彻的基本前提,离开了实施机制,任何制度尤其是正式制度就形同虚设。正式制度与非正式制度共同规范着人们的行为。但是,正式制度只有在社会认可,即与非正式制度相容的情况下,才能有效地发挥作用,否则,由于意识观念等原因而导致的人们的抵制情绪会使正式制度丧失效能。这就是制度的相容性原理。

同时,一个国家或地区的制度并非一成不变的,比如制度可以变革和移植。就制度变革的速度而言,正式制度可以在一夜之间被政治组织所改变,而非正式制度的变迁则需要一个漫长的过程。就制度的可移植性而言,正式制度可以从一个国家移植到另一个国家。由于内在传统根性、历史积淀以及移植国家的相融程度,非正式制度的移植可能性较小。诺思曾在他的诺贝尔经济学奖颁奖仪式上的演讲中指出:"离开了非正式制度,将成功的西方市场经济制度的正式政治经济规则搬到第三世界和东欧,就不再是取得良好的经济实绩的充分条件。私有化并不是解决经济实绩低下的灵丹妙药。"同样,依靠中国特色社会主义制度中国的经济社会取得的让国际社会认可的发展成就,对其他发展的国家具有借鉴意义,但并不意味着中国的制度一定会有效于其他国家。

三、制度的作用

诺思认为,制度决定了"人们在政治、社会或经济方面发生交换的激励结构"。制度有许多作用,其关键作用可以简单地概括为:降低了具有潜在破坏性的不确定性。制度通过发出什么行为是(不)合法的和(不)可接受的信号,来影响个人和企业的决策制定。制度基本上限定了可接受行为的范围。具体来说,制度具有如下功能。

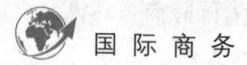

（一）降低交易成本

交易成本指的是人们在依靠市场来交易产权时运用资源的成本，包括搜集市场信息的成本、缔约成本、监督成本和强制履约的成本。威廉姆森认为，交易成本存在的原因在于市场的不确定性、人的有限理性和机会主义行为倾向。

有限理性是指，由于环境的复杂性及人对环境的计算能力和认识能力的有限性，人们往往并不是无所不知地最大化他们的既定目标，而是根据经验调整其目标，以使之更可行。机会主义指的是"狡诈地追求利润的利己主义"，即人们在经济活动中总是通过误导、迷惑或欺骗等行为尽最大努力保护和增加自己的利益，这些行为会导致交易成本增加。有效的制度通过阐明交易规则，可以降低市场中的不确定性，抑制人们的机会主义行为，从而降低交易成本。

（二）提供激励机制

新制度经济学认为有效的制度尤其是所有权制度，能够使私人收益率接近社会收益率，从而刺激人们从事合乎社会需要的活动。但是，外部性的存在使得人们经济活动的私人成本和收益率偏离社会成本和社会收益率，进而使个人的活动水平偏离社会所需要的水平。科斯认为，许多外部性的产生都与产权界定不清有关，而制度尤其是产权制度的主要功能便是引导人们实现将外部性较大地内在化的激励。诺思和托马斯在分析西方世界兴起的原因时指出"有效率的经济组织是经济增长的关键，一个有效率的经济组织在西欧的发展正是西方兴起的原因所在。有效率的组织需要在制度上作出安排和确立所有权，以便造成一种刺激，将个人的经济努力变成私人收益率接近社会收益率的活动"。

（三）促进分工合作和经济发展

由于人类在开发、验证和应用知识上只具备有限的能力。也就是说，每个人只会拥有很少一部分知识。因此，只有专业化与分工合作才能更有效利用众人所拥有的不同种类的专门知识。然而，由于人类的机会主义行为倾向，使人的行为具有不可预见性，从而使得许多合作难以实现。有效的制度所提供的一系列规则，能够限制人们可能采取的机会主义行为，从而为实现合作创造便利，并增进劳动和知识的分工，进而为经济发展提供服务。这也是制度的一项基本功能。

分析案例3-3

制度质量与制度距离

所谓制度质量是指制度的好坏及程度的总称。有利于经济发展及人的全面发展且相对公平的制度就是好制度，反之就是坏制度。发展中国家并不缺乏制度，而是缺乏高质量的制度。发展中国家存在大量低效、无效甚至是阻碍经济发展的制度。人们发现拉丁美洲的制度质量存在明显不足，执法不严、腐败、司法体系效率不高而且缺乏独立性等问题成为拉美各国的制度"特色"。制度质量的价值体现在竞争力、收入差异、政府治理、社会和谐和企业家活动等多方面。具体而言,制度质量是解释各国竞争力和经济表现上存在差异的主要因素;制度质量的提供有利于实现共享式增长、减少社会冲突以及建立和谐社会等。"好制度"体现在制度的透明度、可持续性及稳定性等方面。制度透明度是大众获取清晰的准确的制度信息的方便程度,侧重于制度的被传播、被理解、被知晓的程度。而制度的可持续性和稳定性则分别侧重于制度是否能够可持续发展,是否能够支持国家的经济稳步发展的时间长度,以及制度是否能够保证稳定发展,支持经济稳步发展的能力和长度。"坏制度"则体现在制度波动性、风险以及腐败程度。

对于正式制度而言,衡量的指标主要包括经济自由度指数、企业经营环境指数、全球腐败指数、法治指数、国际国家风险指数以及盖斯泰勒指数等。制度质量与生产成本、交易成本和贸易风险联系紧密。比如,制度可以视为一种非正式的壁垒,高质量制度可以使得企业降低成本,同时,高质量制度有较严格的约束力,能降低交易成本和风险成本,最终导致更多国际商务活动的出现。

所谓制度距离是指不同国家或地区间制度环境的差异,国际商务活动中可理解为母国与东道国两个国家制度环境的差异。作为跨国企业海外投资的关键决策——进入模式,即选择通过合资还是独资方式建立海外公司,无疑会受到国家间制度环境差异的影响,这已成为国际商务领域的研究重点。但现有的研究却存在不一致的结论。有的研究认为,制度距离会增加风险与不确定性,企业倾向于通过合资模式获得分享当地企业的资源、信息与网络的机会以及在当地的合法性,以降低运营风险;有的研究则认为,制度距离越大,企业越愿意通过独资模式获得更高的控制权并进行更快的决策,避免距离增加所导致的关系治理成本。以中国的跨国公司为例,正式制度距离越大,企业越倾向于采用独资模式进入东道国;非正式制度距离越大,企业越倾向于采用合资模式进入;当中国企业进入制度环境比自身完善的东道国时,正式制度距离与独资模式的正向关系被强化;随着企业过去积累的东道国经验的增多,非正式制度距离与合资模式的关系被削弱。

——资料来源:阿兰·斯密德. 制度与行为经济学[M]. 刘璨,吴水荣,译. 北京:中国人民大学出版社,2004.

四、国际商务中的制度基础观

国际商务中的制度基础观关注制度与企业间的动态的相互作用,并将企业行为看作这种相互作用的结果。具体如图 3.1 所示,企业行为常常反映了特定制度框架下的正式和非正式制度的约束。总之,制度的确在发挥着作用。

首先,企业及其管理人员理性地追求他们的利益,并在制度约束下做出选择,比如企业遵循所在国家或地区的税收政策进行纳税。但是,由于不同国家或地区税收政策的差异性会导致企业迁移到税率较低的地方。一个典型的例子是希捷科技等美国公司转移到海外注册,进而在这些国家正式制度约束内追求更高利益。但是,受限于现实中的不完全信息,很多企业只能做到有限理性。许多来自金砖国家的跨国公司试图在海外立足,其管理者并没有相关经验。很多人涉足假冒伪劣产品却并未察觉,所以新兴的跨国企业经常在海外烧钱,而且会因为假冒伪劣产品而锒铛入狱,这就是决策制定者有限理性的一个例子。

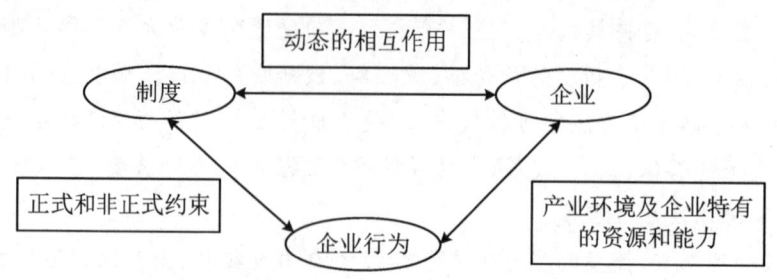

图 3.1　制度与企业的动态关系

其次,正式和非正式制度共同支配着企业的行为,但是,在正式约束不明确或者失效的情况下,非正式的约束在为经理人和企业减少不确定性和保持稳定性方面发挥着更大的作用。例如,伴随着苏联的消亡,其正式的制度也土崩瓦解。此时,基于经理人和政府官员之间的个人关系和联系的那些非正式的约束,在很大程度上促进了许多创业型企业的成长。在今天的俄罗斯,仍然有些供寡头参与的规则,这些规则很清晰但非正式,而且多是些诸如避免政治和纳税的内容(见本章导入案例)。

需要注意的是,现实中并非只有新兴经济国家的企业才会依靠非正式的关系,而发达经济体的企业只追求"基于市场的"战略。在发达经济体中,正式的规则也只是制度性约束的一小部分,而非正式的约束却无处不在,企业也在以非正式的关系为特征的政治市场中激烈地竞争着。如果一个企业不能成为市场领先者,那么,它可能在另一个方面,即非市场的政治环境下赢得胜利。2008 年 9 月,迅速倒下的美林以 500 亿美元的价格被卖给美国银行。这笔巨额交易只用了 48 小时,远比大多数人考虑买一辆车所花的时间还短,而且有美国政府的支持,谈判是在纽约联邦储备大楼里进行的。与此相比,雷曼兄弟没能得到政府的帮助以至于不得不申请破产。总之,巧妙地利用一个国家的制度框架来赢得竞争优势是制度基础观的核心所在。

尽管存在着许多正式和非正式的制度,但在本书第三章,我们将集中关注政治体制、经济体制和法律体系这三种正式制度。非正式制度将在第四章中讨论。

第二节　政　治　体　制

一国的政治体制决定该国的经济体制和法律体系。因此,我们首先关注政治体制。所谓政治体制(political system)指的是一个国家的政府体制,也就是一国在政治上是如何治理的游戏规则,包括一国在对本国进行管理时所采取的结构、程序和活动。比如,日本的政治体制是:首相由国会选举产生,并在内阁部长的协助下管理政府;国会由选举产生的议员组成,并负责制定法律。由于不同国家间政治体制存在差异,且一国政治体制可能发生转变,使得跨国企业从事国际商务活动时可能会遇到政治风险。因此,企业管理人员如何进行政治风险管理关乎该企业国际商务活动的成败。本节重点讨论政治体制的国家差异、政治风险及其管理这三个方面。

一、政治体制的国家差异

政治体制可以用两个相关的指标来加以考察,第一是对集体主义或个人主义的重视程度,第二是民主或集权的程度。这两个指标是相互关联的,强调集体主义的体制一般倾向于集权,而强调个人主义的体制则倾向于民主。然而在两者之间存在着大块的灰色区域,一个民主的社会可能既强调集体主义,也重视个人主义。同样,一个集权的社会也可能并不是集体主义的。

(一)集体主义和个人主义

集体主义(collectivism)是指集体目标优先于个人目标的一种政治体制。当强调集体主义时,作为一个整体的社会的需求通常被认为要比个人自由重要得多。在此环境中,当个人行为被认为与"社会利益"或"集体利益"相悖时,个人行动的权利就会被限制。

个人主义(individualism)是指一个人应享有其经济和政治追求的自由。相对于集体主义而言,个人主义强调个人的利益优先于国家的利益。个人主义建立在两个核心原则基础之上:第一个原则强调个人自由和个人表达的重要性;个人主义的第二个原则强调只有通过让人民追求自己的经济利益,才能实现社会福利最大化,而不是由某个集体机构(如政府)来规定什么是社会的最高利益。

所以,个人主义的核心思想就是强调个人的经济和政治自由乃是一个社会赖以存在的基础。这就使个人主义与集体主义产生了冲突。集体主义强调集体应优先于个人,而个人主义所强调的正好相反。世界近代史上相当长一段时期都出现了这一严重的意识冲突,例如,冷战实质上就是倡导集体主义的苏联和鼓吹个人主义的美国之间的一场战争。一般而言,个人主义可以理解为对民主政治体制和自由市场经济的主张,可以为国际商务的营运创造一个更有利的环境。

(二)民主制和集权制

民主(democracy)是一种由公民选举出代理人代表他们治理国家的政治体制。通常,获得大多数选票的政党胜出并组建政府。民主制始于古希腊的雅典。目前,英国有着最悠久的民主制历史(自1200年其议会成立以来),印度则是(人口)最大的民主国家。民主制的一个重要方面就是个体自由表达和自由组织的权利,这与有效地进行国际商务活动密切相关。在大多数的现代民主制国家中,从事商务活动的权利不仅赋予本国公民和企业,还赋予前来从事商务活动的外国公民和企业。

集权制(totalitarianism)是民主制的对立面,是指个人或某政党对全体公民生活的各个方面都拥有绝对的控制权。目前,主要有4种集权制类型:

第一种是共产主义集权制,权力集中在政党手中,比如古巴、朝鲜、老挝和越南等国。

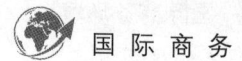

第二种是右翼集权制，其特征是对共产主义的极端仇视。典型的案例是由军队支持的某个政党限制政治自由，认为这种政治自由会导致共产主义。在二战后的几十年间，菲律宾、南非、韩国和大多数的拉丁美洲国家都实行了右翼集权制。近年来，其中的大多数国家已转变为民主制。

第三种是神权集权制，是指政治权力被某一宗教政党或宗教团体所垄断。最具代表性的例子是伊朗和沙特阿拉伯。

第四种是部落集权制，指某一部落或种族团体（可能占总人口的多数或少数）垄断政治权力，并压迫其他的部落或种族团体。

现实中，民主制和个人主义往往形影相随，集权制和集体主义密切相连。但灰色地带总是存在的，可能有一个民主国家以集体主义价值为主导，也可能有一个集权国家敌视集体主义而鼓励一定程度的个人主义，尤其是在经济领域。

二、政治风险

（一）政治风险的定义

尽管不同类型的集权制对待企业的态度有所不同（其中某些体制会比较欢迎企业），但总的来说，集权制不如民主制那样对企业有利。集权制国家时常经历战争、暴乱、抗议、混乱和崩溃，这会带来较高的政治风险，其极端化形式是外国资产国有化（被没收）。在民主制中运营的企业同样面临着政治风险。然而，从定性来看，这种风险小于集权制国家中的政治风险。

具体而言，所谓的政治风险（political risk）是指一国政府或社会发生政治变革而对国内和外国企业的商务活动造成负面影响的可能性。所有从事国际商务活动的企业都可能遭遇政治风险。政治风险可能来自很多方面：腐败或糟糕的政治领导，政府的频繁更迭，军事领导人或宗教领导人对政治的干扰，不稳定的政治制度，不同种族、宗教或民族团体之间的冲突，与其他国家恶劣的外交关系等。

（二）政治风险的类型

依据引起政治风险的原因，政治风险可以分为 5 种类型：

1. 冲突和暴乱

冲突既可能来自人民（或政治派系）对本国政府的不满，也可能因为国界纠纷而产生。不同种族、民族和宗教团体之间的争端也可能导致暴力冲突。冲突和暴乱会极大地阻碍跨国公司在当地的投资活动。它不仅会对企业的物质资产（如办公楼、工厂和生产设备），甚至会对员工的人身安全构成威胁。例如，埃克森-美孚公司曾被迫暂停其在印度尼西亚亚齐省的液化天然气生产，原因就是当地的分裂反叛力量将其综合大楼作为暴力袭击的目标。

2. 恐怖主义和绑架活动

绑架和其他恐怖主义活动是一种用来表达政治立场的极端手段。一小部分对当前政治或社会现状感到不满的人试图采用暴力手段,通过制造恐怖和破坏性影响来达到变革的目的。绑架活动和劫持人质行为的用意也可能是为恐怖主义活动筹集资金。这时,跨国企业的主管们往往成为其主要目标,因为这些人的雇主会支付很高的赎金。拉美国家是全世界绑架犯罪率最高的地方,这显著地增加了当地跨国公司花在高管安全方面的费用。

3. 没收财产

政府有时会没收在本国境内经营的公司的资产,主要有充公、征用和国有化三种形式。充公是指政府强制性无偿没收公司资产的行为,通常被没收资产的所有者无法通过法律途径要求赔偿或归还原资产。征用是指政府强制性有偿没收公司资产的行为,政府在征用资产时通常会给予公司一定的补偿,但是补偿的金额远远低于市场价值。国有化是指政府接管整个行业,可能被国有化的行业主要包括关系到国家安全和利润巨大的行业。

4. 政策变更

政府的政策变更是多种因素共同作用的结果,包括新上任政党的理想、特殊利益集团的政治压力以及民众或社会的不安定因素等。

5. 当地成分要求

当地成分要求是指规定某种商品或服务的特定成分必须由国内市场的生产者供应的法律规范。这类要求强制跨国公司使用当地的原材料、从当地供应商处获取零部件或雇用不低于一定数量的当地员工。这种做法既可以保证跨国公司在当地的商务活动,又有助于缓解当地甚至整个国家的失业问题,还能够使政府在不采取征用和充公等极端措施的情况下实现对跨国公司一定程度的控制。但是,当地成分要求也可能危及跨国公司的长期生存能力,因为它会带来两种潜在的不利因素:雇用当地员工,会迫使跨国公司雇用没有接受过适当培训的劳动力或雇用过多的劳动力;使用当地原材料或零部件,会增加生产成本或降低产品质量。

三、政治风险管理

尽管外国企业不能直接控制或改变东道国的政治体制和政治环境,但仍有一些办法可减少政治风险。

(1)企业及其管理人员对政治风险要做好预期。国际商务活动开展前企业管理人员应做好政治风险评估,跨国公司对于东道国的政治风险应该深入了解,详解风险的类型,出现的每一种可能应采取何种解决办法事先要进行规划。开展国际商务的企业在国际市场上明智的做法是对国际上各国的政治事件保持中立立场,一旦发生严重的政治事件要尽可能地配合政治环境发生的改变,与新政府、新政策尽量适应与匹配。

(2)规范和维持与东道国的关系。一方面,跨国公司与东道国签订规避风险合同,要对资金的流入与流出、企业内部价格、股权控制及经营管理达成详细的协议,在合同中尽量减少东道国政府对企业的约束和干预,降低企业的经营风险。另一方面,可以考虑将东道国政府或企业作为合作者之一,将双方利益结合紧密,提高产品的国产化水平,起用更多的当地人才。同时,跨国公司可以通过控制企业的核心技术安全、顺应东道国消费者的需求并获得认可和满意,进而在最大限度上对东道国政府起到相互制衡作用。

(3) 寻求母国政府的支持。母国政府出于保护国民和企业的角度,不会对走出国门的企业不管,通过母国政府出面,站在政府之间合作的高度上,很多政治问题会迎刃而解。

第三节 经济体制

经济体制(economic system)是指一个国家如何治理经济的游戏规则,包括该国用来分配其资源以及引导商业活动的结构和过程。政治体制和经济体制之间是有联系的,一般而言在一些以个人目标为主的国家中更可能实行自由市场经济体制。由于不同国家间经济体制存在差异,且一国经济体制会随时间而变化,使得跨国企业从事国际商务活动时可能会遇到经济风险。因此,企业管理人员如何进行经济风险管理关乎该企业国际商务活动的成败。本节重点讨论经济体制的国家差异、经济风险及其管理这三个方面。

一、经济体制的国家差异

从世界范围来看,存在三种基本的经济体制:纯粹市场经济体制、纯粹计划经济体制以及混合经济体制。

(一) 市场经济体制

纯粹市场经济体制(market economy)是以市场力量这只"看不见的手"为特征的一种经济体制。在该经济体制中,几乎所有的土地、厂房和其他经济资源都归私人所有,几乎所有的经济决策,如生产什么、如何生产、为谁生产等,都由供给和需求两方面因素共同决定,并通过价格机制将信息传递给生产者。如果商品的需求超过供给,则价格上升,表明生产者应生产更多;如果供给超过需求,则价格下跌,表明生产者应减少生产。在这个体制里消费者是上帝,消费者的购买模式通过价格机制传递给生产者,从而决定生产什么和生产多少。政府只是承担"守夜人"的角色,采取的是"自由放任"的不干预做法,仅仅提供那些私人部门不能完成的功能(如提供道路和国防)。

在一个以这种方式运作的市场中,不能对供给设置任何限制,垄断就是一种限制供给的极端形式。由于垄断者不存在竞争对手,它没有动力去寻找降低生产成本的方法;相反,它可以简单地通过提高价格的方式将增加的成本转嫁给消费者。最终结果是垄断者可能变得越来越无效率,生产的都是价格高、质量低的产品。因此,对消费者和整个社会的福利可能产生不利的影响。市场经济体制下政府的作用就是鼓励私人生产者之间有活力的竞争,政府可以通过反垄断法限制企业垄断市场的行为,进而会对经济增长和发展产生重要的正面影响。

(二)计划经济体制

纯粹计划经济体制(command economy)是指政府在经济中具有"至高无上"的权力。所有的生产要素都要由政府或国家所有和控制,所有的供应、需求和定价也要由政府来计划。与集体主义意识形态一致,计划经济的目标是由政府分配资源以求"社会利益"。另外,在纯粹的计划经济中,所以企业均归国家所有,其基本原理是政府能够直接按国家利益最大化的原则进行投资,而不是按个人的利益进行投资。从历史上看,计划经济存在于社会主义国家(比如苏联),在这些国家中集体主义目标优先于个人主义目标。

尽管计划经济的目标是为公共利益而利用经济资源,然而实际发生的情况似乎有悖初衷。在计划经济中,国有企业对控制成本和提高效率缺乏动力,因为企业不会破产。而且私有制的取消意味着不存在刺激机制去鼓励个人寻求更好地满足消费者需求的方式。因此,计划经济缺乏动力和创新,取代经济增长和繁荣的是经济趋于停滞。因此,20世纪80年代末期以来,实行计划经济的国家数量大幅下降。

(三)混合经济体制

混合经济体制(mixed economy)介于市场经济体制和计划经济体制之间,该体制涵盖范围非常广泛,既有市场经济成分,又有计划经济成分。事实上,没有任何一个国家实行的是完全放任自由的纯粹市场经济体制,也没有哪个国家实行的是纯粹计划经济体制。各个国家实行的都是混合经济体制,它们的区别仅在于市场力量与计划力量的相对比重不同。图3.2给出了部分国家的经济体制。

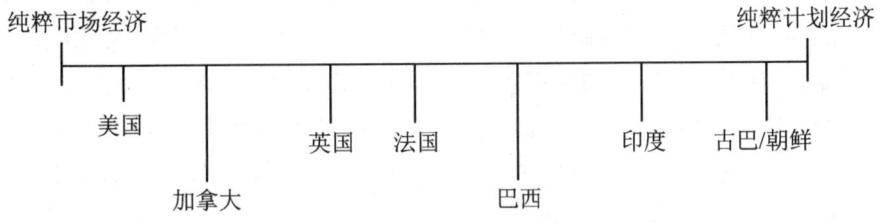

图 3.2 经济体制的范围

资料来源:约翰·怀尔德,等.国际商务[M].4版.陈焰,译.北京:北京大学出版社,2009.

需要注意的是,不同的经济体制对于商务活动具有重要影响。例如,在纯粹计划经济体制中,私人创立企业的活动是不允许的,或至少是受到严格限制的。在市场经济体制中,私人的创业活动是受到鼓励的,因此商务活动会比较活跃。

二、经济风险

(一)经济风险的定义

一国的经济体制决定了该国的经济环境,而经济环境在国际商务活动中的众多因素中是最直接、最基本的因素,也是企业决策中首先考虑的因素。它广泛涉及与国际商务活动相关的各种经济内容,诸如有关国家经济体制的健全程度、社会经济发展水平及增长速度、物价及货币的稳定性、市场环境、经济周期、生产要素供给水平、行业竞争状况及专业化协作水平、国际收支状况、国际贸易和国际金融及涉外经济政策等。这不仅影响外国企业是否进入这个国家从事商务活动,更重要的是直接关系到外国企业开展的国际商务活动是否成功、企业的经营目标是否实现。

全球化背景下,经济环境往往以各国相互依存为特征,也就是说,一个国家和地区出现的市场波动往往会波及其他许多国家和地区,这样就使得国际商务活动的市场环境更加险恶难卜。例如,2008年美国次贷危机引发的全球金融危机,其冲击不是波及一国或一个地区,而是波及了整个世界。同时,经济环境还会受到外部环境的影响,比如,2020年暴发的新冠肺炎疫情,由于其高传染性致使很多国家采取严防严控的隔离措施,致使经济发展受到短期冲击,并对全球经济可能产生不可想象的破坏。

由经济环境影响造成的经济风险主要包括国际市场波动风险、汇率风险、利率风险、税收风险及其他风险。风险的产生通常还与企业对经济环境和变化趋势的主观预测和管理失策相关联。国际市场、汇率、利率的波动或通货膨胀等对国际商务活动者来讲,既是遭受损失的原因,也是取得收益的机会。

（二）经济风险的类型

依据引起经济风险的原因,经济风险主要分为4种类型:

1. 国际市场波动风险

市场波动与进入市场的各个行为主体(企业、消费者)的市场行为密切相关。企业间竞争手段和激烈程度使得国际市场瞬息万变。消费者的购买力、消费习惯、文化风俗以及偏好等因素不断变化,从需求侧影响国际市场变化的方向和程度。国际市场的波动主要表现在商品价格、利率、股票价格及汇率等方面。影响国际市场变动的因素极其复杂,对于每个跨国企业来说,国际市场的波动是不可控的。从某种意义上,国际市场的波动风险是一切其他经济风险的根源所在。

2. 汇率风险

汇率风险也称外汇风险,是指因外汇汇率(两种货币兑换的比率)变动,使企业资产价值及负债、收入和支出增减,从而可能发生损益的不确定性。国际商务活动与财务活动中必然涉及一些国家的货币收付,这些外币均需与本币进行折算,以便结清债权债务并考核其经营活动成果。从交易达成后到真正履行,均有一个期限。在该期限内,外币与本币以及一种外币与另一种外币的折合比率可能发生变化,从而就产生汇率风险。中美贸易失衡是中美关系中的一个重要话题,美国为了平衡双方的贸易经常给予中国人民币升值压力,这会对中国的出口企业以及来中国从事国际商务的企业带来不小的冲击。

3. 利率风险

利率风险主要表现为资本筹集和运用过程中的利率变动使国际商务活动者遭受的风险。投资者在东道国从事经营活动时,因借款条件的变化,如利率上升,从而增加了筹资成本,包括利息支出的增加、债券发行成本的提高等。利率变动在形式上,包括借款和贷款活动时的利率差异、不同国家市场利率的差异、不同市场不同货币的利率差异。这些差异的发生与存在是经常的,跨国企业在无暇利用这些差异时,利息损失是不可避免的,虽然这种损失是无形的。一个行为不够积极主动的公司可能还不会意识到这一点,但它却是客观存在的。

4. 税收风险

税收风险主要是指由东道国财政政策的意料之外的变化和有关税收法规的运用所引起的风险。对外国企业,各国都有有关政策措施规定,其中包括税收政策。由于各国对外资企业所得税税率的规定不一致,一些跨国公司往往通过资金或利润的内部转移来尽可能少交税。但如果一国税收政策的改变如提高所得税税率是跨国公司始料不及的,则可能会给公司带来一定的损失。有时,由于东道国和企业所在母国之间在征税方面不协调,会造成对外资企业的双重征税,也会引起企业的获利程度降低。其他如对外投资收益的征税率以及进出口税税率的变化,都会给企业带来一定的风险。

三、经济风险管理

尽管外国企业不能直接控制或改变东道国的经济体制和经济环境,但仍有一些办法可减少经济风险。

(1) 积极应对经济全球化。经济全球化是一个不可阻挡的经济规律,面对这样的规律,任何企业都要认识、适应和利用这样的规律,观念上不能试图逃避。同时,企业特别是跨国企业需在全球范围内积极进行布局。企业走出国门,与全球企业在更大的范围内开展竞争,就必须对全球各国市场做出更清晰、更准确的判断,在全球为本企业选择更好的生产基地和销售市场。

(2) 动态关注东道国经济环境。动态关注主要体现在从事国际商务活动的事前和事中两个维度。一方面,跨国企业从事国际商务活动前需要对潜在东道国的经济环境调研、评估和预测,包括GDP增长、劳动力供应、市场发育程度、基础设施等,尽可能做到规避风险。另一方面,国际商务活动中密切关注东道国的经济形势,进而作出预判并采取相应措施,如果近期东道国经济高速增长,马上就要意识到通货膨胀可能就会来临;如果东道国国际收支出现大量顺差,那么东道国的本币可能就会升值,对企业出口产生不利影响。

(3) 合理分散经济风险。经济全球化背景下,一国经济环境会受到内部和外部的共同影响,进而增加了国际商务活动的不确定性。在一定程度上,合理分散经济风险对于从事国际商务的企业而言是一个明智的选择。在具体的国际商务活动中,应积极采取各种办法和措施,尽可能地降低风险系数,最大限度地减少风险损失。

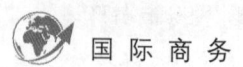

第四节 法律体系

法律体系(legal system)是关于一个国家的法律是如何制定和实施的游戏规则,包括一系列规则、法律以及流程,进而规范人们的行为。通过明确界定什么可行、什么不可行,对不确定性最小化和对机会主义行为进行限制来降低交易成本。无论是本国公司还是外国公司商务活动都不能超越国家法律制度所规定的边界。一国的法律体系对国际商务极其重要,它将制约商务实践,定义商务交易活动的方式,确定商务交易中有关各方的权利和义务。需要注意的是,一国的法律体系同样受到该国的政治体制的影响。

由于不同国家间法律体系存在差异,且一国法律体系会随时间而变化,使得跨国企业从事国际商务活动时可能会遇到法律风险。因此,企业管理人员如何进行法律风险管理关乎该企业国际商务活动的成败。

一、法律体系的国家差异

目前,世界各国采用的法律主要分为大陆法、普通法和宗教法三大法律体系。

(一)大陆法

大陆法(civil law system)或大陆法系又称罗马法系、民法法系,起源于罗马法,并在拿破仑时代的法国得以强化。它是最古老、最具影响力,也是在全世界分布最广的法律体系,目前包括中国大陆、德国、法国、日本和俄罗斯等80多个国家或地区实行大陆法。从历史上看,早在罗马法中就出现了调整商务活动和商务关系的法律,但当时还没有制定专门的商事法,而只是把调整商事关系的法律作为私法的内容之一。

大陆法的一个基本特点是强调成文法(statute law)的作用,它在结构上强调系统化、条理化、法典化和逻辑性。总之,大陆法系是以一套十分详尽的法律条文所组成的法典为基础。法庭在解释大陆法时,所依据的就是这些法律条文。因此,实施大陆法的国家的法律是通过国家的立法机关,按照立法程序,用法律条文的形式制定、颁布和实施的。

在大陆法下,法官只有使用法律的权力,因此,大陆法的灵活性较小。另外,由于具有全面的用于指导法官的法令和法规,大陆法产生的冲突也较小。实行大陆法国家的合同通常较短且不够明确,因为许多问题已经被包含在全面的法规之中了。大多数大陆法系国家都把有关买卖或贸易的法律编入民法典内,作为民法典的一个组成部分。除了民法典外,大陆法系各国还制定有法典,专门就商业行为、海商、保险、票据或公司等方面的行为分别做出具体的规定。也就是说,大陆法系国家一般采取民法与商法分立的做法,把民法作为普通法或基本法(类似我国的《民法通则》),把商法作为民法的特别法。但也有一些大陆法系国家采取民商合一的形式,只有民法典而没有商法典,比如意大利就只有民法典,瑞士则只有债务法典。

（二）普通法

在英美法国家，商法的历史发展不同于大陆法。在英美法的历史上，只有普通法（common law）与衡平法之分（由于衡平法使用很少，一般把普通法视为英美法）。普通法体系以传统、先例和惯例为基础，是不成文法。传统是指一个国家的法律历史；先例是指法院以前所判过的案例；惯例则是指具体应用法律的方式。法庭在解释普通法时，会依据这些特征行事，这给普通法体系带来了某种程度的灵活性，这是其他法律体系所没有的。普通法起源于英国，并已有几百年历史。目前，几乎所有讲英语的国家或地区以及它们的前殖民地国家或地区都采用普通法①。实行大陆法国家的合同则通常较短，也没有那么明确，因为在普通法合同中所列出的许多问题已经包含在全面的大陆法中。

在普通法体系下，法官有权解释法律，所以它适用于个别案例的特定情形。这样，每个新的解释便确立了一个先例，而以后发生类似案例则可参照此先例。随着新的判例的产生，法规也会变得更具适应性，更为清晰或完善，并将影响未来的判案。但是，普通法产生的冲突往往较大，因为源于原告和被告律师的辩护必须说服和帮助法官依据先例，以对他们最有利的方式来解读法律。此外，由于普通法相对来说定义不甚明确。所以，普通法国家的合同往往很长且很详细，几乎涵盖了所有可能发生的情形。

在英美法系各国和地区中，原则上不存在民法和商法之分。英国早在18世纪时就已经把商法吸收进普通法，使之成为普通法的一个组成部分。在货物买卖或贸易方面，英美法系国家的法律由两个部分组成：一是普通法，即由法院以判例形式确定的法律原则，属不成文法；二是成文法或称制定法，即有关货物买卖与贸易的具体立法。在这方面，具有代表性的是英国《1893年货物买卖法》（《Sale of Goods Act, 1893》），这项法律是英国在总结法院数百年来就有关货物买卖案例所做出的判例基础上制定的。它自公布以来曾进行过多次修订，现在实施的是1994年修订的《货物买卖与供应法》，但范围已扩大。

普通法与大陆法比较，有如下3个方面的不同点：① 普通法的灵活性相对较大，而大陆法的灵活性相对有限。② 在普通法中，法官有解释法律的权力，而在大陆法中，法官只有运用法律的权力。③ 相对于普通法而言，大陆法趋于具有较少的对抗性，因为法官主要依据详尽的条文，而不是传统、先例和惯例。

（三）宗教法

宗教法（theocratic law system）体系又被称为神权法体系，以宗教教义为基础，比如印度教法、犹太法和伊斯兰法等，其中，伊斯兰法是当今世界使用最广泛的宗教法律制度。

最初，伊斯兰法主要侧重于道德伦理，而不是一个商业法规，它倾向于全方位地管理生活。随后扩展到商务领域，伊斯兰教法对公司投资的种类进行限制，并且为商务活动设定规范。例如，按照最初伊斯兰教法，银行不能在贷款时收取利息，也不能为存款支付利息，因为按《古兰经》的教义，利息是高利贷，是非法的，对于虔诚的穆斯林来讲，接受支付的利息是一

---

① 南非原属大陆法系，后被英国殖民统治，受英国法的影响很大，所以实行的是大陆法与普通法的混合体。

宗不可饶恕的罪孽,给的人和拿的人都将受到诅咒。现在取而代之的是,借款人要交给银行其投资利润中的一部分,而存款人则可以从银行的投资利润中得到回报。此外,由于经营烟酒违反了伊斯兰教义,伊斯兰教法还禁止企业对经营这类产品的公司进行投资。事实上,许多伊斯兰国家所采用的法律制度是伊斯兰法和普通法或大陆法的混合体。

目前,采用宗教法的主要是伊斯兰国家,包括伊朗、沙特阿拉伯以及阿联酋①等。

分析案例 3-4

伊斯兰银行在巴基斯坦

《古兰经》明确宣称收受或支付利息的行为有罪,在任何阿拉伯国家,利息都被认为是一种剥削和不公正行为。多年来,伊斯兰国家的银行经营一直没有理会这一谴责,但在 25 年前埃及开设了一家伊斯兰银行,此后,在一些伊斯兰国家开始纷纷开设伊斯兰银行。截至 2001 年中期,全世界约有 170 家伊斯兰金融机构,管理的资产高达 1500 亿美元,年均资本回报率在 16% 以上。甚至一些传统银行也加入该市场,如花旗银行和汇丰银行这两家世界最大的金融机构,现在也提供伊斯兰金融服务。到 2001 年中期,只有伊朗和苏丹两个国家实施伊斯兰银行传统的操作方式,而在其他许多国家,顾客均可自主地选择传统银行或伊斯兰银行。

2001 年 7 月,巴基斯坦成为第三个要求其银行采用伊斯兰银行操作方式的国家。在巴基斯坦实施的向伊斯兰银行转型,可能会影响世界上其他国家伊斯兰银行的命运。传统银行的利润来自其所支付的存款利息和其所收取的借款利息之间的差额。由于伊斯兰银行不能支付或收取利息,它们必须寻找另外的赚钱方式。巴基斯坦银行推出了两种不同的伊斯兰银行操作方式——摩达拉巴(Mudarabah)和摩拉巴哈(Mu-rabaha)。

一份摩达拉巴合同相当于一个利润共享的方式。在此框架下,当银行贷给企业一笔借款时,不是向企业收取这笔借款的利息,而是与企业共同分享这笔投资所获的利润。同样,当企业(或个人)将钱存入一家银行的储蓄账户时,存款也被视为对银行用此项资金所从事的商业活动的投资,所以,存款者可按事先约定的比率分享银行投资所获利润(而不是支付利息)。一些穆斯林声称,这一机制比西方的银行机制更为有效,因为它鼓励长期储蓄和长期投资。但是,对此说法缺乏强有力的证据,许多人认为较之传统的西方银行制度,摩达拉巴方式的效率要低得多。

第二种伊斯兰银行模式,即摩拉巴哈合同,在全世界银行中被广泛采用。这一模式在巴基斯坦最为流行,主要因为它操作很简单。按照摩拉巴哈合同,当一家公司希望使用贷款购买一些商品(假设为一台价值 1000 美元的设备)时,这家公司在与设备制造商谈定价格后就告知银行,然后银行花 1000 美元购买这项设备,而借款者晚些时候再花譬如说 1100 美元向银行购买,这个价格中包含了 100 美元的差价。一些好挖苦者可能会说,这个差价与支付利息的作用不是一样吗?这个方法与传统银行确实很相像,因此十分易于采用。

---

① 迪拜的一些地方适用普通法,如迪拜国际金融中心。

不管哪种方式被最为广泛地采用，一些观察者预期，从传统方法向伊斯兰银行模式的转型是富有挑战性的。一种担忧是考虑到不能享受固定利息，存款人可能会大规模撤离。另一种担忧是政府需要实施非常严格的管理，以确保某些使用摩达拉巴合同的不道德的借款人不能随意地宣布破产。第三种担忧是这一转型所带来的不确定性可能吓退外国投资者，导致巴基斯坦资金的短缺。

——转引自：韩玉军. 国际商务[M]. 2版. 北京：中国人民大学出版社，2017:36.

二、合同法上的差异

合同（contract）是指交易即将出现时描述的具体条件，是对涉及的各方细化权利和承担义务的文件。许多商业交易都由不同形式的合同来规范。合同法（contract law）是监督合同实施的法律。合同的各方通常会在确信另一方违反合同精神或条款时诉诸合同法。

普通法和大陆法在合同法上的差异，可以从各自的合同法中的规定不同显示出来。由于普通法相对来说不太依据具体的条文，故在普通法框架下起草的合同往往对所有偶然事件都有非常详尽的说明。而在大陆法框架下，合同则趋向于较短和较为笼统的描述，因为在普通法合同中所涉及的许多问题在大陆法法典里都有明文规定。在实施普通法系的国家起草一份文件成本较大，而在实施大陆法系的国家处理合同纠纷则可能产生很多争议。另外，普通法系具有较大的灵活性，允许法官根据具体情况处理合同纠纷。从事国际商务必须充分认识到这些差异，因为在一个实施大陆法的国家中，如果按普通法准则来处理合同纠纷就会犯大错，反之亦然。

当国际贸易引起合同纠纷时，一直困扰大家的问题是适用哪个国家的法律。为解决这个问题，一些国家包括美国已经执行《联合国国际货物销售合同公约》（《United Nations Convention on Contracts for the International Sale of Goods》，CISG）。CISG建立了一整套监督在不同国家做生意的买卖双方制造和销售某些日常商品合同的规则。一国通过采用CISG，向其他已采用该公约的国家表明该国将视公约的规则为其遵守的法律。CISG自动地适用于执行公约国家的公司销售产品的所有合同，只要合同双方没有选择退出该公约。CISG存在的问题是，只有不足70个国家加入了该公约（CISG于1988年开始实施）。世界很多贸易大国包括日本和英国尚未认可该公约。

当企业不愿意接受CISG时，通常选择认可的仲裁法庭来解决合同纠纷。最有名的是巴黎国际商业联合会国际仲裁法庭。2005年，该仲裁庭裁决了来自117个国家、涉及1422家企业的521件仲裁请求。

三、国际商务涉及的法律

法律体系是制度框架中至关重要的方面，它们直接规范着国际商务活动是否可行。在一个广泛的法律体系范围内，有众多的组成部分。

(一) 财产权

1. 财产权的定义

法律制度最根本的一个经济功能是保护财产权。所谓财产权(property rights),是指个人或企业使用其拥有的某种经济财产(或资源)并从中获取收入和利益的法律权利。在法律意义上,财产是指个人或企业所拥有的具有合法权益的一种资源,即其自身所拥有的资源。这里的财产指的是有形的财产,包括房屋、办公室和工厂等。各国涉及财产权保护的法律制度有很大的差异,目前几乎所有国家都有保护财产权的法律条文。中国已在2007年颁布了有关保护私有财产权的法律,该法规定个人的私有财产将与国家财产一样受到法律保护。

由有效的法律制度所提供的对产权的保护是一些国家成为发达国家的重要原因之一。在发达国家,每块土地、每栋大楼都有相应的财产证明,它赋予所有者从这些财产中获取收益和好处的权利,以及通过法律手段起诉那些侵犯其利益的人的权利。由于这一法律制度的稳定性和可预见性,有形财产才得以伴随着它的实物存在而拥有一个无形的生命,并可以用作贷款抵押。例如,在美国,新兴企业最重要的一个资金来源就是抵押企业家的房产。相反,在许多发展中国家,由于不能提供所居住房屋的房产证明,银行不会允许人们用房屋作为贷款抵押。因此,为了创立一家新的企业,创业者只能通过非正式的途径获取资金,如向家人、亲戚朋友或其他熟人借钱。然而,与通过银行这种正式途径获取资金相比,通过非正式途径获得的资金数量往往极其有限。正是由于这种资金不足,发展中国家企业的平均规模要远远小于发达国家。此外,缺乏保障的产权还导致企业不愿采用固定资产投入很多的技术,更不愿意进行诸如研究与开发这类长期投资,这会削弱发展中国家企业的竞争力。因为,在经济全球化背景下,具有优势的企业都是通过规模经济、资本密集的技术以及研发方面的持续投资来获取持久竞争优势和收益的。因此,对于发展中国家而言,迫切需要改革的就是通过建立有效的产权制度,建立起有利于经济增长的对产权的正式保护。

2. 财产权被侵犯的方式

目前几乎所有国家都有保护财产权的法律条文,然而在许多国家并没有认真执行这些法律,从而导致财产权受到侵犯。财产权可以通过两种方式被侵犯:私下行为和公共行为。

侵犯财产权的私下行为(private action)是指非公有的个人或集团的偷窃、盗版或者敲诈等行为。尽管在所有国家都有可能发生偷窃行为,但在一些法制水平较低的国家,其犯罪程度要比其他国家严重得多。

侵犯财产权的公共行为(public action)是指公共官员(如政治家和政府官员)从财产所有者那里勒索钱财或资源。这种行为可以通过法律机制来实现,包括向财产所有者征收过多的税收、索取高额的许可证费用、将其资产收归国有而不予补偿等或重新分配资产而不对原来的所有者给予补偿等。此外,侵犯财产权的公共行为还可以通过非法的途径或腐败来实施,例如,一些企业为获得在某个国家、行业或地区经营的权利不得不行贿。

腐败存在于各种社会,但是不同国家的腐败程度却存在着制度上的差异。在一些国家,法律法规使腐败维持在最低限度,腐败被视为是非法的,一旦发现,违法者就会受到严厉的法律制裁。而在另一些国家,法制却十分薄弱,官员和政治家的腐败行为相当普遍,腐败在这些国家非常流行,以致政治家和官员将其视为一种政府特权,并公然蔑视反腐败法。

值得注意的是,无论是私下行为还是公共行为都会对该国的国际商务行为产生负面影响,比如在犯罪程度严重的国家以及高度腐败的国家在一定程度上通过减少企业投资收益影响企业的积极性,进而阻碍该国的外商直接投资和国际贸易,最终使得经济增长率下降。

(二)知识产权

1. 知识产权的定义

术语"财产"通常指有形的财产(如上所说的房屋、办公室和工厂等),而智力资产(intellectual property)特指通过智力活动创造的无形资产(如图书、录像和网站)。知识产权(intellectual property (IP) rights)是指与智力资产所有权相联系的权利。也就是说,知识产权是由人类知识、智力和能力所创造的产权,包括图形设计、小说、计算机软件、机器工具的设计和秘密配方(如可口可乐的秘方)等。

与有形资产的产权相比,不同国家在知识产权方面的制度差异更大。总体而言,知识产权保护法在加拿大、日本、美国和西欧的大部分国家都比较有力,而在其他一些国家则相对薄弱。

2. 知识产权的类型

知识产权通过专利、版权和商标可以建立所有权。

专利(patent)是准许一个新产品或新工艺的发明者在一定时期内享有制造、使用或出售该发明的专有权。专利保护法的作用在于鼓励创新和创意活动,同时保证专利在一定时期内不被他人仿造、使用和买卖。

版权(copyrights)是指授予原创作品的著作者按照个人意愿发表或弃置其作品的自由。版权所有者包括文学作品的原著者和出版者、音乐曲谱的作曲家、计算机软件的开发者、艺术家、摄影家和画家等。版权所有者拥有以下权利:复制其版权所有的作品,用其版权所有的作品开发新作品,出售或分发其版权所有的作品的复制品,版权出版,公开其版权所有的作品。

商标(trademarks)是识别一种产品及其制造商的文字或标志。商标保护通常是没有时限的,只要商标上面的文字或标志仍然有特色。消费者可以从商标中获益,因为当购买一种特定品牌的商品时,他们可以预期产品的特性与质量。

3. 知识产权的保护

各国对知识产权的保护有很大差异。许多国家对知识产权有严格的法律规定,但是这些规定通常执行不力,这种情况即使在世界知识产权组织(World Intellectual Property Organization)现有的 183 个成员中也时有发生,这些成员都签署了旨在保护知识产权的国际公约,包括最早的《保护工业产权巴黎公约》(《Paris Convention for the Protection of Industrial Property》)。

国际企业对这种侵权可能有许多不同的反应。企业可以游说其政府签署国际协议,以

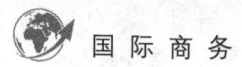

保证知识产权受到保护,并强制实施法律。这种行动的结果之一是国际法规在一定程度上得以加强。如1994年签署的《世界贸易组织(WTO)协议》第一次将GATT的适用范围扩大到知识产权,在新的协议下,通过了《与贸易有关的知识产权协定》(《Trade Related Aspects of Intellectual Property Rights》,TRIPs),并在WTO中设立了管理TRIPs并监督该协议实施的常设机构"与贸易有关的知识产权理事会",由其严格执行有关知识产权规定。这些规定责成WTO成员同意执行专利权持续至少20年,版权持续50年,富裕国家必须在1年内执行该规定,贫穷国家可以有5年宽限期,最穷国家的宽限期为10年。

许多国家正在日益加强其对知识产权的保护力度,遵守诸如WTO的TRIPs国际协定;但与此同时,另一些国家对其境内的侵犯知识产权事件依然较为纵容。20世纪90年代后期,南非政府通过一项法规,允许该国进口专利药品的廉价复制品,包括治疗艾滋病的新药,无须获得专利拥有者的许可。2001年,该法规成为法律界争论的焦点。寻求知识产权保护的跨国药品公司与要求为穷人提供廉价治疗的艾滋病活动家以及南非政府彼此具有较大的争议。

除了游说政府外,企业还可能为保护自身利益而诉诸法律手段。企业也可以避开那些不严格执行知识产权法的国家,而不是冒险进入,以致它们的创新理念被当地企业"偷"走(如20世纪70年代初可口可乐和IBM决定离开印度)。企业也需要警惕,保证不让那些在不严格执行知识产权的国家生产的盗版产品流回本国市场或流向第三国市场。例如,美国计算机软件巨头微软公司发现,泰国非法生产的盗版微软软件被当作正版产品在世界各国(包括美国)出售。

(三) 其他

1. 针对产品的法律

包括产品安全法和产品责任法。产品安全法规定对某一产品必须建立一定的安全标准。产品责任法是指当一个产品引起伤害、死亡或损失时,该产品的生产企业及其主管人员应对此负责,分为民事(支付赔偿金)和刑事(罚金或监禁)两种。这些法律主要强化生产者对消费者的保护责任,对产品的物理和化学性能做出明确的规定。

2. 针对劳工的法律

包括就业法、劳工法等,主要保护劳工的福利和权益,反对用工歧视,大部分发达国家执行比较好,发展中国家像印度要求比较高,100人以上的工厂不允许随便解散,但许多发展中国家由于劳动力供给充足而很难有效保护。

3. 针对投资者的法律

包括破产法、证券法等。东道国政府一方面要给予外国投资者一定的优惠政策,在法律上予以保护,另一方面又要对投资者有所限制,也要有相应的制约法律。

4. 针对环境保护的法律

包括反污染法等。发达国家对此要求相当高,发展中国家也意识到这个问题的重要性,要求外国企业在环保方面必须遵守东道国的法律。

5. 针对本地区的法律

包括税法、区域规划法等。许多发达国家各地区之间的法律规定有所不同,因此跨国公司要了解东道国内部的法律也是不同的。

四、法律风险与管理

(一)法律风险

由于世界上并不存在一部统一的"国际商法"来调整国际间的商务活动,而各国的法律又不完全相同,这样,商务活动涉及多少国家,就会面临多少个不同的法律环境。国际商务活动中的任何一方如果不了解当地的法律就会犯错误,就会招致不测风险。各国法律体系的差异,表明了国际商务活动法律环境的复杂性。国际商务活动者若不了解这种法律体系的差异,就有可能遭到意想不到的利益损失。

法律风险是指由于各国法律制度的差异、各国法律制度与国际法则的差异而引起的风险,它一般与投资环境中的法律因素相关联。当企业在两个或多个国家之间进行国际商务活动时,还得确定适用哪国的法律和规定。该国的法律应如何解释,适用的程度如何确定,都是企业要解决的问题。当企业一旦确定了适用的法律之后,有关法律的变化很有可能会造成企业的损失。因此,法律风险对从事国际商务活动的企业来说显得格外重要。

(二)法律风险管理

1. 熟悉国际和各国法律

由于目标市场国家的国情差异较大,各国法律各有不同,国际商务活动可能涉及的包括专利法、商标法、广告法、竞争法、投资法、商品检验法、环境保护法、海关税收法以及保护消费者的种种法令(例如,美国为保护消费者,规定香烟包装上要印上关于吸烟危害健康的警告),尤其是国际商法这样的国际法律和各种国际规则一定要熟悉并严格遵守。

2. 合同中明确争端解决的方式

通常争议中最重要的就是要诉诸哪种法律。对企业方面国际法律争议的审判权通常用以下三种方法中的一种加以解决:一是根据合同中规定的裁判条款;二是按订立合同的所在地的法律;三是合同条款执行地方的法律。一般来说,在签订合同时,就应明确地说明受哪国法律审理,以免纠纷发生后再来决定。

3. 使用双方认可的方式来解决争议

在国际贸易中,买卖双方发生争议时,处理争议的方式一般有友好协商、调解、仲裁和诉讼等。一般说来,采用友好协商和通过第三者调解的方式,手续比较简便,费用较少,气氛也比较和缓、友好。这样的争议解决后不影响接下来的合作,也会使得大家的合作更加规范。

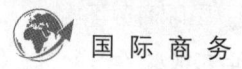

◆ **内容提要**

企业国际商务活动的成败在很大程度上取决于其各国商务制度环境。制度环境有正式制度和非正式制度构成。就正式制度而言,一国国内或地区内的政治体制将决定其经济体制和法律体系。同时,政治、经济以及法律等制度的变化直接或间接影响到国际商务环境。因此,从事国际商务活动的企业可能面临不同的制度风险。对于跨国企业的管理人员而言,需要清楚认识政治体制、经济体制以及法律体系等制度的国家间差异,并具有甄别不同类型的制度风险和有效管理风险的能力。只有这样才有利于其所在企业开展国际商务活动。

◆ **关键词**

制度 制度优势 制度质量 制度距离 政治体制 政治风险 经济体制 经济风险
法律体系 法律风险

◆ **复习思考题**

1. 什么是制度? 正式制度主要有哪些方面?
2. 谈谈你对制度优势的理解,以及其对国际商务活动的影响。
3. 政治体制有哪几种类型? 作为跨国公司的管理人员,如何面对东道国的政治风险?
4. 经济体制有哪几种类型? 作为跨国公司的管理人员,如何面对东道国的经济风险?
5. 法律体系有哪几种类型? 作为跨国公司的管理人员,如何面对东道国的法律风险?

◆ **思考案例**

中国的发展奇迹

新中国成立70多年来取得了巨大成就。在当今世界190多个国家、40多个地区的国际竞争中,中国是过去40年中世界上唯一实现了四个历史大变迁和发展奇迹的国家。

一是从世界最大的绝对贫困社会到最大的小康社会的国家。中国已经消除了每人每日低于1.90美元标准的绝对贫困人口,贫困人口数从1981年的8.84亿人减少至2015年的962万人,贫困发生率从88.3%下降至1.32%,占世界总数比重从46.45%减少至2015年的0.7%,是世界上减少绝对贫困人口最多的国家,对全球的减贫贡献达到3/4。而且中国已于2020年实现现有贫困人口的全部脱贫。

二是从极低收入到上中等收入水平,2018年中国占上中等收入水平组国家总人口的52.3%,2019年年底,中国人均GDP突破1万美元大关,是世界上罕见的从极低收入水平跃升到中高收入水平的国家。

三是从低人类发展组到高人类发展组,《2018年人类发展报告》数据显示,2017年中国占高人类发展水平组国家总人口的59.2%,是世界上唯一一个从低人类发展水平跃升到高人类发展水平的国家。

四是1978~2018年中国保持了平均9.4%的高速经济增长率,是世界同期增长最快的国家。根据世界银行WDI数据库数据计算表明,中国占世界GDP(2011国际元)总量的比重迅速提高,从1990年的3.65%提高至2018年的18.62%,相当于美国比重(占世界GDP比重为15.05%)的1.24倍,相当于欧盟比重(占世界GDP比重为16.14%)的1.15倍,这反映了中国等新兴经济体迅速崛起。

如上所述,中国创造了最大的减贫奇迹、经济发展奇迹、人类发展奇迹,已经载入人类发展史册之中。那么,创造中国奇迹背后的根本原因是什么?

◆ 应用训练

如何保持中国制度优势的持续性?

2020年1月暴发的新冠肺炎疫情是新中国成立以来传播速度最快、感染范围最广、防控难度最大的一次重大突发公共卫生事件。基于中国特色社会主义制度优势以及高效的国家治理效能,在习近平总书记的亲自部署、亲自领导下,党中央采取果断措施,多措并举,打响了一场抗击疫情的人民战争。经过艰苦努力,中国疫情防控形势持续向好,生产生活秩序加快恢复的态势不断巩固和拓展。同时,中国防控疫情取得的显著成效为世界各国防控疫情争取了宝贵时间,得到国际社会高度评价和广泛认可。

"经国序民,正其制度。"制度是国家发展的重要保障和有力支撑。习近平总书记在主持召开中央全面深化改革委员会第十三次会议的重要讲话中,深刻总结党的领导和社会主义制度优势在有力推动我国疫情防控和复工复产过程中发挥的无可比拟的重要作用,强调"发展环境越是严峻复杂,越要坚定不移深化改革,健全各方面制度,完善治理体系,促进制度建设和治理效能更好转化融合,善于运用制度优势应对风险挑战冲击",为我们坚持和完善中国特色社会主义制度,全面深化改革,推进国家治理体系和治理能力现代化,战胜前进道路中的一切风险挑战,指明了方向。

好的制度充分发挥激励、推动的作用,产生制度优势,即实现更好的社会发展目标。制度优势可以产生良好的社会效果:提高经济效率,促进、激励社会经济增长;接近帕累托最优,实现最大多数人的最大利益,充分体现了人民性;能够实现社会分配的相对公平;维护社会发展的稳定性、持续性,提供稳定、和谐的社会秩序,产生良好的预期。对未来的预期越强,当前行为就越是建立在长期收益的基础上。尽管好的制度具有制度优势,但由于制度效用存在递减规律,因而制度需要不断健全、完善,以保持制度优势的持续性。

但是,需要清楚认识到,新冠肺炎疫情防控以及后疫情时代的中国和全球经济发展仍将考验着中国的制度体系和治理效能。你觉得中国怎样才能保持制度优势的持续性呢?这必然会引起制度环境的变化,如果作为国内企业或跨国企业的管理人员,该如何应对?

第四章 国际商务的非正式制度环境

本章结构图

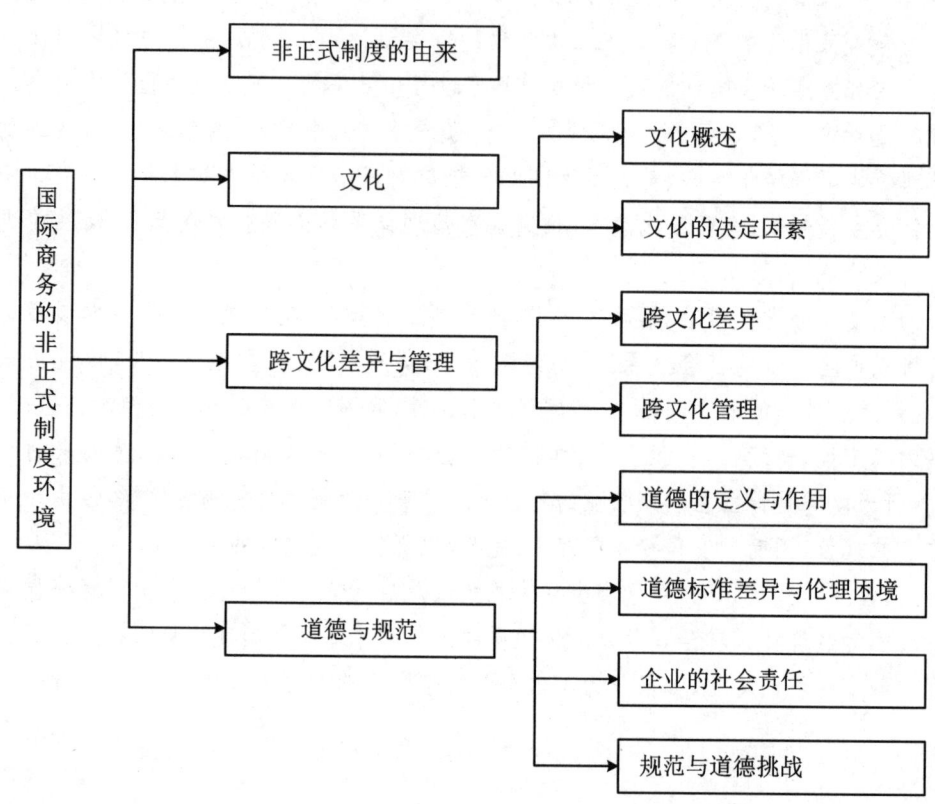

第二篇 国际商务环境

第四章 国际商务的非正式制度环境

学习目标

理解国际商务的非正式制度环境,熟悉文化、道德以及规范的基本内涵,了解国际商务中跨文化差异、伦理困境等可能造成的风险,培养国际商务活动中风险管理的能力。

导入案例

中俄经济的信任困局与破解

2016年9月13日国家发改委正式发布了《建设中蒙俄经济走廊规划纲要》。建设好中蒙俄经济走廊是"一带一路"倡议六大支柱之一,是推动人类命运共同体构建的保障。其中,中俄间的关系尤为重要。自"一带一路"倡议提出以来,中俄经济合作已经取得了丰硕的成果,但也存在着一些必须面对的问题,需要从制度层面予以破解。

一、困局:信任不足

在两国关系向好的背景下,互为大陆上邻国、又同为人口大国的中国和俄罗斯,按理说,在投资合作和地方合作上应该有着非常紧密的联系。但事实上,"恰恰在投资和地方合作领域,成效不显著"。早在2011年,中俄两国领导人便提出,2015年中俄贸易额要达到1000亿美元,到2020年时要达到2000亿美元的目标。但是,中俄贸易额到了2018年才实现1000亿美元。在中俄贸易中,政府主导的大项目占主要地位。与中俄两国政府大力推动中俄经贸合作相反,中俄贸易额快速提升却依然举步维艰。当然,中俄贸易的困境,与国际大环境存在密切关系。但在中俄贸易领域"根深蒂固的贸易投资障碍才是制约双边经贸合作的深层次原因"。

在对待中国投资问题上,俄罗斯社会态度暧昧,既想借力中国投资发展俄罗斯的经济,又对中国投资存在着极度的不信任感。2015年,中国的华俄兴邦公司到俄罗斯外贝加尔租赁为期49年的11.5万公顷土地。此事引起了俄罗斯公众的强烈反应。随后,俄罗斯学者的调查表明,"50.5%的受访者认为该交易'将最终导致西伯利亚被中国吞并'",另有约40%的受访者认为这将导致俄罗斯的农田和环境面临"如中国一样的污染威胁"。中国在贝加尔湖附近建水厂,引发的俄罗斯民众大量质疑和俄罗斯政府的处置措施,也是俄罗斯对中国投资矛盾心态的具体表现。俄罗斯民众对中国投资存在的疑虑,严重阻碍了中国资本向俄罗斯的流动,同时也阻碍了中俄经济合作水平的提升。在中俄两国持续合作过程中,"真正来自民间的互惠互利活动则困难重重"。中俄民众,特别是生活在中俄两国边境地区的居民,没有想象中的那样相互了解,也没有很高的亲近度和亲近意向,俄罗斯远东地区的居民,尽管会到中国"走动",但"不亲近"。如果不能有效地提升中俄两国合作过程中的信任、提升民间交流的层次和水平,将导致中俄两国合作的基础不牢。如果没有民间投资的支持,没有中俄两国人民相互的合作和投资意愿,保持中俄贸易健康向稳发展的态势极为困难。

二、破局:非正式制度保障和对接

信任是人际交往得以顺利开展的关键要素。没有信任或信任不足,必然导致人际交往弱化。信任缺失,必然导致民间参与的热情不高,导致投资者对所投资本安全性的担心。要

69

破解上述困境,必须以增强互信为突破口。在"一带一路"建设的"五通"中,"民心相通"被认为是其他"四通"的基础和保障的道理便在于此。然而,信任的建立和提升需要秩序来提供保障。"要维护这种秩序,就要依靠各种禁止不可预见行为和机会主义行为的规则",这些规则被称作是制度。正式制度指国家建构的,依靠国家强制力保障实施的法律规范,而非正式制度则是指在社会生活中产生"通过一种渐进式反馈和调整的演化过程而发展起来的"行为规则。非正式制度的核心要素恰恰是某一社会的意识形态、占社会主导地位的道德观念和习惯等被人们所公认并遵守的内在要素。正式制度要想获得民众的遵守和支持,必须要与非正式制度相契合。由正式制度和非正式制度一起构成的制度,共同"增进秩序","秩序鼓励着信赖和信任"。我国企业在海外投资过程中,往往关注某一国家的正式制度而忽略了非正式制度因素对投资的影响,存在着法律工具主义的倾向,"好走'上层'路线,对东道国的经济、社会、法律复杂性缺乏深刻认识",为此,很多企业付出了沉重代价。

因此,要破解上述难题,制度保障和制度对接就成了不二选择。推进中蒙俄经济走廊建设,必须考虑制度层面的对接,必须通过制度构建,促进中俄两国人民的民心相通,建立起民间的互信。

——资料改编自:龙长海.信任困局的破解路径:中蒙俄经济走廊建设的非正式制度供给与软法合作[J].求是学刊,2019(4):90-102.

第三章已经考察了各国在政治体制、经济体制、法律体系等正式制度环境的国家差异对企业从事国际商务活动的影响。现实中,非正式制度环境(如文化、道德和规范)对国际商务活动的影响也很重要。本章将揭示非正式制度环境如何影响国际商务活动。

第一节 非正式制度的由来

任何制度框架都是由正式的和非正式的制度组成的。尽管正式的制度如政治、法律、经济(见第三章)都很重要,但它们只是支配个人和企业行为的"游戏规则"的一小部分。作为每个经济体中的普遍特征,非正式的制度几乎随处可见。

非正式的制度从何而来?它们来源于社会上的信息交换,是被我们称为文化、道德和规范传统中的一部分。身处某个社会环境中的人们倾向于认为自己的文化、道德和规范等非正式的制度是"自然、合理和正确的",即民族中心导向(ethnocentric orientation)或民族中心主义(ethnocentrism)。民族中心导向指将本国或地区的非正式制度作为评判其他非正式制度的标准。这样的导向会加剧跨文化风险。

我们大部分人都是在单一文化环境下成长的,因此往往会从自己的角度来看待这个世界。民族中心导向几乎是每个社会的特征,它使人们认为自己的种族、宗教或者民族或多或少比别人更优秀一些。国际商务学者珀尔马特将民族中心导向描述为"母国中心导向"。他认为跨国商务的经营者应当放下自己的民族中心导向而去接受多中心导向或地理中心导向。

与民族中心导向不同,多中心导向(polycentric orientation)是指一种东道国意识,在此意识的影响下,经营者对有业务往来的国家会产生一种亲切感。地理中心导向(geocentric orientation)是指一种全球意识,在此意识的影响下,经营者能够超越国家界限去理解一种行业或市场。地理中心导向意识到非正式制度差异并对此持开放态度。[1] 具有地理中心导向的经营者会有意识地努力提高与来自不同文化的成员交流的技能。他们会吸纳新的思维方式,学会分析文化,并避免贬低不同的行为方式。

非正式制度是由人们在长期社会交往过程中逐步形成,并得到社会认可的约定俗成、共同恪守的行为准则,包括价值信念、风俗习惯、文化传统、道德伦理、意识形态等。非正式制度对于经济发展有着重要影响,在市场发育不充分的发展阶段,社群内部成员之间的网络、信任和规范作为非正式制度发挥着非常重要的作用。

分析案例 4-1

非正式制度与在华外资企业

改革开放 40 多年来,中国经济飞速发展,外资企业功不可没。一方面,外资企业创造产值、增加外汇、促进就业、缴纳税收;另一方面,外资企业的进入加速了内资企业的制度变迁,对内资企业技术转移形成正的外部性,从而提升了整体的生产技术水平。总而言之,外资企业在加速中国现代化建设进程中发挥了举足轻重的作用。

外资企业在华进行生产与经营必然要面临制度成本的约束,尤其是无法在公文、法律中列示的非正式制度。跨国公司需要花费较高的信息搜寻和加工成本,做出更多的控制与协调努力,以适应东道国的生产环境,扭转其所面临的"外来者劣势"。尤其是在华的外资企业,在强大的"关系"网络中,需要融入本土文化,嵌入生产、销售等各网络环节中,才可以维持其在海外市场上原有的垄断优势。也就是说,非正式制度对在华外资企业的行为会产生主要影响。由于非正式制度具有多样性和复杂性,无法准确把握东道国(中国)宏观环境的非正式制度,就很难因地制宜地调整生产与营销模式,从而使得跨国公司难以立足。

外资企业能否适应中国的文化非正式制度关系到投资的成败,同时也会影响中国的经济活力。因此,外资企业需要熟悉并融入中国的非正式制度环境,以提升竞争力。同时,政府应关心外资企业生产状况,充分利用文化非正式制度催化剂的功能,积极促进外资企业与内资企业的文化交流,以提升外资企业的生产效率,保证经济健康、有序、和谐发展。

——资料改编自:杨振兵,张诚.文化非正式制度是外资企业生产的催化剂吗?——来自中国省际工业部门的经验证据[J].上海财经大学学报,2015(2):54-64;陆铭,李爽.社会资本、非正式制度与经济发展[J].管理世界,2008(9).

从第三章中我们知道,非正式的制度是由规范和认知两大支柱支撑的,而正式的制度由规章支柱所支撑。规章支柱很清晰地规定了什么能做,什么不能做,而非正式的制度从定义上而言更为晦涩一些,但它并非不重要。因此,我们必须关注影响国际商务活动的非正式的制度。

---

[1] Govindarajan V, Gupta A. The Quest for Global Dominance[M]. San Francisco: Jossey-Bass/Wiley, 2001.

第二节 文 化

一、文化概述

（一）文化的内涵

1. 文化的定义

迄今为止，文化都没有一个完全一致的定义。人类学家泰勒将文化定义为一种包括知识、艺术、信仰、道德、法律、习惯和一个人作为社会成员所需要的其他能力的综合体。人类学家、商业顾问霍尔认为文化是一个群体区别于另一个群体的截然不同的生活和思维方式，以及对家庭、国家、经济制度甚至是人本身的不同看法。同时文化的表现形式也是多样的，可以是正式的、非正式的或是技术性的，即有形文化和无形文化。研究跨文化和管理的荷兰管理学霍夫斯泰德称文化是"大脑的软件"，是"使一类人不同于另一类人的集体的头脑编程"，这种"集体编程"使得一群成员的思想意识区别于另一群成员。除此之外，之后的几百年间数百位学者都给出了基于各自研究领域的文化定义。其中，至今仍为管理学学者广泛引用的文化定义，是由美国人类学家克罗博和克鲁豪恩提出的：文化是由各种模式组成，即通过符号习得或展现的显性的和隐性的行为。这些符号构成了人类部落独特的成就，包括集体的人造物。文化的核心由传统（比如历史演变和选择）思想，特别是相应的价值观构成。一方面，文化体系可以被认为是行动的产物；另一方面，它也可以是未来行为的制约要素。

由以上学者对文化的各种定义可以看出，文化（culture）是一个社会全体成员或一群人表现的、长期形成的并且世代相传的价值观、宗教、符号、信仰、思维模式等思维特征和行为特征的总和。文化通常被人们看作人类环境中的人为部分或一种独特的生活和思维方式。

文化是在一个社会中由许多因素共同作用形成的产物，这些因素包括历史、地理、政治和经济、社会结构、宗教、语言等。

2. 文化的含义

文化不仅是人们长期创造形成的产物，同时也是社会历史的沉积物。任何一个国家和地区的文化都不是一个短时期内的产物，它必然先后经历萌芽、出现、被人们熟悉并接受等阶段，从而得以世代传承，并同时体现在人们日常生活和思维方式的各个方面。如果想真正理解文化的差异以及正确解释某种文化行为和态度，就不应局限于当前这一狭小的时间和空间范围，而应基于一国或一个地区文化所经历的历史事件，以及该文化所适用的独特地理特征。历史和地理作为文化的基础，在文化的形成过程中起到至关重要的作用，这种作用渗透在文化所体现出的各个方面。正如第三章中已经讨论过的一样，政治、经济等因素则以更直接的方式影响着一国的文化，从而影响着国际商务环境。

文化主要通过父母传递给子女,但也会通过社会组织、特殊利益群体、政府、学校、教会等加以传播。一个社会的文化是一代代传承下来的,它与语言、宗教、风俗、法律等诸多方面紧密相连。

通过以上的讨论,文化的含义主要体现为以下几个方面:首先,文化是同一社会或同一群体的成员共享的一套思想,尤其是价值观和思维模式;其次,文化是通过符号代代传播的;再次,文化是由一个社会或群体的成员过去的行为逐渐形成的,并不断变迁;最后,文化是需要学习的,并在逐渐学习的过程中积累、形成以及变化。

3. 文化的特征

(1) 文化是后天习得的。文化不能遗传,而是后天习得的。正如之前所讨论的,传递文化的既可以是父母,也可以是社会组织、特殊利益群体、政府、教会等。生物学家通过实验发现,某种动物一生中早期所占的比例,与这种动物对习得的赖以生存的行为的依赖程度有关。人类的童年期比其他任何动物的童年期都要长得多,这反映了人类大大地依赖于后天习得的行为。人类文化的习得过程和传递过程是个扬弃的过程,是认识和经验架构上的转变,是文化的抽象形式的转变。

(2) 文化具有强制性。人类学家和社会学家认为,文化强制有两种类型,一种是直接文化强制,另一种是间接文化强制。直接文化强制即指一个社会个体的行为和思维方式必须符合某种文化所容许的类型,否则将会受到某种程度的社会干预或孤立。法国社会学家杜尔干在解释间接文化强制时说:"没有人强迫我非得同本国人说法语或非得使用合法货币不可,但我却不可能有其他的选择。如果我试图摆脱这种必然性,将只会以悲惨的失败而告终。"文化强制使得一个人在知觉、判断及行为上往往与社会中的大多数人保持一致,具有趋同性,这种现象被称为社会从众效应。

(3) 文化具有适应性。一种文化具有适应性,即指任何文化都应该适应本群体生存的自然环境和社会环境。文化的适应性主要体现在一个社会群体的习俗上,基于不同的自然环境和社会环境,会产生不同的习俗。而当自然环境相同或相似时,由于社会环境不同,也会产生不同的习俗。适应某种环境的习俗,对于另一种环境就不一定适应。所以在商务过程中发现某一社会群体或民族具有某种习俗时,应该从适应社会的特定环境角度出发,看其是否合乎情理,同时调整自己的态度和行为方式。

(4) 文化是不断变迁的。文化的变迁是时刻都可以感受到的,世界上也不存在一成不变的文化模式。文化只有在不断变迁的过程中才能得到发展和进步,这是一个不以人的意志为转移的客观过程。文化变迁的主要原因有发现和发明、革命与社会制度变革、文化借用或传播,以及文化移入等。从历史的角度来说,文化变迁是缓慢而不间断的。如今,随着科学技术和人类通信、交通技术的快速发展,世界政治、经济、文化交往日益频繁,文化变迁的速度也随之加快。

4. 对文化理解的误区

(1) 文化没有对错。文化是相对的,没有绝对的文化。不同国家的人们只不过是在用不同的方式去看待世界。每一种文化都有其可以接受和不可以接受的行为。例如,在一些伊斯兰文化中,妻子不能向丈夫提出离婚;在许多国家,裸露镜头是完全能够出现在电视上的;在日本和土耳其,人们在家里穿鞋是被禁止的。

(2) 文化不是个人行为。文化是和群体相互关联的,它是指拥有共同价值观和生存意义的集体现象。因此,尽管文化界定了每个社会的集体行为,但个人的行为仍常常千差万别。例如,在大多数国家,男人通常留着短发。但一些特立独行的男性却把头发留得很长,在同龄人中显得特别突出。在很多国家,甚至有的男人还化妆。然而,这些反常的行为并不能代表大多数人的文化价值观。

(3) 文化不是遗传的。文化来自社会环境。人们并非与生俱来具备一整套共同的价值观和处世态度。儿童在某一社会成长的过程中,逐渐形成特定的思维方式和行为方式。例如,在美国,儿童通常会学到个人主义价值观和基督教思想;而在中国,儿童要学会依赖家庭,并建立以儒家思想为基础的价值观。文化是代代相传的,人们会受到父母、老师、朋友、同龄人和领导的影响。现在,跨国媒体等现代交流方式在文化传播方面也发挥着巨大的作用。

(4) 文化不只是国家文化。文化的特性影响着国际商务活动,但我们不能把所有的困难都归咎于国家文化差异,而且文化并不能与特定国家一一对应。文化可以是一个社会或一群人所共有的,一个国家可能有多种文化,不同国家间文化可能有一定的相似性。国际商务中可以根据社会和群体属性将文化划分为国家文化、行业文化和公司文化等。要在这几种相互重叠的文化中保证工作效率是一项巨大的挑战。

二、文化的决定因素

文化是受许多因素长期作用而逐渐形成的产物,这些因素包括语言、宗教、教育等。从表面观察一国或一社会群体的文化是肤浅而困难的,因此将文化分解为几个部分,继而分析每一组成部分的特点及其与整体的关系,就会对其文化有更加深刻的理解,也将揭示其逻辑关系和人们的行为动机。

(一) 语言

世界各国之间明显的差异之一就是语言。语言也是一种文化的显著特征之一,包括口头语言和非口头语言两种。

1. 口头语言

国际商务人员面临的第一个难题就是语言障碍。语言(language)作为表达和交流思想的工具,是人类最重要的交际工具。语言是主要的信号体系之一,人们通过语言可以理解周围世界的含义。一切文化的创造都无法离开语言,同时文化积累也是通过语言来保存的。一个国家或地区所使用的语言与其所拥有的文化之间有密切的联系。作为语言书写符号的文字,是语言的另一种表现符号。总而言之,文化是语言的基座,语言是文化的载体,文字则是载体的载体。

语言作为文化的载体,反映着一定的社会文化环境,而社会文化环境同时也制约着语言的发展与完善,影响语言使用者的思维方式。例如,由于爱斯基摩人常年生活于冰雪存在的环境中,因此不像英语一样只有一个对"雪"的总称,而是分别采用了24种不同的单词来描述各种形态的雪,例如粉雪、落雪、飘雪等。同样的情况也出现在阿拉伯国家。由于阿拉伯的游牧民族与沙漠和骆驼密不可分,因此在阿拉伯语言中有400多个表示骆驼的词。

随着全球化的发展,世界文化交流日益频繁,各国各民族语言文字有着相互的翻译、借鉴和吸收,可能时时刻刻都会有新的词汇补充到各种语言中。但是这并不能改变一种语言的基本特征和它在形成及传承文化过程中所起到的独特作用。据有关资料统计,全世界各民族共有6000多种语言,超过1000万人使用的语言有约100种。使用人口最多的是汉语、英语,其次是印地语、西班牙语、俄罗斯语、法语、德语、孟加拉语、阿拉伯语、葡萄牙语、日语、印度尼西亚语等,其中被定为联合国正式语言的有6种:阿拉伯语、汉语、英语、俄语、法语、西班牙语。世界上使用最广泛的语言是英语,其次是法语、西班牙语和汉语。英语逐渐成为国际商务语言,当一位日本人和一位德国人进行商务交易时,基本上可以肯定他们会用英语交流。

然而,在英语被广泛使用的同时,学习地方语言会产生很大的优势。大多数人愿意用自己的语言交谈,而能够说地方语言会产生亲和力,这也许对商务交易非常重要。不懂得地方语言的国际企业,由于翻译欠佳可能会导致一些重大失误。例如,阳光公司(Sunbeam Corporation)用英语单词"喷雾棒(mist-stick)"表示用来喷雾定型的卷发铁棒,当进入德国市场并花了大量的广告费后,公司发现"喷雾(mist)"在德语中的意思是粪便。通用汽车公司也曾遇到过类似的麻烦,波多黎各经销商对通用汽车公司的新雪佛莱 Nova 牌车缺乏热情,因为 Nova 翻译成西班牙语原本是"星"的意思,然而听起来就像是"没有阀"(no va),西班牙语意思是"不走",后来通用汽车公司将车名改为 Caribe。

如果开展商务活动的双方拥有同一种语言,相互的文化传播就变得相对容易,同时商务活动的开展也会变得相对容易。现在各国开展商务合作时,如果合作双方使用的不是同一种语言,则自然就采用英语等国际通用语言。随着中国不断融入经济全球化以及国际影响力的不断提升,汉语也越来越得到国际社会的广泛使用。

2. 非口头语言

非口头语言是指非言词的沟通。人们相互间的沟通交流大量是通过非口头语言的暗示,例如,在大多数文化中,眉毛上扬被认为是表示某种注意,而微笑则表示高兴。然而,许多非口头语言是文化的组成部分,不懂得非口头语言的文化含义,可能导致交流的失败。例如,在美国用大拇指和食指作一圆圈表示友好,而在希腊和土耳其则是一种粗俗的性挑逗;同样,大多数美国人和欧洲人用大拇指向上的姿势表示"好",而在希腊该姿势则表示猥亵。

非语言交流的另一方面是个人空间,即你和谈话人之间适当的距离。在美国,两人之间进行商务谈话的习惯距离是5~8英尺(1英尺约合0.3米),而在拉丁美洲则一般为3~5英尺。结果,许多北美人在与拉美人交谈时,常常会觉得对方侵犯了他们的私人空间,对话时可以看见美国人不自觉地往后退,而拉美人可能将这种后退理解为冷淡,其结果是不同文化的两个商人间可能产生令人遗憾的隔阂。

分析案例 4-2

英语和欧洲贸易

英语作为国际商务中普遍用语,即"通用语言",其主导地位是毋庸置疑的。这是由两个因素驱使的。首先,讲英语的国家或地区占全球总产出的最大份额(讲英语的人口占世界人口的 6%,讲英语国家或地区产出占世界总产出的 40%)。这种经济上的主导地位不仅促进了讲英语的国家或地区与其他国家或(地区)之间的贸易和投资联系,也催生了一个持久的英语产品和服务市场。比如,无处不在的好莱坞电影、《经济学人》杂志和谷歌搜索引擎吧。

其次,近年来的全球化也要求使用一种通用的语言。显然,在有共同官方语言的国家之间进行贸易其成本更低且易操作。有趣的是,一些国家即使没有共同的官方语言,但只要人们会共同的外语,或许仍然可以从增长的贸易和投资中获益。在一些欧洲国家,英语并不是官方语言,但如果能讲一口流利的英语则可以显著促进双边贸易。假设所有欧洲国家英语熟练程度提高 10%(英国和爱尔兰保持不变),欧洲内部贸易会提高 15%;如果把所有欧洲人的英语熟练程度提高到像荷兰人那么高的水平,将会让欧洲内部贸易激增 70%。

——资料改编自:彭维刚.国际商务[M].3 版.易靖韬,译.北京:中国人民大学出版社,2016:58-59.

(二)宗教与文化

1. 宗教

宗教是文化的重要组成部分,是一种社会意识形态。宗教可以定义为具有神圣意义的共同信仰和仪式。宗教信仰(religious belief)虽然会因为文化的不同而不同,但是都有一个共同点,即相信超自然能力的存在并且描述了一些理想的生活状态,同时宗教也会反过来通过价值观、态度、社会和个人行为反映出来。所谓超自然力量,是指不由人类或自然规律产生的力量。宗教作为一种特殊的文化现象,从一个侧面反映了人类的生存、认识活动的方式,并且渗透到价值观的形成和行为的决定。在某些国家,宗教从宏观方面和微观方面控制并影响着国家的经济、政治、人们的思想和日常行为。

宗教、伦理和社会之间的关系是复杂而令人难以捉摸的。据报道,大约 85% 的世界人口有一定的宗教信仰。世界上有几千种宗教,从信徒数量来讲,四大占统治地位的宗教分别是基督教、伊斯兰教、印度教和佛教。尽管许多其他宗教对现代世界的某些地区有十分重要的影响(如犹太教),但相对于四大宗教,这些宗教则小得多。接下来,我们将重点介绍这四大宗教,主要集中在它们对商务活动的影响上。

(1)基督教

基督教是世界上影响最为广泛的宗教,是世界第一大宗教。基督教是在犹太教的基础上产生的,在 11 世纪分裂为两个主要基督教组织,即天主教和东正教。截至 2016 年,全世界有基督教教徒约 24 亿,约占世界总人口的 33%。基督教教徒大部分分布在欧洲和美洲,非洲的教徒数量也正在迅速增长。

基督徒只相信一个上帝,认为主派他的儿子基督献身以拯救那些坚信人死后必有精神生命存在的信徒。为了在上帝面前被判可以赎罪,个人有责任信守积德行善的原则。这一套宗教信仰赋予个人对自己的人身操守应负的责任。因为人只有一次生命来证实自己,故而,现在表现如何是至关重要的。这一时间意识在新教教徒中尤为强烈。

在基督教的两个主要分支天主教和新教中,新教对经济的影响更为重要。1904年,德国社会学家韦伯将新教道德与"资本主义精神"联系起来,并认为,新教和现代资本主义的出现之间存在一种关联,新教伦理强调努力工作和创造财富(为上帝争光),以及俭朴(世俗享乐的节制)。新教的上述特点对于资本主义的产生和发展直接产生了重大的影响。新教的禁欲主义不仅直接影响了资本主义生活方式的产生和发展,而且影响到资产阶级伦理观念的形成,同时也培养出了数量众多并且忠诚的工人。相反,韦伯认为天主教只承诺来世,而不是今世自救,不鼓励像新教那样的工作伦理。

需要注意的是,切忌从历史社会学家那里仓促得出结论。一些具有很强的新教传统的国家,如英国、德国和美国等确是早期产业革命的领导者,但在现代世界,毋庸置疑,在一些以天主教或东正教为主的国家中也出现了大量而持久的创业活动和经济进步。

(2) 伊斯兰教

伊斯兰教是世界第二大宗教。它创建于公元610年,先知穆罕默德开始布道,伊斯兰教信徒称为穆斯林,穆斯林在超过35个国家中占人口的大多数。截至2016年,世界上有伊斯兰信徒17亿,约占世界总人口的23%,主要分布在北非、西南亚、南亚、中亚、东南亚等地区。

伊斯兰教的经典《古兰经》阐述了阿拉伯社会经济、政治、文化、宗教的思想以及有关日常生活的法令和规则,还有许多神话传说。伊斯兰教的一个突出特点是直接干预人们的生活。穆斯林生活在一个伊斯兰价值观体系下,其个人生活、家庭生活以及社会、政治、经济、军事等制度,都应该遵从宗教法律,不得与《古兰经》相违背。伊斯兰教的《古兰经》中有一些经济原则和经济思想的记载。伊斯兰教经济思想的核心是财产权方面的思想,其不仅追求私有财产权利的保护,同时也推崇自由的企业精神。由于伊斯兰教的发源地是阿拉伯半岛,它是东西方商业要道之一,给伊斯兰人发展商业提供了良好的条件。同时,《古兰经》也赞同自由经商和通过贸易与商业赢得合法的利润,崇尚商人的价值,但是必须以一种正当的、合法的方式获得,主要是鼓励人们通过生产性的工作获得利润,通过公平交易获得财富,并以对社会有利的、节俭的方式利用财产。此外,穆斯林还强调履行契约责任,信守诺言,坚持合理竞争,进行互惠交易,绝不欺骗。

由于伊斯兰国家对于商业活动和企业家精神的认可,因此在不违背伊斯兰教伦理的前提下,其对于国际商务活动持赞许态度。企业通过剥削别人、欺骗或者不遵守合同而赚到的利润在穆斯林的眼中是不正当的利润,这种企业在伊斯兰国家也无法取得其对于商务活动的认可和成功。

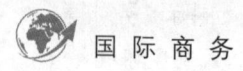

(3) 印度教

印度教起源于 4000 年前的印度河谷。目前印度教信徒大约有 7.5 亿，主要分布在印度次大陆，即印度、巴基斯坦、以色列、尼泊尔、孟加拉国、斯里兰卡等国家的部分地区。

印度教主要基于两大核心思想：一是羯摩（命运），它表示人在来世的地位的高低是受因果报应与支配的；二是达摩（教说），它表示世界的道德秩序以及与人的命运相关的伦理规范和宗教义务，这就是说，人的来世如何取于今世的所作所为。这一宗教信仰反映了这样的生活方式，即人必须接受现世的尊卑秩序，如此，来世必有善报。由于人们认为存在着来世，所以，对现在的时间不太注重。

按韦伯的说法，传统的印度教价值观强调不以物质成果而是以精神成果来评价每一个人。印度教徒认为，追求物质利益将使自己难以达到涅槃。韦伯认为，由于印度教徒强调苦行禁欲的生活方式，因此，与虔诚的基督教新教教徒相比，虔诚的印度教徒较少参与企业活动。

(4) 佛教

佛教是创始较早的宗教之一，由公元前 6 世纪古印度的迦毗罗卫国（今尼泊尔境内）王子悉达多·乔达摩创立，他放弃了财富去追求苦行者生活方式和精神完美境界。东汉时佛教传入中国，目前广见于东南亚、中国与日本。

佛教认为拯救可以通过静思默念和施教来获得，只要能做到自知之明、诚实谦逊、与人为善，人就可得生命真谛之顿悟。忍耐与慈悲为怀，是佛教徒的性格特征。

按佛教的教义，人生充满苦难，它来源于人们享乐的欲望。与印度教不同，佛教不支持种姓等级制度，佛教也不倡导印度教鼓励的极端苦行主义。然而，与印度教一样，佛教强调来世和精神成就，而不是今生。同样，在佛教中找不到新教中强调的财富创造的思想，因此，在佛教社会我们看不到西方新教强调的企业家文化。但是，与印度教强调种姓制度和极端的苦行僧行为不同，佛教文化可能比印度教文化为企业家活动提供了更肥沃的土壤。

2. 宗教差异与国际商务

由于宗教差异带来了很多的挑战，所以即使是对那些没有宗教信仰的经理来说，宗教知识也是至关重要的。例如，在基督教国家，圣诞季就代表着购物和消费的高峰。在美国，一半的玩具是在圣诞节前一个月卖出的。由于美国的（受宠的）孩子消费了世界玩具的一半，而实际上，所有的玩具都是在美国之外生产的（大部分在亚洲），这意味着，一个月内在一个国家售出了世界玩具产量的 25%，这产生了巨大的生产、分销和协调压力。对玩具厂商和玩具店而言，产品从亚洲运过来的航期至少有两个星期，一旦"晚点"，就会毁掉整季的销售（极有可能是整年的）。

忽视宗教传统和差异的经理人和公司可能最终以尴尬境地收场，甚至是更可怕的灾难。一家在沙特阿拉伯的美国企业就曾错误地在精心准备的提案文本外加上了昂贵的猪皮革封面，以期给客户留下深刻的印象。这个优秀的提案还没审阅就立刻被否决了，因为穆斯林拒绝与猪有关的产品。可以说，对历史和宗教敏感的经理人可以在未来避免这种麻烦。

关于宗教和经济的关系,亚当·斯密曾在《国民财富的性质和原因的研究》中提出宗教是影响经济的社会文化因素之一。人们在物质生活过程中,即物质资料的生产、分配、交换和消费的活动过程中形成各种社会关系,并创造出人类得以生存和发展的经济基础。而宗教作为一种上层建筑,正是在经济基础发展到一定程度之后产生的。同经济基础和上层建筑的关系一致,宗教作为一定经济基础上的产物,也必将会对其赖以存在的经济基础产生反作用。这在国际商务活动中就具体体现为宗教信仰对于一国商务活动的影响。宗教对于商务活动的影响一方面体现为宗教的具体教义对于商务活动的直接影响,例如,禁止出售某些产品或者禁止在某段时间工作,另一方面体现为由宗教而衍生出的社会伦理体系或是价值观对于商务活动的影响。宗教对于商务活动最重要的影响在于不同的宗教所形成的对工作和企业家精神的看法,以及宗教伦理对一国商务活动成本的影响程度。

3. 文化思潮

需要注意的是,有些文化思潮,如儒家文化,不是一种宗教,它不关心超自然的事物,也没有鬼神和来世的概念,但它所起的作用在某些方面像一种宗教。

2500年前,中国社会刚刚从原始社会走出来的时候,出现了孔夫子。世界上和他同时代的还有耶稣、佛陀。孔夫子给中国人定出了道德标准,并认为通过这些道德标准的提高,人可以修炼到一定的境界,他用他的儒家思想带领中国人从荒蛮的年代走了出来。儒家文化的核心是高尚的道德、伦理以及以诚待人。儒家文化伦理体系有三个核心价值观,即忠、信、义。在之后的2000多年时间里,孔子的言论和思想仍然影响着人们,维系着国家的秩序、社会的秩序和家庭的秩序,使中华民族得以和谐地发展。试想如果没有了"仁爱"和"孝",中国社会将是一个什么样的社会。

儒家文化在新中国成立前一直作为中国官方的伦理体系。到目前为止,绝大多数中国人信奉儒家信条,此外,它在朝鲜、韩国、日本以及一些华人较多的东南亚国家和地区也具有很大影响。儒家思想意识深深地渗透到这些国家当中,影响着人们的生活。在以儒家文化为基础的现代组织里,在其价值体系中强调忠诚,可以使得管理层和工人的合作成本较低。同时,诚实守信也是现在经济活动所遵循的原则之一。而"义"则集中反映为日本的终身雇佣制,工人对上级忠诚,多年后经理与工人都积累了足够的经验、知识,给公司带来了巨大利益,同时在其退休后,公司也会以优厚的退休工资作为对其在工作期间的忠诚的赏赐。第二次世界大战后,日本、韩国、新加坡等获得了高速发展,同时在发展的过程中很大程度上避免了西方工业经济体内现代化所带来的社会弊病。很多学者将这种成就的深层原因归结为儒家伦理体系在这些经济体中所起的作用。

例如,日本汽车公司与它们的零部件供应商之间的紧密联系是信任和相互负责的结合促成的,这些紧密联系使得汽车公司和它们的供应商在一系列问题上能一起合作,包括存货减少、质量控制和设计等。上述因素可以解释诸如丰田等汽车公司的竞争优势。这也正是日本文化受到儒家思想中忠和信的影响的结果。

分析案例 4-3

儒家文化与企业的过度投资行为

儒家文化是中国重要的伦理和哲学体系。作为一种统治思想，儒家文化对中国的影响已有两千多年，汉朝之后的统治者大多结合儒家文化和法律作为统治准则。因此，中国人的行为方式深受儒家文化的影响。

儒家文化的核心思想主要体现在对"仁义礼智信"等价值观的追求上，其可能会从如下五个方面影响企业的过度投资行为：

1."仁"

"仁"的基本内容和本质是爱人，并且能够推己及人，由亲人推广到大众。"仁"作为一种基本的道德准则，会影响企业利益相关方之间的关系，如果大股东侵占小股东的利益，是缺乏"仁"的表现，不符合儒家的仁爱思想。对于过度投资产生的原因来说，经理人滥用权力以及股东对债权人利益的侵占都属于不道德的行为，和儒家思想的"仁"相悖。因而企业受到儒家思想的影响越深，经理人或者股东越会用仁爱的思想指导自己的行为，越会更多地平衡相关方的利益，进行理性投资，从而降低企业发生过度投资行为的概率。

2."义"

"义"是指社会中一套普遍接受的原则，其中一些原则甚至构成法律的重要组成部分。儒家的"义"强调人们在获得利益时要通过正当的手段，要求经理人或者股东能够明辨是非，不能损害他人的利益为自己谋取私利。"义"的内涵倡导人们需要通过努力工作或者合理投资等方式取得合法收益。过度投资是一种低效率且损害企业长期发展的行为，因而儒家文化中的"义"可以降低经理人或者股东做出某些非理性决策的概率，从而提高企业的投资效率。

3."礼"

儒家文化中的"礼"涵盖了社会行为的规范，其隐含的精神是做事恰当，符合社会行为准则。"礼"可以使经理人或者股东依据社会规范行事，而现有文献指出，过度投资实际上是对企业资源的非有效利用，会损害相关方的利益。因而过度投资行为并不符合正确的社会规范，以"礼"作为行为规范可以降低这种不恰当行为发生的概率。

4."智"

儒家文化中的"智"意味着思想和行为上的智慧。"智"要求人们能够权衡长期和短期利益的冲突，不能仅仅追求短期的利益。从短期来看，经理人或者股东进行过度投资可以为自己带来暂时的利益，但是从长期来看，则是对企业资源的一种浪费，也会破坏企业利益相关者之间的关系。因而儒家强调的"智"会使经理人或者股东更加注重投资的效率，从长远角度考虑企业的发展，而不会为了一时的利益进行过度投资。

5."信"

"信"作为儒家的伦理范畴，倡导人们以诚信的方式处理事情。实际上，无论是由经理人滥用权力导致的过度投资还是股东对债权人利益的侵占，其本质上都是一种不诚信的行为,儒家文化强调的"信"可以约束这种行为,使经理人或者股东以诚信的方式对企业进行恰当的决策,从而提高企业的投资效率。

——资料改编自:叶彦.儒家文化与企业过度投资行为[J].财经问题研究,2018(2):115-123.

(三)社会结构

社会结构(social structure)是指一个社会的基本组织架构。社会结构有许多不同的方面,但在解释文化差异时有两个尺度特别重要。第一个尺度是社会组织的基本单位是个人还是群体。西方社会倾向于强调个人优先,而许多其他社会则倾向于把群体看得更重要。第二个尺度是社会分成阶级或等级的程度。一些社会的特性是相对较高程度的社会等级化和等级之间相对较低的流动性(如印度),另一些社会的特性是相对较低的社会等级化和等级之间相对较高的流动性(如美国)。

1. 个人与群体

(1) 个人

在许多西方社会,个人是社会组织的基本单位,这不仅反映在社会的政治和经济组织中,而且反映在社会和商务活动中人们如何看待自己与他人之间的相互关系。例如,许多西方社会的价值观体系很强调个人成就,个人的社会地位并不取决于他们为谁工作,而是取决于个人工作的绩效。强调个人绩效,有利有弊。在美国,强调个人绩效是通过崇尚"能吃苦耐劳的个人主义"和企业家精神来表达的。这一做法的好处之一是在美国和其他西方社会存在大量的创业活动。美国的企业家不断地创造出各种新产品和从事商务活动的新方式(如个人计算机、超市和折扣零售店),人们可以认为美国经济的动力在很大程度上应归因于个人主义哲学。

但是,强调个人主义也可能导致在一个组织内执行集体任务时很难建立团队精神。如果人人都根据个人业绩竞争,那么合作将很难达成。麻省理工学院对美国竞争的一项研究发现,美国企业受到全球经济的伤害是由于公司内(如各职能部门之间、管理者与劳动者之间)和公司间(如企业与供应商之间)缺乏合作。既然美国价值体系强调个人主义,那么它的失败就不足为奇了。所以在美国强调个人主义,一方面帮助美国创造了富有生气的企业家经济,另一方面由于管理人员的流动和缺乏合作,可能提高了从事商务活动的成本。

(2) 群体

群体是指两个或两个以上个人的集合体,他们分享同一种感觉,根据一套对相互行为的共同预期以有组织的方式互相影响。人类社会生活是群体生活,个人属于家庭、工作群体、社会群体、娱乐群体等。然而,虽然在所有社会中都有群体,但把群体看作社会组织的基本工具的程度,各社会则有所不同。在一些社会中,个人贡献和成就被看得比群体成就重要,而在另一些社会中则刚好相反。与西方强调个人相反,群体是许多其他社会组织的基本单位。例如,在日本,个人的社会地位同时取决于其所属群体的地位和个人成就。在传统的日本社会里,群体是个人所属的家庭或村落,今天的群体经常与个人所属的工作团队或企业组

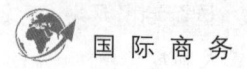

织有关。当一个日本人碰到外人(面对其他人),并在附带介绍本人的社会地位时,往往把组织机构放在职业种类前。他不会说"我是文秘",而喜欢说"我是某公司的"。

群体认同的价值观不鼓励经理和个人从一家公司流动到另一家公司,终身受雇于某一企业长期以来是日本某些经济领域的惯例(估计20%～40%的日本雇员有正式或非正式终身雇佣保证)。年复一年,经理和工人们培育了知识、经验和个人商务关系网,所有这些能帮助经理更有效地开展工作和赢得别人的合作。

然而群体至上并不总是有利的。正如美国社会以充满动态和创业为特征,反映出与个人主义相联系的价值观的优越性。一些人认为日本社会相应地缺乏活力和企业家精神,虽然长期运转结果如何尚不清楚,但美国仍有可能比日本创造更多的新产业,并且继续在积极开拓新产品和从事商务活动的新方式方面取得更大的成功。

2. 社会阶层

所有社会都按等级分成社会阶层(social stratification),即社会等级。这些社会等级是按家庭背景、职业和收入等划分的,每个人都生于一个特定社会等级,并成为其父母所属社会阶层的一员。生于高等社会的人相对于生于低等社会的人来说,可能拥有较好的生活机会,包括较好的受教育环境、较好的健康保障、较好的生活条件和较好的职业。虽然所有社会都被分成等级,但对国际商务活动影响最大的是社会阶层的流动程度。社会流动性(social mobility)是指个人能从自己所生的社会阶层里流动出去的程度。

(1) 种姓等级制度

各社会的社会流动性有着很大的不同,最严格的等级制度是种姓等级制度(caste system)。种姓等级制度是一种封闭的社会等级制度,在这一制度下,人们的社会地位是由出生的家庭决定的,通常终其一生都不可能改变其地位。种姓等级地位通常与特定的职业相联系,某个种姓的等级成员可能是鞋匠,另一种姓的等级成员则可能是屠夫等,这些职业嵌入社会等级并通过家庭传给后代。虽然在20世纪许多社会的等级制度迅速地消失了,但仍有一个典型例子,如印度。印度有4种主要种姓等级和几千个子等级,尽管种姓制度在1949年(印度独立后两年)被正式宣布取消,但在印度的农村社会仍有强大的势力,使职业和婚姻机会仍然与种姓等级社会有一定关联。

(2) 阶级制度

阶级制度(class system)是一种不太严格的社会等级形式,在这种制度下,社会流动是可能的。阶级制度是一种开放的社会等级形式,其中个人出生时的地位可以通过自己的成就或机遇改变:出生于社会底层的人,有可能通过工作向上升;出生于社会上层的人,也可能向下滑落。许多社会有阶级制度,一个阶级制度内的社会流动性因社会不同而有所不同。例如,一些社会学家认为,英国比其他西方社会有更严格的社会等级结构。历史上,英国社会分成三个主要阶级:上层阶级,其成员家庭拥有财产、牧场和代代相传的特权;中产阶级,其成员包括专业人士、管理人员和一般职员;劳工阶级,其成员是通过体力劳动的职业挣钱生活。中产阶级可进一步划分为中上阶层——其成员是重要的管理人员和有声望的职业人士(如律师、会计师、医师等)和中下阶层——其成员是职员(如银行职员)和一般的职业人士(如学校老师)。

历史上,英国阶级制度的一大特点是不同阶级成员在其一生中机会的巨大差异。典型的上层或中上层阶级送他们的子女到若干所经过选择的私立学校就读,在那里他们不会与下层阶级的子女混在一起,他们学会了上层社会的讲话口音和社会准则。这些私立学校与最有声望的大学联系紧密,如牛津大学与剑桥大学,直至近年,牛津大学和剑桥大学还一直给这些私立学校的毕业生保留一定名额。在名牌大学深造后,上层和中上层阶级的后代有极好的机会在上层和中上层阶级自己的公司、银行、经纪公司和律师事务所从事有声望的工作。

现在,按照许多评论家的看法,英国社会正在迅速抛弃这种阶级结构,而转向一种无阶级的社会。然而,社会学家仍然不同意这种观点并提出证据证明事实并非如此。例如,据一份研究报告,20世纪90年代中期,在伦敦郊区伊斯灵顿有17.5万人口,只有79人升入大学,而仅一所有名的私立学校伊顿公学进入牛津大学和剑桥大学的学生人数就超过了上述数字。

美国的阶级制度没有英国那么严格,并且流动性也更大。像英国一样,美国有自己的上层、中产和工人阶级,然而,阶级成员原则上是由个人经济成就决定的,而不是背景和学校。这样,一个人能通过自己的经济成就,一生中顺利地从工人阶级转移到上层社会。事实上,在美国社会中,来自下层社会的成功人士是受到人们高度尊重的。

(3) 社会阶层与商务活动

从商业角度看,社会阶层如果影响商务组织活动,则具有重要意义。在美国社会,高度的社会流动性以及对个人主义的高度重视,限制了阶级背景对商务活动的影响。日本也是如此,日本人口大多数是中产阶级。然而,在像英国这样的国家,阶级之间的差异和阶级之间相对缺乏流动性导致了阶级意识的产生。阶级意识反映了一种状况,即人们往往以自己的阶级背景来看待自己,从而形成与其他阶级成员之间的关系。这种意识在英国社会中表现为中上阶层管理人员与工人阶级雇员之间传统的敌意。因此在阶级划分明显的国家中,管理层与工人之间的对抗关系,以及由此产生的缺乏合作的结果,往往会提高生产成本,从而导致这类国家的企业要建立全球经济的竞争优势更加困难。

(四) 教育

教育(education)作为一种手段,在文化传播过程中起到重要的作用。教育分为正规教育和非正规教育,两种教育方式都在青少年适应社会价值观的过程中发挥作用。正规教育对于一个社会是相当关键的。正规教育是一种路径,人们通过它来学习现代社会中不可或缺的语言、概念、数学等多种技能。非正规的教育方式,例如父母和社会中的其他群体或成员对于一个人价值观的直接形成起到重要的作用,而以学校为代表的正规教育则在这个过程中起到重要的补充作用。集体主义社会,学校常培养孩子们的集体价值观并在学习中强调"正确的"答案。在个人主义社会,学校强调个人积极性,鼓励更多疑问、更多思考,而且"没有标准答案"。

迈克尔·波特在研究国家竞争优势的过程中,认为教育是形成国家竞争优势的重要因素之一。拥有具有技术和受过教育的高素质工作者是一个国家经济成功的关键因素。日本就是范例,日本在1945年之后的经济快速发展,在很大程度上得益于它拥有一大批有技术、有文化的高素质工程师。

在国际商务中,教育的影响主要体现在商务区位和国际经营活动的方式上。在进行国际商务合作时,首先,对于合作方国家的教育情况做一定程度的了解和分析是必不可少的步骤。对于一些高科技公司而言,这是最基础的环节,也是商务活动成败的关键因素。其次,由于教育的差异,在进行国际经营活动时各个环节的方案都要与当地的教育水平和教育特点相适应。例如,在文盲率较高的国家,产品的说明书就应该以图画为主。在泰国,一种产品的广告经常同时使用中、英、泰三种语言,这都与当地的教育环境相适应的。

第三节 跨文化差异与管理

一个社会的文化将反映在国际商务进程中,影响商务人员如何经商,如何进行谈判,如何签订合同,如何应付潜在的商务关系。总而言之,商务活动的各个环节都涉及跨文化差异,因此企业家只有不断提高对各种不同文化的理解,快速适应陌生的文化环境,耐心对待、灵活处理、尊重潜在商业伙伴的价值观和信仰等,以及在此基础上提高相关技能和产生合适的创意,才有可能在国际商务中取得各国或各地区的认同,从而取得商务活动的成功。

一、跨文化差异

每个人都知道不同国家或地区的文化是有差异的,但跨文化差异如何刻画比较呢?这部分将概述系统地了解文化差异的三种方法,分别是语境法、族群法和维度法。随后,揭示文化与企业不同行为之间的联系。

(一)语境法

在探索跨文化差异的三种主要方法中,语境法是最简单的,因为它只依赖于单一维度:语境。语境(context)指围绕一个特定事件所传递的暗示和其他信息,即不同时间、空间、事件、协议下的各种"语言",即是相互交流发生的潜在背景。著名人类学家爱德华·霍尔将文化分为"低语境"和"高语境"。图4.1显示了从低语境到高语境主要的国家分布情况。

低语境文化(low-context culture)依赖于详细的语言解释,非常重视语言表达。低语境国家大多位于北欧和北美,这些地方的修辞手法历史悠久,将语言表达视为重中之重。在这些文化中,语言的主要功能是将个人的观点和思想表达得清晰、符合逻辑并令人信服。交流沟通是直接明确的,而意思表达也是直截了当的。明确的文字符号(口头或文字语言)在低语境的国家使用最为频繁,这些国家在国际商务中往往更专注于细节、精确的时间安排,而不是花费在语境的含义上。因此,低语境国家在商务活动中表现得较为直接,尤其是在进行商务谈判时会直接切入主题,而避免寒暄。而且低语境文化重视专业技能和表现,倾向于尽可能高效地谈判。这样的文化使用精确合法的合同来达成协议。

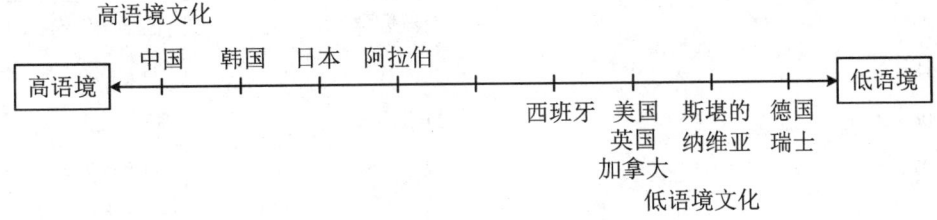

图 4.1 高语境和低语境文化

相反,在高语境文化(high-context culture)中(例如阿拉伯和东亚国家),沟通则更多地依赖于没有明说的语境,很大程度上依赖于所谈话题的来龙去脉或肢体语言、特殊腔调和环境的细微差别,大部分信息不能通过语言直接获得,必须根据事情的前因后果以及自己的揣摩意会才能获得。他们更喜欢间接婉转的、礼貌的、保留面子的方式,不让他人尴尬或者受冒犯并强调互相关心和尊重。例如,不行并不一定意味着真的不行。

语境为什么很重要?因为不懂得相互交流的方式差异可能会引起误会。例如,在日本这个高语境文化的国家中,谈判者往往不直接对商业合约说"不",而是说"我们会研究它的"或者"我们之后会答复您的"之类的话。这就是要他们的谈判对手明白,这种问答表示缺少热情,基本上意味着拒绝(虽然"不"字从未被提及)。又比如,在美国这个低语境文化的国家中,律师往往会参与谈判,就是为了试图排除这些"语境"。一份合同应该尽可能直接明了,双方不需要"读出字里行间的弦外之音"。由于这个原因,来自高语境国家(如中国)的谈判者常常不喜欢律师的介入,除非到了合同草案的最后阶段。在高语境国家中,最初回合的谈判一般是用来建立彼此的信任和双方友谊的"情境"的。而对于在高语境文化中长大的人来说,解码这种情境并以其作为行动指南是他们的第二天性,在典型的低语境文化中的直接交流或直接面对经常会使他们感到为难。

(二)族群法

族群法将拥有相似文化的国家组成一个族群(cluster)。有三种具有影响力的族群,如表 4-1 所示。

表 4.1 文化族群①

Ronen 和 Shenkar 族群②	全球族群	亨廷顿文明
盎格鲁	盎格鲁	西方(1)
阿拉伯	中东	伊斯兰

---

① 本表格首次将这三种主要的文化族群排列在一起,这样有助于我们明确它们的相似之处。但是也有一些差异,比较这三列,即使一些族群具有相同的命名,但仍然是有区别的。如 Ronen 与 Shenkar 族群中的拉丁美洲不包含巴西(他们将巴西视作独立族群)。

② 在 Ronen 与 Shenkar 族群划分基础上,参考了该文献:彭维刚. 全球商务[M]. 3 版. 易靖韬,译. 北京:中国人民大学出版社,2016.

续表

Ronen 和 Shenkar 族群	全球族群	亨廷顿文明
远东	亚洲儒学	儒学
日耳曼	欧洲日耳曼	西方(2)
拉丁美洲	拉丁美洲	拉丁美洲
拉丁欧洲	拉丁欧洲	西方(3)
近东	南亚	印度
北欧	北欧	西方(4)
中欧及东欧	东欧	正统斯拉夫
撒哈拉以南非洲	撒哈拉以南非洲	非洲
独立族群:巴西、印度、以色列、日本		日本

第一种是由管理学教授 Sincha Ronen 和 Oded Shenkar 提出的 Ronen 和 Shenkar 族群。按字母顺序排列,这类族群包括:① 盎格鲁;② 阿拉伯;③ 远东;④ 日耳曼;⑤ 拉丁美洲;⑥ 拉丁欧洲;⑦ 近东;⑧ 北欧。

第二种族群被称为全球(GLOBE)族群,是由管理学教授罗伯特·豪斯所领导的"全球领导力与企业行为效力研究"命名的。全球项目确定了 10 个族群,其中的 5 个同 Ronen 和 Shenkar 族群使用了同样的名称,分别是盎格鲁、欧洲日耳曼、拉丁美洲、拉丁欧洲以及北欧。此外,全球族群还包括亚洲儒学、东欧、中东、南亚和撒哈拉以南非洲,这些基本上(但并非全部)与 Ronen 和 Shenkar 族群分别对应。

第三类族群是亨廷顿文明,由政治科学家塞缪尔·亨廷顿提出。文明(civilization)是"对人最高的文化归类,是人们文化认同的最广范围"。如表 4.1 所示,亨廷顿将世界文明划分为 8 种类型,分别为非洲文明、儒学文明、印度文明、伊斯兰文明、日本文明、拉丁美洲文明、正统斯拉夫文明以及西方文明。尽管这个分类与 Ronen 和 Shenkar 族群以及全球族群有很多类似之处,但亨廷顿的西方文明是一个非常广泛的族群,可进一步划分为 Ronen 和 Shenkar 族群以及全球族群中提到的盎格鲁、日耳曼、拉丁欧洲和北欧。除了这个毫无争议的分类,亨廷顿还提出了一个受到高度争议的观点,那就是在未来,西方文明将与伊斯兰文明和儒学文明相冲突。

(三)维度法

尽管语境法和族群法都很有意义,但维度法更具影响力。产生这种影响力的原因有两个方面:第一,尽管语境法颇具洞察力,但语境毕竟只代表了一个方面,无法说明其他方面。第二,族群法较少涉及同一族群内的国家或地区之间的差别,例如,意大利和西班牙都属于 Ronen 和 Shenkar 族群以及全球族群中的拉丁欧洲族群,那它们之间的区别又是什么呢?通过关注族群内和族群间文化差异的多个维度,维度法致力于克服上述两种方法的不足。尽管有多个相互竞争的框架,但是霍夫斯泰德及其同事们的工作成果是目前最具影响力的,因此也是本书所关注的焦点。

对于在不同国家经营的国际企业来说，要考虑的一个重要问题是一个社会的文化如何影响工作环境中价值观，管理过程和实践可能要按照文化所决定的与工作相关的价值观来调整。价值观(value)是指一个人对周围的客观事物(包括人、事、物)的意义、重要性的总评价和总看法。像这种对诸事物的看法和评价在心目中的主次、轻重的排列次序，就是价值观体系。人们对社会存在的反映，选择自己合意目标的准则。价值观和价值观体系是决定人的行为的心理基础。价值观是社会成员用来评价行为、事物以及从各种可能的目标中选择自己合意目标的准则，是世界观的核心，是激励人们行为的内部动力。它支配和调节一切社会行为，涉及社会生活的各个领域。所谓文化价值观，是指文化中的一些具有普遍规范性的价值观，它使得生活在该文化中的成员用不同的价值尺度来评判周围的事物和行为。

1967~1978年间，荷兰社会心理学家霍夫斯泰德对60多个国家和地区中为IBM工作的11.6万名员工进行了问卷调查。随后，霍夫斯泰德及其同事们提出了衡量跨文化差异的5个维度指数：权力距离、个人主义/集体主义、男性度和女性度、不确定性规避以及儒家动力。

1. 权力距离指数(power distance index)

权力距离指数指组织中缺乏权力的成员对于"权力的分配是不公平的"这种观点的认可程度。在权力距离大的文化里，下属对于上级有很强的依附性，权力有很强的集中性。在权力距离指数大的国家中，企业多是集权型的，组织结构层次较多，监督人员也较多。相反，在权力距离较小的文化中，下属对于上级不存在明显的依赖性，企业员工参与决策的程度较高，下属在一定范围内享有自主权。马来西亚是世界上权力距离指数最高的国家，而奥地利是权力距离指数最低的国家。权力距离小的社会与权力距离大的社会的关键区别以及一些主要国家或地区的权力距离指数参见表4.2和表4.3。

表4.2 权力距离小的社会和权力距离大的社会的关键区别

权力距离小的社会	权力距离大的社会
较少集权	较多集权
人们之间的不公平应该被限制在最小范围内	人们之间的不公平已经被接受
组织结构扁平	组织结构垂直
下属不喜欢严密的监督	下属愿意接受严密的监督
组织中高层与低层的薪酬差距小	组织中高层与低层的薪酬差距大
特权与地位的象征不受欢迎	特权与地位的象征被人们接受
理想的上司有较少的独裁价值观	理想的上司是仁慈的独裁者

资料来源：Hofstede, Geert. Culture's Consequences: International Difference in Work-related Values[M]. Thousands Oaks CA: Sage Publishers Inc., 1984.

表 4.3 主要国家或地区的权力距离指数

指数排序	国家或地区	指数	指数排序	国家或地区	指数
1	马来西亚	104	27	韩国	60
2	危地马拉	95	29	伊朗	58
3	巴拿马	94	29	中国台湾	58
3	菲律宾	94	31	西班牙	57
5	墨西哥	81	32	巴基斯坦	55
5	委内瑞拉	81	33	日本	54
7	阿拉伯国家	80	34	意大利	50
8	厄瓜多尔	78	35	阿根廷	49
8	印度	78	35	南非	49
10	印度尼西亚	77	37	牙买加	45
10	西部非洲	77	38	美国	40
12	南斯拉夫	76	39	加拿大	39
13	新加坡	74	40	荷兰	38
14	巴西	69	41	澳大利亚	36
15	法国	68	42	哥斯达黎加	35
15	中国香港	68	42	德国	35
17	哥伦比亚	67	42	英国	35
18	萨尔瓦多	66	45	瑞士	34
18	土耳其	66	46	芬兰	33
20	比利时	65	47	挪威	31
21	东部非洲	64	47	瑞典	31
21	秘鲁	64	49	爱尔兰	28
21	泰国	64	50	新西兰	22
24	智利	63	51	丹麦	18
24	葡萄牙	63	52	以色列	13
26	乌拉圭	61	53	奥地利	11
27	希腊	60			

资料来源：Hofstede, Geert. Cultures and Organizations[M]. London：Harper Collins Publishers, 1994.

2. 个人主义/集体主义指数（individualism/collectivism index）

个人主义/集体主义指数是形容有利于自我利益的行为取向。个人主义指人们只顾及自己以及家庭的倾向；集体主义指人们归属于集体的倾向。个人主义/集体主义指数高反映强调"自我"的思维,该指数低则反映强调"集体"的思维,个人是集体的一部分,必须服从集体的要求,同时受到集体所制定的规章制度、目标战略等激励。

根据霍夫斯泰德的调查,不同国家和地区在个体指数的大小上存在较大的差别,而且这种差别对于商业活动有不同的影响。其研究还表明:人均国民生产总值高的国家,个人主义指数也高。美国是世界上个人主义指数最高的国家,而危地马拉是个人主义指数最低的国家。个人主义/集体主义的关键区别及一些国家或地区的个人主义指数参见表4.4和表4.5。

表 4.4 个人主义和集体主义的关键区别

个人主义	集体主义
每个人关心的只是自己以及自己的家庭	人们出生之后就进入家庭或小群体,并且通过交换忠诚来得到持续性的保护
身份是以个体为基础	身份是以一个人所属的社会网络为基础
孩子们以"我"为主题学习和思考	孩子们以"我们"为主题学习和思考
表达个人思想是自然的个人特征	必须维护和谐,避免直接冲突
教育的目的是教会我们如何去学习	教育的目的是教会我们如何去做
雇员和雇主的关系是以相互优势为基础的契约关系	雇员和雇主的关系是按照道德观念来理解的,如同家庭成员的关系一样

资料来源:Hofstede, Geert. Cultures and Organizations: Software of the Mind[M]. London: McGraw-Hill, 1991.

表 4-5 主要国家或地区的个人主义指数

指数排序	国家或地区	指数	指数排序	国家或地区	指数
1	美国	91	14	瑞士	68
2	澳大利亚	90	15	德国	67
3	英国	89	16	南非	65
4	加拿大	80	17	芬兰	63
4	荷兰	80	18	奥地利	55
6	新西兰	79	19	以色列	54
7	意大利	76	20	西班牙	51
8	比利时	75	21	印度	48
9	丹麦	74	22	日本	46
10	瑞典	71	22	阿根廷	46
10	法国	71	24	伊朗	41
12	爱尔兰	70	25	牙买加	39
13	挪威	69	26	巴西	38

续表

指数排序	国家或地区	指数	指数排序	国家或地区	指数
26	阿拉伯国家	38	39	泰国	20
28	土耳其	37	42	萨尔瓦多	19
29	乌拉圭	36	43	韩国	18
30	希腊	35	44	中国台湾	17
31	菲律宾	32	45	秘鲁	16
32	墨西哥	30	46	哥斯达黎加	15
33	东部非洲	27	47	巴基斯坦	14
33	南斯拉夫	27	47	印度尼西亚	14
33	葡萄牙	27	49	哥伦比亚	13
36	马来西亚	26	50	委内瑞拉	12
37	中国香港	25	51	巴拿马	11
38	智利	23	52	厄瓜多尔	8
39	西部非洲	20	53	危地马拉	6
39	新加坡	20			

资料来源：Hofstede, Geert. Cultures and Organizations[M]. London：Harper Collins Publishers, 1994.

3. 男性度和女性度指数(masculinity and femininity index)

男性度也称男性化或男性主义，是以成功、金钱作为最有价值的事物的观念占主导地位的情况。与此相反，女性度也称女性化或女性主义，是指以关心他人、关心生活质量的观念占主导地位的情况。男性度高的国家重视收入、社会认同感、成就和挑战等，工作压力较大，而女性度高的国家则重视合作、友好的气氛以及员工的安全，并且以人际关系和生活环境来衡量成就，工作压力较小。

日本是世界上男性度指数最高的国家，而瑞典是男性度指数最低的国家。男性化社会和女性化社会的关键区别以及一些国家或地区的男性度指数参见表4.6和表4.7。

表4.6 男性化社会和女性化社会的关键区别

男性化社会	女性化社会
有一些典型的男性职业和女性职业	较少根据不同性别划分职业
男人应该果断、勇敢和拥有雄心壮志	每个人都应该谦逊
女人应该谦虚温顺、注意关系	男女都应该温顺、注意关系
同情强者	同情弱者
工作压力较大	工作压力较小
较多劳资冲突	较少劳资冲突

续表

男性化社会	女性化社会
强调公平、竞争和成果	强调平等、团结和工作生活的质量
喜欢允许个人取得成就的工作	喜欢允许群体整合的工作
组织利益是干预人们私生活的理由	组织不应干预人们的私生活
相信两性不平等	相信两性平等

资料来源：Hofstede，Geert. Culture's Consequences：International Difference in Work-related Values[M]. Thousands Oaks CA：Sage Publishers Inc.，1984.

表4-7 主要国家或地区的男性度指数

指数排序	国家或地区	指数	指数排序	国家或地区	指数
1	日本	95	25	马来西亚	50
2	奥地利	79	25	巴基斯坦	50
3	委内瑞拉	73	27	巴西	49
4	意大利	70	28	新加坡	48
4	瑞士	70	29	以色列	47
6	墨西哥	69	30	印度尼西亚	46
7	爱尔兰	68	30	西部非洲	46
7	牙买加	68	32	土耳其	45
9	英国	66	32	中国台湾	45
9	德国	66	34	巴拿马	44
11	菲律宾	64	35	伊朗	43
11	哥伦比亚	64	35	法国	43
13	南非	63	37	西班牙	42
13	厄瓜多尔	63	37	秘鲁	42
15	美国	62	39	东部非洲	41
16	澳大利亚	61	40	萨尔瓦多	40
17	新西兰	58	41	韩国	39
18	希腊	57	42	乌拉圭	38
18	中国香港	57	43	危地马拉	37
20	阿根廷	56	44	泰国	34
20	印度	56	45	葡萄牙	31
22	比利时	54	46	智利	28
23	阿拉伯国家	53	47	芬兰	26
24	加拿大	52	48	南斯拉夫	21

续表

指数排序	国家或地区	指数	指数排序	国家或地区	指数
48	哥斯达黎加	21	52	挪威	8
50	丹麦	16	53	瑞典	5
51	荷兰	14			

资料来源：Hofstede, Geert. Cultures and Organizations[M]. London：Harper Collins Publishers, 1994.

4. 不确定性规避指数（uncertainty avoidance index）

不确定性规避指数表示不同文化环境中的人们接受不确定的状况和忍受不确定性的程度。在高度不确定性规避文化中（以希腊为代表），社会成员把就业保障和退休福利看得很重，他们拒绝改变，从定义上讲变化就是不确定。在较低的不确定性规避文化（以新加坡为代表）中，社会成员具有承担风险的较大意愿，变化的阻力较小。一些国家或地区的不确定性规避指数如表 4.8 所示。

表 4.8 主要国家或地区的不确定性规避指数

指数排序	国家或地区	指数	指数排序	国家或地区	指数
1	希腊	112	19	以色列	81
2	葡萄牙	104	20	哥伦比亚	80
3	危地马拉	101	21	巴西	76
4	乌拉圭	100	21	委内瑞拉	76
5	萨尔瓦多	94	23	意大利	75
5	比利时	94	24	奥地利	70
7	日本	92	24	马来西亚	50
8	南斯拉夫	88	26	中国台湾	69
9	秘鲁	87	27	阿拉伯国家	68
10	哥斯达黎加	86	28	赤道几内亚	67
10	法国	86	29	德国	65
10	智利	86	30	泰国	64
10	巴拿马	86	31	芬兰	59
10	西班牙	86	31	伊朗	59
10	阿根廷	86	32	瑞士	58
16	土耳其	85	34	西部非洲	54
16	韩国	85	35	荷兰	53
18	墨西哥	82	36	东部非洲	52

续表

指数排序	国家或地区	指数	指数排序	国家或地区	指数
37	澳大利亚	51	46	马来西亚	46
38	挪威	50	47	英国	35
39	南非	49	47	爱尔兰	35
40	萨尔瓦多	40	49	中国香港	29
41	加拿大	48	49	瑞典	29
41	印度尼西亚	48	51	丹麦	23
43	美国	46	52	牙买加	13
44	菲律宾	44	53	新加坡	8
45	印度	40			

资料来源：Hofstede, Geert. Cultures and Organizations: Software of the Mind[M]. London: McGraw-Hill, 1991.

5. 儒家动力指数(Confucian dynamism index)

儒家动力指数有时称为长期导向指数(long-term orientation index)，影响了人们对时间、毅力、地位、面子、尊重传统以及接受礼物等问题的看法，即来自儒家教义的"价值观"。中国、日本以及韩国等东亚国家或地区的儒家动力指数较高，而美国和加拿大等一些国家的得分会比较低。

霍夫斯泰德和他的同事们进一步指出，他们的证据表明，经济增长率比较高的国家，其儒家动力得分也较高，而个人主义得分较低。这意味着儒家思想是有利于经济增长的。但随后的研究显示，这一结论在更大规模的统计分析中并不成立。在过去的几十年中，诸如美国等一些高的个人主义和低的儒家动力的国家也有较高的经济增长率，而一些传承儒家文化的国家，如日本却遭遇了经济滞长。总之，霍夫斯泰德的维度具有重要意义和指导性，很多后续的工作都证明了这一点。需要注意的一点是，霍夫斯泰德的维度并不完美，也遭到了一些批评。然而，公平地说，这些维度的确为弄清文化在国际商务中的作用奠定了基础。

事实上，尽管文化可能影响一个国家的经济成功，但它只是诸多影响因素之一，既不能低估文化的重要性，也不能高估它。不过，重视跨文化差异至少能避免国际商务活动中无知的错误。

分析案例4-4

霍夫斯泰德理论框架的不足与发展

霍夫斯泰德表示，国际商务活动在本质上是文化的互动。虽然五个维度的研究发现有其特殊的历史地位和现实意义，能够帮助人们更好地理解不同国家之间的文化差异，但也存在诸多局限性。

(1) 问卷设计基于西方价值观，其视角是西方的，而不完全是跨文化的，难免会有失

（2）其问卷调查对象主要是富有的中上层阶级，包括IBM员工、航空公司飞行员、公务员、高端市场顾客和社会精英。然而，富有者只构成社会的小部分，且其与广大的下层人们的价值观有一定差异。因此，在一定程度上，其研究不具广泛代表性。

（3）当今世界已发生巨大变化，经济全球化使得经济交流、文化交流与融合更为频繁。而霍夫斯泰德的研究数据大多来自20世纪六七十年代，其能否有效反映当今社会现实，还有待检验。

美国北卡罗来纳大学人类学荣誉退休教授盖里·费拉罗博士的研究，在很大程度上弥补了霍夫斯泰德文化模式的不足。他以覆盖社会各个阶层的全世界多个国家为样本研究对象，全面更新分析数据，应用自己建构的理论框架分析文化差异，克服了霍夫斯泰德研究价值观的缺陷。

费拉罗证实了文化差异之存在及其重要性，并在此基础上提出涵盖个人主义和集体主义，平等主义和等级主义制度，坚强和柔弱的社会，不同水平的不确定性规避和时间的某些方面，包括时间计算上的精确性和模糊性，过去、现在和未来的时间导向，以及时间的连续性和同时性五个维度的文化模型。在国际商务文化维度研究方面，费拉罗平衡了理论和实践的关系，提高从业者在国际贸易中运用文化敏感度基本知识和技能的有效性。

事实上，商业行为是文化活动的延伸，文化影响甚至决定商业组织的政策、类型以及结构。大型跨国企业是经济全球化进程的产物，也是企业希望实现自我发展的重要内容。由于费拉罗模型能够帮助大型跨国企业在当地实现本土化，因此，费拉罗国际商务文化维度模型在企业经营管理中占据举足轻重的位置。

——资料来源：Hofstede G J. Cultures and Organizations：Software of the Mind[M]. NY：Mc-Graw Hill，2005；Ferraro G P. The Cultural Dimension of International Business [M]. Upper Saddle River，NJ：Pearson Prentice Hall，2006.

二、跨文化管理

跨文化差异始终是国际商务活动中的一个特点。在跨文化交际中产生的误解往往会毁掉一笔交易，影响销售额或者损害公司形象。如今，了解跨文化差异并对其具有敏感的洞察力已经成为经营者必须具备的素质。善于跨文化交际的经营者将在管理员工、市场营销以及同顾客和商业伙伴的交流等方面具有许多优势。如果一个公司能够很好地将不同的文化联结起来，那么它将获益匪浅。

（一）跨文化冲突

自20世纪80年代以来，跨国公司成为经济全球化的主导力量，跨国界的业务重组、战略联盟、跨国界的收购与兼并大规模增加。由于企业经营的背景、发展规模、经营模式发生了较大变化，企业的经营团队和经营氛围不仅要面对复杂多变的国际经济环境，同时还要面对各个地区或社会群体所拥有的强烈的文化特色。这些以宗教、伦理体系、价值观等为表现方式的文化使得各个地区企业经营者、决策者乃至员工的行事风格各不相同，存在显著的文化差异，从而形成有鲜明特征的文化冲突。

1. 跨文化冲突产生原因

跨文化冲突（cross-cultural conflict）是指不同形态的文化或者文化要素之间相互对立或相互排斥的过程，它不仅包括跨国公司与东道国文化环境之间的冲突，同时也包括企业内部员工因文化背景不同而产生的冲突。跨文化冲突产生的因素主要有价值观方面的差异、思维方式的差异、民族个性的差异、信息理解方面的差异和沟通方式的差异以及管理风格的不同等。

（1）价值观方面的差异。作为文化重要因素之一的价值观是文化对于人们最根深蒂固的影响表现。亚洲人和北美人在价值观方面存在巨大差异，根据价值观的不同，采取不同的经营管理办法、奖赏机制，同时营造不同的工作氛围，以遵循不同的价值理念。价值观之间的差异也是造成跨文化冲突的重要原因之一。

（2）思维方式的差异。一个人的思维方式受到不同文化、个人知识背景、社会和工作环境及习惯等方面的影响。思维方式简单来说就是一个人考虑问题的方式或程序。所处文化背景更加相似、知识结构更加相近、社会与工作环境更类似的人之间更倾向于拥有类似的思维方式。例如，西方人就事论事的思维方式和中国人顾虑全局的思维方式就存在很大差异。西方人偏好抽象思维和同时注重独立，而东方人往往偏好形象思维和综合思维，并注重统一。思维方式的差异使得针对同一问题的看法大相径庭，这是产生跨文化冲突的另一重要原因。

（3）民族个性的差异。文化是民族文化的积淀，因此文化底蕴不同的民族群体成员将会拥有不同的价值取向，并遵循不同的风俗习惯和伦理规范乃至生活方式。在跨文化的交往中，人们往往习惯于"自我参照"，即根据本民族的文化个性和价值观念去解释或判断不同文化环境下的行为和事物，这就产生了文化偏见，从而产生了文化冲突。

（4）信息理解和沟通差异。由于不同文化背景对于同一信息的翻译理解会产生差异，因此经常会产生沟通障碍。例如，时间观念，东方人的时间观念与西方人的时间观念大相径庭。在美国，人们非常看重时间，美国人倾向于在参加商务约会时早到几分钟；当被邀请去某人家里吃饭时，出于礼貌要准时到达或晚到几分钟。时间观念在其他国家可能非常不同，一个商务约会迟到几分钟不一定算是失礼行为，反而早到可能被认为失礼。所以很容易在国际商务开展过程中产生误解，甚至演变为文化冲突。

（5）管理风格的差异。因管理风格差异产生的跨文化冲突，主要存在于企业内部。由于地区间文化的不同，各地区企业的管理方式也不尽相同。如果死守教条，只采取同一种管理方式和管理风格，可能使得东道国的员工无法接受。跨国公司的管理者不仅要具备在本土经营和管理企业的能力，同时还应该具备针对不同环境随机应变的综合管理能力。

2. 跨文化冲突的形式

跨文化冲突主要体现在制度文化冲突、劳动人事方面的冲突、决策模式的冲突以及经营观念的冲突等。

（1）制度文化冲突。制度文化冲突主要指的是非正式制度中文化的冲突，在本章前面已进行了大篇幅的介绍，在此不再赘述。

（2）劳动人事方面的冲突。这方面冲突的实质是不同价值观在劳动人事关系上所体现出的差异。例如，中国人在处理人际关系时较看重感情，常常将人情作为交易的一种手段。而西方人则讲求实际和就事论事，不讲情面。在人才选拔方面，中国人比较注重德才兼备，重视个人的政治素质、历史背景和人际关系，而西方管理者则更多地将能力放在第一位，注重个人潜力。

（3）决策模式的冲突。西方国家大部分属于低语境国家，因此在表达个人观点时明白准确，多采用直言不讳的表达方式，使其管理决策主体多倾向于个人。决策者往往具有较强的独立自主性，勇于承担责任，决策过程迅速。与之相反，高语境的东方国家，例如中国和日本，更偏重于集体商讨、研究、决策，决策过程缓慢。

（4）经营观念的冲突。经营观念是文化在经济方面的具体体现。例如，美国、德国、韩国的经营管理者的经营观念是时刻围绕市场需求的，并根据需求的变化适时做出调整，在经营过程中就体现为重视生产，但更注重营销，在公司内部强调规范化管理，同时构建即时信息网络，加强信息交流。而中国等一些亚洲国家的企业，重视生产但忽视营销，同时趋于谨慎保守，墨守成规，缺乏创新和激情。

（二）跨文化管理战略

1. 跨文化管理的定义

跨文化又称为交叉文化，指具有不同文化背景的群体之间的交互作用。跨文化管理（cross-cultural management）涉及对不同文化背景下的人、事、物的管理。在全球化的经营中，对东道国的文化总体上采取包容的管理方法，当与企业有关的不同文化群体在交互作用过程中出现矛盾和冲突时，在企业管理的各个职能中加入对应的文化整合措施，有效解决这种矛盾和冲突，并据以创造出企业独特的文化，从而实现有效的管理过程。

跨文化管理的主体是跨国公司；手段是文化；对象是具有不同文化背景的群体，其中包括企业的管理者和员工、民族、政府等；目的是在不同文化背景下设计出一种可行的交叉文化下企业管理的有效模式，其中包括组织结构和管理机制，同时寻找存在于交叉文化下超越文化背景的企业目标，使得不同文化背景的员工遵循统一的行为准则，最大限度地利用企业的潜力和价值。

2. 跨文化管理战略类型

处于不同文化背景的企业可以选择不同的跨文化管理战略，主要的跨文化管理战略有以下几种：

（1）占领支配式战略。占领支配式战略是一种比较偏激的战略，是指跨国公司在进行全球扩张时，向不同文化背景的地区子公司强行注入母公司的企业文化，子公司只保留母公司的文化，而忽视子公司当地的文化。这种方式一般适用于强弱文化对比悬殊，并且东道国的子公司、政府、人民等对母公司的文化都可以完全接受的情形。但这种战略在实际情况中应用得非常少。

（2）本土化战略。本土化战略注重把当地的文化理念融入企业经营管理中，在企业跨国经营过程中的生产、营销等环节都充分考虑本地的文化、理念、风俗等，本着"思维全球化和行动当地化"的原则进行跨文化管理。例如，跨国公司在海外进行投资时，经常会雇用相当一部分当地员工，因为这些员工对于当地的文化、风俗习惯和法律政策等更加熟悉，能更好地适应本土化的需要。同时，在订立合同时也采用东道国的习惯形式或法律所规定的形式。

（3）文化相容战略。当投资国文化和东道国文化都是强文化时，一般会考虑文化相容战略。根据不同文化相容程度可分为两种战略：

第一种战略是文化平行相容战略。母公司的文化和子公司的文化虽然存在着巨大文化差异，但并不排斥，且相互补充。而子公司并不以母公司的文化或者东道国当地的文化作为公司的主题文化，而是使两者相容，运行于公司的操作中，充分发挥跨文化的优势。例如，美国的肯德基公司在中国经营的巨大成功正是实现跨文化管理的成功典范。

第二种战略是隐去两者主体文化的和平相容战略。这种战略主要适用于投资国和东道国的文化都为强文化，且其存在巨大的文化差异，并且容易产生"文化摩擦"的情况，这时，管理者在经营活动中刻意模糊投资国和东道国主体文化之间的差异，隐去容易导致冲突的主体文化，保留两者中较为平淡和微不足道的部分，使得主体文化在"摩擦"点上的强烈影响力在一定程度上减弱，从而促使不同文化背景的员工可以在同一公司中和睦相处，即使发生意见分歧，也可以得到妥协和协调。

（4）文化渗透战略。文化渗透战略是指投资国凭借强大的经济实力所形成的文化优势，对于东道国公司的当地员工进行逐步的文化渗透，使投资国的文化逐渐深入人心，并将其慢慢转化为该文化的执行者和维护者。文化渗透战略是一个长期的观察和培育过程，是一种长期战略。

（5）文化规避战略。母国的文化和东道国的文化存在巨大差异，虽然子公司的文化主体是母国文化，但是在子公司的运营过程中仍旧无法忽视东道国文化的巨大影响。母公司派到子公司的管理人员对于双方文化的重大不同之处进行规避，以免在这些"敏感地带"造成文化冲突。尤其是在宗教势力强大的国家要特别注意尊重当地的信仰。

（6）借助第三方文化战略。当母国的文化和东道国的文化之间存在巨大差异，并且东道国子公司无法在短时间内适应这种完全不同于母国的经营环境时，跨国公司采用与母国文化已达成一定程度共识的第三方文化对设在东道国的子公司进行管理，采用这种战略可以避免母国文化与东道国文化发生直接的冲突。例如，美国的跨国公司如想在南美洲设立子公司，就可以先把子公司的海外总部设在与开放思想和经济模式较为接近的巴西，然后再通过巴西的子公司总部对南美洲的其他子公司实行统一的管理。

（7）文化创新战略。文化创新战略即将母国的文化和东道国当地的文化进行整合，利用各种渠道促进两种文化的了解、适应和融合，从而在此基础上形成一种新型的子公司的文化，并以这种新型的文化作为子公司的主体文化。这种新型文化融合了母国文化的特点，同时又与东道国当地的文化环境相适应,在此基础上形成子公司主体文化的特色,对子公司进行高效管理。

第四节 道德与规范

尽管区分文化间的差异是有意义的,但也可能是不道德的——这取决于企业嵌入其中的制度架构。以下部分将对此进行讨论。

一、道德的定义与作用

道德(ethics)是指指导和支配个人和企业行为的一系列准则、标准和规范。道德不仅是非正式制度的一个重要组成部分,而且也在正式的法律法规中得到了深刻的体现。在一定程度上,法律反映了一个社会的最低行为标准,在什么是道德与合法之间,以及什么是不道德与不合法之间存在大量的交集。然而,仍存在一个灰色地带,那就是合法的也可能并不道德。

很多企业已经引入了行为准则(code of conduct),即一系列用于制定道德决策的指导方针。关于企业遵守道德的动机,目前还存在争论。一种消极的观点认为,一些企业本质上并没有以道德来约束自身行为,它们表现出的遵守道德仅仅是迫于社会压力不得已而为之。一种积极的观点则认为,一些企业(尽管不是全部)会主动去(正确地做事),并非因为社会压力。此外,还有一种更为实用的观点认为,良好的道德只是帮助企业赚钱的有用工具。

践行有道德的行为是非常重要的。第一,道德行为是指只做对的事情。第二,道德行为必须遵守法律和法规。第三,消费者、政府以及新闻媒体都应该遵守道德行为准则。铸成道德错误的公司会引起意见领袖不必要的关注。最后,践行道德行为是有利可图的,它可以提升企业形象和销售前景。一个以良好道德行为著称的公司,会在招聘、激励员工和寻找合作伙伴以及与国外公司进行商务往来中具有更强的竞争优势。不遵守道德行为的公司就会冒刑事和民事诉讼风险,危害自身名誉,损害员工在道德方面及公司在招聘方面的努力成果。更严重的,可能会让自己受到敲诈集团和不道德团体的伤害。

二、道德标准差异与伦理困境

（一）道德标准差异

由于以上种种原因,公司在开展国际商务活动时往往都会进行道德考虑。而我们面临的最大挑战是世界各国道德标准的差异。有些行为在一种文化中被视为是道德的,但在其他国家却被认为是不道德的。比如,在许多国家中,从供应商那里收取价格昂贵的礼物是不合适的,即便是这样,在非洲的许多国家,这一行为被认为是合情合理的。

学者们和经理们以两种截然不同的观点审视道德。相对主义认为道德真理不是绝对的,不同组织对其有不同的诠释。根据这一观点,"入乡随俗"是一个很好的原则。因此,虽然日本的跨国公司站在反对贿赂的立场上,但是在将贿赂视为合情合理的国家,它们依旧要支付贿款。相对主义者选择了被动地接受它们从事商务活动的国家的价值观、行为和惯例。

相反,规范主义认为道德行为标准具有普遍性,公司和个人应当做到保持这些规范在全球的一致性。根据这一观点,认为贿赂是不对的日本跨国公司无论是在世界任何国家从事商务活动,都应当坚持这一观点。美国和其他支持道德行为的国家鼓励本国公司在进行国际交易时遵循规范化的道德模式。一些比较激进的公司还尝试纠正它们从事国际商务活动的外国国家中存在的非道德行为。

多数国家在国外进行商务活动时,采纳的是相对主义和规范主义的混合方式。它们通过权衡按照东道国和本土价值标准运作产生的企业价值,来决定是非对错。然而,这一方式使得它们很容易触犯日益普遍的国际化道德标准。在道德标准饱受质疑的国家里,最好坚持道德标准高于当地法律和企业价值的策略。这一策略有助于提升企业在当地的形象,同时避免公司其他市场受到潜在的具有伤害性宣传的影响。

在东道国,公司受到来自各方的持续监督。诸如可口可乐、微软以及大众这样的企业,因为拥有全球性商标,所以很容易得到消费者的关注,同时也很容易成为公众抗议的目标。政府不断地确保企业能按照有利于公共利益的方式行动。欧盟在制造业中限制使用铅、汞等有害物质,并要求相关企业回收利用废弃的电子产品。在澳大利亚,政府在消除腐败方面加强了努力,建立了一个旨在消灭洗黑钱等其他非法活动的立法体系。

(二)伦理困境

大多数企业都会尽力尝试去满足商务活动所在地的道德标准。然而,决定孰是孰非并非那么简单。当要求模棱两可、缺乏一致性或是建立在多重法律和文化标准上时,伦理问题就出现了。即便是在拥有稳固的法律系统的国家,或者是在拥有一系列道德准则的企业中,经理们也常常要面临着适时做出合适行为决策的挑战。比如人权问题、劳工问题、腐败问题、环境问题等,除非有特定的法律作为评判标准,否则企业就需要考虑不同道德标准的约束与权衡。

伦理困境(ethical dilemma)是指不同利益所有者之间发生利益冲突的一种困境,这一困境决定了一系列可能的解决方法必然会对决定最佳措施产生干扰,这些解决方法既具有合理性,同时也具有不完备性。可能采取的众多措施大多是排他性的,即一旦选择了某一种措施,将会自动否决其他可能的措施。

假设你是一位经理,要去参观一家隶属于哥伦比亚分公司的工厂,在参观的时候偶然发现这家工厂正在使用童工。你被告知,如果这些孩子不来挣钱贴补家用,他们和家人都要跟着挨饿。如果这些孩子被这家工厂辞退,他们很有可能会寻找其他赚钱的方法,其中包括从事卖淫和街头犯罪活动。这时你该怎么办?你是对使用童工这一不道德行为大惊小怪还是去寻找其他解决方式?

以上这个例子是从事国际商务的人时常会碰到的典型的道德困境。被派驻到东道国的经理人最有可能会面临这一困境,因为他们在决策时,会受到本国和东道国双重标准的

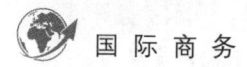

束缚。

三、企业的社会责任

遵守企业的社会责任意味着企业采取积极的措施向道德行为靠拢,即企业不仅寻求利润最大化,同时还希望造福社会、保护环境。企业社会责任的核心价值包括避免滥用人权,坚持维护参与、形成工会的权利,逐渐消灭使用童工这一现象,减少工作场所中的歧视,保护自然环境,反对腐败以及努力做好慈善事业。坚守企业的社会责任,可以说是商业活动回报社会的一种表现。然而现实中,企业接受社会责任意识的过程还十分缓慢。也许体现企业社会责任价值的最好方法是看危机发生之后会出现什么,企业社会责任的价值在危急时刻会被放大。

编者认为,企业社会责任与社会责任标准不完全是一回事。企业社会责任属于非正式制度范畴,其不具备强制约束性。但是,一旦形成相应标准,即社会责任标准,则应纳入正式制度范畴。比如,韩玉将社会责任纳入到正式制度之中。如本章末尾的思考案例所示,中国越来重视企业的社会责任,但尚未形成强制性的标准。目前,社会责任标准主要体现在国际标准方面,可能会对企业从事国际商务活动产生重要影响,比如 SA 8000。

分析案例 4-5

社会责任标准:SA 8000

经济全球化要求生产要素和资源的全球配置,在参与国际分工中要做到资源的有效利用,企业管理者必须做到国际化思维,重视国际标准和国际公约是企业管理国际化取得成功的必要条件。近十几年来,SA 8000 社会责任国际标准的推广就是国际化经营的企业必须考虑的重要影响因素。

SA 8000 社会责任国际标准(Social Accountability 8000)于 1998 年 1 月公布,是针对工商企业管理的一项国际性标准,其性质类似于现时盛行的 ISO 9000 及 ISO 14000 等,是一种以保护劳动环境和条件、劳工权利等为主要内容的新兴的管理标准体系。它是基于《国际劳工组织公约》《联合国儿童福利公约》《世界人权宣言》的一些要求,其内容则主要针对企业的社会责任(social accountability)问题做出规定。

截至 2002 年 8 月 26 日,全世界共有 28 个成员体的 150 个组织获得了 SA 8000 认证证书。这 150 个组织涉及 28 个行业,主要包括服装、纺织、玩具、化妆品、家用器皿、化工、食品等。这些组织中既有生产型企业、专业的贸易公司,也有提供咨询服务的机构以及政府部门。从企业的经营范围看,包括设计、研发、生产、加工、销售、安装、服务等各个方面。

从获证组织的洲际分布看:亚洲最多,有 14 个成员体的 92 个组织,占总量的 61.3%;欧洲有 11 个成员体的 43 个组织,占 28.7%;南美洲有 12 个组织(均在巴西),占 8%;北美洲有 2 个组织(均在美国),占 1.3%;非洲仅南非有 1 个,占 0.7%。

从获证组织的国别分布看,中国最多,10 个行业的 34 个组织获得认证,占总数的 22.7%;排在第二位的国家是意大利,14 个行业的 25 个组织获得认证,占 16.7%;印度位居第三,6个行业的14个组织获得认证,占9.3%。值得注意的是,欧美等在劳工标准方面呼声最高的发达国家获得认证的组织并不多,而中国、印度、巴西等发展中国家获得此项认证的组织占绝大多数。

以劳工标准为本质的 SA 8000 标准很可能成为技术性贸易壁垒的一个新的表现形态。社会责任标准被称为企业的"道德标准",适用各行业、企业,由于它具有合理和不合理的双重性,比较隐蔽和复杂,又是覆盖道德、社会和环境等范围很广的标准,因此,尽管它还没有转化为像 ISO 一样的真正的国际性标准,但已经对中国的企业造成影响。

——资料改编自:韩玉军. 国际商务[M]. 2 版. 北京:中国人民大学出版社,2017:51-54.

就道德行为来看,有一个关于企业社会责任的很有说服力的商业案例。第一,从道德行为角度来看,企业社会责任仅仅指做对的事情。第二,企业高度的社会责任感会帮助它招募、吸纳高素质的员工,同时,也可以改善员工对企业的看法,这反过来也会提升员工的忠实度,让他们更专心于为企业目标效力。第三,高度的社会责任感可以帮助企业显示其在市场上独有的差异性,提升其品牌形象。这对于那些刚刚进入外国市场、默默无闻的或者与当地企业发生激烈竞争的企业十分有效。第四,坚守企业的社会责任是降低商务活动成本的因素之一。例如,当公司为实现材料回收、能源使用经济化以及减少操作中的浪费而采取措施时,企业就会节省资金和能源。最后,企业的社会责任帮助企业规避不断增长的税负、不断增加的规章制度以及当地政府机构进行的其他执法活动。2009 年,丹麦制定了一项法律,要求企业将社会责任嵌入企业的活动中去,同时在财务报告上予以显示。

消费者、其他利益相关者以及大众传媒都期望企业能够承担更多的社会责任和环保责任。通信技术的发展使得这些利益相关者能够及时地了解到与他们做买卖的企业的不当行为。久而久之,许多消费者更愿意购买那些具有高度社会责任感的公司生产的产品和服务。

四、规范与道德挑战

作为一种重要的非正式制度,规范是对某一个体或企业产生影响的任何其他相关行为人的普遍做法。企业怎样战略性地应对道德挑战通常是由规范驱使的,至少在某种程度上是这样。广泛应用的战略主要包括反应性战略、防御性战略、适应性战略以及前瞻性战略四种。

反应性战略是被动的。甚至当问题出现时,公司也没有紧迫感去采取行动,否认通常是第一道防线。在缺乏正式规则的情况下,需要采取的必要行动既不能通过认知信念被内部化,也不能成为任何实际操作中的规范。例如,福特公司在 20 世纪 70 年代早期曾将斑马(Pinto)轿车推向市场,并知道该车型的油箱具有致命的设计缺陷,在追尾时容易发生爆炸。考虑到成本较高,福特决定不再给每辆车追加 11 美元对此进行改进。毫无疑问,此款车的事故频发,人们在斑马车中丧生或受重伤。但是,几年来福特都拒绝召回斑马轿车,从而导致更多的伤亡。直到 1978 年,迫于政府的强烈正式施压以及媒体和消费者群体的非正式施压,福特才迟迟召回了所有的 150 万辆斑马车。

防御性战略关注的是遵循规章制度。在缺乏规章制度的压力时,企业通常会反击来自媒体和活动家的非正式施压。20世纪90年代初期,耐克被指控运营的是"血汗工厂",尽管这些问题发生在位于印度尼西亚和越南的工厂。虽然耐克并不拥有或管理这些工厂,但它最初的"我们并不生产鞋子"的声明并没能将它的道德责任推卸干净。直到一些参议员建议立法解决时,耐克才开始重视起来。

适应性战略使新兴的组织规范具有如下特征:对所做的某些变革承担责任并认同一系列不断内化的认知信念和价值观。这些规范的、可认知的价值观可以为众多企业所共享,从而形成新的行业规范。最近,耐克和整个运动服装产业变得更具适应性了。

采用前瞻性战略的企业预期到制度的变化并比要求做得更多。1990年,德同政府提出了"回收"政策,宝马公司预期将出现一个与此相关的新责任,要求汽车制造商设计的汽车部件能自己循环使用。于是,宝马公司不仅设计了更容易拆卸的汽车,而且与少数几个高质量的拆卸公司签约,为其提供独家服务。此外,宝马公司还积极参与公共讨论,并成功使其汽车拆卸方法成为德国的国家标准。通过这样一个前瞻性战略,宝马公司建立了新的行业标准,在汽车设计和回收利用方面,促进了环境友好型规范的出现。

总之,尽管有一定程度的"粉饰门面"的成分,但是,采取前瞻性战略的企业超越现有规制要求的事实表明,"做正确的事"是非常重要的。许多企业的管理者也都该有这样的规范和认知信念。

如本章所述,制度基础观的一个贡献就是强调非正式的制度(文化、道德和规范)的重要性,并以此作为促进或者抑制企业国际商务活动的基本准则。制度基础观认为,企业绩效至少有一部分是由支配企业行为的非正式文化、道德和规范所决定的。对于全世界的经理人来说,这种对非正式的制度的重视有两条重要的启示。

首先,必须要提高文化智慧,即一个人理解和适应新文化的能力,虽然文化不是一切,它只是国际商务活动中众多因素之一。

其次,经理们需要知道世界范围内的主流规范及其变化。这并不是说要去遵守每个当地的规范,但是如果不能了解并适应变化的规范,而是以一种不敏感和不道德的方式去"冒风险",则很可能会引起不满或者是灾难性的结果。

◆ 内容提要

除了正式制度外,非正式制度对企业国际商务活动的成败也有着重要影响。现实中,非正式制度中包括很多因素,其中文化、道德以及规范得到了广泛关注。在国际商务活动中,跨文化差异如果处理不当,容易引起跨文化冲突,进而影响企业的运营。不同国家和地区关于道德标准的理解并不一致,常常会引起从事国际商务活动的企业行为陷入伦理困境。一旦不道德的行为与东道国的规范相背离,企业可能会付出惨痛代价。对于跨国企业的管理人员而言,需要清楚认识不同类型的非正式制度的国家间差异,并具有甄别和有效管理潜在冲突(风险)的能力。只有这样才有利于其所在企业开展国际商务活动。

◆ 关键词

文化　语言　跨文化差异　语境法　族群法　维度法　跨文化管理　道德　道德标准

企业社会责任　伦理困境规范

◆复习思考题

1. 什么是文化？文化主要包括哪些方面？
2. 谈谈你对霍夫斯泰德维度法的理解，以及其与语境法和族群法有何区别。
3. 什么是跨文化管理？
4. 国际商务活动中，企业及其管理人员应如何处理不同国家或地区之间的道德标准差异？
5. 谈谈你对企业社会责任的理解。

◆思考案例

"中国企业社会责任领先指数"发布：树立企业履责担当新标尺

为了深入分析中国企业社会责任的时代变化特征，进一步引导中国品牌积极响应国家战略和社会总体需求，有效提升中国企业品牌责任价值，人民日报中国品牌发展研究院对中国品牌发展指数全样本企业进行了社会责任领先指数评价。2020年5月12日，由人民日报品牌发展研究院发起并编制的"中国品牌发展指数"之"中国企业社会责任领先指数"正式发布。

一、全民战疫汇聚品牌力量　"企业社会责任"承载时代内涵

坚定构建人类命运共同体主张、全面贯彻新发展理念，积极融入经济建设、政治建设、文化建设、社会建设和生态文明建设"五位一体"总体布局，全面推动企业社会责任战略引领，着力提升企业竞争力和生命力，正在成为中国企业社会责任的时代内涵。

只有积极承担社会责任的企业才是最有竞争力和生命力的企业。2020年的新冠肺炎疫情，已经成为深刻影响我国经济和社会治理能力的一次重要考验，悄然改变着中国企业作为社会发展各个层面生力军的角色和担当，全社会对"社会责任"的认识和理解正在发生时代性的转变。

在此背景下，为了更好呼应全社会对"企业社会责任"新的时代内涵的理论需求和实践引领，衡量和评价自抗击疫情以来中国企业展现的企业责任和社会情怀，人民日报中国品牌发展研究院历时4个月的研究和攻关，创新性推出重磅研究成果："中国品牌发展指数"之"中国企业社会责任领先指数"。

二、"6+X"模型双轨并重　大数据和传统评价有机互补

"中国品牌发展指数"之"中国企业社会责任领先指数"的首期数据基准日为2019年1月1日至2020年4月30日，发布60个企业品牌指数数值。

指数参考ISO 26000:2010《社会责任指南》、GB/T 36000—2015《社会责任指南》等社会责任标准的原则和实践经验，围绕企业社会责任的重要主题和议题，利用最新的互联网大数据资源和方法，从企业社会责任的利益相关方和受益方的角度，构建了企业社会责任"6+X"综合评价模型。其中，6大指标分别为"国家贡献、社会贡献、经济贡献、环境贡献、行业贡献和公司治理贡献"。X为综合认可度评价，表示社会公众和舆论对企业履行社会责任的评价响应，从而实现对企业的行为和社会需求间的匹配度做出客观评价。

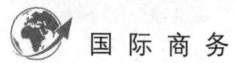

值得一提的是,"中国品牌发展指数"之"中国企业社会责任领先指数"评价工作将大数据的海量全面和企业社会责任评价相结合,从研究工作的底层逻辑上实现对大数据采集处理和专家评价的优势互补,也是对于企业社会责任研究方法的前沿创新和积极探索。

三、中国企业社会责任领先指数分析

根据"中国品牌发展指数"之"中国企业社会责任领先指数"的评价准则,腾讯、中国石化、恒大、京东、华润、阿里巴巴、国家电网、碧桂园、中国工商银行、华为等60家企业品牌入围。对这些企业分析可以发现:

第一,不同所有制企业的社会责任领先程度保持均衡发展态势。本期领先指数上榜企业中,国有企业与民营企业总量比为1.2∶1,平均分值比为1.008∶1,领先性表现较为均衡。从指数结构上看,国有企业社会责任综合认可度上表现略高,一定程度上反映民营企业的社会责任建设在响应国家战略与社会需求方面还需进一步改善和优化。

第二,服务民生是企业承担社会责任最集中领域。中国企业社会责任领先指数上榜企业主要分布在与民生相关领域,金融、电子商务、互联网、能源、家电、酒业、汽车、综合地产、信息通信、食品制造等领域保持较大领先优势,而由于疫情防控的特殊性,本期指数在物流运输、综合商业等领域也展现出较强的领先性。

第三,企业社会责任的行业差异明显。在总量基础上,金融、互联网、能源、综合地产、家电等行业的企业社会责任指数较高,其中金融、综合地产、互联网、能源行业的能力性建设水平较高,电子商务、能源、综合地产、食品制造等行业的综合认可度水平较高,从主要行业的企业社会责任建设绩效比来看,能源、电子商务、综合地产、食品制造行业的建设水平在全国居于领先水平。

——资料来源:人民日报."中国企业社会责任领先指数"发布:树立企业履责担当新标尺[R/OL].(2020-05-12).http://www.xinhuanet.com/money/2020-05/13/c_1210617346.htm.

试分析,中国企业的社会责任为什么越来越受到重视?

◆应用训练

沙特阿拉伯的聚会

法国工程师巨头阿尔斯通(Alstom)在世界各地建造基础设施项目,尤其是发电站。阿尔斯通作为一个典型的工程建筑公司,常把工程师外派出去完成为期几个月的短期任务。这些建筑项目通常在远离大城市的偏远地区,此外,工程师必须习惯与当地员工一起工作而且住在当地社区。因而他们必须学会快速适应。

当人们享受午餐会和派对等社交活动所带来的欢愉时,文化差异通常变得最为明显。一位来自瑞士的阿尔斯通工程师这样回忆他在沙特阿拉伯参加当地同事聚会时的场景:

一旦有人从建筑工地离开,就会有一个小型庆祝活动。我们在中午被告知工作结束后有一个聚会。我们就这样等着,不知道他们会在什么地方举办,是否会带来一些东西。聚会的地方没有桌椅,下午2点左右,他们带来了一个车轮大小的铝盘,上面摆满了米饭,并在中间放了一大块羊肉。最后,车间地板上有三四个这样的铝盘,它们就这样放在地板上!当然，事先还是做了打扫的。由于人们都穿着礼服，我们期待着可能会有一些仪式，但他们只是穿着白色长袍围着铝盘坐在地板上开始吃。

与我一起的瑞士同事是个素食主义者，他说"我不会那样蹲坐在地板上，也不会吃任何东西。"每个人手里都有一块羊肉，这是难以置信的。一个人拿着羊肉，另一个分出一大块递给我说："嘿，来块羊肉吧，非常不错，你可得吃了它！"可是我们没有盘子，什么都没有。他们都是从容器中用手抓羊肉就着挖出来的米饭吃。我的同事说："我不会那样蹲在地板上的。"我说："来嘛，我们可以坐下来。你不必非要吃羊肉，但至少做出像是在吃的样子。"

沙特的同事看到我们非常开心，然后邀请我们一起用餐。如果我们参加的话，对他们来说是非常重要的事情。在工作中我们已经非常了解他们，但是刚开始进入这个环境还是会感到些许不适，我们不知道该做出怎样的举动。不过坐下来之后，大家相互传递分享美食就变得非常好玩。我们相互交流，非常放松。我的同事也坐下来参与其中，后来说他也乐在其中。当地员工只会极少的英语词汇，所以我们不得不在手脚并用的比划中沟通交流。即使这样，我们还是聊了工作近况、所吃大米的种类，还问了米饭中都有哪些其他食物。这是典型的加了葡萄干的沙特大米，口感非常棒。由于语言的限制我们交流不了太多，但之后我们学习了一些阿拉伯语，并会在早晨用阿拉伯语说"早上好"。我们每天会学习一个阿拉伯词语，他们听到我们讲阿拉伯语时特别开心。

——资料转引自：彭维刚. 全球商务[M]. 3版. 易靖韬，译. 北京：中国人民大学出版社，2016，54-55.

在沙特阿拉伯参加聚会时，为什么人们从同一块羊肉上抓肉吃？为什么人们用手来抓米饭？为什么一个瑞士同事会在最初感到不适？为什么另一个瑞士同事（案例中的作者）在参加这样一个"奇怪"的派对时会有不同的态度？为什么沙特员工听到瑞士同事讲一些阿拉伯语时会非常开心？聚会结束后，沙特员工与瑞士员工会不会更亲近、更有效地工作？更根本地说，在不同国家里支配个人行为和企业行为的非正式制度究竟是什么？

第三篇
国际商务战略与组织

前面章节介绍了制度与非制度环境因素影响国际企业在东道国商务实践的开展以及国际商务目标的实现。本篇在此基础上,介绍国际企业面临这些环境因素时商务战略的制定等相关问题。学习国际商务战略的目的是给组织的发展制定长远的发展目标、确定发展的基本方式、选择正确的发展路径,为国际企业组织在一个较长时间内提供科学的发展方向。国际企业组织结构的功能在于分工和协调,是保证战略实施的必要手段。企业的战略方向决定着组织结构的形式;组织结构与企业战略相匹配,企业的目标才有可能实现;与战略不相匹配的组织结构,会限制和阻碍企业战略的实现;企业的组织结构如果没有重大调整,新战略很难得到有效实施。

本篇主要包含三章内容,第五章是跨国商务战略,主要介绍国际企业在国际市场面临的两大竞争压力以及国际竞争战略选择;第六章是国际企业的组织管理,包括组织结构的形式与选择、组织的控制与协调体系,以及公司变革与组织文化等内容,通过对企业组织结构的设置和调整,企业的目标和战略转化成一定的体系或制度,融合进企业的日常生产经营活动中,发挥指导和协调的作用,以保证企业战略的完成;第七章介绍国际企业进入国际市场的方式。这些内容都涉及国际企业一系列重大的决策内容,会对跨国企业的国际化工作和经营效果产生重要影响。

第五章 国际企业战略管理

本章结构图

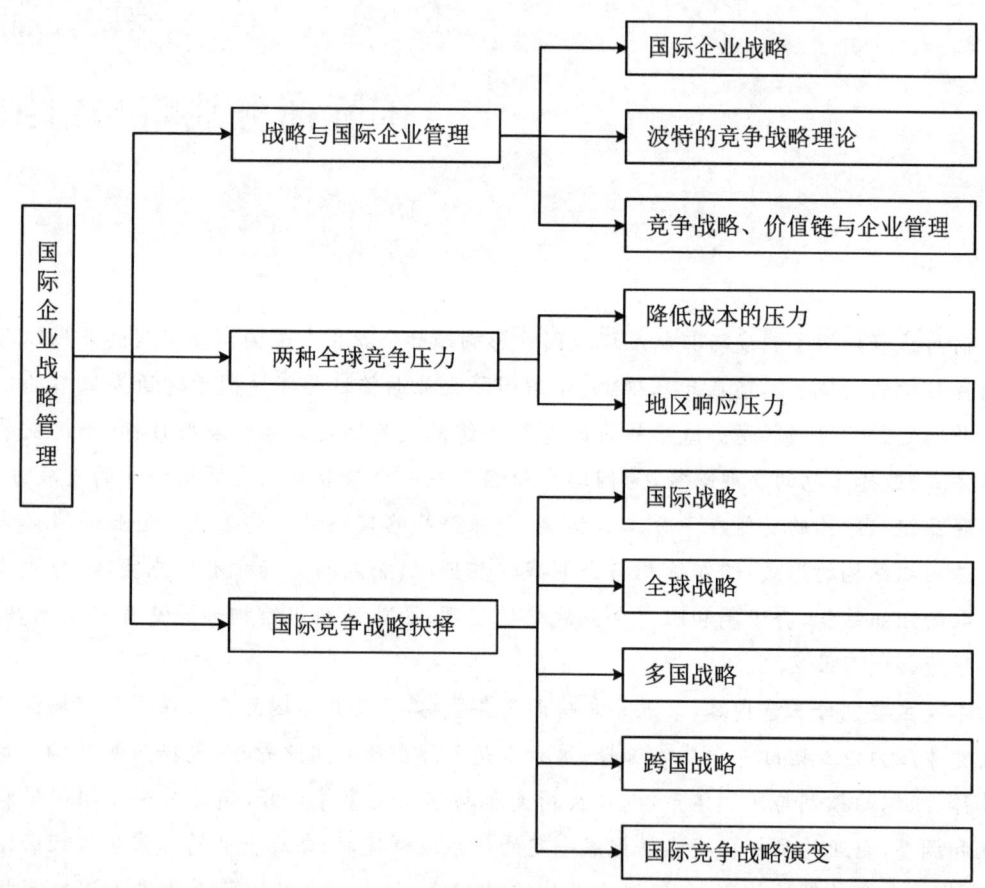

第三篇 国际商务战略与组织

第五章 国际企业战略管理

学习目标

了解战略、企业战略、国际企业战略的定义,掌握国际企业战略的特征和层次性,理解竞争战略、价值链对企业管理的意义;理解两种国际竞争压力及其来源;掌握四种国际竞争战略的含义及其适用条件,理解国际竞争战略演变的逻辑。

导入案例

闪亮全球新兴市场的深圳传音控股

传音控股致力于成为新兴市场消费者最喜爱的智能终端产品和移动互联服务提供商。自公司成立以来,传音一直着力为用户提供优质的以手机为核心的多品牌智能终端,并基于自主研发的智能终端操作系统和流量入口,为用户提供移动互联网服务。传音旗下拥有新兴市场知名手机品牌TECNO、itel及Infinix,还包括数码配件品牌Oraimo、家用电器品牌Syinix以及售后服务品牌Carlcare。

作为科技企业出海的代表,传音是共建"一带一路"倡议、"共筑中非命运共同体"国家战略的坚定践行者,企业发展路径与"21世纪海上丝绸之路"高度重合。在企业发展过程中,传音始终以新兴市场的消费者为中心,重视新兴市场人民被忽视的需求,使更多当地用户得以共享科技发展的魅力。

经过多年的发展,传音现已成为全球新兴市场手机行业的中坚力量。2019年传音手机出货量1.37亿部,根据IDC统计数据,全球市场占有率8.1%,排名第四;非洲市场占有率52.5%,排名第一;印度市场占有率6.8%,排名第五;孟加拉国市场占有率15.6%,排名第二。

在知名泛非商业杂志《African Business》(2020年6月版)发布的"2019/2020年度最受非洲消费者喜爱的品牌"百强榜中,传音旗下三大手机品牌TECNO、itel及Infinix分别位列第五、二十一及二十七名;在百强榜中,TECNO连续多年位居入选的中国品牌之首,itel位居中国品牌第二名。

传音通过持续加大研发投入不断强化差异化的产品竞争力,扩大在新兴市场本地化科技创新方面的竞争优势,提升用户价值与体验。结合行业技术发展趋势及在非洲积累的大量用户基础、数据资源,传音在人工智能语音识别和视觉感知、深肤色拍照算法、智能充电和超级省电、云端系统软件、智能数据引擎、5G通信等领域,开展了大量符合当地用户使用习惯的科技创新研究。2019年,传音以476件PCT国际专利申请量跃居全球第45位,科技创新实力持续突破。

传音在全球设立多个生产制造中心,包括中国、埃塞俄比亚、印度和孟加拉国。其售后服务品牌Carlcare在全球拥有2000多个售后服务网点(含第三方合作网点),在海外建立了7大售后维修中心,是非洲最大的电子类及家电类产品服务方案解决商。传音与谷歌、Facebook、微软、联发科、Orange、沃达丰等全球知名企业强强合作,未来将持续稳步地向前发展。

智能移动终端是非洲用户连接互联网的主要方式,传音贯彻智能终端和移动互联网服

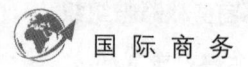
国 际 商 务

务协同发展的战略,不断拓展领先优势。IDC报告显示,传音智能机在非洲市场的占有率从2018年的34.3%提升至2019年的36.9%,非洲第一的领先优势进一步扩大。传音旗下手机品牌均搭载了基于Android系统平台二次开发、深度定制的智能终端操作系统(OS),包括HiOS、itelOS和XOS(以下统称"传音OS")。目前,传音OS已成为非洲等全球主要新兴市场的主流操作系统之一。围绕传音OS,传音开发了应用商店、游戏中心、广告分发平台以及手机管家等诸多的工具类应用程序。

同时,传音与网易等多家国内领先的互联网公司,在音乐、游戏、短视频、内容聚合及其他应用领域进行出海战略合作,积极开发和孵化移动互联网产品。截至2019年末,已合作开发出5款月活跃用户超过1000万的应用程序。

目前,传音全球销售网络已覆盖70多个国家和地区,包括尼日利亚、肯尼亚、坦桑尼亚、埃塞俄比亚、埃及、阿联酋(迪拜)、印度、巴基斯坦、印度尼西亚、越南、孟加拉国等。

——资料来源:深圳传音控股股份有限公司企业简介,https://www.transsion.com/profile.

从导入案例中我们可以看到,来自中国深圳的传音控股公司在国际发展方面取得了巨大的成功。从企业战略管理的角度我们可以窥视出传音公司在手机产品国际市场开拓方面的成功之处。首先,传音公司有着明确的国际企业战略。传音控股的国际企业战略是"致力于成为新兴市场消费者最喜爱的智能终端产品和移动互联服务提供商"。这个战略明确了传音控股的业务领域是智能终端产业和移动互联服务提供商,国家(地区)的市场方向是新兴市场,全球总战略是成为新兴市场消费者最喜爱的智能终端产品和移动互联服务提供商。其次,传音控股为了实现这个全球总战略,制定和实施了针对性的国际竞争战略。通过非洲等地的手机市场竞争环境进行了分析,传音公司把握住了非洲手机市场的特点(用户购买力低、通信基础设施落后,顾客对续航能力要求高、语音、拍照等功能要求高等),制定了符合此竞争环境的国际竞争战略。最后,为了能够实现公司全球总战略和竞争战略,传音控股在生产、研发和营销方面开展了针对性的活动。传音控股在新兴手机市场取得的成功诠释了一个企业国际战略管理对其国际商务的重要性。

第一节 战略与国际企业管理

一、国际企业战略

(一)什么是战略

战略(strategy),本意是关于战争方面的谋略。在中国,"战略"一词最早见于西晋初史学家司马彪所著《战略》一书,后屡见于《三国志》《廿一史战略考》等史籍中。在这些史籍中,"战略"的核心含义与现代战略意义有类似之处,但与战役法、战术区分不严格,有时还含有政治、外交谋略和战法之意，使用也不统一。19世纪末，中国开始用"战略"翻译西方的"strategy"一词。20世纪30年代，毛泽东在《中国革命战争的战略问题》中指出："战略问题是研究战争全局的规律的东西。"毛泽东关于战略的论述，奠定了现代中国战略定义的基础。在西方，"strategy"一词源于希腊字"strategos"，其含义是在敌对状态下，将军指挥军队克敌制胜的艺术与方法。

从上述中西方对战略的理解来看，人们对战略的认识是有层次的，既可以从全局的角度把战略理解为某一事物发展"整体、长远的谋划或目标"，也可以从局部的层面把战略理解为实现某一目标的"谋略、方法"。所以，我们既可以将微软公司"每个家庭，每台桌子上都有一台电脑，使用着伟大的软件作为一种强大的工具"这句话作为其公司战略，也可以将"不断推出各种软件产品"作为其公司战略，只不过，后者是实现前者的一种谋略和方法。从国家的角度理解战略，我们既可以把"实现美丽中国梦"作为中国的国家发展战略，也可以把吸引海外高层次人才归国的"千人计划"作为战略。同样的，"千人计划"这个战略是实现"美丽中国梦"战略的一种谋略。

(二) 什么是企业战略

自20世纪80年代以来，战略一词成为了企业管理中的常用语。其实，"战略"一词与企业经营管理联系在一起最初出现在巴纳德的经济学名著《经理的职能》一书中，但当时并未得到广泛的传播与应用。企业战略得到广泛应用是自1965年美国战略学家安索夫(Ansoff)发表《企业战略论》一书后，但对于企业战略的含义，至今尚无统一的表述。1980年，哈佛商学院著名教授迈克尔·波特撰写了《竞争战略》一书，被认为是企业战略方面的经典性论著。波特在《竞争战略》中对"战略"的描述是从行业竞争或产业竞争层面理解的。波特认为，在一个行业或产业中，企业战略的制定应考虑以下5种因素：供应者、购买者、替代品、潜在竞争者和现有竞争者。这五个因素对企业如何参与行业竞争至关重要。波特的竞争战略理论极大丰富了人们对企业战略的认知，被国际企业界和理论界视为经典。

对于绝大多数企业而言，企业战略的目标就是通过盈利来求得生存和发展。为此，企业必须认真谋划和采取各项活动以获得相对于竞争对手的竞争优势。当一个企业在吸引和保持其目标顾客时能超过竞争对手，竞争优势就产生了。所以，企业战略（corporate strategy），可以简单地理解为企业为了求得生存与发展而做出的全局性、根本性和长远性的谋划以及为之采取的行动。相应地，国际企业战略可以理解为企业为了在全球范围内求得生存和发展而制定的全球性、总体性、长远性的谋略以及为之采取的行动。

(三) 国际企业战略的特征

如前文所述，企业开展国际经营，面临着较之国内经营更加复杂的经济、政治、法律、文化等诸多环境，所以国际企业战略表现出如下特征：

1. 全球性

国际企业战略是企业超出国家界限，从国际甚至全球范围内对各类资源进行优化配置以满足全球顾客需求和参与全球竞争，全球性视角、全球性谋略、全球性行动是主要的特征

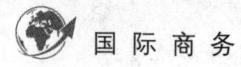

表现。

2. 长远性

国际企业战略首先不是一时一刻的目标,不是短时间内企业的发展规划,受内外部经营环境、尤其是复杂的国际经营环境影响,国际企业战略一般都是长期的企业发展规划,短则5~10年,长则几十年甚至更长的时间。松下公司在2018年公司创建100周年之际,仍然将"A Better Life,A Better World"作为公司下一个100年的战略目标。

3. 纲领性

一般地,国际企业战略总体上包含了公司一段时期内坚持不变的发展规划与方向,即不能够朝三暮四、朝令夕改,有着较强的稳定性和原则性。

4. 竞争性

所有的企业国际经营的根本目标都是求得生存和发展,但是相应的顾客与资源都是有限的,任何一家公司的胜出可能都意味着其他企业的失败,因而企业之间在国际上会展开激烈的竞争,一个公司的战略制定与实施必然会引起其他公司的针对性反应。

5. 风险性

由于国际经营环境的复杂性、多变性、难以预测性,企业国际经营有可能难以实现战略的初衷,企业国际发展偏离于既定的轨道,这是国际企业战略的风险性。这种风险性特征要求企业国际经营要遵循"适者生存"的丛林法则,企业国际战略的管理要有变革性的理念,以便在变化了的环境压力之下及时调整战略目标与战略方向,或是调整战略行为,去适应环境发展,甚至引领环境发展,以实现和保持盈利性,实现生存和发展的目的。

(四)国际企业战略的层次性

任何组织的战略都是具有层次性的,国际企业战略同样如此。从发展目标来看,国际企业战略具有4个层次:

1. 全球总战略

企业全球总战略具有指标性特征,是企业在未来较长的一定时期、在全球范围内要实现的总体规划目标,具有全局性和长远性。全球总战略不仅仅是总部的任务,同样也是公司所有成员,包括分支机构、子公司和所有员工的任务目标。在导入案例中,传音公司的全球总战略是"传音控股致力于成为新兴市场消费者最喜爱的智能终端产品和移动互联服务提供商"。

2. 地区(国家)战略

地区(国家)战略具有指标性和行动性,不仅是一个企业在国外某一地区(或国家)要实现的未来发展目标,还包括为之要开展的诸多行动。比如,华为公司北美战略就是未来在北美市场要实现的营业额,以及为之要做的投入。传音公司的地区战略是针对新兴市场中的非洲和南亚地区提供智能终端产品和移动互联服务。在这些地区的70多个国家,包括尼日利亚、肯尼亚、坦桑尼亚、埃塞俄比亚、埃及、阿联酋(迪拜)、印度、巴基斯坦、印度尼西亚、越南、孟加拉国等,其战略又有不同。

3. 子公司、分支机构战略

子公司、分支机构战略同样具有指标性和行动性两个属性,包括子公司和分支机构未来一段时间要实现的目标和为之实施的诸多行为。传音公司的生产、销售、采购、研发等子公司各有对应的战略。比如,研发部门的战略是"坚持以市场为驱动,用户为导向的研发模式进行自主创新,提供适合用户需求的产品"。

4. 业务(产品)类别战略

业务(产品)类别战略也是具有指标性和行动性特征,是公司某一类业务(产品)在规定时间内要如何实现的发展状态。传音公司自成立以来,其业务(产品)类别战略是"为用户提供优质的以手机为核心的多品牌智能终端,并基于自主研发的智能终端操作系统和流量入口,为用户提供移动互联网服务"。

一般来讲,企业全球总战略是其他三个层次战略的集合,地区(国家)战略是子公司(分支机构)战略和业务(产品)战略的集合,而分支机构的战略实现又是建立在业务战略的基础上的。但是对于许多国际企业而言,地区(国家)战略、子公司(分支机构)战略和业务(产品)战略的层次高低常常是不同的。比如,海尔公司的全球冰箱战略在层次上可能高于地区层面和子公司层面的战略,而通用汽车在中国的战略又包含了中国诸多通用子公司和业务的战略。

当然,存在一些特殊情况,即如果企业国际经营的业务种类单一或地区范围特定,全球总战略和地区战略与业务战略可能高度统一。

二、波特的竞争战略理论

(一)波特提出的竞争战略

迈克尔·波特(M. E. Porter,1980)区分了两种主要的公司用于获取竞争优势的一般战略(generic strategies):差异化战略和低成本战略。

1. 差异化战略

差异化战略(differentiation strategy)就是生产区别于竞争对手的差异化的产品来争取顾客。差异性来自超常的产品质量、独特的产品特性或高质量的服务等。例如,宝马公司(BMW)通过向消费者提供高质量、高性能的运动型旅游轿车与世界各大车企竞争。苹果公司通过不断的创新向消费者提供高端智能手机来获取高额利润。

2. 低成本战略

低成本战略(low-cost strategy)则是降低生产成本和产品价格来吸引顾客。中国的许多出口企业可以说是低成本战略的忠实践行者。中国出口产品的低成本一是来源于劳动力成本的低廉,大量的农民工为出口产品的低价格提供了有力的支撑;二是便宜的原材料;三是较低的人民币汇率以及西方国家所声称的政府补贴。

(二) 波特提出的竞争战略是低层次的企业战略

波特竞争战略理论中的差异化战略和低成本战略,是从产品或产业层面描述的,是企业战略中的地区(国家)层面、子公司战略或业务(产品)层面上的企业战略,是全球总战略在不同层面的分解,或是为了实现全球总战略中在某个产业层面的目标而采取的行动。由于国际性企业开展多元化经营,不同的业务面临的经营环境不一样,所以企业竞争战略具有多样性特征。那种单纯认为一个企业只能实施单一竞争战略的观点,以及片面地把竞争战略视作全球总战略的观点都是错误的。

同样地,本书后面描述的四种国际企业竞争战略,也是从地区竞争和业务竞争的层面研究国际竞争的,也仅仅是全球总战略的战略实施过程中的一个环节。

三、竞争战略、价值链与企业管理

不管是采取低成本战略还是差异化战略,企业都必须对其性质迥异的不同产业价值创造活动如生产运营、营销、物流、研发、人力资源和信息系统以及企业的基础结构等进行科学的规划。比如,企业要实现低成本战略就应该在物流投入、人力资源、研发方面降低成本,并在生产运营方面努力实现规模经济;要推行差异化战略就必须在人才和研发方面加大投入以获得更具吸引力的创新产品。

迈克尔·波特(1985)将企业一系列价值创造的所有活动称为"价值链"(value chain)。图 5.1 是一个价值链示意图。从图中我们可以看到价值创造活动分为主要活动和辅助活动。

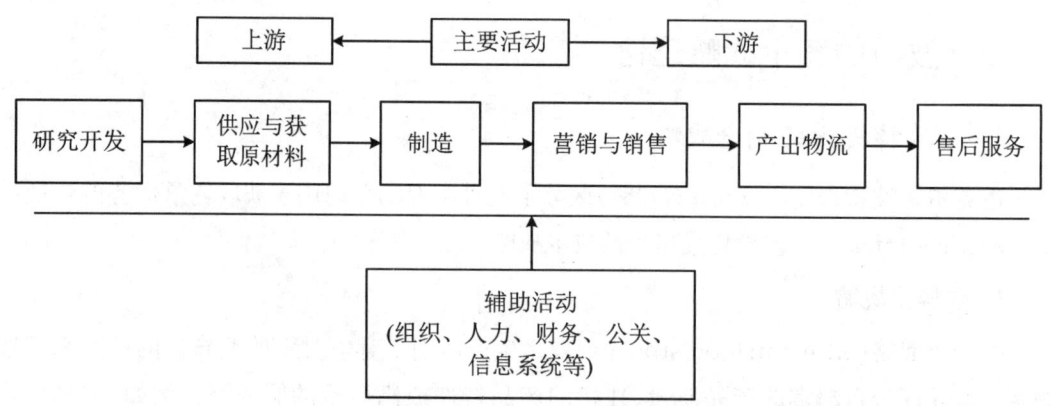

图 5.1 价值链

(资料来源:根据迈克尔·波特(1985)的资料改编)

主要活动也被称为基本活动,涉及产品创造(或服务)、营销和售后服务等实际行动。研发原先被归于辅助活动范畴,但是随着全球竞争的日趋激烈,研发已被许多企业视为企业最基本的活动之一。研发与供应商打交道等价值链的早期活动被称为上游活动;而销售和处理分销渠道、售后服务等价值链的后期活动被称为下游活动。

辅助活动包括人力资源管理,组织设计与控制,财务、公关以及公司的基本技术如信息技术的运用等。

价值链确定了企业在投入、中间生产以及产出三个领域中寻求差异化或更低成本的资源。有效的生产能降低创造价值的成本以及通过提高产品质量来增加价值，这些活动都有利于产品的灵活定价。有效的营销也能够降低成本以及收集顾客与竞争者信息来促进研发部门改进或创新产品。有效的人力资源管理能够确保企业拥有理想的人才组合，去从事企业的各项活动。

国际性企业多元化经营的情况，决定了其企业（竞争）战略多样性特征，决定了生产运营、组织结构、营销策略和人事管理的难以统一。这是从整体上看一个国际性企业，为什么其不同的业务在组织、人事、营销、生产等管理活动方面表现出多样性、混合性的原因。

第二节 两种全球竞争压力

任何一个企业开展国际商务的最终目标都是通过盈利得以生存和发展。但如何盈利，不同的企业在国际商务中追求的具体目标(资源、市场、技术、人才、竞争、政治、多元化、综合目标等)会各有不同，每一个企业的每一个业务在国际商务中追求的目标也是不同的。

企业在追求这些目标的过程中会遇到各种竞争不确定(如政治、军事、法律、安全、经济形势、基础设施、外汇、文化、市场、领导等不确定性)。这些不确定性会给企业在全球市场上制造两种典型竞争压力：降低成本的压力与地区响应的压力(图5.2)。这些竞争压力对企业提出了相冲突的要求。降低成本的压力要求企业尽力将其单位成本最小化。要达到这样的目标就需要企业把它的生产活动置于最有利的低成本区位，而不管该区位位于世界何处。它也可能迫使企业向全球市场提供标准化的产品，以尽快降低其在经验曲线上所处的位置。相反，对地区响应的压力做出反应则要求企业对不同的国家提供差异化的产品与营销策略，以满足各国不同的消费者兴趣与嗜好、企业实践、分销渠道、竞争条件，以及政府的政策而产生的多样化需求。由于满足不同国家的要求而定制产品可能涉及大量重复劳动以及产品缺少标准化，其结果将会抬高成本。

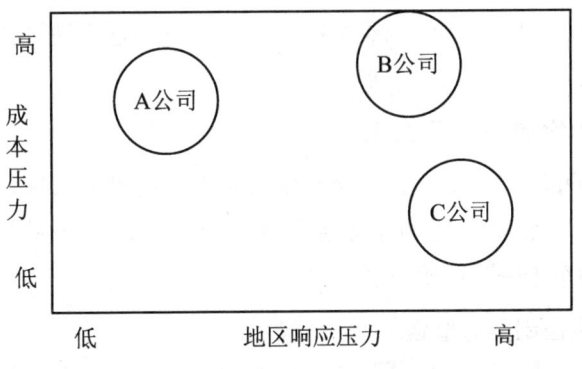

图 5.2 降低成本与地区响应压力

有些企业,如图 5.2 所示的 A 公司,面临着降低成本高的压力与低的地区响应压力;而其他企业,诸如 B 公司,则面临着降低成本低的压力与高的地区响应压力;也有许多企业处于 C 公司的位置,它们面临着降低成本高的压力与高的地区响应压力。要对付这些冲突与矛盾的压力,对企业而言是一个困难的战略挑战,这主要是因为做出地区响应往往会增加成本。

一、降低成本的压力

(一) 成本与成本压力

企业开展国际商务,常常面临着降低成本的压力。从顾客的视角来看,成本是所有构成最终顾客购买支出的费用,包括研发成本、供应成本、生产成本、税收成本、营销成本、办公成本、渠道成本、售后服务、市场调研成本、咨询成本等,也包括其中有些环节的利润等。

(二) 成本压力的来源

当顾客由于购买力下降,或有更多的支出选项,其对产品的购买欲望就会下降,该产品的成本压力就产生了。

1. 东道国顾客购买力水平低或下降

发展中国家经济发展水平低,购买力不会很高。东道国经济发展停滞或负增长,也会影响顾客购买意愿。比如,2007 年美国市场自爆发次贷危机以来,豪华车销售一直深陷泥潭。由于信贷紧缩,消费者的购买力下降,开始调整购车策略。在油价居高不下的情况下,豪华车的高油耗成为购车者不得不考虑的因素。另外,由于美国经济疲软,美元对欧元大幅贬值,德国车在美国市场的售价变得更加昂贵,这也导致部分消费者对德国豪华品牌车敬而远之。次贷危机后,欧洲经济整体上一直处于持续低迷状态,消费者购买力受到了一定的冲击,而汽车产业作为欧洲大部分国家的支柱产业也面临着巨大的挑战和危机。宝马集团在欧洲的销量也受到一定程度的影响,开始出现了销量下滑,在 2012 年 7 月份宝马集团的销量为 60855 辆,相比去年同期的 62316 辆下降了 2.4%,原定销往欧洲市场的车辆出现积压现象。2020 年的新冠疫情进一步加剧了这种趋势。另外像伊朗、俄罗斯、阿根廷等国家的货币贬值,也导致民众收入的降低,购买力的下滑。企业在这些地区销售既有的产品,就必须降低成本。

2. 竞争产品供给增加,价格压力大

竞争对手增多,同品市场投入增加,会发生供应大于需求的情况,企业会产生降价的动力。另外替代品的出现和涌入,比如在交通方面,轿车、公交车、地铁等交通工具相互替代,会给汽车企业销售轿车带来降低价格和成本的压力。

3. 竞争对手成本控制能力增强

竞争对手在采购控制、生产集中、生产技术创新等方面发起价值链革命,会施加成本压力。比如,20 世纪七八十年代,日本汽车企业的自动化组装生产线,以及采购成本控制,使得日本汽车市场价格具有很大优势,对欧美企业施加了很大的成本压力。

(三)成本压力应对

随着全球市场竞争的日趋激烈,要求国际企业提高全球运营效率与降低成本的压力与日俱增。这要求一个公司努力降低其创造价值的成本,通过在世界上最佳的区位大量生产标准化的产品,设法实现区位经济。同时,这一要求也会要求企业努力提高技术和管理水平来实现经验曲线经济。

1. 区位经济

区位经济,是指把一项价值创造活动置于从事该活动的最佳区位是经济的,不管该区位位于世界何处(在运输成本和贸易壁垒允许的前提下)。比如,把生产安排在劳动力成本和原材料供应成本都比较低的区位,能降低价值创造的成本以及帮助企业取得低成本地位;把研发放在技术水平高的地区,可以让企业提供那些竞争对手没有的差异化产品。

在一些生产货物产品的行业中,其非价格要素难以有实质性的差异化且价格是其主要的竞争武器,这类行业降低成本的压力可能特别强烈。

这些产品往往是满足普遍需要的。当不同国家的消费者在兴趣与偏好上有类同之处时就有普遍需要存在。像一些传统货品,诸如大批量的化学品、石油、钢铁、糖等产品皆属此类。许多工业品与消费品也一样(例如掌式计算器、半导体晶片、个人电脑、液晶显示屏等)。

还有一些行业其主要竞争对手的基地设在低成本的区位,而那里始终有多余的生产能力,消费者强而有力,并且转换(卖方)成本较低,则也会有强大的降低成本的压力。另外,随着近几十年来世界贸易与投资环境的自由化,由于国际竞争的加剧,通常也会增加成本压力。比如,在世界乘用车的竞争中,由于日本汽车企业在汽车的生产中率先引用了标准化零部件和模块化组装技术,国际竞争进入白热化阶段,美国三大汽车企业在成本方面由于工人福利的居高不下而处于竞争劣势。

企业不断的区位经济追求会使得企业创建一个价值创造活动的全球网络(globe web),把不同阶段的价值链活动分散到全球各地,实施全球价值链管理。在这些地区,或是感知的价值最大,或是创造价值的成本最小。如2018年日本百年品牌夏普被富士康收购之后,决定停止在日本的冰箱和液晶电视的生产,利用母公司鸿海精密工业生产基地进行海外生产转移,以提高成本竞争力。日本国内将专注于白色家电的商品企划和研发。

2. 经验效应

经验曲线(experience curve)指的是在产品生命周期内生产成本有规律下降的现象。这一现象首先是在飞机机架的生产中被发现的,随着机架产量的翻番,机架的成本都会降低至原先成本的80%左右。图5.3说明了单位成本随累计产出变化的经验曲线关系。经验曲线下降最快的企业相对其竞争对手而言将具有成本优势。如图5.3所示,由于企业B所在的经验曲线的位置更低,所以它比企业A有明显的成本优势和更高的盈利能力。

(1)学习效应。学习效应(learning effects)指的是成本的节省源于在实践中学习。例如,劳工的学习效应。随着劳工不断反复地做同一件事,其劳动熟练程度不断提高,劳动生产率随之提高。管理者也会随着不断地实践学习而能够更有效地管理手头的各项业务。所以生产成本会因为劳动生产率和管理效率的提高而下降,盈利能力则会提高。

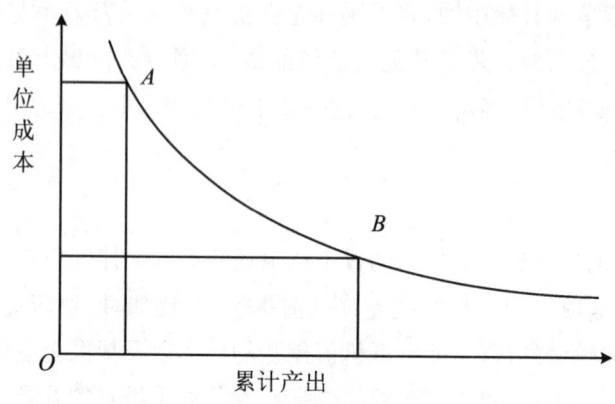

图 5.3 经验曲线

但是学习效应的提升不是无止境的,过了一定的时间段,劳动生产率和管理效率都会停止,经验曲线的任何下降将由规模经济推动。

(2) 规模经济。规模经济(economies of scale)这一术语原本只是描述生产环节发生的一种现象,即大量生产有助于降低企业的单位成本,从而提高其盈利能力。这种现象的发生是因为固定成本被分摊到更多的产品数量上。这对于一些固定成本比较大的行业,如芯片的生产和新药的研发至关重要。

后来人们又发现,全球市场使得某些产品的需求量突破了一国的限制,由此提升了企业的产出水平,该产品的生产达到规模经济,生产成本下降,盈利能力提高。例如,华为 Mate 智能手机在全球市场上销售将比仅仅在中国国内销售产生的规模经济显著,这就是为什么华为要不断开拓国际市场的原因。当然即使是全球市场,需求的规模也不是无限的。一个企业要想最大程度地占有份额,关键是行业标准、行业规则的制定。制定了行业游戏规则的企业会有着最大的全球市场需求,也因此会享有由此带来的规模经济效益。

全球采购方面也会产生规模经济。采购量巨大,可以提高买方的讨价还价能力,降低采购成本。所以有些企业在全球采购方面开展合作,以期创造采购方面的规模经济。特别是进入 2000 年以来,在全球各个不同的行业,一些互为直面竞争对手的公司也开始尝试着逐步实现采购联盟化。采购联盟的建立,为联盟采购的买家提供了最佳、最有效的供应商资源和渠道,从而进行比较、选择,最终下单采购。企业间的竞争最终是通过销售额和市场占有率来体现的,因此在生产前端的采购合作并不会对自身优势造成任何伤害,相反只会提高各自的成功概率,这就使联盟采购有了存在的基础和前提。通常,在像世界百货零售巨人沃尔玛、家乐福、麦德隆共同搭建的纵深行业(vertical industry)联盟采购平台中,联盟买家多为竞争对手,采购商品种类亦大致相同,在共同的采购中将极大地加大联盟采购量,从而造成采购成本的共同下降,形成若干个联盟买家多赢的局面。而在像 ECantata 这样的水平行业(horizontal industry)联盟采购平台中,联盟买家并不一定是同业对手,完全可能是毫不相干的行业制造商。但他们可能就同一类、同一种产品有着共同的需求。当这种共同需求积累到一定数量时,联盟采购也就必然为多个买家同时带去采购方面的规模经济。

二、地区响应压力

经济全球化的发展推动了某些行业在世界范围内推广标准化产品,借以创造规模经济、全球效率来获利,但是企业开展国际商务绕不开各种经济、政治、文化、法律等诸方面的风险,这些风险会给国际商务活动施加各种地区响应压力。这些产生地区响应压力的风险表现包括:消费者在兴趣与偏好上的差异;基础设施与传统实践的差异;分销渠道的差异;东道国政府的要求与政治干预。要对地区调适的压力做出反应就要求企业对不同的国家提供差异化的产品、营销策略或管理安排,以满足这些因素,最终改善企业的成本结构、技术水平和经营环境。

(一)消费者在兴趣与偏好上的差异

全球化使一些行业、一些产品的需求有趋同的趋势,但是消费者兴趣和需求的巨大差异仍然存在于不同的国家和文化中。当不同国家的消费者在兴趣与偏好上有重大差异时,就会出现巨大的地区响应压力。在这种情况下,国际企业必须调整产品和营销策略,以迎合当地消费者的兴趣和偏好。由于当地子公司对当地市场的信息掌握,所以国际企业就有了向当地子公司分散研发、生产与销售权力的压力。

例如,"爱美之心,人皆有之",非洲的手机用户同样具有自拍的爱好和冲动。但是非洲手机用户由于皮肤的颜色,他们使用一般的手机很难获得满意的脸部自拍效果。来自中国深圳的传音手机公司专门针对非洲人的肤色和面部特征,开发出了用牙齿和眼睛来定位脸部的技术,并且在此基础上推出了非洲版的美颜和滤镜。同时,非洲人民喜欢音乐,喜欢随时随地载歌载舞,传音公司就在保障音色的情况下加大了扬声器的功率,并且在手机包装盒中附赠头戴式耳机。传音还根据非洲地区的市场需求,推出了双卡双待,三卡三待和四卡四待手机,充分满足了市场需求。在广告宣传方面,传音宣传的渠道也非常的接地气:电视广告、刷墙广告、各种路边广告牌、电线杆子上贴小广告。事实证明,这些在别的地区已经落伍的宣传模式,在非洲大陆却是最有效的广告模式。借助于一系列本地化运作,传音公司2017年手机出货量超过1.2亿台。2019年非洲地区贡献了该公司总营收的74.98%,其生产的手机在非洲市场的占有率为52.5%,其中,智能机在非洲市场的占有率为36.9%。[①]

世界各国由于气候条件、民族传统、宗教信仰和生活水平的差别,沐浴方式有所不同导致对浴用制品的要求和品种有较大的差异。在欧洲99.5%的消费者使用浴用制品。欧洲主要五国(德国、法国、意大利、西班牙和英国)的块状香皂的平均使用率为73%,液体香皂(也即沐浴露)为25.8%,其他浴用制品为24.7%。欧洲各国的洗涤习惯也不同,德国人和西班牙人喜用淋浴凝胶,英国人的块状香皂使用率高达80.4%。在日本市场比较流行的是皂基

---

① 搜狐网. 传音手机为什么在非洲卖的比华为好[EB/OL]. [2018-3-14]. https://www.sohu.com/a/225563075_100128024.

型浴剂（body soap）。由于亚太地区是全球经济增长最为活跃、最具潜力的地区。生活水平的提高，保健意识的增强，淋浴设备在家庭的普及为沐浴液及其他浴用制品提供了发展的市场。液体皂在该地区正在得以普及，并将继续增长。①

（二）基础设施与传统实践的差异

基础设施（infrastructure）是指为社会生产和居民生活提供公共服务的物质工程设施，是用于保证国家或地区社会经济活动正常进行的公共服务系统。它是社会赖以生存发展的一般物质条件。

基础设施包括交通、邮电、供水供电、商业服务、科研与技术服务、园林绿化、环境保护、文化教育、卫生事业等市政公用工程设施和公共生活服务设施等。它们是国民经济各项事业发展的基础。在现代社会中，经济越发展，对基础设施的要求越高。完善的基础设施对加速社会经济活动，促进其空间分布形态演变起着巨大的推动作用。建立完善的基础设施往往需较长时间和巨额投资。

不同国家的基础设施具有差异性。例如，在电力基础设施方面，北美家电系统的标准电压110伏，欧洲一些国家是240伏，中国则为220伏。在这些不同的国家和地区家电必须调整产品设计。在通信基础设施方面，美国和一些亚洲国家使用CDMA标准，而欧洲是GSM技术，这就要求手机企业根据各国的技术标准在不同国家改制不同手机。诺基亚公司在2009年之前没有重视这种基础设施的北美差异，一味向美国市场推出基于GSM技术的手机，因而受到市场的抛弃，在北美市场远远落后于三星、LG等竞争对手。再加上始于2007年的苹果智能手机崛起，诺基亚从此走向衰落的深渊。中国传音公司因为非洲落后的通信设施而加大功能手机在当地的销售。

在非洲，融合了各种基础设施功能的产业园区是吸引国外投资的重要基础设施，中国企业主导了一些非洲国家的园区建设、运作，放大了这些国家的生产能力、消费能力，为这些非洲国家吸引中国和世界的投资做出了较大贡献。② 而另外一些非洲国家由于暂时没有这种工业园区而缺乏足够的外资吸引力。

不同国家的传统实践也常常具有差异性。人们使用基础设施的都有着一贯的方式方法。例如，在英国，人们都是在道路的左侧开车，而在世界上其他国家，人们在道路的右侧开车。不同的驾驶实践要求汽车企业对驾驶座要有不同的设计。

（三）分销渠道的差异

分销渠道是产品从生产者转移到最终顾客所经历的途径和方式。各国由于经济发展、价值观念、政府政策和技术水平的不同而导致某些产品的分销渠道有着很大的不同。分销渠道的差异要求企业调整自身的营销策略。

例如，2016年，中国北汽集团进军墨西哥后发现，其在国内靠出租车战略推动市场开拓

---

① 王冬.欧美国家消费者的香皂使用习惯[J].化学清洗，2001(1)：17.
② 中国贸易新闻网.中国贸易报：在非洲，连锁工业园区是如何"上位"的？[EB/OL].[2019-7-23]. http://www.chinatradenews.com.cn/content/201907/23/c77988.html.

的战略已经失灵,墨西哥的汽车销售必须与当地的分销商合作。北汽集团转而调整了销售策略,与当地汽车零售商 Grupo Picacho 等 6 家代理商达成合作关系,销售轿车和跨界车。

保险业的销售渠道在许多国家都不同。以保险经纪为主的销售渠道是英国保险业的特色之一,英国经纪人贡献的寿险保费占比超过 60%。法国人身险的核心渠道为银保渠道,主要原因在于相对宽松的监管环境。日本保险业销售渠道主要包括保险公司代理人、银行与证券代理、代理店(便利店等)、通信渠道(互联网、电视和杂志)等。早期日本社会科技尚不发达,保险公司设计的分期缴纳型产品需要定期上门收费,便采用大量增员的方式,在 20 世纪 90 年代时超过 90% 的保单都是由保险公司代理人贡献,而且由于日本的社会文化习俗,代理人以女性居多。随着科技进步和金融自由化改革,保单销售渠道逐渐多元化,新单中代理人贡献不断下降,至 2018 年仅为 53.7%,其余由银保、邮政、代理店等贡献,其中代理店近年来增长迅速,2018 年新单贡献占比 17.8%。①

在手机产品上,美国著名的无线运营商 AT&T 和 Verizon Wireless 垄断了整个市场,以至于手机生产商必须通过它们才能取得成功,而在世界其他市场,手机的销售却主要通过各种分销商来销售。诺基亚公司因为忽视这种差异而在美国市场上遭遇失败。

在洗涤剂产品上,德国由五家连锁零售商控制了 65% 的市场,而在相邻的意大利,没有一家连锁零售商控制超过 2% 的市场。因此,德国的连锁零售商有相当大的购买力,而意大利的连锁零售商的购买力则相对要小得多。对付这些差异要求洗涤剂厂商运用不同的营销方法。

网络直销在中国已经成为营销的常态,但是在广大发展中国家,甚至一些西方国家,分销仍是主流的销售形式。所以中国企业走出去,必须做好分销的准备。

(四)东道国政府的要求与政治干预

出于经济上的独立要求、保护本地相关产业发展的保护主义、政府官员的腐败、地方性管制的需要,甚至为了制造国家间的敌对情绪,东道国政府在经济和政治领域会通过制定各种政策、法规和标准来对国际企业提出所有权和运作方面的各种要求。

在所有权方面,会控制国际企业在当地子公司的股份。在某些行业以国家安全和降低外企竞争力为由设置外资禁入,在另外一些行业为了追求资本转移和就业效应的最大化而限制外资股份比例。实际上,世界上许多国家都有规范外资投资的产业目录,对外资投资的产业及其股权比例进行限制,用以维护所谓的经济独立和产业安全。最近几年来,随着中国企业竞争力的提升,国际上,不仅欧美国家针对中国企业的收购限制越来越多(见下面的"分析案例"),2020 年新冠疫情期间,印度政府也做出严密审查并遏制中国投资的决定——以防止(后者)"利用当前疫情对印企开展机会主义接管"。② 在 2020 年 5 月中印在边境地区发生冲突后,印度政府又在当地时间 6 月 29 日晚,以保护国家安全为由宣布封杀 59 款中国应

---

① 新浪财经.百年沧桑!从历史的深度看保险行业的产品和销售渠道演变[EB/OL].[2020-3-31]. https://baijiahao.baidu.com/s? id=16626445624396741115&wfr=spider&for=pc.
② 新浪财经.印度政府对中国投资竖墙只会伤害印度[EB/OL].[2020-4-23]. https://baijiahao.baidu.com/s? id=1664717568137051689&wfr=spider&for=pc.

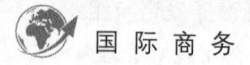

用程序。中国互联网企业因此在印度有一定损失。

在运作方面,东道国会控制国际企业在当地子公司的运作行为,比如,产品的国产化程度要求以促进本土企业发展;出口量要求以增加外汇收支;技术转移要求以提高东道国技术水平;高管的本土化要求提高东道国人才管理水平等。

分析案例5-1

美国和欧洲都对中国投资亮起红灯

2017年,在北半球炎热的夏季中,欧美国家却对前来并购的中国企业"冷起了脸"。

7月28日,就在意大利芬坎特里造船公司(Fincantieri)收购STX法国船厂的协议正式生效前的最后一刻,法国政府突然"反悔",决定暂时终止出售STX法国船厂不到50%的股权。法国当局称,为了保护当地就业、防止STX法国船厂独特的造船技术落入其他国家,将暂时将其国有化。

由于Fincantieri正在与中船集团合作建造邮轮,尽管Fincantieri明确表示与中国的合作协议并不包含任何技术转让内容,但法国政府仍担心Fincantieri会将STX法国船厂的专业技术传授给中国企业。

7月25日,据美国机上娱乐系统供应商Global Eagle Entertainment Inc.(纳斯达克号码:ENT,以下简称"GEE")披露的上市文件显示:因未能及时取得CFIUS的许可,GEE终止了与海航集团旗下公司——北京喜乐航科技股份有限公司(Beijing Shareco Technologies Co.,以下简称"喜乐航")的投资协议。据公告,喜乐航于2016年设立了境外子公司Shareco America,用于境外并购投资业务。本次交易标的公司所在地位于美国,喜乐航通过位于美国特拉华州的全资子公司Shareco America进行本次重大资产重组的具体实施。

实际上,从2016年中期开始,美国华盛顿已经频繁传出要求CFIUS增强对外商投资审查强度的声音:其中不乏呼吁禁止中国国有企业在美国开展控股性投资的可能性以及把绿地项目(以前在审批法定范围外的项目类型)也纳入审批范围。

美国总统特朗普2017年9月13日发布命令,禁止一家与中国政府有关的中资公司并购美国的莱迪斯半导体公司(Lattice Semiconductor)。白宫的声明表示,"中国创业投资基金有限公司"(China Venture Capital Fund Corporation Limited)是中国国有企业旗下公司,而鉴于中国政府在这桩交易上所扮演的支持角色,相关知识产权有流到外国公司手中的可能性,半导体产业供应链对美国政府的重要性,加上美国政府正在使用莱迪斯半导体公司的产品,在国家安全的考虑之下,禁止这桩交易。

几乎在同一天,英国《金融时报》报道英国政府正推进相关计划,准备收紧对来自中国等国家的外国投资的审查。英国各界担心此类外来投资可能危害国家安全。

7月中旬,德国政府发布了有关外国投资控制规定(即由德国经济部根据《对外贸易法》的授权所制定的《对外贸易条例》)的修正案。该条例规范了在德国进行外国投资的行政审核程序,其修正案预计将在公布后数周内生效。虽然法律体系不同,但这一修正案在一定程度上与美国CFIUS机制接近。

欧盟委员会主席容克(Jean Claude Juncker)9月13日在法国斯特拉斯堡向欧洲议会发表"国情咨文"时,"未点名中国"提及欧盟将严格审查外国公司投资欧洲。同一天,德国媒体还曝光了欧盟"审查中资收购"的措施草案。容克在"国情咨文"中提出他余下两年任期内的工作计划。据奥地利《维也纳日报》报道,容克表示,他将寻求审查外资收购欧洲企业的权力。他称,欧盟不是天真的自由贸易倡导者,一定要捍卫自己的战略利益。报道称,容克未点名"中国",但这一措施旨在防止中国对欧洲重要的战略部门施加影响。

——资料来源:走出去智库CGGT.范多凌:欧美国家纷纷拒绝中资并购,如何应对?[EB/OL].[2017-7-31].https://www.sohu.com/a/161173087_610982.

第三节 国际竞争战略抉择

在一个全球的竞争环境中,企业要盈利必须要不断地关注降低价值的成本,以及/或对其提供的产品实行差异化,从而使消费者愿意为该产品付出超过其生产成本的价格。这样的情况下,企业竞争战略常常涉及确定并采取行动,以降低其创造价值的成本,并/或通过卓越的设计、质量、服务、属性及性能等使企业的产品差异化。由此,国际化企业演义出了在国际竞争中可能采取的四种基本战略:国际战略(international strategy)、多国战略(multidomestic strategy)、全球战略(global strategy)和跨国战略(transnational strategy)(图5.4)。

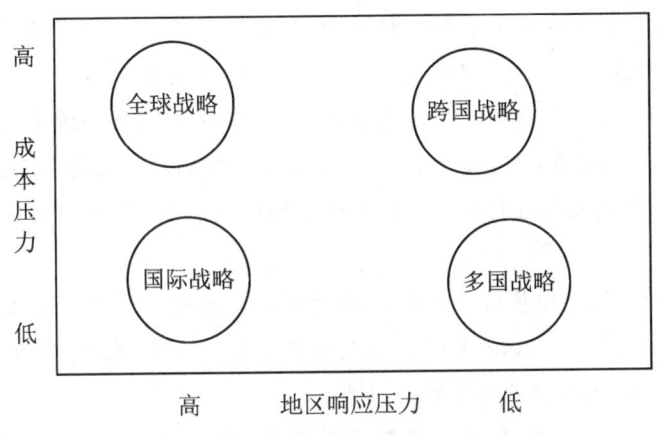

图5.4 国际竞争压力与国际竞争战略

一、国际战略

国际战略(international strategy)就是通过向国外市场转移有价值的技能和产品来创造价值,而那里的竞争者又缺少那些技能和产品。我们将执行国际战略的企业称为国际公司(international corporation)。国际公司必须拥有一定的核心能力(core competence)。核心能力这一术语指的是某企业具有的而其他竞争对手难以匹敌与模仿的技能。这些技能存在于企业价值链的各个环节之中——生产、研发、营销、人力资源及一般管理等。国际上一些著名的企业都采取这样的战略,如微软公司的操作系统无人匹敌,它在全球以国际战略输出产品;沃尔玛在信息系统和后勤方面独树一帜,能力突出,该公司就在世界广开分店,进行扩张;下面的分析案例中介绍的苹果公司,一直以来因为其技术和功能而在智能手机售价方面远远高于竞争对手。

大多数国际公司通过向国外市场转移在母国开发的差异化产品来创造价值。这种差异化产品相对于绝大多数竞争对手都具有很高的功能和技术方面的竞争优势,能够排他性的满足不同地区顾客的某些需求。因为技术方面的垄断性,在向全球推广时本质上是产品标准化的,正如微软的操作系统和苹果的 iPhone 手机一样。

国际公司往往将它们产品研发职能集中于母国,把制造额营销职能放在任何一个有业务的主要国家,同时它们也可能根据需要采取一些有限的地方化产品和营销策略。但是,总体上,总部保持对营销和产品策略的控制。例如,苹果的产品在中国制造,但却不是在中国研究或者开发出来的。苹果在库比蒂诺(Cupertino)的总部依然牢牢掌控着其产品的核心设计。但是 2016 年以来,随着智能手机行业的市场饱和,以及三星和华为公司在高端智能手机领域的竞争,苹果开始在日本、中国和印度建立了数家研发中心,从事相关的研发工作。

分析案例 5-2

苹果正在变成一家奢侈品公司

据媒体报道,曾与苹果创始人乔布斯一起共事的苹果前 CEO 约翰·斯卡利(John Sculley)表示:"苹果已经不再是一家创新的科技公司,它正在变成一家奢侈品公司。"斯卡利认为,苹果的高端策略是"聪明"的,它想成为电子产品中的"迪奥"。

这位曾在 20 世纪 80 年代至 90 年代担任苹果 CEO 的元老告诉美国有线电视新闻网(CNN)First Money 的记者,苹果正在采取一种非常精雕细琢的策略,通过销售更多高端机型来提升盈利。尽管苹果仅占到全球智能手机市场份额的 15%,但它占有了这一市场 90%的利润。

2018 年第二季度的平均售价从去年同期的 605 美元提升到了 724 美元。2018 年发布的旗舰机型 iPhone XS 与 iPhone XS Max,起步价分别在 8699 元和 9599 元,苹果在中国坚持多年的旗舰机 5288 元起售价早已成为过去。

——资料来源:苹果正在变成一家奢侈品公司[EB/OL].(2018-9-21). http://www.fxxau.com/showinfo-27-2188-0.html.

二、全球战略

全球战略(global strategy)是一种追求低成本、低价格的全球标准化战略。采用这样的战略的企业被称为全球公司(global corporation)。全球公司通过经验曲线(empirical curve)效应和区位经济(location economies)来做到成本的降低。

如图 5-4 所示,执行全球战略的全球公司在地方适应压力方面和执行国际战略的国际公司是相似的,都是较低的,只不过由于全球公司彼此间技术实力相差无几,行业的技术壁垒比较低,市场的竞争很多情况下通过价格展开。在这样的行业,如全球家电行业,即使一个公司取得某些技术进步,也会很快被竞争对手赶上甚至超越。而国际公司虽然也在国际上推广公司生产的"标准化"产品,但是这个"标准"所包含的技术是公司独有的,所以国际公司的成本压力较之全球公司是低的。日本的松下、索尼等家电企业在20世纪七八十年代凭借着全球战略在欧美市场向通用电器发起冲击。由于通用电器分散经营的效率远远低于日本企业的低成本标准化效率,通用电器败下阵来,逐渐退出许多家电领域。[①]

全球公司往往将生产、营销和研究与开发活动集中于若干个优势区位,集中研发、集中采购、集中生产,由此创造规模经济。产品的供应和营销策略不随地区条件而改变。因为若如此,可能导致缩小生产规模和机构的重复设置,这与其低成本诉求不一致。全球战略在家用电器、半导体及其高度关联行业较为适用,因为这些行业竞争者众多,顾客需求相似,技术方面有较强的全球行业标准,地区差异小。

三、多国战略

多国战略(multinational strategy)是指企业在不同的国家开展不同的价值创造活动,以最大限度地满足国别差异,响应地方适应压力。执行多国战略的企业被称为多国公司(multinational corporation)。

因为不同国家影响企业经营的地方适应压力来源不同,多国公司的多国战略的重心有所不同。有的国家对于来自国外的全球标准化产品有国产化要求、或来自政治方面的国外排斥(对特定国家的产品限制甚至禁止进口,比如,2020年,印度在中印边境冲突期间对来自中国的中间产品进行贸易限制,阻碍了使用这些中间产品的苹果、三星等公司在印度的经营),多国公司不得不考虑在这些国家本地化采购、本地化生产。有的产品在不同的国家顾客的兴趣和偏好有很大的不同,多国公司则必须广泛地进行产品创新和营销策略调整来满足当地的需求。

由于多国战略要求公司在其从事的各主要国家的市场上建立一整套创造价值的活动,包括从生产、营销及研究开发,进行重复建设,历史上实施这种战略的企业难以通过经验曲线和区位经济来降低单位价值成本,所以,多国公司的成本构成比较高。另外,由于许多多国公司已经发展成为分散的联盟,即各国子公司都各自为政,所以多国公司在利用内部的核心能力方面往往不甚理想。20世纪70年代之前的美国通用电气公司(GE)、美国电话电信公司(ITT)和荷兰的飞利浦公司都曾是多国战略的执行者,但是后来由于多国战略的核心

---

① 需要注意的是,由于国际战略和全球战略一样都是向全球推广标准化产品,所以有些教材的编者,如美版《国际商务》的作者Charles W. L. HILL将Bartlett和Ghoshal提出的"全球战略"(global strategy)改为"全球标准化战略"(global standardization strategy),是欠缺考虑的、不严谨的。从产品的技术标准来看,国际战略推行的也是"全球标准化产品"。如果说全球战略是一种追求低成本来降低价格的全球标准化战略,那国际战略则是通过技术领先来提高价格的全球标准化战略。

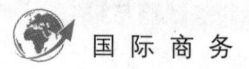

能力缺陷而败于日本公司的脚下。①

当地区差异化压力大而成本压力低(通过技术和政治因素实现当地的市场垄断,进而降低成本压力)时,采取多国战略最为有效。当然在运输和通信技术极为发达的今天,随着模块化生产技术的出现,差异化手段与低成本策略之间鱼和熊掌兼而得之的情况也时有发生。

四、跨国战略

跨国战略(transnational strategy)可同时取得低成本和差异化优势。可以实施这种战略的企业被称为跨国公司(transnational corporation)。这里的跨国公司是一个狭义的概念,不同于我们常说的"跨国公司",那是一个广义的概念。

跨国战略的成功取决于企业在全球范围内的知识、技能、资金和人才的转移,因而也可以称为全球学习战略。在传统的大而全的垂直式生产模式下,单个的企业不可能同时取得低成本和差异化两种优势,但是互联网、加工技术、通信和交通高度发达的今天,这一战略的实现不再高不可及,从个人电脑到汽车行业,跨国战略都有所见。而且,跨国战略不仅仅可以在公司内部通过产品和技能在公司体系内的流动来实现,还可以在公司外部通过企业间的战略联盟和一体化网络活动来实现,因为如果能够降低成本和实现差异化,任何环节的价值创造活动都可以通过外包来进行。

应当指出的是,上述这四种战略分别适应于不同的经营环境,当环境变化时,企业战略必须及时予以调整,否则就会面临竞争的失败。这有两层含义:一是不同的发展时期,经营环境会有所变化,企业战略须做出调整;二是不同的经营区域,企业面临的挑战不同,企业须执行不同的战略。美国工农业设备制造商卡特彼勒公司是《财富》500 强企业,1979 年在日本的小松公司的竞争和地方差异的压力下,其被迫寻求成本和差异化的跨国战略。这种战略的改变提高了卡特彼勒公司全球竞争力,而其日本对手却因死抱以日本为中心的全球战略不放,不能适应卡特彼勒的竞争和差异化压力而把市场拱手相让。

五、国际竞争战略演变

不同的国际竞争战略分别适应不同的国际竞争压力环境,脱离了这种环境,相应的竞争战略就会显露出致命的弱点。国际战略的致命弱点是,随着时间的推移,出现了大量的竞争者,如果管理者不采取积极的行动去降低公司的成本,将很快被高效的全球竞争者超越。例如,在智能手机高端市场日趋饱和以及华为等中国企业纷纷进入该市场之后,苹果公司一味地维持 iPhone 手机的高价格就显得力不从心了,特别是在 5G 时代,苹果的发源地美国 5G

---

① 多国公司的多国战略一定伴随着某种区别于其他国家或地区的本地化活动,这些活动一般是比较重要的价值创造的基本活动。但是公司的本地化战略不一定就说明该公司执行的是多国战略,因为全球战略、国际战略都有可能要求企业开展需要本地化经营行为,最常见的是价值创造的支持性活动,如信息系统、物流系统和人力资源等。甚至在有些国家,生产的本地化可能会给全球战略带来更大的成本降低。另外,后面要给大家介绍的跨国战略也是面临着较高的地方响应压力,执行跨国战略也需要本地化行动。本地化战略是多国战略和跨国战略共有的战略特征。所以,Charles W. L. HILL 在最近几个版本的《国际商务》教材编写时将 Bartlett 和 Ghoshal 提出的"多国战略"改为"本地化战略"(localization strategy),也是欠缺考虑的、不严谨的。

发展在起步方面相对落后，对苹果维持其高端手机领导者地位更加不利。这个案例告诉我们，一个企业的国际战略是很难长期维持不变的。为了生存和发展，企业在相关产业必须根据竞争压力的变化提前向全球战略或者跨国战略转变(图5.5)。

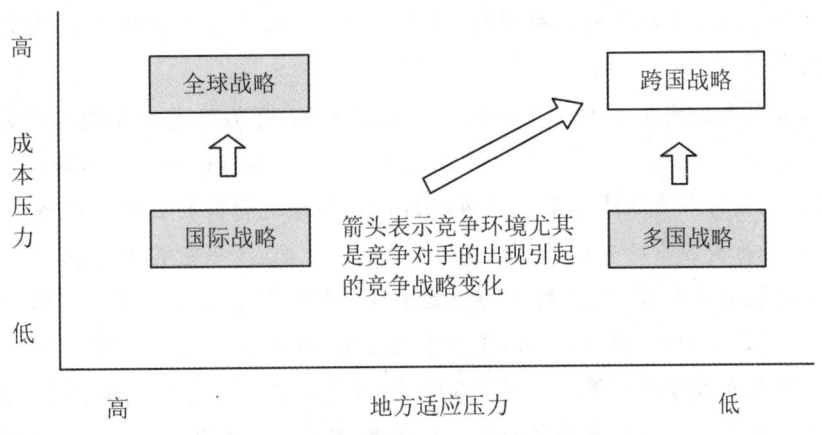

图 5.5　竞争压力变化与竞争战略变革

多国战略可以为多国企业带来地方性市场垄断利益，但如果公司遭遇强大的竞争对手，就不得不降低其成本，唯一的办法就是转向跨国战略。

适合执行全球战略的行业一般在全球范围内存在着相似的顾客需求，企业竞争激烈。但是当行业的发展发生革命性的替代时，行业内的企业会有着不同的竞争战略抉择。

分析案例 5-3

诺基亚全球战略撞了美国差异化的墙

时间回溯到 2009 年。全球最大的手机生产商诺基亚公司对于美国市场的逐步沦陷已经感到不耐烦了，它正准备为此做出变化。

2009 年，芬兰手机制造商诺基亚和曼联足球俱乐部之间有什么共同点？答案是他们全都在世界各地享有极高声望，拥有大量忠实拥趸，但在美国却追随者寥寥。诺基亚当时已占领全球移动电话市场份额 37%，但是在美国市场，它的市场份额已经从 2006 年的 20% 下滑至 2008 的 7%，领地已被迅速蚕食。2009 年第一季度诺基亚公司在北美市场的手机销量更是下滑了 46%，仅为 260 万部。

长期以来，诺基亚公司在全球竞争时一直采取全球战略，即公司主要由总部设计产品，然后在全球各个市场推销，最后才登陆美国，而且诺基亚从不为运营商专门定制手机。

然而，这一战略在美国市场却失灵了，美国市场表现出了与其他市场不同的特征：一是美国采用的是 CDMA 无线技术，而这正是韩国手机生产商三星集团和 LG 电子公司的拿手好戏，而诺基亚对此却像个门外汉；二是美国著名的无线运营商 AT&T 和 Verizon Wireless 垄断了整个市场，以至于手机生产商必须通过它们才能取得成功，但骄傲而又充满创新精神的诺基亚一直不愿意像如饥似渴的竞争对手那样出让太多控制权；三是与其他国家的消费

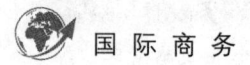

者不同,美国人眼中的诺基亚缺乏引领潮流的实力,产品也不够酷,不能像苹果的 iPhone 手机一样自如地运行各种有趣的软件。

美国市场的特殊性使诺基亚在美国市场付出了沉重的代价,诺基亚全球化战略撞上了美国差异化的墙。诺基亚对此感到非常沮丧。

然而,作为全球举足轻重的手机市场,诺基亚不可能任由事态如此发展,诺基亚发誓要改变这一切。

一方面,公司彻底调整了美国市场的整体经营策略,努力改善与无线运营商的合作关系,与它们合作开发手机。其中一个步骤就是向 AT&T 和 Verizon 各派 300 名产品开发员。诺基亚还把销售人员从达拉斯的主办公区调往各个运营商的公司总部所在地。此外,公司已经增加了为美国市场专门开发产品的研发经费。2008 年它首次与 AT&T 联合开发了一款手机,这款名为 6555、机身纤薄的翻盖手机与摩托罗拉的 RAZR 非常像。AT&T 要求诺基亚把一键通按钮(push-to-talk)置于手机顶部,以便扩大销售范围。"他们已经付出了努力,过去他们在这方面做得还不够。"AT&T 公司发言人马克·西格尔说。在随后几个月内,诺基亚有多款专为美国市场定制的手机问世,其中包括两款为 Verizon 定制的 CDMA 手机。

另一方面也在加大力度树立自己在美国市场的形象。公司在洛杉矶的诺基亚剧院主办了《美国偶像》的决赛,它还将启动一项音乐服务以对抗苹果公司的 iTunes。2009 年 4 月 24 日,诺基亚与导演斯派克·李在纽约主持一个活动,为一个新的社交网站揭幕。

诺基亚还是得劝说更多顾客选购自己的手机,而不是其强大竞争对手的产品。诺基亚采取一系列步骤吸引更多的独立开发人员来设计应用软件,争取大幅改善目前诺基亚手机使用不够便捷这一重大缺陷。开发人员通过与诺基亚合作的任意一个无线运营方发布新软件,结果使诺基亚 Ovi 商店的应用软件数量在两个月内翻了一番,达到 3500 个。不过该数字仍与苹果公司相距甚远,苹果的软件商店可以向用户提供多达 65000 个应用软件。诺基亚已经开发出一个针对平板电脑的操作系统 Maemo,它将同时适用于高端智能手机。

尽管投资者对诺基亚的命运仍然感到不安,至 2009 年 9 月为止,诺基亚的股票已经下跌了 16%,苹果和 RIM 的股票却疯涨超过 80%,苹果的市场总值已是诺基亚的 3 倍;尽管有人估计诺基亚在美国市场至少要花两年时间才能完全恢复。但是诺基亚执行副总裁范佐基仍坚信诺基亚一定会重回巅峰,他说:"我对未来充满信心,我们开始反击了。"

◆ 内容提要

企业开展国际商务都必须制定国际企业战略。国际企业战略有着 5 个特征和 4 个层次。迈克尔·波特的竞争战略是低层次的企业战略。竞争战略、价值链影响着国际企业管理方面的抉择。企业在国际商务活动中常常会遇到两种有着各自来源的国际竞争压力。这两种国际竞争压力决定着企业四种国际竞争战略选择。企业的国际竞争战略不是一成不变的,随着竞争压力的变化,企业必须变革国际竞争战略。

◆关键词

战略　企业战略　企业国际战略　低成本战略　差异化战略　价值链　国际竞争压力　成本压力　地区响应压力　国际战略　全球战略　多国战略　跨国战略

◆复习思考题

1. 什么是国际企业战略？有什么特征？
2. 简述国际企业战略的层次性。
3. 简述竞争战略、价值链和企业管理的关系。
4. 简述国际商务中的成本压力来源。
5. 简述地区响应压力的四种来源。
6. 国际战略、全球战略、地区战略和跨国战略的定义分别是什么？
7. 简述全球战略与全球标准化战略的区别和联系。
8. 简述多国战略和本地化战略的区别和联系？

◆思考案例

坠落的500强企业——柯达公司的前世今生

现在几乎每个人都会用数码相机和智能手机摄影、拍照，给人生留下美好的瞬间和回忆，但是有多少90后、00后年轻人知道世界影像技术的发展源于美国的柯达公司呢？

影像行业的发展，大概经历了摄影干版、胶卷、数码相机与智能产品（如智能手机、智能数码）几个阶段，如果我们说摄影干板、交卷和数码相机是由柯达公司发明的，这一点儿也不为过，正是因为柯达公司的存在，影像行业才发展到如今的智能化阶段。

1880年，银行职员乔治·伊士曼开始利用自己发明的专利技术批量生产摄影干版，在干版生意上大获成功。翌年，伊士曼成立了伊士曼干版公司，并从银行辞职，投入全部精力经营自己的新公司，同时继续研究简化摄影术的方法。1883年，伊士曼发明了胶卷，摄影行业发生了革命性的变化。随着柯达照相机在1888年推出，伊士曼奠定了摄影大众化的基础。几经变化之后，在1892年伊士曼的公司生产出第一部傻瓜型胶卷相机名为"柯达（Kodak）"，遂改名为伊士曼柯达公司。

公司成立之初，伊士曼就意识到全球民用摄影市场的巨大潜力，因此积极向海外扩展业务。伊士曼干版公司在美国成立5年后就开始在伦敦设立销售办事处。随后，伊士曼摄影材料有限公司于1889年在伦敦成立，全面负责柯达产品的海外销售。不久以后，国内外的需求超过了美国工厂的生产能力。因此，伊士曼于1891年在伦敦附近的哈罗建造了一座感光材料工厂。

1896年，柯达公司成为在希腊雅典举行的第一届现代奥林匹克运动会主要赞助商。1900年，柯达的销售网络已经遍布法国、德国、意大利和其他欧洲国家。到20世纪80年代，柯达在世界胶卷市场已经占领了70%的份额。80年代以前，柯达一直是世界胶卷行业的龙头老大。

然而，进入20世纪80年代，日本富士公司借助日本政府的国内市场保护措施，悄悄崛起，转眼几年间吞掉了柯达25%的市场，等到柯达回过味来，龙头老大的座位已非富士莫属了。1997年,富士更是将进攻目标瞄准柯达的本土市场——美国,在美国市场向柯达发起攻势,将其30毫米多卷装胶片价格调低50%之多,使其在美国的销量上升28%,柯达下降11%。

当富士有步骤的攻势在美国引出一片哗然之时,柯达公司内部的好多事情似乎全乱了套。无论在新产品方面,还是在市场开拓方面,它企图在日本市场向富士公司发动价格进攻,但是都收获甚微,胶卷行业由于日本富士、德国爱克发等公司的价格竞争以及数码相机的出现而进入了衰退期。

柯达早在1975年就开发出了数字相机技术,并将数字影像技术用于航天领域;1991年柯达就有了130万像素的数字相机。但是到2000年,柯达的数字产品只卖到30亿美元,仅占其总收入的22%;2002年柯达的产品数字化率也只有25%左右,而竞争对手富士已达到60%。

这与100年前伊士曼果断抛弃玻璃干版转向胶片技术的速度,形成莫大反差。柯达传统影像部门的销售利润从2000年的143亿美元,锐减至2003年的41.8亿美元!在拍照从"胶卷时代"进入"数字时代"之后,昔日影像王国的辉煌也随着胶卷的失宠而不复存在。2012年1月19号,柯达正式宣布破产。

试从国际企业战略管理的角度分析柯达公司堕落乃至破产的原因。

◆应用训练

2019年全球智能手机出货量排行榜

根据Counterpoint数据显示,2019年智能手机总出货量为14.86亿部。同比下滑1%,这也是智能手机市场连续第二年再次下滑。整体来看,全球手机市场呈现出了大品牌,巨头厂商占据绝大部分份额,而小厂商的份额越来越少,但是却出现一些新厂商异军突起的情况。从全球前十大手机厂商出货量来看,三星以2.965亿部手机出货量稳居榜首,占据全球智能手机市场份额20%。华为2019年全年手机出货量首次超越苹果,跃居全球第二大手机供应商。2019华为出货量为2.385亿部,市场份额为16%。苹果市场份额有所下降,2019年手机出货量为1.962亿部,占比13%。联想和realme以及传音根据出货顺序分别排名全球的第七、第九和第十名,占到了市场的3%,2%和1%的份额。据统计,前十大手机厂商出货量合计达12.05亿部,占全球整个智能手机出货量的81%。

请通过互联网搜索相关资料,分析联想手机面临的国际竞争压力和竞争战略抉择。

第六章 国际企业的组织

本章结构图

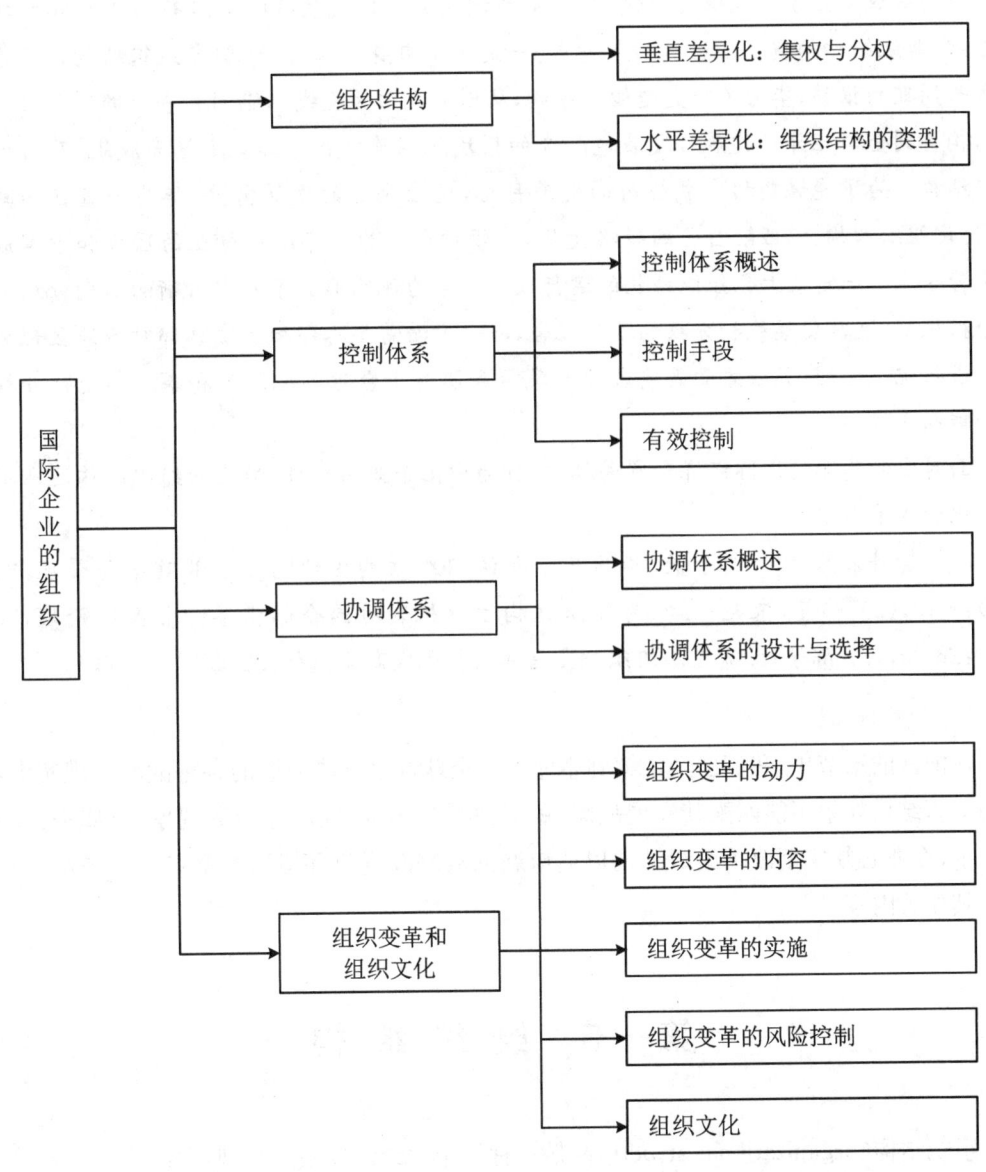

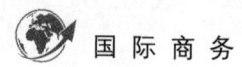

学习目标

理解什么是组织结构;掌握组织结构中的垂直差异化和水平差异化;了解国际企业的控制与协调机制;理解企业进行组织变革的动力及风险控制;掌握组织文化的两种价值准则。

导入案例

华为的组织结构变迁

美国学者钱得勒曾提出:"目标决定企业战略,战略决定组织结构。"中国华为仅用30年时间就从一家小公司成长为全球通信设备技术行业的领军者和5G技术的开创者。可以说,没有对改革创新数十年如一日的坚持,就不会有华为今天的巨大能量。

华为从成立至今一直跟随时代脚步,不断调整公司的发展战略并进行组织结构的调整和重组,其组织结构演变呈现出如下特点:一是明确自身定位,合理制定组织结构。随着企业成长周期的推移,华为不断更迭组织结构,从创业之初的直线职能制到事业部制到混合矩阵结构再到全球矩阵结构最后发展成如今的模块化矩阵结构。二是不墨守成规,及时调整组织结构。为了能够顺利完成公司的发展目标,适应企业的发展需要,华为一直在不断调整、优化组织结构,以匹配自己的战略变化,一步步成长为世界通信行业的巨头和中国最大的民营企业。三是最大化组织结构的运行效率。华为现已形成了非常清晰的纵向分权和横向分权机制,这需要集权和分权的默契配合,即一方面需要总部和区域总部对各地区部和事业部进行统一管理,另一方面需要各业务集群和职能平台对各地区部和事业部进行分权管理和辅助支撑。

面对变幻莫测的国际经济和贸易环境,作为中国企业的标杆,华为的组织结构还在不断地优化和变革当中。

——资料来源:(1)刘子璇.华为三十年的组织结构变迁[J].企业改革与管理,2018(16):7-10;(2)韩晶,朱兆一.华为组织结构运行机制对国企的借鉴[J].人民论坛,2019(34):28-29;(3)陈子让.欲激活组织先变结构[J].现代商业银行,2019(7):78-83.

在前面的章节中,我们已经了解到企业参与全球竞争所能采取的各种战略。现实中,企业的组织结构如果不能匹配其发展战略,就导致业绩不良、发展停滞等现象,正如华为的案例所示,企业必须定期改革组织结构以适应新的战略及竞争环境。本章将正式揭示组织结构及其相关内容。

第一节 组织结构

组织结构(organizational structure)是一种以企业经营战略为基础,以经营宗旨为导向,为实现企业战略目标而形成的内部的权力、责任、控制与协调关系的特定形式。它反映了组织内部各要素之间关系的结构框架,包括组织内上下级之间、职能部门之间、母公司与子公司之间、各个子公司之间、员工之间等一切和组织运转有关的要素。

首先,组织结构能决定组织中的正式报告关系,即所谓的垂直差异化;其次,组织结构能决定组织组合的方式,即水平差异化;最后,组织结构是关于部门控制和协调的一种制度设计。

一、垂直差异化:集权与分权

企业应该保留或下放多少决策权给国外子公司属于组织结构的垂直差异化。公司需要在集中权力和下放权力之间做出选择。集权是指母公司对于子公司在世界范围内的运营活动拥有相当大的控制权。分权是指母公司将大量自主权和决策权下放给各国的子公司。

(一)集权与分权的利弊

集权便于从整体组织目标出发处理问题,避免局部利益行为;可使组织的各种资源得以更有效的利用,并有助于确保组织政策和行动的一致性,提高组织的控制力。但是,过度的集权容易造成决策质量的降低,也会使各个部门失去适应性和自我调节能力,削弱了企业的整体应变能力;同时,由于权力高度集中,基层人员一味地被动、机械式地执行命令,难免降低组织成员的工作热情。

分权的优点在于有更大的灵活性,能够集思广益,充分发挥下级的主观能动性,帮助决策者解压;能从实际出发,具体问题具体分析,因时因地地制定具有自身特色的决策等。对组织而言,分权是不易产生独断专行等现象的,但其缺点也不能忽视,比如容易产生偏离企业目标的本位主义倾向;另外,部门之间协调困难,降低了组织的统一性,也容易导致过高的管理成本。

(二)集权与分权的选择

选择集权与分权并不是绝对的,合理的集权与分权程度对于企业的稳定有着重要意义。组织权力的集中和分散程度与管理层次的决策情况相关,如果下级的决策越频繁、越重要、跨越幅度越大,分权程度就更应该大些,反之就小些。

长远地看,没有一家国际企业能对所有经营活动都使用权力集中的方式决策。随着组织变得越来越灵活,并且需要更快速地应对外部环境变化,子单位保留一些自主权是合适和必要的,公司需要对于权力集中和权力下放方式做出有效平衡。现在越来越多的企业将集权与分权相融合,把事关公司的整体战略、重要的财政政策等诸如此类的决策权集中于公司总部;而经营决策权,如生产、营销、研发和人力资源管理,则既可能集中,也可能下放,这很大程度上取决于当前的公司战略。强调全球整合的跨国公司倾向于集中权力,而强调本土化响应的企业通常下放权力。

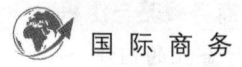

分析案例6-1

通用公司的集权与分权

美国通用电气公司是超大型的跨国公司,是传统企业向高技术转换的成功案例,其经营战略是全球大公司的典范。随着经营规模的不断扩大,公司采取了较灵活的集权和分权相结合的"全球中心体制",一方面,母公司在财务、人事和研究开发三大关键领域对子公司进行严密控制;另一方面,母公司又在营销决策、劳动关系、生产关系等方面赋予各子公司较大的自主权。与此同时,在不同领域的管理上,公司也很注重垂直差异化的有效利用。比如,在财务管理上实行"集权为主,分权为辅"的方式,总公司设有财务部,是全公司的中央机构,各集团根据各自的不同业务构成来设置其财务机构,直接向公司的财务副总裁负责。子公司只能在总部制定的财务制度范围内活动,在遵守财务制度的情况下,享有完全的财务自主权。

把事关企业命运的重大决策权集中在公司总部,而把需要灵活反应的具体安排和业务经营分散在各子公司,通用公司的集权与分权处理模式既使得集中管理在协作中节约了资源、提高了效率,又能通过分散经营充分发挥子公司各级人员的积极性,提高了经营的灵活性,最终取得了良好的经济效益。

——资料改编自:百度文库.集权与分权.https://wenku.baidu.com/view/03c84a2caa114431b90d6c85ec3a87c240288aaa.html?fr=search.

二、水平差异化:组织结构的类型

水平差异化是指公司如何决定将自己分为几个子单位来负责具体业务的。企业的组织结构会随着时间推移而发生变化,尤其是企业随着国际业务的增多以及公司战略的变化而采用日益复杂的组织结构。本书侧重从企业国际化之后的主要组织结构变化谈起。

(一)国际分部结构

国际分部结构(international division)是企业向海外拓展初期经常使用的组织结构,该部门与国内部门分开,集中管理企业所有的国际经营活动。国际分部除了管理出口和销售之外,还负有监督履行多种职能的国外子公司的职责。

这种结构在企业国际化发展初期被广泛采用,对于规模中等、经营产品和国家地区有限的公司来说,国际分部结构是一种普遍的、潜在有效的组织结构(图6.1)。第一,国际分部集中管理国际业务,有利于实现业务与国际市场的接轨,沃尔玛就是一个很好的例子,它在1991年建立了一个国际业务部来配合管控自身的全球扩张;第二,为各自公司合理规划国外市场,避免自相竞争;第三,统一筹措资金,减少利息负担;第四,国际分部还拥有具有广泛国际经验的职员,这是企业国际化进一步发展的基础。

不过,这种结构的局限性也很明显。首先,国内部门仍是主体,在公司决策中占较大比重,国际分部对公司资源等支配权较小,因此该部门协调和支持海外经营活动的能力有限;

其次，海外子公司的经理人是通过国际部来参与决策的，相对于国内各部门的经理人而言，他们没有足够的发言权，层级关系也下降了，这就导致了国内与国外经营间潜在的冲突与协调问题，比如核心竞争力的转移和新产品的引入等。

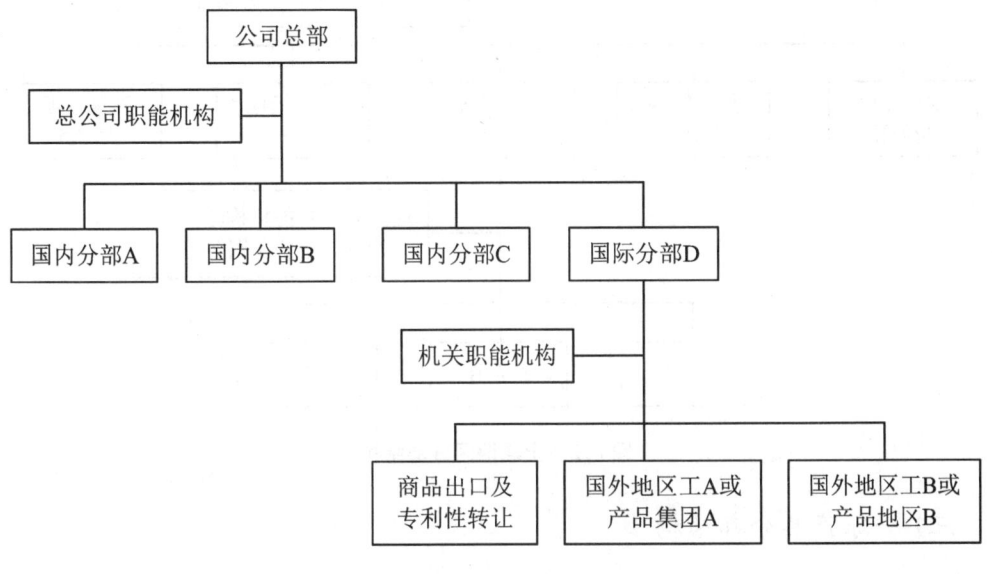

图6.1 国际业务部结构

随着国际企业经营产品和地区范围的不断扩大，多数继续发展的跨国公司都摒弃了这一组织结构，转为全球性组织结构。两种首选方案就是全球地区分部结构和全球产品分部结构，选择这两种组织结构中的哪一种，取决于各跨国公司的特点。

(二)全球地区分部结构

全球地区分部结构(global geographic division structure)，是指跨国公司根据全球不同地区划分分部。地区分部在很大程度上是独立自治的实体，拥有自己的价值创造活动，总部负责掌控公司总的经营目标、战略方向和财务控制权。这种结构适合产品高度标准化的跨国公司(如化妆品、制药、饮料企业等)，以及产品低多样性、生产技术接近、市场条件相似的跨国公司(如石油企业)。

企业选择世界地区分部结构的主要原因是因为多国战略，因为具有多国战略的公司需要依据国家或地区不同而实现其产品或服务的差异化，需要具有最大的地区灵活性的组织设计。例如，随着中国和东欧市场的战略地位越来越重要，耐克公司将其4个区重新设置为6个区：北美市场、西欧市场、东欧或中欧市场、日本市场、大中华市场和新兴市场，同时宣称中国和东欧市场将采取与其他部门不同的运营方式。公司的销售份额增长、相对快速的增长速度以及长期发展的潜力是耐克公司重新设置组织结构的依据。

虽然地区调试能够为组织带来优势，有助于企业在全球整合和本土化之间保持平衡，但如图6-2所示，该结构会将跨国企业分割成多个高度自治的、难以控制的"小领地"，导致核心竞争力不易转移，也很难实现经验曲线经济。

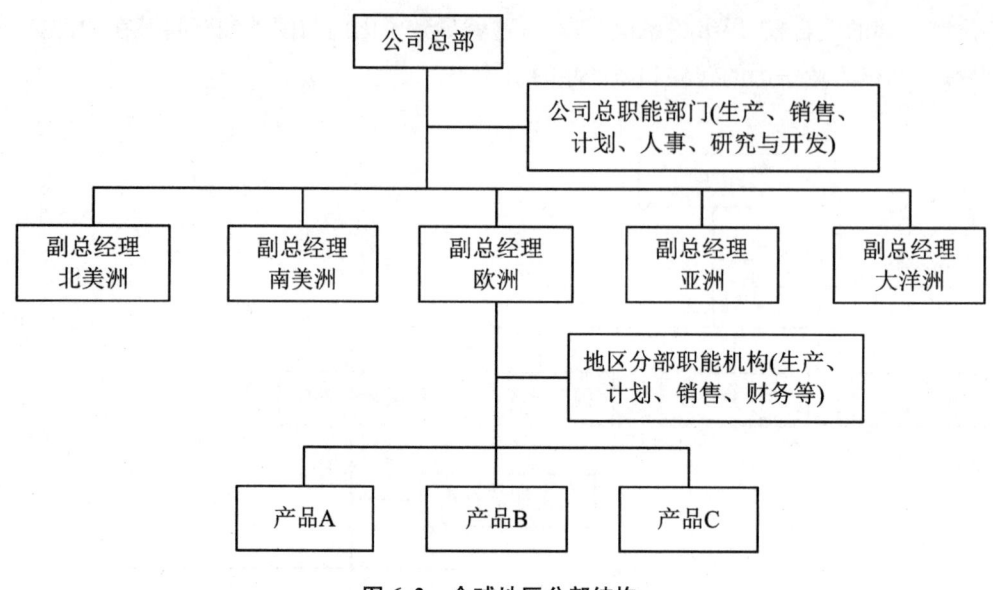

图6.2　全球地区分部结构

(三) 全球产品分部结构

全球产品分部结构(global product division structure),是指企业国际经营活动的管理是由生产线或产品系列来划分的,以此在全球范围内设立若干产品分部。每一个分部都是一个自给自足、大体上自治的实体,它支持以世界产品生产和销售为核心的国际战略或全球战略。如图6.3所示,这一组织结构适用于产品多样化程度较高、生产技术复杂、消费市场相对分散,适宜于在当地就地制造的跨国公司(如汽车企业)。

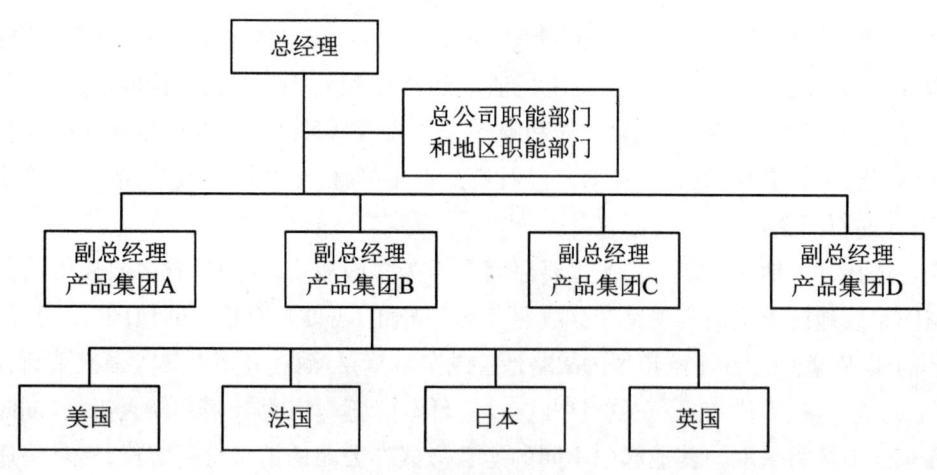

图6.3　全球产品分部结构

这种组织结构的优点在于所有支持性的功能,如研发、市场营销和生产都聚焦于产品,能够取得产品的全球效率。企业更容易对产品进行改进,以满足具体消费者的需求,使得各个产品系列在全球进行协调和管理,帮助企业在全球范围内实现规模经济和技术共享。

缺点则是地区或国家经理的地位较低,话语权受限,可能会导致地区敏感性差;企业由于产品种类的不同而在相同地区设立相同职能的多个机构,造成机构设置的重叠,导致资源浪费,运营成本过高;每一个产品分部都有一定的独立权力,高层管理人员有时会难以控制。

(四)全球矩阵结构

随着企业生产经营规模的进一步扩大,产品系列的增多以及市场地域分布的不断广泛,采用单一的分部结构很难做到产品与地区的相互协调。因此,许多大型跨国公司采用全球矩阵结构来解决这一矛盾。全球矩阵结构(global matrix structure),是把一个以产品为中心构成的组织叠加到以地区划分的组织结构之上,将有关某一特定项目或产品的经营决策权由产品分部与公司的各个区域部门分享(图6.4)。它是一个对称性的组织,在产品类型和地区分部两个方面具有相同的授权路线。

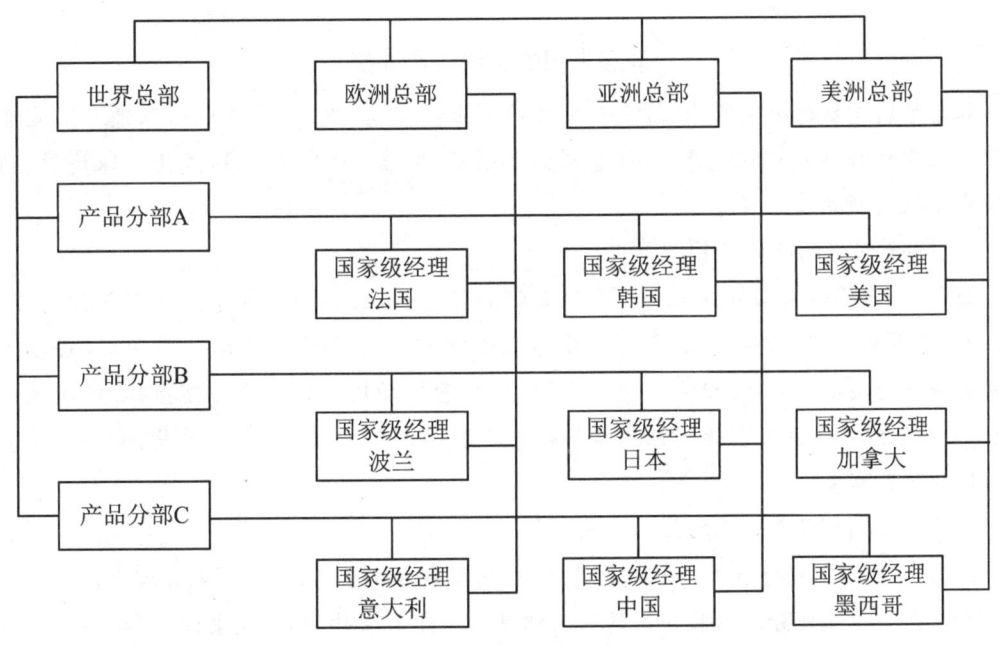

图6.4　全球矩阵结构

全球矩阵式组织结构与跨国战略联系最为密切。每个产品的经营决策权由公司的产品型组织部门和区域型组织部门共同分享。公司采用双重报告制度来实施矩阵式组织结构管理。如果产品分部B的产品要在日本销售,那么在日本推行的产品供应、市场战略和经营战略的性质应由日本地区经理和产品分部B通过协调共同决定,这种双重决策能同时实现企业的特定目标。每个经理都从属于两个层级组织(一个产品分部组织和一个地区组织)。矩阵式组织结构比较适用于企业规模庞大、产品高度多样化、市场分散和管理能力强的大型跨国公司。该结构能增加公司总部的信息渠道,对外界环境变化和压力有较强的应变能力,有利于企业应对错综复杂的国际经营环境。

荷兰电子产品制造商菲利普斯公司长期以来都在寻求应用全球矩阵式组织结构。菲利普斯在全球超过一百个国家设有子公司和分支机构，管理层建立组织结构以便各产品部门能有效整合主要国家的市场，并且各组织职能部门也能有效整合和协调所有地区和产品部门。为精简矩阵式组织结构，菲利普斯确定公司有三个核心产品单元：电子产品、保健产品和照明产品。矩阵式结构将多种职能赋予区域经理：他们对其所在区域负责，对公司的核心产品单元负责，并承担与产品部门相协调的职能。

但矩阵结构并不像理论上那么富有成效，在实践中往往显得笨拙而官僚化。首先，为了达成一致意见，做出共同决策，产品部门和区域部门的会议不断，决策速度大大下降，甚至不能解决任何问题。其次，不同部门之间的权力斗争和冲突加剧。最后，业绩难以评估，失败时的相互指责与推诿、经营成功后的争权夺利都会削弱其责任心和总部的控制力。壳牌石油公司、陶氏化学公司等跨国公司最终都放弃了矩阵结构。

分析案例 6-2

联想集团的组织结构调整

联想集团由联想公司及原 IBM 个人电脑事业部组成。2014 年 10 月，联想集团宣布完成对摩托罗拉移动的收购。目前，联想集团已跃居《财富》世界 500 强，成为全球消费、商用以及企业级创新科技的领导者。

一、初创时期的组织结构变革

公司 1984 年成立初期仅 11 人，采用直线职能型的组织结构，在总经理下面设办公室、财务室、技术开发部、工程部、业务部。各部门规模小，但部门和人员均一专多能，符合市场需要的事情都要做。同时，权力高度集中，一切经营活动均由总经理直接指挥，以实现快速决策，维持组织的灵活性。这种组织结构联想后来称其为"平底快船"式结构，它适应了公司初创期的经营需要。

二、"Legend"品牌时期的组织结构变革

1989 年 11 月，联想集团公司成立之后，采用职能分工型组织结构，以管理上的直线职能制和业务上的专业化分工为特征。这种组织结构联想后来称其为"大船结构"模式。在这种模式下，随着"贸（市场销售）、工（生产制造）、技（研究开发）"三大职能分化的加大，管理协调的难度也越来越大，从而产生重新整合的客观需求。1994 年 3 月，联想微机事业部正式成立，杨元庆任事业部总经理，"贸、工、技"三大职能被整合成研发、生产、销售、服务一体化的产业体系。同年，公司实施纵向分权，原有经营部门被分解成 14 个产品事业部。1998 年，联想引入"矩阵管理模式"，但这次的组织变革并不涉及权力关系方面的变更。

三、"Lenovo"品牌时期的组织结构变革

2004 年 4 月 1 日，联想集团正式启用英文名"Lenovo"作为品牌标志。同年底，联想以"蛇吞象"方式并购 IBM 全球 PC 业务。合并之初，联想实行中国业务和国际业务"双运营中心"分治模式。2005 年 10 月，在两个阶段的"分步整合"完成后，联想形成了全球范围内复杂的、集权的"一体化架构"。2009 年初，联想按照不同客户群将销售端业务单元由区域结构重组为新兴市场和成熟市场两个业务集团。

2012年4月,联想将全球业务分为中国、北美、亚太-拉美(AP-LA)、欧洲-中东-非洲(EMEA)四个大区进行运营。2014年1月,联想宣布成立PC业务集团、移动业务集团、企业级业务集团、云服务业务集团。2015年3月,联想宣布再次调整组织架构,化大兵团为小分队。一连串的组织结构调整动作,反映出联想集团在国际化后继续表现出组织结构频繁变化的特点。

——资料来源:(1) 郭云贵.联想集团组织结构变革中的"因人设岗"及其启示[J].北京市经济管理干部学院学报,2015,30(4):50-54,80;(2) 何潇,何春婷.从联想的发展看组织结构的变革与设计[J].管理观察,2014,12(35):51-53;(3) 百度文库.联想公司的企业文化研究. http://wenku.baidu.com/view/fa7b7cfa700abb68a982fb85.html.

第二节 控 制 体 系

国际企业的经营活动内容复杂,组织机构遍及世界各地。如何在企业内部各机构之间保持总目标与分目标一致,保持整体战略和各机构生产经营计划的协调,做到在加强总部中央控制的同时,又充分发挥各部门、各分支机构的积极性和创造性,是国际企业有效管理的关键。

一、控制体系概述

国际企业的控制体系(control system)是指那些为了将子单位活动集中于支持公司战略而所采用的程序和方法,它有助于建立组织的垂直联系和层级结构中的上下联系。

企业管理者的主要任务就是控制各子单位(无论它们是按产品还是按地理区域来界定),保证它们的行动与企业整体战略和财务目标相一致。高层管理者必须设计组织体系来控制与协调其下属单位的行为。由于沟通上的隔阂使国际企业比国内企业难得多,世界各地的时差、文化差异、通信延误以及各个国别目标市场上的不同目标,对应变能力的要求也高于传统的控制方法。以下因素会造成国际企业控制的高难度。

1. 距离

国际企业总部与子公司之间或者分支机构之间的距离遥远,造成控制难度的加大。距离有两种:一种是地理上的距离,另一种是文化上的距离。在现实中,后者更应该被重视,因为地理上的距离可以用先进的技术和通信手段来接近,而文化上的距离则源自其深层和内在的分歧,要消弭这种距离需要付出更多的努力和更大的成本。

2. 复杂程度

国际企业经营的背景是多国环境,在这样的环境中,分析市场容量、竞争形势、产量、劳动力成本及供求状况、货币采用、法律、与政府机构关系等都显示出复杂性。这种复杂性首先表现为一种要求,即要求国际企业能够透过复杂的外表把握经营的本质;其次,它也是一种机会,即国际企业可以利用这种复杂性中的有利于自身发展的因素,达到发展自己、争取更好的经营条件的目的。

3. 不可控制性

控制是通过制订计划,并利用这些计划来完成设定目标的一系列操作。它的达成依赖于各种完备的信息,而完备的信息在有些国家却难以得到,有时还会由于种种原因而失真。再加上不同国家政治和经济情况的突发性变化,造成计划尤其是长期计划的实施受到干扰,不可控制性愈发凸显。

上述的国际经营控制中碰到的问题就要求国际企业在选择控制系统和机制时,要考虑到问题的复杂性和特殊性,设计有效的控制手段。

二、控制手段

国际企业的控制是通过一整套制约手段、方式的相互配合来实现的,它们的相互配套、相互补充,构成了一个控制系统。在实践中,国际企业经常采用的控制手段有以下几种。

(一)资源控制

资源控制(resource control)是指国际企业通过建立子公司在资源上对母公司的相依关系,对子公司实施的控制。所谓的"相依"是指子公司在技术、资金、营销和管理等资源方面依赖于母公司的输入和供应。没有母公司的支持,子公司的生产经营活动就将中断。

1. 技术控制

国际企业可以通过对技术的独占获取而对子公司进行控制。国际企业通常都是子公司技术的供应者,通过技术投资或技术转让的方式,为子公司提供专利、专有技术和技术装备。由于技术对企业经营的重要性,国际企业因此获得了与技术相关的控制权。

2. 资金控制

国际企业可以通过公司内部对资金的统筹调度对子公司实施控制。在经营过程中,为了实现利润的最大化目标,母公司可以统筹调度公司的内部资金。如通过国际企业的融贷渠道为子公司提供借贷资金;运用转移价格对母子公司之间利润空间的调整,使资金得以充分流动。

3. 生产控制

国际企业常常根据其全球战略的要求,将子公司纳入分工与协作体系,使其成为全球价值链条中的一个环节,为其提供各种生产和经营所需,一旦离开了国际企业母公司或其他子公司的原材料供应,该子公司就难以生存下去。

4. 品牌控制

国际企业可以利用其品牌和商标的优势,对子公司品牌和商标的创建、使用进行控制,达到其控制子公司的生产与销售,最终控制其产品市场的目的。

5. 营销渠道控制

这主要表现为国际企业对子公司产品的销售渠道和营销方式进行的控制。可以让子公司生产的产品直接利用企业现有的国际营销渠道，以实现对子公司的直接控制；也可以是国际企业利用其已有的经营地位、品牌声誉和营销网络等对子公司的产品销售施加有效影响。

6. 信息控制

现代化的信息网络和管理信息系统为国际企业实现全球化经营提供了便利条件。国际企业可以利用信息网络将遍布全球的子公司纳入统一的管理信息系统，以此来监测全球各组织的运行情况，利用网络信息系统控制子公司的相关行为。

（二）财务控制

国际企业必须加强对各子公司的财务控制（financial control），要在各子公司财务控制的基础上，建立国际范围内的财务控制系统。构成这一系统的主要部分是各种报表，其中大多数是来自公司各部门和子公司的财务报表。例如，国际企业一般要求采用格式标准化的月、季和年度利润表，要求各部门的子公司按期编制，及时上传。在很多公司，子公司还必须按月、季和年度，专门向总部递交反映其盈亏状况的主要数据和其他更为详细的报表。因此各部门和子公司参与报表格式的设计、报表内容的确定，以及按规定编制和递交报表，是公司顺利完成财务控制的重要环节。

对经营计划中的各种预算实行控制，是财务控制的重要内容。国际企业的各部门和子公司在制订经营计划时，通常也编制详细的年度经营预算，并在生产经营中，按月份或季度对年度预算进行分解。然后，它们再定期把实际完成预算的情况与预算相对比，向公司总部递交报表和报告。总部经理和专家对收到的报表和报告进行分析，在此基础上决定是否要调整预算内容和生产经营活动。

但由于价格、汇率、利率等国家因素的影响，国际财务控制愈加复杂，财务控制数据往往和实际结果有一定程度的偏差。这就要求国际企业除了一般的财务报告以外，还应建立各种控制标准，如市场占有率、产品或劳动质量、技术水平等，并据之调整财务数据与实际结果的差别，以提高各个公司对财务状况的可比性。严格而科学的财务控制是避免企业内部费用分担和利益分配矛盾的根本保证。

（三）产出控制

产出控制（output control）是基于经营成果而不是取得这些经营成果所采用的过程来评估一个单位的绩效。当应用于国际企业时，高层管理者与当地管理者之间通常就国外子公司的产出目标进行协商，这些产出目标必须支持公司的总体战略。当总部评估子公司并依据子公司完成产出目标的优秀成绩来奖励管理者时，控制也就发生了。

盈利责任是最普遍的产出控制。利润中心是赋予依据其盈利或亏损而受到控制的单位名称。公司通过考察每个利润中心的盈亏来对这些单位进行比较，作为利润中心的子公司通常制定自身的战略、雇用当地工人，并且其行动独立于总部。高层管理者根据其对母公司

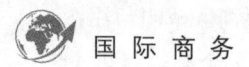

创造的利润来评判各单位及单位管理者的成绩。

除利润之外,比如市场份额、开发新技术和供应高质量原材料等其他方面也为控制跨国子公司绩效目标提供了方法。例如,具有跨国战略的公司可能采取不同的方式来评估其每一家子公司,对一家子公司可能基于其开发世界产品的能力来进行评估;而对另一家子公司可能依据占有市场份额的市场渗透情况进行评估。

（四）派员控制

派员控制（personnel control）着眼于非正式的交往、访问等,它分为两种形式:一是个人控制;二是私访控制。

个人控制是指国际企业通过让国外子公司的关键人物参与母公司的正式与非正式的组织活动,从而达到控制子公司的目的。这种个人控制很多情况下都是利用本国的国民去协调、控制和执行总部的战略与政策。因此,个人控制有利于国际企业设计语言信息系统,有利于私人之间的横向交流,也有利于在允许地方子系统分权控制的同时,仍然保持全部系统的完整或统一。

私访控制是指通过旅行、考察、个人接触等私访活动使企业内人人感到似乎同处于一个和谐的大家庭,从而到达控制子公司的目的。作为一种正式的控制手段,私访控制已经被许多国家企业所采用。它不仅有利于海外子公司与母公司间的感情联络,也有利于母公司对海外子公司业务活动有更全面和更客观的了解,实践证明,保持各层管理人员密切而融洽的关系,是做到上情下达、下情上达,保证企业整体经营活动协调性的基本前提。

（五）文化控制

文化控制（culture control）是利用企业组织文化来控制雇员的行为和态度。强有力的企业组织文化可以在工人中树立共同的准则、价值观、信念和传统。这种文化鼓励员工对组织的高水平承诺和支持,工人和管理者了解管理目标并将其努力导向支持这些目标。麦当劳是积极宣传其组织准则和价值观的典范,它将其特许经营者和供应商称为合伙人并强调对他们的长期承诺。这种承诺不是单纯的公共关系,它有行动支援。当麦当劳的特许经营者和供应商需要资金和管理协助时,麦当劳总是乐意帮助他们。作为回报,特许经营者和供应商融入麦当劳的企业文化,努力协助麦当劳获得成功。

良好、健康的企业组织文化能够提高效率,提升品牌含金量。增加产品的价值,从而增强企业竞争力和生命力。因此,输出企业文化就成为国际企业对国外子公司实施控制的重要手段。

1. 精神文化的控制

精神文化是企业文化的深层内容,是企业文化的核心所在。国际企业对子公司的精神文化控制主要体现在:向子公司灌输母公司特有的价值观念、企业精神、企业风尚和企业道德,使子公司形成与母公司相融合的企业文化理念。

2. 制度文化的控制

管理制度和管理方式既是企业文化的重要内容,也是企业文化得以维护和延续的基本保证。制度控制是国际企业通过向子公司移植母公司的管理制度，达到对其施加影响的重要手段。

3. 物质文化的控制

物质文化是指企业内部的物质条件和企业向社会提供的物质成果，包括厂房设施、技术设备、环境布置、文化设施、产品、服务、环境保护和社会赞助等。物质文化是企业文化的物质表现和凝结。跨国公司可以通过产品、技术、品牌及自身文化氛围的输出来影响子公司的形象，巩固和加强自己的竞争地位。

三、有效控制

有效控制（effective control）要求国际企业的控制系统务必做到以下几点：首先，能使公司总部将各部门、各子公司的目标集中统一为共同的目标；其次，使总部在环境条件预示需要改变公司战略计划的基本前提时，能正确有效地评价与修正公司的战略计划；最后，公司总部能够评价每一责任级制的下属单位的真实经营业绩。要做到以上要求，公司也要相应地采取策略性措施：

首先，通过战略计划、财务政策、经营预算等手段，使子单位为力求实现其局部利益而偏离总目标的诸种非最优行为减少到最低限度，使子单位得到激励。

其次，信息技术能够为国际企业的海外组织和管理提供沟通的平台。企业可以通过设计统一而及时的全球信息控制系统，加速国际信息的传递，及时地掌控海外子公司的运营情况，针对子公司的市场环境，迅速制定相关的支持政策，以便通过子公司的成果，取得全公司的整体情况的好转。

再次，人力资源部门需要建立系统的人才库，不断搜集信息，更新数据库，联系企业的未来发展和各部门的项目进展，科学判断人力需求量和人才战略储备量。一方面外派一些高层管理人员，直接对子单位进行管理控制；一方面从当地挖掘培养本土人才，使得公司更加适应当地环境。同时，不断对海外子公司强调和灌输母公司企业文化，构筑清晰的企业理想、企业愿景，使得整个公司有相同的信念和文化氛围，这样才能有凝聚力。

最后，通过改进组织结构，保证子单位只对其可以控制的事项负责的措施，使子单位及其负责人处于权责统一的状态。

总之，国际企业的控制体系是一个比较复杂，而且具有持续性调整的系统性工程，它与企业的战略目标、组织结构和协作方法等紧密联系。事实上，很少有国际企业只采用一种方法来实施有效控制，更多的是采用多种方法的结合。

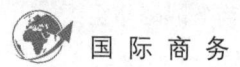
国际商务

第三节 协调体系

一、协调体系概述

组织结构不是一成不变的,它随着组织活动内容、目标等因素的变化而变化,它的本质就是通过协调组织内各个成员的分工关系,最终实现组织目标。

协调体系(coordination system)就是在组织内部不同单位之间实现整合的管理程序和方法。它可以提供子单位之间的信息流动,并由此协调它们各自的经营活动。现如今,国际企业的所有活动几乎都涉及内部每一个单位之间的密切互动,因此连接和协调各子公司独特的优势和能力就变得更加关键。例如,福特公司为实施其战略,计划利用完善的信息体系使欧洲、美国、日本的设计者可以协调其为世界市场设计轿车的工作,工程师们可以直接进行交流并及时取得复杂的设计信息。

二、协调体系的设计与选择

公司总部与国外子公司之间的信息沟通,通常由于双方语言不同而不能充分表达,并因观念不同、文化价值不同(如不愿对总部人员表示异议)以及东道国政府的管制等等而受到影响,进而影响到公司的控制体系。基本的协调体系有:日常文书(备忘录、报告)、直接交流、联络官角色、任务组、专职协调人、团队和核心人员的定期轮换。

大多数企业都利用诸如备忘录和报告等日常文书来协调下属单位的活动。国际经营的企业应要求子公司定期向母公司递交标准化的报告,包括财务报告、市场营销及技术信息报告。报告其活动的单位可以使其他单位了解到有关问题、产出水平、创新或其他方面的重要信息。随着低成本计算机设备的使用越来越多,许多备忘录和报告不再采取书面形式,而是用电子邮件来代替。电子邮件能迅速地、低成本地远距离跨时区交流,管理人员接收电子邮件通信不需要到场。

直接交流意味着经理或员工面对面的交流,方法包括:母公司管理人员经常性地到子公司进行实地访问;子公司的专业人员定期回国或到另一国参加会议。在全球研发管理方面非常成功的德国飞机发电机公司MTU公司,其高级管理层和专业人员每年两次轮流在不同国家的子公司召开研讨大会。会议的参加人员包括在不同国家研发机构的董事会成员、项目经理和工程人员。会议使其在世界各地的研究人员增加了对彼此工作的充分理解和体谅。对规模较大的国际企业最好建立一个电话会议系统。比如美国的通用电器公司的医疗系统在一年内召开了近1000小时的远程电话会议。

联络官角色是指部门中一个人负责与其他部门人员沟通。联络官角色仅是管理者工作职责的一部分。例如,在一家国际化企业,一国的子公司管理者可能被赋予在世界某一地区内协调营销业务的职责。专职协调员类似于联络官的角色,但协调工作是他们唯一的工作职责。通常,产品管理者是专职协调员,产品管理者与设计小组协调产品开发、与制造部门协调产品的生产以及与营销部门协调产品的销售和促销。在国际企业,他们通常起着连接生产单位与当地国家的经营的作用。

任务组是为解决比如进入新市场等具体的组织问题而创建的临时小组。它们通常联结一个以上的部门。例如,为利用在中国出现的新的市场机会,联合利华公司组建了一个从其上百个国家的经营机构中遴选出来的会讲汉语人员的工作小组,然后派往中国。这些工作小组帮助中国市场建立工厂、规划战略和组织结构,当他们完成使命后就返回母国。

团队是最强的协调机制。不同于生命期短的任务组,团队是组织的永久单位,来自若干组织下属单位的团队专门研究一些具体问题。例如,从事产品开发的团队可能包括来自研究与开发部门的工程师和来自生产与营销部门的管理者。在国际化经营的范例中,德克萨斯仪器公司利用被称为 Nomads 的永久的特殊项目团队在世界各地建立芯片制造工厂。

核心人员定期轮换。核心人员主要指对公司影响较大的管理人员或专业人员。公司定期把在一个国家工作了较长时间的核心人员换到另一个国家,不但有利于各子公司人员之间的联络和沟通,并且有利于把一个地方的知识传递到公司的其他地方。这对于海外子公司的经验积累和知识创新都有非常重要的意义。

在多种多样的控制方案中,大多数国际企业采用多个协调机制。其中,全球矩阵结构对协调系统具有很高的要求,但随着这些子公司和分支机构的日益扩大的地理分散性,成员们几乎很少面对面地交流,其协调队伍也就显得越来越虚拟化。

企业的战略方向决定着组织结构的形式;组织结构与企业战略相匹配,企业的目标才有可能实现;与战略不相匹配的组织结构,会限制和阻碍企业战略的实现;企业的组织结构如果没有重大调整,新战略很难得到有效实施。

实行本土化战略的公司关注地区调适,倾向于采用全球地区分部结构。在此结构中,经营决策权下放到独立运行的国外子公司中。总部主要靠财务控制和产出控制来管理国外各子单位。由于协调的需求低,因此对共同流程和组织文化的需求也十分低。

实行国际战略的公司通过把核心竞争力从母国转移至国外子公司来创造价值。如果它们的产品多样化,公司就采用全球产品分部结构,事实上,大多数实行此战略的公司都如此。总部通常集中控制公司的核心竞争力资源,这些资源多数来自研发部门和营销职能部门。其他经营决策权则下放到各国分支单位中(在产品多样化公司,向世界范围的产品分部汇报)。这些公司通常对共有的组织文化和流程的需求并不是很大。但是,当公司的核心技能或竞争力根植于流程和文化中时,公司就需密切关注将那些流程和有关的文化从公司中心转移到各国子公司。总体上说,这些公司的组织虽然要比实施本土化战略的公司复杂,但复杂的程度并不高。

实行全球标准化战略的公司力求实现区位经济和经验曲线。由于多数这样的公司为产品多样化公司,因此一般采用全球产品分部结构。为了协调公司分散在全球的价值创造活动,总部通常保留大多数的经营决策的最终控制权,集权程度相对较高。除了资源、财务和产出控制,此类型公司还强调建设强势的组织文化,以促进协调与合作。这些公司的组织结构比实施本土化战略和国际战略的公司更为复杂。

实行跨国战略的公司同时追求区位和经验曲线、地区调适和全球学习效应(多方位核心竞争力和技能的转移)。这些公司趋向于采用全球矩阵结构,其中产品分部和地区分部都有重大影响力。为了协调全球分布的价值链,实现核心竞争力转移,就会有压力要求集中某些经营决策权(特别是生产和研发);与此同时,地区调适的需要又产生了向各国营运点(尤其是营销)分散其他经营决策权的压力。结果,这些公司相对地既要高度集中某些经营决策权,又要高度分散某些经营决策权。而且,跨国公司部门间的依赖程度很高,协调需求也特别高,除了采用产出控制和财务控制外,还需要培养强势的组织文化和建设奖励机制,以促进各子单位间的合作。

分析案例 6-3

海底捞的组织变革

海底捞餐饮股份有限公司于 1994 年在四川成立,作为一家民营企业,从小摊逐步演变为以经营川味火锅为主并集各地火锅特色于一身的大型直营餐饮公司。海底捞原以四川人打麻将而得名,而后形成海底捞统一固定的含义,即海:大海宽阔(品牌)无穷无尽;底:人力资源管理,每位员工都从底层干起;捞:综合素质,用勤劳的双手去改变自己的命运。多年来,海底捞不断创新发展,早已走出四川,在北京、上海、西安、郑州、天津、南京、杭州、深圳、厦门、广州、武汉、成都、昆明等大陆城市有几百家直营餐厅。在中国台湾以及新加坡、美国、韩国和日本也有数十家直营餐厅。2011 年 5 月 30 日,"海底捞"商标被认定为"中国驰名商标"。数据显示,海底捞每家门店的日翻台次数高达 7 次,顾客回头率在 50%,顾客满意度和评价均比同行业的竞争对手要高,其行业地位整体处于领先位置。2018 年 5 月 17 日海底捞国际控股在港交所提交上市申请,9 月 26 日正式登陆香港资本市场,截至 2019 年 10 月,海底捞市值 2 千亿港元。

餐饮企业的竞争呈现梯度式的增强,最初表现为产品竞争,到技术竞争,然后升级为组织力竞争。在快速发展的互联网时代,全球化进程加快中国餐饮业的战略、结构、制度与文化的变革,在此背景下,"海底捞"持续创新经营。从组织结构调整入手,海底捞把之前的以门店为核心的组织结构拆解为以供应链为核心的平台型公司,凭借供应链去整合外部资源。同时将其各个职能部门拆分,形成多个专业服务公司,为其他餐饮企业提供咨询、培训、店面装修等多元化服务,实现了促进整个餐饮行业的集群式发展。目前,海底捞已经将火锅底料、供应链管理、培训等部门分拆出去,成立颐海国际、蜀海供应链、Hi 捞送、U 鼎冒菜等 7 个公司,实现了从业务只服务于海底捞,转变为向整个社会提供服务。

——资料来源:(1) 张勇.海底捞的核心竞争力从来都不是服务[J].农产品市场周刊,2016(5):48-50;(2) 刘益,陈静,代晔.组织结构:内涵、维度与形式[J].北京印刷学院报,2015,23(3):74-76;(3) 张晓娅.海底捞商业模式创新研究[D].蚌埠:安徽财经大学,2018:1.

第四节 组织变革和组织文化

组织变革(organizational reform)是企业对自身所具有的人、财、物和权力结构等资源和要素进行重新组织与分配的过程。通过有目的的调整与变革过程,使企业适应组织内外部环境及自身发展等需求,包括企业的规模、内部结构、汇报关系和其他组织的相互关系,以及组织内部成员的工作方式等。

一、组织变革的动力

组织结构的调整和变革是受到企业内外部环境影响的结果,也是企业本身主动求变的过程,体现了外部客观环境和内部主观能动的相互影响和相互作用。

(一) 科技进步

在当代高科技竞争环境里,为了不使自己的技术落伍,企业需要跨越行业的范围和国家的界限,来促进技术转移和市场营销协作。在这种形势下,跨国公司掀起了全球化的扩张浪潮,与之相适应的就是其组织结构必须是一种高度灵活的结构;能迅速适应动荡的国际经济环境,是一种广域的结构;能经常进行革新创造,是一种柔性的结构;能尊重海外子公司个性,并充分利用其增值力,是一种积极的结构。因此,新型的不断变革的组织结构就成了跨国公司全球扩张的必然要求和内在动力。

(二) 经营环境

企业的外部环境是组织结构设计和变革的重要考虑因素,它影响着组织绩效的有效性。外部环境主要指政治、经济、法律、金融、社会和文化等一些宏观环境,以及企业周边的供应商、竞争者、人才市场、配套设施等微观环境。企业要适时进行行业分析,弄清楚行业的总体情况及其发展趋势,从中发现生存和发展的机会,认清环境中存在的威胁,把握竞争的态势,为企业制定正确的战略决策提供依据。企业的组织结构选择与上述外部环境的确定性对企业战略的影响有着密切的正相关性。

(三) 发展战略

发展战略是指企业对一定周期内对自身的发展方向、发展速度与质量以及发展能力的重大选择、规划和策略,企业组织结构的设立和搭建必须要以组织的发展目标尤其是企业的发展战略作为出发点。战略对组织结构的变革和调整具有导向作用,企业在不同的战略发展阶段,都应有不同的组织结构与之相适应,这对企业的发展非常重要。

(四) 组织生命周期

组织生命周期是衡量组织发展和变革的途径。组织生命周期是指组织从创立、发展、变老直到死亡的时间过程。在组织发展的不同阶段内,组织结构、领导方式以及管理系统遵循一个可以预测的模式不断变化。处在不同的组织生命周期以及考虑到企业现在的生存环境和可能进入的下一个组织生命阶段,需要适时地调整组织结构,以及对分权与集权和考核措施进行预见性的判断与调整,才能持续地保证企业的连续的成长能力。

二、组织变革的内容

组织变革具有互动性和系统性。组织中的任何一个因素改变,都会带来其他因素的变化。就某一阶段而言,由于环境情况各不相同,变革的内容和侧重点也有所不同。综合而言,组织变革过程的主要变量因素包括技术、结构、协作方式和人员,具体内容如下:

(一) 技术变革

由于产业竞争的加剧和科技的不断创新,管理者应能与当今的信息革命相联系,注重在生产和管理中利用最先进的技术进行一系列的改造,同时组织还需要对组织中各个部门或各个层级的工作任务进行重新组合,如工作任务的丰富化、工作范围的扩大化等。

(二) 结构变革

结构的变革包括组织中权力关系、协调机制、集权程度、职务与工作再设计等其他结构参数的变化。管理者的任务就是要对如何选择组织设计模式、如何制订工作计划、如何授予权力以及授权程度等一系列行动做出决策。

(三) 协作方式

组织内各部门、各层次之间的协作关系受到组织任务和外部环境的共同影响。一般来说,组织任务单一,外部环境稳定的情况下,相对容易进行协作,不需要专门的协作机构;组织任务多样,外部环境复杂的情况下,协作可能会非常困难,需要探寻专门的协作方式,建立专门的协作机构。

(四) 人员变革

人员变革是指员工在态度、技能、期望、认知和行为上的改变。组织发展虽然包括各种变革,但人是最主要的因素,人既可能是推动变革的力量也可能是反对变革的力量。变革的主要任务是组织成员之间在权力和利益等资源方面的重新分配。要想顺利实现这种分配,组织必须注重员工的参与、注重改善人际关系并提高实际沟通的质量。

三、组织变革的实施

组织变革的实施一般经历解冻、变革和再冻结三个阶段。

(一) 解冻

解冻是变革前的心理准备和思想发动阶段。该阶段旨在刺激组织成员去改变他们原有的态度,改变旧的习惯和传统,并鼓励人们接受新的观念,刺激人们改革的动机。由于惰性的力量,渐进的变革通常就等于没有变革。那些权利受到威胁的人很容易抵制渐进的变革。这便引入了变革的大手笔理论,它提倡有效的变革需要及早采取大胆行动,来为组织已成形的文化"解冻",改变权力与影响力的分配。

解冻组织的休克疗法可以包括关闭经营不力的工厂,或者宣布大幅度结构重组。要实现变革,只有让高级经理投身其中,认识到这一点也很重要。这一步骤的焦点在于创设变革的动机。高级经理必须清楚地阐明变革的必要性,让员工理解变革的原因和成功变革后将带来的利益。同时鼓励员工改变原有的行为模式和工作态度,采取新的适应组织战略发展的行为与态度。为了做到这一点,一方面,需要对旧的行为与态度加以否定;另一方面,要使员工认识到变革的紧迫性。可以采用比较评估的办法,把本单位的总体情况、经营指标和业绩水平与其他优秀单位或竞争对手加以一一比较,找出差距和解冻的依据,帮助员工"解冻"现有态度和行为,使他们迫切要求变革,愿意接受新的工作模式。此外,应注意创造一种开放的氛围和心理上的安全感,减少变革的心理障碍,增强变革成功的信心。如果员工发现高级经理只宣讲变革的必要性而不改变自身行为或不在组织内部进行大幅度的改革,他们会很快对变革丧失信心,最终导致变革的失败。

（二）变革

变革是向组织成员指明变革的方向和方法,形成新的态度和接受新的行为方式,实现行为转化,并通过认同和内部化加速变革的进程。

变革是一个学习过程,需要向员工提供新信息、新行为模式和新的视角,指明变革方向,实施变革,进而形成新的行为和态度。在这一步骤中,应该注意为新的工作态度和行为树立榜样,采用角色模范、导师指导、专家演讲、群体培训等多种途径。变革是个认知的过程,它经由获得新的概念和信息得以完成。因此,这要求员工逐渐习惯于新的处事方法。在一般情况下,管理培训课程就充当向组织成员传达新价值观的能动工具。招聘政策也必须改变,以反映新的组织文化,即强调被录用人员的价值观与公司试图建立的新文化相一致。同样,控制和奖励机制必须与组织的新现状相符,否则变革永远不会发生。高级经理必须意识到组织文化的改变要花很长时间,任何变革的松懈都会让旧文化重新抬头,员工则倒退为采用原先熟悉的方法做事。这样,高级经理面临的沟通任务将是长期的,它要求经理们在改革的道路上不屈不挠、坚持不懈。

（三）再冻结

再冻结是变革后的行为强化阶段,通过连续和间歇式的强化,使已经实现的变革趋于稳定化、持久化,形成新的模式行为。在再冻结阶段,企业利用必要的强力手段使新的态度与行为固定下来,使组织变革处于稳定状态。为了确保组织变革的稳定性,需要注意使员工有机会尝试和检验新的态度与行为,并及时给予正面的强化;同时,加强群体变革行为的稳定性,促使形成稳定持久的群体行为规范。

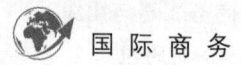

四、组织变革的风险控制

任何变革都存在风险,组织要改变以往惯有的行为方式,必然存在着一些风险。对于企业变革存在的风险,企业必须系统地对其实施控制,避免变革的失败。

(一)正确的战略规划

任何组织的结构都是配合公司战略规划来设计的,组织结构如果没有好的战略引导,只会南辕北辙,使组织向偏离组织目标的方向越走越远。因此,企业在进行组织变革之前,应对外部环境变化的趋势进行充分分析,制定企业发展的战略规划,用正确的规划来指导企业组织变革的实施。

(二)科学的管理制度

科学的组织结构要有科学的管理规章制度的配合才能有效运行。优秀的公司组织结构就像一辆性能良好的汽车,而好的管理规章制度就是开车的方法,不懂驾驶技术,再好的车也开不起来。所以,对企业而言,有一套配合新的组织结构的科学管理制度是组织有效运行的前提。

(三)有力的执行制度

科学的管理制度并不能保证自动实施,就像有了优秀的驾驶技术和科学的交通规则,但如果执行中不是严格按照标准程序去执行,那再好的车也不能顺利行驶。所以科学的管理制度,首先要强调可操作性,也就是要有明确的分解到组织每一层级、每一岗位的操作性绩效指标,该指标的制定既要强调挑战性,又要注重现实性。其次,有效的执行制度一定要有明确的奖惩条例,可设立专门机构,负责监督和接受投诉。

(四)有效的激励机制

优秀的制度要靠优秀的人来执行,所以优质的人力资源是组织有效运行的保障。而有效吸引和留住人才的绩效评估体系和相应的激励机制的建设工作是关键,如果没有一套有效的激励机制的支持,再好的企业也不可能有相应的人才来为之服务,就像一辆性能优良的汽车没有司机一样。所以有效的激励机制是成功实施变革,乃至做好一切企业管理工作的基础。

分析案例 6-4

通用电气的组织变革

美国通用电气公司(以下简称通用电气)成立伊始,以其经营范围广泛,产品服务繁多,资本技术力量雄厚的特点而成为闻名世界的超级跨国公司。但是,在 20 世纪 80 年代初这个经济巨人却患上了巨人症,步履蹒跚,困难重重,亏损严重。通用电气正面临着一场组织上的更新和管理上的革命。1981 年 4 月,年仅 45 岁的韦尔奇任通用电气的董事长兼总裁。

在近20年的实践里,韦尔奇进行了大刀阔斧的改革。

首先,调整经营业务结构。从1981～1989年,韦尔奇把350个企业裁减合并成13个主要业务部门,卖掉了价值近100亿美元的资产,同时增加了180亿美元资产。其次,压缩和精简管理层。在韦尔奇担任通用电气最高负责人之前,公司大多数企业的负责人要向一个群部负责人汇报工作,群部负责人又向高一级部门负责人汇报,直至公司最高负责人。韦尔奇解散了这些"群"和"部",消除了组织上的障碍,使企业负责人与业务最高负责人之间没有什么阻隔,可以直接沟通。在压缩管理层次的过程中,韦尔奇把公司的行政人员从1700人减少到1000人。再次,建立定期交流制度。韦尔奇上任后,为了集思广益,在公司上层建立了定期交流制度。最后,重视非正式行为的价值。韦尔奇认为大企业往往等级森严,规矩繁复,易造成按部就班、墨守成规的习惯,他强调非正式行为意味着打破发布命令的链条,促进不同层次之间的交流。

韦尔奇挥动变革大旗,实施了组织管理变革,把通用电气改造成一个"无边界"的企业,内外打破各种界限和壁垒,不仅内部员工齐心协力为发展出谋划策,而且外部供应商和客户也成为"志同道合"的伙伴,共同实现了通用电气的发展目标,意义十分深远。美国一位管理学教授认为韦尔奇的变革,创造了可供21世纪借鉴的现代公司的新典范。

——资料改编自:向伟,等. 中小企业组织设计[M]. 上海:学林出版社,2005:301-302.

五、组织文化

正如组织结构所确定的正式的工作制度和隶属关系能控制组织内员工和团队的行为一样,组织文化所体现的价值准则和规范也能塑造与控制个人和团队的态度、行为以及团队间的关系特性,以期达到组织发展目标的非正式方法。

组织文化(organizational culture),是指在组织发展过程中形成的一套连续的有关组织以及与员工共享的目标和规范的判定。它既是组织的开创者、管理者从初始到组织成长壮大过程中所形成的价值理念的整合,也是员工学习并采用的一种共同模式,包括彼此分享的价值观、行为规范、制度、政策和程序等。组织文化通常源于创始人和有远见的领导者,或是源于企业独特的历史。

(一)组织文化的价值准则

组织文化包括两种价值准则:目标价值准则和行为价值准则。目标价值准则是组织寻求要达到的期望目标。组织可以用以下各项作为目标价值准则:杰出、稳定、可预测、盈利、创新、经济、道德和质量。行为价值准则是组织想要其员工遵守的期望的行为方式。组织可以鼓励员工采用下列行为价值准则,如努力工作、尊重传统和权威、谨慎小心、简朴、勇敢而有创造力、诚实、冒险和坚持高标准。

组织的行为价值准则可以帮助其达到目标价值准则。例如,一家电脑公司组织文化的目标价值准则是通过创新获得优秀的业绩,则它可以试图通过鼓励员工选择努力工作,具有创造性和冒险精神的行为价值准则来达到目标(目标价值准则和行为价值准则相结合就形成了组织的企业文化)。同样,希望把稳定和可预测作为目标价值准则的保险公司可能强调的是小心谨慎和服从上级(采用这些价值准则的结果是在组织内形成保守的文化)。

为了鼓励员工采用某种目标价值准则和行为价值准则,并使他们在追求组织目标时以某种方式工作,组织需要制定特定的规范。规范是共同期望的行为规则。例如,组织的目标价值准则或行为价值准则包括乐于助人、努力工作或相互协作,则在该组织内就会形成注重礼貌和保持工作环境整洁或团队精神的特定规范。

(二)组织文化的维持

国际企业的组织文化通过不同机制得以维持,主要有以下几个方面:

1. 聘用和升迁

企业通过聘用认同企业组织文化的员工以及提升那些行为符合公司核心价值观的员工来维持企业的组织文化。认同企业核心价值观的员工得以获得聘用与提升,而不认同的员工会主动退出企业的招聘或者在工作后选择离职。在员工与企业的双向选择中,企业可以减少那些对组织的价值观构成冲击和威胁的员工,从而起到维持组织文化的作用。

2. 奖励战略

组织文化中强调高效率的林肯电气公司就推行了基于计件生产的奖励机制。员工没有基本工资,根据所生产的产品数量得到报酬,并对生产的产品质量负责。这一机制大大激励了林肯的员工勤奋工作,积极创新,提高工作效率,因为这样做关系到他们的薪资水平,努力付出就能得到最大的回报。

3. 社会化

社会化是指企业帮助组织新成员适应组织文化的过程。企业通过正式的社会化过程,如通过培训教育员工遵守企业的核心价值观,或者非正式的社会化过程,如来自同事和老板的建议、态度来维持企业的组织文化。

4. 沟通战略

许多具有强势文化的企业都很重视在陈述企业使命时加入自己的核心价值观,经常与员工进行沟通,并用这些价值观来指导员工做出一些艰难的决定。这些沟通战略有助于企业保持其组织文化。

◆内容提要

不同的战略需要不同的组织结构,国际企业的战略必须通过其组织结构的匹配才能得以全面贯彻。组织结构意味着三件事:垂直差异化——定位组织的决策职责是集中还是下放;水平差异化——将组织正式划分为各子单位;建立组织的控制与协调机制,对差异化实施有效控制。虽然多数的组织都有一定的惰性力量,但全球化的趋势使得国际企业必须阶段性地变革其组织结构,以适应竞争环境和发展战略的变化。最后,建立一个强势的组织文化会让员工们共享价值体系和准则,有效地将个人目标和企业目标一致化,这些都势必会给企业带来全新的面貌。

◆ **关键词**

组织结构　垂直差异化　全球地区分部结构　全球产品分部结构　全球矩阵结构　有效控制　协调系统　组织变革　组织文化

◆ **复习思考题**

1. 什么是组织结构？
2. 组织结构的类型有哪几种？
3. 国际企业对组织结构如何实施有效控制？
4. 什么是组织变革？怎样控制组织变革可能造成的风险？
5. 组织文化的维持包括哪些机制？

◆ **思考案例**

柯达公司的组织文化

柯达公司创建于1880年，除了生产闻名于世的柯达胶卷外，还有照相纸、专业摄影器材、冲印器材、冲硒设备、影印机、文件处理系统、航天高科技产品及影像产品器材。公司组织文化的形成有其独特的途径，这些途径并非人为的刻意创新，而是在公司发展过程中慢慢形成的。

（一）建议制度

早在1989年，柯达的创始人乔治·伊士曼就收到一份普通工人的建议书。建议书呼吁生产部门将玻璃窗擦干净，这虽然是不能再小的一件事情，伊士曼却看出了其中的意义所在，他认为这是员工积极性的表现，立即公开表彰，发给奖金，从此建立起一个"柯达建议制度"。

这一事件所引起的建议制度一直坚持到现在并得到了不断的改善，而且"柯达建议制度"已经成为了其他各大企业纷纷效仿的对象。对公司来说，这种建议制度在降低产品成本核算、提高产品质量、改进制造方法和保障生产安全等方面起了很大的作用。柯达公司认为，这种制度起到了沟通上下级关系的作用，因为每个职工提出一个建议时，即使他的建设未被采纳，也会达到两个目的：第一，管理人员了解到这个职工在想什么；第二，建议人在得知他的建议受到重视时，会产生满足感。

（二）创新精神

"立意进取，不断创新"是柯达公司的座右铭。柯达加速开发新产品的成功做法可归纳为以下几点：

（1）产品功能明确化。要从无形的市场资讯中，归结出产品可具备的功能，是增加企业竞争力的关键所在。柯达为了确保市场咨询的正确，特别订立了一套作业流程，包括收集市场资讯、消费资讯，用以开发产品。

（2）成立专案小组，用以从事各项新产品的开发工作。柯达认为任何一项产品的开发，都必须先成立专案小组，而专案小组的成员则包括研究开发、生产、行销等部门的有关人员。不过，小组的成员与组长，将随着产品开发工作的进行而有所改变。

(3) 产品开发明确化。专案小组制定一套产品开发作业系统,不但详细列出各项开发步骤,同时详列检查步骤,以确保开发工作顺利进行。这套新产品开发作业系统,适用于柯达每条营业线部门,而这系统被命名为"制造能力确保系统"。

(4) 鼓励人员在各部门间流通。柯达特别成立专门委员会,以加薪与奖励的方式鼓励在公司内部转换工作,以确保各部门的活力,并充分运用人力资源。

(5) 充分利用时间。柯达在刚开始成立营业线时,授权各营业线自行购买所需设备,结果设备重复的情况层出不穷,现在柯达要求各营业线共用部分设备,而营业线为确保自己使用设备的时间与其他营业线不产生冲突,必须事先规划整个工作流程并利用等待设备的空闲时间训练,或从事新产品测试工作。

(6) 建立少量生产的生产线。柯达的开发工作接近尾声时,会先少量生产,来测试市场反应,作为改良的依据。尽管必须大笔投资来建立少量生产的生产线,却可以免除暂停一般生产线的浪费。

(三) 组织文化建设

柯达公司的组织文化建设是全世界闻名遐迩的,很多国际企业都学习并总结了柯达的组织文化管理,据此把企业的科学管理分为下列 7 个要素,这 7 个要素的英文都是用 M 开头的,故有"现代企业管理七个 M"之称。

(1) 人事(men):包括职工的招聘、培育、考核、奖惩、晋升、任免。

(2) 资金(money):奖金来源、预算编制、成本核算、财务分析。

(3) 方法(method):生产计划、质量管理、工艺研究。

(4) 机器(machine):机器配置、厂房布局、设备维修、折旧核算。

(5) 材料(material):材料收购、运输、储存、验收。

(6) 市场(market):市场需求、生产方向、产品价格、销售政策。

(7) 精神(morale):职工的兴趣、爱好、志向、情绪。

资料改编自:王今舜,等.组织文化[M].长沙:湖南大学出版社,2007:85.

分析:

1. 柯达的组织文化体现在哪些方面?
2. 柯达管理经验的 7 个要素中,"人事"居于第一位,你同意这种观点吗?
3. 你认为本案例中柯达组织文化建设最成功的地方在哪里?

◆ 应用训练

壳牌公司的组织变革

英荷壳牌石油公司(以下简称壳牌公司)是欧洲最大的公司,1994 年利润达到创纪录的 40 亿英镑,比上年增长了 24%。规模如此庞大,经营还算不错的壳牌公司却于 1995 年 3 月底宣布将公司的组织结构进行重大调整。壳牌公司董事长赫克斯特罗克的解释是:公司现行的组织结构不适应油价低的商业环境,难以面对日益激烈的市场竞争,公司 10.4% 的投资收益率在石油行业来说相当一般,不能满足公司长期发展的需要。

作为一家大型国际企业,这次进行重大改组带有浓厚的"精官简兵"的味道。壳牌公司首先拿总部开刀,取消地区总公司和精简后勤服务部门,仅此一项,公司每年就可节省1亿英镑的开支;还有就是打破公司在组织结构上传统矩阵结构,减少管理层次,按公司的主要业务范围建立相应的商业组织。由过去按地区和部门的多头管理转变为按业务范围进行直接管理。壳牌公司长期以来主要是按地理位置来安排公司的组织结构。公司不仅建立了4个州一级的地区总公司,而且还在有关国家或地区建立了分公司,这些分公司通过多层次的管理系统向位于伦敦和海牙的总部报告,人们习惯将壳牌公司这种传统的组织结构称为矩阵结构。从企业管理的角度看,这种矩阵结构是合理的。但在实际工作中,这种矩阵结构却引起了一些问题:每个分公司差不多都要从事勘探开采、炼油、销售等业务;总部的后勤服务部门负责向分公司提供法律、财务、信息及其他各项服务。因此,分公司往往要接受多部门和多层次的领导和管理,这就意味着区域总公司、总部的业务部门及后勤服务部门都可以对分公司发号施令。改组后的壳牌公司将按其所经营的勘探开采、石油产品(炼油和销售)、化工、天然气及煤炭这五大主要业务建立相应的五个商业组织,这五大商业组织就成了壳牌公司的核心业务部门。壳牌公司在世界各地的分公司都必须按其业务范围直接向相关的商业组织报告。由此可见,壳牌公司这次改革并没有对在各地的分公司进行改组,而是调整了它们与公司总部有关部门的关系。上述五大商业组织负责制定与各自业务有关的重大经营战略和投资决策。各地的子公司则负责具体实施这些战略和决策。这样,子公司仍可保持其地方特色,使各自的经营更符合本地的特点。壳牌公司这次调整机构的目的之一就是让子公司的主管既享有更大的自主权,又必须对本公司的经营状况直接负责。机构调整改变了以往多头管理的状况,从而使子公司主管能集中精力做好第一线的工作和更好地为客户服务。同样,壳牌公司希望借助这种组织结构在确保集团公司的经营战略得以实施和对下属公司实行有效的管理和制约的同时,最大限度地发挥一线企业的主观能动性。

——资料改编自:跨国公司的组织结构,百度文库,https://wenku.baidu.com/view/c25a65f0182e453610661ed9ad51f01dc381571e.html?fr=search.

请分析壳牌公司组织变革的依据。

第七章 国际市场进入方式

本章结构图

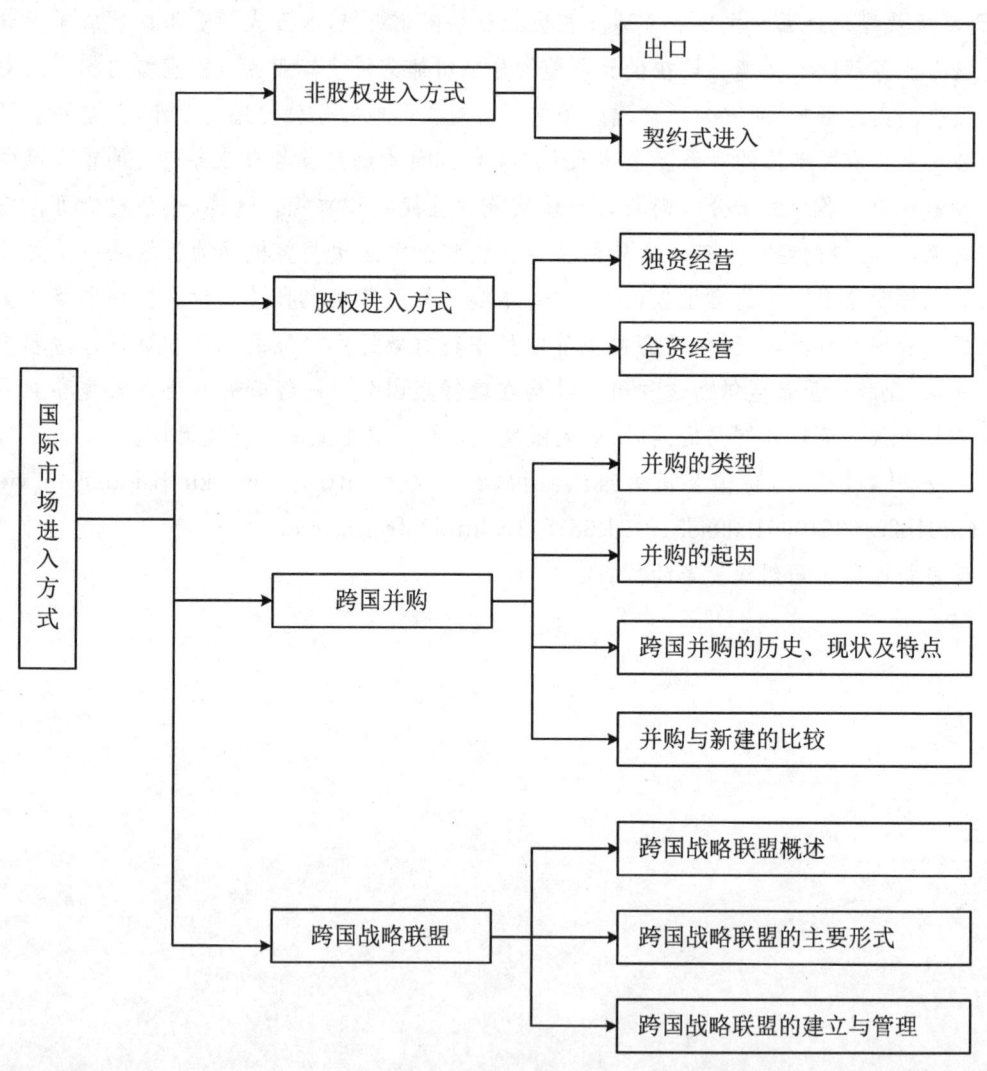

第三篇　国际商务战略与组织

第七章　国际市场进入方式

学习目标

国际企业进入国际市场的方式对于企业实现全球战略至关重要。本章介绍了非股权进入方式、股权进入方式。通过本章的学习,应该了解进入国际市场的方式有哪些,掌握每种方式的特点及优劣势,跨国并购与新建投资的比较以及跨国战略联盟的类型、建立和管理。

导入案例

可口可乐与腾讯缔结战略联盟

可口可乐公司是全球最大的饮料公司。腾讯公司是中国领先的互联网服务和移动及电信增值服务供应商。

2006年3月29日,可口可乐公司与腾讯在上海联合举行"要爽由自己,畅享3D QQ秀"主题新闻发布会,双方正式宣布结成战略合作伙伴关系,联手打造全新的3D互动在线生活。从此,可口可乐3D形象在线社区、腾讯QQ和QQ Game将成为可口可乐、腾讯网络产品品牌的宣传平台。

可口可乐公司同时宣布,其深受年轻人喜爱的可口可乐(www.iCoke.cn)网站将在拥有逾4.6亿注册用户的在线生活平台腾讯公司的技术支持下,借助腾讯最新推出的3D QQ秀网络虚拟形象,全面升级成中国首个运用3D形象的在线社区,双方的结盟必然令iCoke网站焕然一新,为年轻消费者提供360度的全方位在线沟通平台,使其娱乐性和互动性跨上新台阶,共同打造深受年轻人喜爱的在线娱乐休闲生活。

此外,腾讯特别为可口可乐旗下代言人特制的3D QQ秀网络虚拟形象将陆续出现在2006年可口可乐的系列主题广告和市场活动中,包括刘翔、S.H.E、张韶涵、李宇春等众多炙手可热的明星。

——资料来源:民营经济报.可口可乐与腾讯缔结战略联盟[R/OL].(2006-03-31). http://finance.sina.com.cn.

国际市场进入这一概念用来描述企业渗透外国市场和在海外建立生产基地所采取的方法。虽然市场进入这一主题时常结合进入后的市场发展这一主题,但后者不属现在的讨论范围。各种国际商务形式并不是彼此相斥的国际商务操作方法。恰恰相反,它们构成了一个国际商务连续体,通过它们企业就可向海外转移产品、技术、管理以及其他资源。越是向深处移动,所需资源投入越多、公司责任更大、能力要求更高。进入国际市场的最佳模式是企业目标、资源、能力以及企业欲要进入的国家等因素作用的结果。我们可把渗透外国市场的各种模式分为非股权进入方式(包括出口、契约式进入)和股权进入方式(包括独资经营、合资经营、跨国并购及跨国战略联盟,其中后两者我们分别在第三节和第四节来介绍)。

第一节　非股权进入方式

一、出口

出口是企业跨越国家或地区的界限而进行的商品或服务的转移与交付，出口一般是企业业务活动走向国际化的第一步，也是风险最低的渗透外国市场的方法。许多制造企业最初都是以出口商的身份开始其全球扩张的，在打开销售市场之后，再调整为其他模式。这种模式一般是以在国外设立出口机构的形式向外国的中间商出口商品，或与国外的零售商合作，甚至直接向用户推销，从而获得第一手的市场信息和国际化经营的经验，及时地适应国外市场的变化，调整经营战略和经营方法。如果决定要出口，可以选择直接出口或间接出口两种方法。

（一）间接出口

企业无须直接从事国际交易，可以通过本国的中介和中间商经销或代理其产品出口。间接出口是小企业最常见的出口选择，小型出口企业或者刚刚涉足国外业务的企业，通常会招募国内的一家出口管理公司与贸易公司。这些中间渠道负责寻找国外买主、运输产品、收取货款。在间接出口情况下，本企业与国外市场既无直接联系，也不涉及国外业务活动，故不必专设机构和雇用专职人员经营出口。企业可以在不增加固定资本投资的条件下，低成本、低风险地启动出口业务，而销售额的增加却指日可待。对多数公司而言，间接出口为它提供了一种向国外市场渗透的途径，而又没有直接出口那么复杂危险。

（二）直接出口

企业向外国的中间商甚至最终客户直接销售产品。国外的中间商包括国外销售代理、国外分销商、国外零售商。国外销售代理利用公司的促销文案与样品来向国外顾客销售公司的产品，销售代理不拥有产品的所有权，仅赚取佣金。国外分销商则通过向出口商购买产品，然后再卖给国外零售商或中间商而非最终用户来获得利润。还有一些出口商直接向国外的零售商出口产品，比如，中国企业生产的消费产品直接卖给沃尔玛，直接销售给国外最终用户的现象主要发生于工业品的销售，消费品也可以通过网络直销的形式直接销售给顾客。与间接出口相比，直接出口需支付更多的费用，要设立专门的贸易部门并雇用相关人员，但可以直接进入国外市场取得跨国经营经验，以便及时调整企业的经营策略和方法。从严格意义上来讲，只有直接出口才是企业跨国经营的起点。

许多企业针对不同的国外市场，将直接出口与间接出口结合起来使用，因为两者并非相互排斥。使用间接出口还是使用直接出口，在决策时需要考虑这几个关键因素：① 管理层愿意投入国际扩张和个别市场中去的资源水平，主要指时间、资本和管理专长；② 国外市场在战略上的重要性;③ 企业产品的性质,包括是否需要在售后服务上提供扶持;④ 目标市场中合格中间商的可获得性。

（三）出口的优点和缺点

1. 出口的优点

无论哪种形式的出口,都有以下明显的优点:首先,出口并不仅仅限于首次进入国外市场时采用,所有企业,不论类型,不论大小,不论其处于国际化的哪个阶段,都可以采取这种进入战略。例如,美国最大的一些出口企业包括波音和洛克希德等大型飞机制造商,日本丸红等经营商品贸易的综合会社也都是大型出口企业。通常情况下,大型制造企业贡献了出口总值的最大份额,约占美国出口总值的四分之三。然而,出口企业的绝大多数（在大多数国家超过90%）还是那些员工人数少于500人的中小企业。其次,出口作为一种进入战略,灵活性极强。与对外直接投资等更为复杂的战略相比,出口商进退出市场都相当容易,承担的风险和投入的成本也都是最低的。再次,出口可以帮助企业获得经验曲线以及区位经济。通过在一个中心区域制造产品,然后把它出口到其他国家市场,企业可以从全球销量中实现巨大的规模经济。这也是索尼主宰全球电视市场,松下主宰VCR市场,许多日本汽车企业侵入美国汽车市场,以及韩国企业如三星在计算机存储芯片领域获得市场份额的做法。最后,在企业的国际化过程中,出口可以被多次重复使用,通常在早期阶段首次采用,在企业最终建立起国外生产基地后再次使用,企业会通过这些生产基地向其他国家市场开展出口业务。经验丰富的国际企业通常在出口的同时,兼用合资、对外直接投资等其他战略。例如,丰田公司已经通过对外直接投资,在亚洲、欧洲和北美洲等战略要地兴建了工厂,然后再通过这些生产基地将汽车出口到邻国和附近区域。

2. 出口的缺点

出口作为一种进入方式也有一些缺点。

第一,由于出口并不要求企业在国外市场建立一个实体机构,因此管理层对了解客户、竞争对手和市场其他特点的机会也相对较少。缺乏与国外客户的直接沟通意味着出口商可能察觉不到存在的机遇和威胁,也可能无法获得企业长期制胜的必备知识。出口通常要求企业获得一些新的能力,比如能把一部分组织资源妥善用于实施出口交易之中。出口商必须要精通国际销售合同与国际业务、新融资方法、物流等方面的知识。这些能力的获得势必对企业资源造成紧张。

第二,如果国外有更低成本的地方可以生产产品,那么从企业的母国出口就显然很不合算(例如,如果企业通过把生产设施转移到其他地方可以实现区位经济)。尤其对那些追逐全球标准化战略或跨国战略的企业而言,它们宁可在要素条件组合最有利于价值创造的地方生产,并从那个地方出口到世界其他地方。这就不像从企业的母国出口那样会引起人们的争议。许多美国电子企业把它们的生产设施转移到远东,因为那里可以得到低成本、高技能的劳动力,然后再从那些地方向包括美国在内的世界其他地方出口。

第三,高运输费用使出口不经济。尤其是大宗商品。解决这个问题的办法之一就是在某个地区生产大宗商品,这种战略使企业能实现生产的规模经济,同时也减少了运输费用。例如,许多跨国化学企业在某个地区生产它们的产品,然后利用这个设施服务于几个国家。

第四,与其他进入战略相比,出口对关税壁垒和汇率波动敏感得多。关税壁垒也使出口很不经济。同样,东道国关税壁垒的威胁可使出口这种形式极具风险。比如,美国经常对中国的出口商品设置非关税壁垒,导致中国商品竞争力减弱甚至退出美国市场。如果汇率波动造成出口产品价格过高,超出国外买方的支付能力,出口商便要承担因价位被迫抬高而失去市场的风险。例如,在2008~2009年,美元对欧元和英镑升值25%,这导致美国出口增长放缓,那些严重依赖出口创造国际销量的企业因此元气大伤。

第五,当企业把它在有业务的国家里的营销权和服务委托给另一家公司时,出现了对国外营销机构的控制问题,这些问题有的涉及货款问题。比如,四川长虹公司就由于其在美国的经销商APEX公司拖欠近40亿元货款难以收回而出现巨亏。有的涉及外国代理商用心不专问题,这些代理商可能还同时出售竞争对手的产品。在这种情况下,当地代理商可能不如企业自己从事营销工作那么卓有成效。还有的国外代理商用心险恶,他们为了最大限度地赚取利润,或是保持市场的垄断地位,往往会一味地压低出口价格,在该商品出现倾销争议时却将责任都推给出口企业。比如,荷兰飞利浦公司就曾对中国的彩电和节能灯产品采取类似伎俩而企图迫使中国的彩电和节能灯产品退出欧洲市场。

(三)服务出口

在多数发达经济体中,服务构成经济活动的最大份额。在几乎所有生产服务的行业中,企业都将其服务推广到国外市场。这些行业包括旅游业、建筑业、工程业、教育业、银行业、保险业和娱乐业。例如,好莱坞电影制片厂的数十亿美元收入来源于电影与录像的出口;建筑企业将员工派往海外,攻克重大工程项目的施工任务;会计、工程师等提供专业化服务人士,经常通过互联网、电话、邮件提供远程服务,也会亲自前往用户所在国提供上门服务。美国的柏伟按揭保险有限公司近期开始向国外市场出口贷款保险套餐服务。保险套餐服务可以在伦敦等某一中心区位创建,然后通过邮件和互联网向其他国家的客户出口。该公司在亚洲和欧洲许多国家取得了很大成功。然而,服务在某些重要方面是区别于产品的。许多纯服务无法出口,因为它们无法运输。例如,你无法将一次理发服务打包装箱运往国外。家乐福、玛莎百货公司(Marks&Spencer)等多数零售业是通过在目标市场兴建零售店来提供服务的——也就是说,它们的国际化是通过对外直接投资完成的,因为零售业需要与客户进行直接接触。至于其他情形是许多服务性企业能够出口一部分服务,但是需要依靠其他进入战略来完成另一部分向海外提供服务。例如,专业化服务的某些方面无法出口,因而要求企业在目标市场建立一个实体机构。尽管安永公司(世界四大会计事务所之一)通过向海外派遣员工能够出口一部分会计服务,但是安永公司还可以通过在国外开设办事处,然后雇用当地人员就地提供会计服务。

总的来说,要么通过当地代表或代理,要么结合对外直接投资和契约式进入方式(如特许经营、管理合同等),多数服务是可以提供给国外客户的。从航空票务服务到建筑设计,互联网为这些服务的出口提供了媒介。在互联网的帮助下,服务业正在成为国际商务中出口增长最快的领域之一。服务能够促进和维系商品的出口。许多商品如果没有服务支持,其出口将不可能成行。例如,很少有人愿意购买不提供维修服务的汽车。所以汽车出口企业在出口的同时,还必须提供在出口目的地的维修服务。这些企业可以通过对外直接投资在目标市场建立客服机构,也可以将这些服务承包给当地车行。

二、契约式进入

契约式进入(又称契约式安排)是本企业通过与目标国家的法人之间订立非投资性的无形资产转让合作合同而进入目标国家。可借以转让的无形资产包括各种工业产权(如专利、商标、秘诀、管理技能、营销技能等)和版权。它与出口的主要区别是企业输出的是技术、技能与工艺,而不是产品,虽然它也可能带来出口机会。与投资式进入的区别是不对目标国家投资,属于一种非股权安排,由于不涉及产品和股权,契约式进入因而被认为是一种程序最简单、成本最低且风险最小的机制。契约式协议已成为当代服务贸易的重要工具之一。

契约式进入是20世纪70年代以来逐渐被跨国公司广泛采用的进入方式,特别是进入20世纪90年代以后,发展中国家吸引外资竞争非常激烈,然而由于这些发展中国家民族主义的政策特性,以及与发达国家相比,其市场的不完善、投资环境的不足等原因,使得发达国家的跨国公司不愿意花费过大的成本在发展中国家进行独资经营和合资经营,因而越来越多地使用契约式进入方式。据联合国跨国公司中心报告,20世纪90年代以来,这种非股权进入方式发展非常快,已成为重要的国际合作进入方式。

契约式进入方式与股权进入方式相比,有以下几个特点:

(1) 跨国公司以转让技术、提供服务、合作生产获取利润。

(2) 对东道国来说,可以更多地拥有企业控制权并获得先进技术、管理经验和产品,而且又不会在境内增加长驻的外贸所有权实体,因而乐意接受。

(3) 可为跨国公司今后的直接投资做准备。

(4) 跨国公司需要拥有技术、管理、生产上的优势和能力,凭借这些能力加强对东道国企业的控制。

契约式进入的具体形式很多,常见的有合作经营、技术授权、特许经营、合同安排和技术咨询这5种。

(一) 合作经营

合作经营是指两个或两个以上国家的投资者通过协商签订合同或契约,规定各方的权利和义务,联合开展生产经营活动的经营方式。

我国法律规定,中外合作公司是由中方提供土地使用权、资源开发权、建筑物等合作条件;外方提供资金、设备、技术等合作条件。各方不折算投资比例,按各自向公司提供的合作条件,确定利润分享办法,并各自承担风险。合作公司实行统一管理,独立经营,统一核算。合作期限届满,公司的财产不作价归中方所有。

合作经营的形式(下面的实体是指法人资格)有:

1. 有实体的合作经营

与东道国企业共同组成一种无股权参与的契约性经济组织，具有法人资格。合作经营企业是合作经营中最紧密的联合体。合作期限一般较短。合作经营各方的投入和服务等不计算股份或股权，权利与义务由合同规定，不取决于投资比例。合作经营企业的经营管理机构按合同规定来建立，一般以董事会为最高权力机构，日常生产经营管理由总经理为首的经营管理系统负责。

2. 无实体的合作经营

以合同为基础组成的松散型合作经营方式，没有统一的经济实体，不具有法人地位。日常的合作经营活动由投资各方组成联合管理机构，或委任其中一方，或聘请第三方负责进行管理。

20世纪80年代以来，由于发展中国家对自然资源的自主权得到了加强，但资金、技术相对比较贫乏，因而发展中国家之间、发达国家与发达国家之间的合作经营，在形式和数量上有很大的发展，并出现了合作经营的新形式——合作开发，即跨国公司和其他国家的企业或资源国合作，对自然资源（如海底石油资源）进行勘探和开发。合作开发仍然以合同为基础。通常，资源国首先通过招标方式选择一家或几家外国投资开发公司，然后以中标者的投标书为基础进行协商，签订资源开发合同。合作开发大体上分两个阶段进行：第一阶段，跨国公司提供全部投资，负责对资源进行物理勘探，承担全部风险；第二阶段，如果跨国公司发现了具有商业开采价值的资源，就与资源国企业联合起来，共同投资进行开采，并从销售收益中对各种耗费进行补偿，取得利润。

分析案例7-1

美国 HM Harcourt 公司在华合作经营

美国 HM Harcourt 公司透露，将在中国寻求合作伙伴，以合作经营方式在华推广 RISE（瑞思）学科英语教育项目。

HM Harcourt 集团据称是世界最大的教育集团，通常以独资方式在海外经营英语教育项目。中国少儿英语教育市场规模巨大，据估算超过100亿元。为加快在中国的布局，HM Harcourt 集团决定以合作经营方式拓展中国市场。业界人士表示，少儿英语教育资金门槛不高，但是传统教育模式要更多地依赖于师资实力，中小投资者在这领域很难发展。RISE 学科英语应用 DS 系列多媒体互动学科课件，不过分依赖老师，对于合作商来说，长线价值优势很明显，可复制性高。

——资料来源：佚名.美国 HM 集团以合作方式布局中国市场[EB/OL].（2008-03-07）[2020-08-26]. http://mnc.people.com.cn/GB/6969847.html.

（二）技术授权

技术授权又称许可证贸易，指授权使用的专有的工业产权或技术，以此作为商品实行作价转让。

技术授权涉及工业产权或技术,包括专利技术、专有技术、商标等。专利是一种受国家法律保护的工业产权,它是各国政府在一定时期内授予技术发明人的一种法定权益。在法律保护的地区和期限内,任何人要使用专利技术,必须事先征得专利权所有者的许可,并付给一定的报酬,否则即构成专利侵权。商标,是生产者或销售者在自己生产和销售的商品上附加的以区别于其他商品的显著标记,通常由文字、图形组成。商标可以转让、出售。对专有技术或专门知识,联合国世界产权组织"联合国标志局"于1977年制定的《发展中国家保护发明示例法》定义为"有关使用和运用工业技术和制造的方法和技术"。与专利和商标不同,专有技术或专门知识是一种未经专门程序批准的非法定权利,不享有特定法律保护,只能由协议或合同来保护。

在进行技术授权时,买卖双方需签订一项许可证协议,卖方在一定条件下允许买方使用其发明技术、商标、专有技术或专门知识,买方从卖方获取使用、制造、销售某产品的权利,得到相应的技术知识,同时支付一定的费用,并掌握有关业务。这是使用权的转让,可以说是一种"技术租赁"。授权人(跨国公司)对许可证的控制是个重要问题。控制主要是为了防止受权人蓄意或因违约而对其他的业务经营者造成损失或干涉。对许可证的控制,有的属于法律问题,有的属于实际可能的问题。控制有积极控制和消极控制。积极控制是跨国公司(卖方)指引买方行动,例如提供较长时期的技术情报和技术服务,这如同卖方享有股份控制权一样。在这种情况下,许可证的出售者把购买者纳入了自己范围的营业网,如同对待它们的子公司一样。消极控制是买方的活动与卖方的国际活动完全隔绝。在这种情况下,卖方主要是坚持质量标准等要求。

许可证的价格(使用费)按提成费确定,有些按提成率确定。

1. 技术授权的优点

第一,不必承担开发一个外国市场所需的开发费用和风险。企业不愿对一个不熟悉的或政局动荡的外国市场投入巨大的财务资源时,通常采用技术授权。例如,日本松下、韩国三星和荷兰飞利浦等国际家电巨头将DVD机的生产技术授权给中国DVD机生产企业,从销售中收取专利费。又如,花花公子公司将自己的商标转让给中国企业生产服装、箱包与鞋类产品,从中获取商标使用权费。

第二,当一家企业拥有一些有商业应用价值的无形资产,而它自身又不想开发这些应用价值时,常常采用技术授权。

2. 技术授权的缺点

虽然技术授权风险小,成本低,但不是没有缺点。其缺点有以下三个方面:

第一,被许可人有可能掌握该项技术,从而使许可方失去技术垄断,增加新的竞争者。

第二,由于许可人没有亲自参与经营管理,不能获得在国外生产和经营的经验,市场也始终掌握在被许可人手中。

第三,销售额大小直接影响跨国公司的收益。由于提成费一般都在5%以下,若销售额太小,提成费有时甚至不能弥补寻找合作伙伴和签订协议的开支。

（三）特许经营

它是指特许人将自己拥有的商标(包括服务商标)、商号、产品、专利和专有技术、经营模式等以合同的形式授予受许人使用,受许人按合同规定,在特许人统一的业务模式下从事经营活动,并向特许人支付相应的费用。例如,阿迪达斯为在其销售的夹克上使用皇家马德里足球队的标志而支付的费用就是特许使用费。美国一半左右的零售收入来自特许经营的贡献,新加坡把特许经营定为国策,沃尔玛与麦当劳等国外特许经营巨头在世界各地不断创造着经济奇迹。技术授权主要用于制造企业,而特许经营主要用于服务企业。

1. 特许经营优点

第一,和技术授权相似,企业可以免除许多自己开发外国市场所必须承担的成本和风险。

第二,企业对被特许方的经营有一定的控制权。

第三,有利于企业快速树立全球形象。

2. 特许经营缺点

第一,不如技术授权明显,可能会束缚企业从一个国家获取利润来支持在另一个国家的竞争性活动的能力。

第二,特许经营的一个更主要的缺点是对质量的控制。克服这个缺点的方法之一就是在企业扩张的每一个国家中建立分支机构。

分析案例7-2

麦当劳的特许经营

麦当劳公司是世界上最成功的特许经营组织之一。在全球100多个国家和地区开设有超过21000家餐馆,大约每隔15小时,麦当劳公司就要开一家分店。

分店的建立:每开一家分店,麦当劳总部都自行派员选择地址,组织安排店铺的建筑、设备安装和内外装潢。

特许费:受许人一旦与公司签订合同,必须先付首期特许费2.25万美元,其中一半现金支付,另一半以后上交。此后,每年交一笔特许权使用费(年金),占销售额的10%。

特许合同:特许合同的期限由双方约定,一般为3~5年,也可以达10年以上。公司对受许人负有如下责任:在公司的汉堡包大学培训员工,管理咨询,负责广告宣传、公共关系和财务咨询,提供人员培训所需要的各种资料、教具和设备,向特许分店供货时提供优惠。

货物分销:麦当劳公司不是直接向特许店提供餐具、食品原料,而是与专业供应商签订合同,再由他们向各个分店直接送货。这是餐饮行业加盟总部的典型做法。

经营策略:经营标准化、经营单纯化、经营统一化、经营专业化。

——资料来源:佚名.麦当劳为什么推出特许经营?[EB/OL].(2019-06-30)[2020-08-26]. https://www.zhihu.com/question/24585148/answer/733063525.

(四)合同安排

合同安排,又称非股权安排,是跨国公司在股权投资和人事参与之外所采取的另一种手段。跨国公司以承包商、代理商、经销商、经营管理和技术人员的身份,通过承包工程、经营管理等形式取得利润和产品,开辟新的市场。这种方式不要股份投资,财务风险较小。联合国跨国公司中心在一份研究报告中指出,合同安排的性质基本上是"直接投资的代替物"。美国麻省理工学院教授法默和理茨认为,合同安排包括制造合同、工程项目合同、交钥匙项目合同、管理合同、国际分包合同和劳务输出合同等。

1. 制造合同

制造合同是跨国公司与当地企业订立产品供应合同的一种方式。具体地说,是由跨国公司提供必要的订单、机器、原料、生产方法及技术等,由当地企业负责员工的招聘、管理及实际生产等活动。它可采取双方分别按照自己的设计制造,然后配套成龙,也可采用一方的技术图纸分工制造,必要时还可由跨国公司帮助培训人员或派专家指导,在技术上总负责,又可将一个产品的工作各做50%,然后以1∶1对等交换,都不支付外汇。这种交易方式将技术、生产、销售结合在一起,跨国公司可以利用当地的人员、厂房、设备,并可避开关税等限制,进入国外市场,还可以降低运输成本等。其优点是能够租赁生产能力并扩展国际市场;其缺点是伙伴有可能成为竞争对手,无法有效控制生产导致企业营销无法按计划进行。这种方式需要找好合作伙伴。运用这种方式发展最快的是汽车制造、电力工业、电子工业、化学工业、建筑机械和采矿设备制造业等。比如,起始于2009年下半年的丰田汽车召回事件,就是由于零部件生产商的质量问题引起的。

2. 工程项目合同

工程项目合同是指企业按照合同要求在东道国从事水利、交通、通信等设施建设或为东道国政府和企业提供成套设备、大型主机设备及其设计、安装、调试和管理。工程完成后由东道国政府或企业验收接管。

3. 交钥匙项目合同

交钥匙项目合同,也称包建项目合同。国际企业作为承包人,负责从项目的可行性研究、设计、技术提供、厂房建设、设备采购与安装调试、人员培训直至项目竣工后试生产的一系列过程,并且在产品质量、产量及原材料、劳动消耗等方面完全符合合同标准之后,再把工厂的管理权交给技术引进方。引进方也同时拿到了掌握该工程全部操作过程的"钥匙",因此,我们称这类工程为"交钥匙工程"。这其实是出口加工技术的一种方式。承包的跨国公司,不仅承担着按照规划或设计合同建造项目的全部责任,并承担项目的开动、效率和消耗指标的义务,以保证国外企业在接收项目时能按照合同规定顺利投产。承包项目不仅包括成套设备的输出,往往还包括技术帮助、技术指导、职工培训,以及经营管理的指导等。交钥匙项目多见于使用复杂且昂贵的生产技术的行业,比如化学制品、制药、石油加工和金属冶炼等行业。美国贝克特尔公司(Bechtel)目前在许多国家都有交钥匙合同,如智利的铜加工扩建项目、英国的通勤铁路建造项目以及加蓬的公共住房建设项目。

交钥匙项目合同的优点：① 风险较低。相关东道国一般经济和政治环境不稳定，外交环境恶劣，比如伊朗和伊拉克，直接投资风险较大，交钥匙工程可以规避这些不确定性。② 经济回报巨大。经济回报主要包括两个方面：一是工程合同规定的报酬比较高；二是这类工程往往还会带动相关设备的出口。

交钥匙项目合同的缺点：① 可能会树立一个有力的竞争对手。许多通过交钥匙工程把技术出售给沙特阿拉伯、科威特和其他海湾国家的西方企业发现自己必须在全球石油市场上与这些企业进行激烈竞争。② 在东道国市场缺乏长期的企业形象建设。因为交钥匙工程只是较低程度的市场进入，在潜力巨大的市场中，未来要想站稳脚跟，还需更大的投入。

4. 管理合同

管理合同又称经营合同，在拉美国家称风险合同，是指某国外企业由于缺乏技术人才和管理经验，以合同形式交由跨国公司经营管理。这种经营管理权只限于企业日常的经营管理。而企业的重要问题，如决定新的投资、所有权安排以及基本的政策等仍由董事会决定。管理合同是转移管理的一种方式，即管理能力强的跨国公司，以其优秀的管理人员和先进的管理技术，到海外为当地企业负责经营管理实务并获取管理费。这属于国际性的管理技术贸易。管理契约一般限定在一定的时间内，通常在5～10年。管理合同对东道国来说，是一种不承担风险即可获得国际经验的手段；对跨国公司来说，是新加入者在国际市场寻找安身之处的一种途径。这种模式比较普遍，如迪士尼负责管理日本和法国的主题公园，美国环球航空公司（TWA）曾为埃塞俄比亚公司从事日常的经营管理，希尔顿也为本系统以外的旅馆提供管理服务，美国医院公司为一些发展中国家负责管理医院。

其优点是签订管理合同后，企业不要投资就可以取得对外国企业的控制权，可以为企业的总体战略服务，风险较小。

其缺点是这种形式直接，收益也较小，而且占用稀缺的经营管理人才，并且具有阶段性，任务完成即离开东道国。

5. 国际分包合同

国际分包合同是指某个国家的总承包商向其他国家分包商定货，后者负责生产部件或组装成产品，由总承包商负责出售。这种方式基本类似于来料加工、来样加工、来件组装等加工贸易形式，东道国的企业不承担风险，而总承包商可以在一个较长的时期内以低于市场价格购买所生产的一定份额的产品。

6. 劳务输出合同

劳务输出合同是指为特定项目劳务输出国公司或政府与输入国签订的提供技术或劳动服务的合同。劳务输出是劳务合作中的最初级形式，输出方除提供劳务人员外，不支付费用，不承担风险。

（五）技术咨询

技术咨询服务，是东道国把要解决的技术问题、技术经济方案论证等向跨国公司提请咨询，跨国公司则为之提供有效的服务，包括收集信息、预测趋势、拟订计划、制订方案、帮助决策、承包任务、组织实施等,并相应取得报酬。提供技术咨询服务的行业一般被视为"软件企业"。第二次世界大战以后,随着科学技术的高速度发展,各种技术咨询机构遍及世界,尤其是在发达的资本主义国家发展十分迅速。

咨询业务的内容主要有以下6个方面。

(1) 政策咨询。通过调查研究,进行技术经济预测及政局分析,为制定政策和策略提供技术经济依据和灵敏的信息。

(2) 工程咨询。对各种类型的工程建设项目(包括新建、扩建、改建的投资方案)进行可行性研究,提供工程设计、施工、设备购置、生产准备、人员培训、生产运转、商品销售、资金筹措等方面的服务。

(3) 方案讨论。为国外各部门企业的各类技术和经济问题(如资源开发、技术引进、基本建设、产品设计、工艺方案、城市规划等)的合理解决提出咨询报告,提供最优化的方案和实施办法。

(4) 人员培训。接受国外委托,代培科研人员和管理人员,或派出专家协助委托单位开展科学研究和生产技术工作。

(5) 企业诊断。帮助国外企业解决重大的生产经营问题。例如,对提高产品质量、提高劳动生产率、降低成本、减少消耗、扭亏为盈等提出可行性建议和措施。

(6) 技术服务。通过建立实验中心、测试中心、分析中心、数据中心、计算机中心等,为科研部门、企业间接提供技术服务,或派人帮助对方解决专门技术问题。

上述非股权经营方式并非单独运用,跨国公司往往根据需要和可能,与股权经营方式结合在一起,形成组合型经营方式。

第二节　股权进入方式

股权的进入方式是指跨国公司通过向国外输出资本、经营企业,并获得该国外企业经营管理权的进入方式。当管理层已经决定进行外国直接投资时,通常会有独资经营、合资经营、跨国并购、战略联盟这四种备选方案(尽管在某个特定的国家,并非所有的方案都可行)。在这一节中,我们主要介绍独资经营和合资经营这两种股权进入方式,跨国并购和战略联盟在后面的两节单独介绍。

一、独资经营

独资经营是跨国公司按照东道国的法律和政策,并且经过东道国政府批准,在其境内单独投资建立全部控权的子公司,独立经营,自负盈亏的一种海外经营方式。一般我们指的独资经营方式,即母公司拥有海外子公司的全部股权或股权在95%以上;其他如多数股、少数股、对等股三者都称为合资经营方式。独资公司可以是一个新创办的企业,也可以是兼并得来的一个现有公司。

一般来说,发达国家的跨国公司拥有较强的资本实力和技术优势,因而独资经营方式曾一度成为他们的主要选项。到了 20 世纪 90 年代以后,由于一些发展中国家开展国有化运动,或者对外国企业的股权参与采取种种限制和管理措施,因此跨国公司在发展中国家设立独资企业的增长势头有所减弱,转向较多地采取与当地资本合营的方式。当然,这中间也有特例,例如像中国这些年来一直坚持开放的政策,欢迎外商投资,给外资创造良好的投资环境。在这种情况下,外国公司对中国的政策、市场环境不断地了解,因此更多的合资企业的外方反而更青睐独资经营的方式,也就成了情理之中的事情。

(一)独资经营方式的优点

(1)拥有海外子公司的全部股权,因而母公司就可以对子公司实行高度自立的控制,掌握子公司的经营决策权,执行全球战略(如进行资金、人才、技术和信息的全球转移)。企业采取独资经营的方式进入国际市场还可以更直接、更全面地积累国际营销经验。如果企业想要实现区位和经验曲线经济,就必须设立独资公司。

(2)采取独资经营方式便于保守专有技术和管理技能秘密。这点对于以技术能力为竞争优势的企业尤其重要。跨国公司要充分取得内部化优势,在国外子公司中充分利用其垄断优势,就要向国外子公司提供专利技术、专有技术及管理技能。然而,如果国外子公司不是独资企业,其他企业就有机会接触和了解这些专利技术、专有技术和管理技能,从而难以避免泄密。当国外子公司是独资企业时,跨国公司在转移和利用其作为垄断优势的技术与管理技能的过程中保密安全程度最高。许多高科技企业选择这种进入模式来进行海外扩张(如半导体、电子和医药行业的企业)。

(3)采用独资经营方式,由母公司对海外子公司加以完全控制,可以减少组织矛盾和分歧,从而可以提高跨国公司的运行效率。

(二)独资经营方式的缺点

跨国公司采取独资经营方式进入外国市场也存在一些缺点:企业必须承担海外经营的全部成本和风险,当企业缺乏国际化人才和经验时,风险可能会非常大,甚至是致命的。

二、合资经营

合资经营是跨国公司与国外企业共同投资、共同经营、共担风险、共负盈亏的经营方式。与契约式的合作经营不同,合资经营是股权经营,按股分配利益;合作经营是合伙关系,按协议分配利益。如富士-施乐是由施乐与富士胶卷公司建立的合资企业。长期以来,与外国企业成立合资企业是进入一个新市场的通用模式。通用汽车公司利用合资企业战略进入了中国的汽车市场。最典型的合资企业通常是 50∶50 的合资,也即合资双方各拥有 50% 的股权,并组成一个管理团队共享经营控制。

合资经营的企业有几种选择:① 一个国际公司和当地所有者共同建立的企业实体;② 由两个准备在第三方市场开展业务的国际公司共同建立的企业实体;③ 由政府机构(通常是在投资国)和一个国际公司共同建立的实体企业;④ 在一个有限期限的工程持续期间

内,由两个或两个以上企业组成的合作企业。大型建筑工程常常会采用第四种形式,例如大坝或机场等。

(一) 合资经营企业的形式

合资经营企业通常分为股份有限公司和有限责任公司两种形式。

1. 股份有限公司

它是市场经济中企业筹措社会资本的一种有效形式,其主要法律特征是:

(1) 公司的全部资本均分为股份,全体股东就其所认购的股份尽出资义务,对公司的债务负有限责任。

(2) 可能通过公开发行股票的方法筹集资金,股票可以自由转让。

上述特征显然适用于建立规模较大的企业,是典型的合资公司。西方学者的研究成果表明,在进入并取得海外制造业市场的美国公司中,有40%左右是通过股份有限公司来完成的。

2. 有限责任公司

它由两个或两个以上的有限责任股东组成,各股东按自己的出资额对公司债务负有限责任,既有资合的性质,也有人合的因素。从资合来讲,公司的信用基础是资本,股东对债权人不负直接责任;就人合而言,它与无限公司有些相仿,不能公开发行股票,股东的出资凭证(股单)不能自由转让。有限责任公司有众多可取之处,例如,它的法定资本额较低,设立手续简便,管理机构比较简单等,因此是建立海外中小型企业理想的形式。

在决定创建海外企业时,要结合投资意图加以选择。如果在国外经营的贸易和投资活动所需资金不多,则考虑成立有限责任公司,这样可以利用资本输入国当地法律对有限公司的便利条件,达到简单、便利、经济、实用的目的。如果从事大规模投资活动而又缺乏资本时,则可以考虑利用股份有限公司来筹集资金,但在没有创办海外企业丰富经验的前提下,由于股份有限公司涉及股票上市等一些复杂的法律问题,须十分慎重,应做好可行性研究才可以。

(二) 合资经营的优点和缺点

合资经营方式是跨国公司在东道国进行直接投资的最为普通的形式。

1. 合资经营的优点

(1) 从跨国公司来看,合资经营较独资经营有其特有的优点,具体如下所述:

第一,作为进入外国市场的一种方法,合资企业在风险上低于独资企业,可以减少或避免政治风险。由于内外合营,可减少东道国政策变化或被征收的风险。在对外来投资限制颇严的国家,与当地合办合资企业也许是渗透外国市场的唯一途径。例如,20世界80年代初期,美国的阿莫科石油公司和日本的三菱公司组织合资厂,在日本出售阿莫科石油公司的轻型塑料部件,对于阿莫科石油公司,这是进入严密的日本市场的好途径;而对于三菱公司,这是可以得到美国公司工艺的好机会。

第二,由于企业是合资经营,共负盈亏,外国投资者除享受对外资的优惠外,还可获得东道国对本国企业的优惠待遇。

第三,可以利用当地的合伙者与东道国政府的关系,了解所在国政治、经济、社会、文化等情况,保证取得企业经营所需的信息资源,以便增强其竞争能力;而且,通过与当地合伙者的关系,便于取得当地财政贷款、资金融通、物资供应、产品销售等优惠,从而提高企业的经济效益。

第四,如果以机器设备、工厂产权、专有技术、管理知识作为股本投资,实际上是输出了"产品";如果合资企业生产中使用的原材料需要进口,则外国投资者又可以获得原料商品优先供应权。

第五,合资企业产品往往是东道国需要进口的产品或当地市场紧俏的产品,这就有了一个稳定的销售市场。

(2) 从东道国(尤其是发展中国家)来看,采用合资经营方式引进外资有如下几点好处:

第一,合资经营是利用外资和弥补本国建设资金不足的一种较好的办法。这种方式有别于从国外借款,无须还本付息,不增加国家债务负担,而且吸引的外资数额一般比其他方式大,使用的期限也更长。

第二,可以引进先进技术设备,填补东道国国内技术空白,发展短线产业部门,促进企业的技术改造和产品的更新换代。因为合资企业与双方利弊密切相关,外国投资者从其本身利益出发,会在提供先进技术、设备安装、生产工艺等方面起指导作用。

第三,合资企业产品可以利用外国公司的销售渠道打入国际市场,扩大出口创汇。合资企业产品能否进入国际市场,能否创汇,直接关系到企业外汇的平衡,关系到外资本息的外汇支付问题。通常,外国公司愿意提供销售渠道,扩大出口。

第四,可以获得科学的管理方法,提高现有熟练劳动力的技术水平和设备的有效使用率;提高生产率可以增加利润。

第五,有利于扩大当地人员的劳动就业和原材料供应;带动国内有关配套协作企业的发展;增加税收。

2. 合资经营的缺点

尽管有上述优点,合资经营还是有较大的缺点。所有在独资经营中存在的优点都难以在合资经营中显现。

第一,与技术授权一样,进行合资经营的企业将冒着把其技术控制权拱手让给合伙人的风险。

第二,合资企业不能使企业为实现经验曲线和区位经济而给予其分支机构可能需要的严密控制,它也不能使企业为对竞争对手进行协调性的全球进攻而给予外国的分支机构可能需要的严密控制。

第三,当投资企业各自的目标与目的发生了变化或它们对应该实施的战略有不同的看法时,这种共同拥有股权的安排往往会导致在控制权上的冲突和矛盾。

(三)合资经营企业的建立

进行合资经营要谈判解决一系列的问题。这些问题主要有以下五个方面。

1. 合资企业的资本构成

(1) 注册资本。它是指合资企业在东道国有关当局登记的资本,是各方出资的总和,是对外承担债务所负责任的资金限额。

(2) 投资比例。这是合资各方在合资企业注册资本中所占的份额。各方需要在平等互利的基础上,协商恰当的投资比例及各投资者所持的普通股、优先股数额。

分析案例 7-3

注册中外合资公司的股权比例如何规定

中外合资公司注册时依据《外国投资者并购境内企业暂行规定》:

外国投资者在并购后所设外商投资企业(中外合资企业)注册资本中的出资比例一般不低于25%。外国投资者的出资比例低于25%的,除法律、行政法规另有规定外,应依照现行设立外商投资企业的审批、登记程序进行审批、登记。审批机关在颁发外商投资企业批准证书时加注"外资比例低于25%"的字样。登记管理机关在颁发外商投资企业营业执照时加注"外资比例低于25%"的字样。

但是如果中外合资公司注册之后的股权比重不同怎么处理?

(1) 根据《中外合资企业法》的规定,外方非专利技术作价出资的金额不得超过中外合资经营企业注册资本的20%,国家对采用高新技术成果有特别规定的除外。一般规定不超过35%。最低方面没有限制。

(2) 根据新《公司法》的规定,股东的货币出资额不得低于全部出资额的30%,并没有限制以技术出资的限额。因此,技术出资可以最高达到70%。

(3) 技术许可使用权入股,并不转移专利的所有权,因此,企业仅能在出资协议或技术许可协议约定的时间内使用该技术,并且该许可使用可能是有地域、时间等的限制。专利所有权入股,专利所有权就必须转移到中外合资企业名下,中外合资企业除自己使用外,还可以许可其他企事业单位使用并获得使用费。不过,一般采取技术许可形式。

——资料来源:佚名.注册中外合资公司的股权比例如何规定[EB/OL].(2016-03-18)[2020-08-26]. https://www.sohu.com/a/64146566_385145.

(3) 出资方式。合资经营的资金在时间上可以一次交纳,也可以分期交纳,在形式上有现金、实物、工业产权三种。合资各方需确定好各方以何种形式、在什么时间、投入多少资金,对实物、工业产权要商定如何作价、折旧。

2. 合资企业的组织与管理

它主要是商定好如下几件事:一是确定董事会的组成人员及其职权;二是确定合资企业的机构,确定总经理和副总经理及其职责、待遇;三是安排部门经理;四是确定合资各方对合

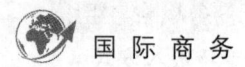

资企业的责任、管理权限等。

3. 合资企业的供销业务

其中包括：原材料从哪里购买、质量规格、价格；产品内外销的比例、价格、商标及商品的名称等。

4. 合资企业的财务及利润分配

这需要根据国际惯例、东道国的有关规定，确定合资企业财务会计的内容、方法，以及利润和留存的比例等。

5. 合资经营的期限

合资经营的期限一般有固定和不定两种。固定期限要确定年限；同时，合资各方还要讨论合营期限内股权转让的原则、条件，以及"当地化"的有关规定等。一般合资期限短则为10年，长则30年。

（四）合资经营方式的发展趋势

跨国公司对国外子公司的所有权问题，是由单一的独资经营逐步走向各种形式的合资经营。跨国公司为了对企业进行严密的控制，为了技术和经营方针的"保密"，为了减少企业经营管理和利润分成等方面的矛盾，曾经坚持独资经营的方式。20世纪70年代以来，面临发展中国家地位的加强，跨国公司为了确保国外子公司的一席之地，逐渐采取了弹性立场和灵活的股权形式。

从发展中国家的情况来看，由于技术资金等方面的原因，它们在调整限制政策的同时，以更优惠的鼓励措施吸引外资。例如，避免采取简单的国有化手段，提供财政和税收优惠，放宽外汇管制，鼓励利润再投资等。合资经营既能满足东道国吸引外资的要求，又能使投资者达到扩大经营、取得盈利的目的。因此，近期内合资经营仍然是对发展中国家投资的主要方式。

第三节　跨国并购

跨国并购是指外国投资者通过一定的法律程序取得东道国某企业的全部或部分所有权的投资行为。一国企业（又称并购企业）为了达到某种目标，通过一定的渠道和支付手段，将另一国企业（又称被并购企业）的所有资产或足以行使运营活动的股份收买下来，从而对另一国企业的经营管理实施实际的或完全的控制行为。跨国并购是跨国公司常用的一种资本输出方式，在国际直接投资中发挥着重要的作用，现在已发展成为进入国际市场的一种主要方式。

跨国并购包括跨国兼并和跨国收购两种。跨国兼并是指两个不同国家企业的资产和经营结合成一个新的法人实体。跨国兼并分为跨国合并（A＋B＝C）和跨国吸收兼并（A＋B＝

A 或 A＋B＝B)两种。跨国收购是指东道国当地企业资产和经营的控制权从当地企业转移到外国企业。跨国收购可以是少数股权收购(10%～49%)、多数股权收购(50%～99%)、全资收购(100%)。

收购与兼并既有相同之处也有区别。两者的相同之处主要表现在：第一，基本动因相似。从经济学角度而言，企业兼并和收购的经济意义是一致的，即都导致市场力量、市场份额和市场竞争结构发生了变化，对经济发展也产生相同的效益，总之，都是增强企业实力的外部扩张策略或途径。第二，都以企业产权为交易对象。

收购与兼并的区别主要在于以下三个方面：第一，在兼并中，跨国兼并至少有一方的法律实体地位不复存在；而在收购中，收购企业和被收购企业都保持原法律实体地位，其产权可以是部分转让。第二，在兼并后，兼并企业成为被兼并企业新的所有者和债权债务的承担者，是资产、债权、债务的一同转换；而在收购后，收购企业是被收购企业的新股东，以收购出资的股本为限承担被收购企业的风险并享有相应的权益。第三，兼并活动一般发生在被兼并企业财务状况不佳、生产经营陷于停滞或半停滞之时，兼并后一般需调整其生产经营，重新组合其资产；而收购活动多数出现在企业的生产经营处于正常状态之时，产权转让后对企业运营的影响是逐步释放的。

一、并购的类型

企业并购的形式多种多样，按照不同的分类标准可划分为不同的类型。并购的主要类型有以下几种。

(一) 按并购双方产品或产业的联系划分

依照并购双方的产业关系，可以划分为横向跨国并购、纵向跨国并购和混合跨国并购。

1. 横向跨国并购

同一行业领域内生产或销售相同或相似产品企业间的并购，如一家汽车制造厂并购另一家汽车制造厂，其目的是扩大世界市场的份额，增加企业的国际竞争力，直至获得世界垄断地位，攫取高额垄断利润。在横向跨国并购中，由于并购双方有相同的行业背景和经历，所以比较容易实现并购整合。横向跨国并购是跨国并购中经常采用的形式。

2. 纵向跨国并购

处于生产同一产品不同生产阶段的企业间的并购，分向后并购和向前并购，如一家钢铁厂并购一家矿山或一家钢材贸易公司，其目的通常是稳定和扩大原材料的供应来源或产品的销售渠道，从而减少竞争对手的原材料供应或产品的销售。并购双方一般是原材料供应者或产品购买者，所以对彼此的生产状况比较熟悉，并购后容易整合。

3. 混合跨国并购

既非竞争对手又非现实中或潜在的客户或供应商的企业间的并购，分产品扩张型并购、市场扩张型并购和纯粹型并购，如一家家电企业并购一家石化企业或一家银行。其目的是实现全球发展战略和多元化经营战略,减少单一行业经营的风险,增强企业在世界市场上的整体竞争实力。

20世纪90年代以来的跨国并购主要是水平(横向)并购。无论在传统产业领域还是新兴产业领域,水平并购都占主导地位。垂直(纵向)收购虽然有所增加,但是所占比例一直低于10%,所涉及的行业集中在电子和汽车工业。混合收购的重要性则大幅度下降,其目的在于分散风险和深化范围经济。

(二) 按并购的出资方式划分

按并购的出资方式划分,并购可分为出资购买资产式并购(并购方筹集足额的现金购买被并购方全部资产)、出资购买股票式并购(并购方以现金通过市场、柜台或协商购买目标公司的股票)、出资承担债务式并购(并购方以承担被并购方全部或部分债务为条件取得被并购方的资产所有权或经营权)、以股票换取资产式并购(并购公司向目标公司发行自己公司的股票以换取目标公司的资产)和以股票换取股票式并购(并购公司向目标公司的股东发行自己公司的股票以换取目标公司的大部分或全部股票)。

(三) 按并购企业和目标企业是否接触划分

并购可分为直接并购和间接并购。直接并购指并购企业根据自己的战略规划直接向目标企业提出所有权要求,或者目标企业因经营不善以及遇到难以克服的困难而向并购企业主动提出转让所有权,并经双方磋商达成协议,完成所有权的转移。间接并购是指并购企业在没有向目标企业发出并购请求的情况下,通过在证券市场收购目标企业的股票取得对目标企业的控制权。与直接并购相比,间接并购受法律规定的制约较大,成功的概率也相对小一些。

(四) 按涉及被并购企业的范围划分

按涉及被并购企业的范围划分,并购可以分为整体并购(即资产和产权的整体转让)和部分并购(将企业的资产和产权分割为若干部分进行交易,有三种形式:对企业部分实物资产进行收购;将产权划分为若干份等额价值进行产权交易;将经营权分为几个部分进行产权转让)。

(五) 按并购是否取得目标公司的同意划分

根据并购是否取得目标公司的同意划分,并购分为友好式并购(并购公司事先与目标公司协商,征得其同意并通过谈判达成收购条件的一致意见而完成收购活动)和敌意式并购(指在收购目标公司股权时虽然遭到目标公司的抗拒,仍然强行收购,或者并购公司事先并不与目标公司进行协商,而突然直接向目标公司股东开出价格或收购要约)。与20世纪80年代出现的大量恶意收购行为不同,90年代以来的跨国并购主要是企业出自长远发展的考虑,并购协议也是经过当事人双方谨慎选择、长时间接触、耐心协商之后达成的。因此,恶意收购案件明显减少。由于战略性并购是一种理性并购行为,虽然给产业、市场等各方面带来较强的震动,但是却是一种双赢的交易,不会像恶意收购那样,造成两败俱伤的结果。

分析案例 7-4

毒丸防御

　　毒丸防御，又称"股权摊薄反收购措施"，是目标公司抵御恶意收购的一种防御措施，1982 年由美国 Wachtell, Lipton, Rosen & Katz 律师行的并购律师马丁·利普顿（Martin Lipton）发明，在美国是经过 1985 年德拉瓦斯切斯利（Delawance Chancery）法院的判决才被合法化的，由于它不需要股东的直接批准就可以实施，故在 20 世纪 80 年代后期被广泛采用。

　　实施毒丸防御的公司，由公司董事会事先通过一项股权摊薄条款，一旦敌意方收购公司一定比例的股份（通常是 10% 至 20% 的股份），即触发该条款生效，使公司原有股东可以较低的价格获得公司大量股份，从而抬高收购方的成本。

　　在过去 20 年里毒丸防御一直是最受欢迎的反收购措施之一，在美国曾先后有 2000 多家公司采用毒丸防御，2001 年搜狐就通过实施毒丸防御成功击退北大青鸟的恶意收购，搜狐在 2001 年 8 月 3 日收盘时的市值只有 4867.1 万美元，但通过实施毒丸防御，使得北大青鸟的收购成本高达 27.812 亿美元。

　　毒丸防御虽是防止敌意收购的有效措施，但却不利于公司治理，阻碍资本自由流通，尤其是公司在陷入困境或发生丑闻时重组成本高昂，一些公司评估机构也往往会给那些实施毒丸防御的公司较低的评级，所以近几年来被不少公司弃用。

　　——资料来源：佚名. 毒丸防御[EB/OL].（2019-11-21）[2020-08-26]. https://www.dazhuanlan.com/2019/11/21/5dd5c1e02eb32/.

　　其他抵御恶意收购的措施还有股份回购、白衣骑士、金色降落伞、银色降落伞、皇冠上的珍珠、焦土战术、帕克门、超级多数条款等。

（六）按并购交易是否通过交易所划分

　　按并购交易是否通过交易所划分，并购分为要约收购（并购公司通过证券交易所的证券交易持有一个上市公司已发行股份的 30% 时，依法向该公司所有股东发出公开收购要约，按符合法律的价格以货币付款方式购买股票获得目标公司股权）和协议收购（并购公司不通过证券交易所，直接与目标公司取得联系，通过协商、谈判达成协议，从而实现对目标公司股权的收购）。

（七）按并购公司收购目标公司股份是否受到法律规范强制划分

　　依照是否受到法律规范强制划分，可以将并购分为强制并购（指证券法规定当并购公司持有目标公司股份达到一定比例时，并购公司即负有对目标公司所有股东发出收购要约，以特定出价购买股东手中持有的目标公司股份的强制性义务）和自由并购（指在证券法规定有强制并购的国家和地区，并购公司在法定的持股比例之下收购目标公司的股份）。

二、并购的动因

长期以来,并购一直是跨国公司普遍采用的一种重要战略,也是跨国公司战略性扩张的一个重要选择。并购的目的在于拓展经营边界、发挥垄断优势、扩大规模效应和增加控制权等。在市场经济环境下,企业作为独立的经济主体,其一切经济行为都受到利益动机的驱使,并购的根本动因就是为了实现企业的财务目标即股东权益的最大化,寻求企业的发展。企业通常不是由于某一种原因进行并购,而往往是受到多种因素的推动,因此并购的动因多种多样。跨国并购是一种进入国外市场的方式,实行国际多样化战略的手段,是一种动态的学习过程,同时又是一种价值创造的战略。

在具体实务中,并购的动因归纳起来主要有以下几类:

(一)扩大生产经营规模,降低成本费用

通过并购,企业规模得到扩大,能够形成有效的规模效应。规模效应能够带来资源的充分利用和整合,降低管理、原料、生产等各个环节的成本,从而降低总成本。

(二)提高市场份额,提升行业战略地位

规模大的企业,伴随生产力的提高,销售网络的完善,市场份额将会有比较大的提高,从而确立企业在行业中的领导地位。

(三)取得充足廉价的生产原料和劳动力,增强企业的竞争力

通过并购实现企业的规模扩大,成为原料的主要客户,能够大大增强企业的谈判能力,从而为企业获得廉价的生产资料提供可能。同时,高效的管理、人力资源的充分利用和企业的知名度都有助于降低企业劳动力成本,从而提高企业的整体竞争力。

(四)实施品牌经营战略,提高企业的知名度,以获取超额利润

品牌是价值的动力,同样的产品,甚至是同样的质量,名牌产品的价值远远高于普通产品。并购能够有效提高品牌知名度,提高企业产品的附加值,获得更多的利润。

(五)为实现公司发展的战略,通过并购取得各类资源

并购活动收购的不仅是企业的资产,而且获得了被收购企业的人力资源、管理资源、技术资源、销售资源等。这些都有助于企业整体竞争力的根本提高,对公司发展战略的实现有很大帮助。

(六)通过收购跨入新的行业,实施多元化战略,分散投资风险

这种情况出现在混合并购模式中,随着行业竞争的加剧,企业通过对其他行业的投资,不仅能有效扩充企业的经营范围,获取更广泛的市场和利润,而且能够分散因本行业竞争带来的风险。

分析案例 7-5

雀巢百亿并购罗尔斯顿

2001年1月16日,瑞士雀巢公司和美国罗尔斯顿公司分别在瑞士维威尔和美国圣路易斯同时宣布,世界上最大的食品制造商雀巢公司同意斥资百亿美元购买美国第二大宠物食品制造商罗尔斯顿普瑞纳公司。

宠物食品市场的年销售额超过300亿美元,销售量的年增长率为6.5%,这大约是人类食品增长率的两倍。在宠物食品的整个市场份额中,猫食和狗粮占有极大的比例,年销售额达250亿美元之多,因此成为目前食品产业中增长最快的两个分支。雀巢公司是目前全球最大的食品生产企业,它所生产的食品门类众多,从糖果巧克力咖啡到纯净水,其中巧克力产品的年销售额最高达到400亿美元。面对生机勃勃的宠物产品市场,雀巢自然不甘放弃。

雀巢在宠物食品市场连续并购。1994年并购了美国的阿尔波公司(Alpo);1998年并购了英国的斯派乐斯宠物食品公司(Spillers);2000年并购Cargill阿根廷公司,此次并购前,雀巢公司宠物商品销售额约为37亿美元,并且拥有福瑞斯凯斯(Friskies)猫粮和麦迪(Mighty)狗粮等宠物食品知名品牌。

从罗尔斯顿公司的角度看,并购也未尝不是一件大好事。罗尔斯顿公司虽然是世界第二大宠物食品公司,在干燥猫狗食制造技术上具有一定优势,但是它的绝大部分市场份额都在美国,在美国以外地区的销售总额仅为4.5亿美元,致使其在宠物食品的年销售总量上仍不及雀巢公司。并购之后,罗尔斯顿公司的知名品牌"普瑞纳"不仅将依旧保留,雀巢将通过全球的销售系统推广罗尔斯顿的品牌,特别是利用福瑞斯凯斯公司在欧洲和全球良好的市场形式推广"普瑞纳"品牌,使"普瑞纳"在全球市场发扬光大,并给罗尔斯顿在欧洲扩展提供了极大的优势,使它拥有更大的扩展空间。

并购后,实现了技术和市场的互补,新公司名称为雀巢普瑞纳宠物产品公司,同时将阿尔波、普瑞纳、福瑞斯凯斯、喵呜等知名宠物食品品牌结成系列,与目前世界宠物食品第一大制造商火星公司并驾齐驱,形成对垒的竞争局面。

通过共同努力,两个公司将推动宠物商品产业达到分营阶段无法实现的水平。由于获得在北美首屈一指的宠物食品制造公司,雀巢公司在美国的福瑞斯凯斯公司将借助罗尔斯顿在干狗粮领域独特的技术和强劲的市场份额,迅速充实自己在湿猫粮领域的实力。

——资料来源:雀巢百亿并购罗尔斯顿[N].中国经营报,2001-02-09.

三、跨国并购的历史、现状及特点

当讨论跨国并购的历史或现状时,只要看一下美国企业经历的跨国并购就清楚了。迄今为止,西方国家的企业并购以美国最为典型,美国企业经历了五次大规模的并购浪潮,前四次分别发生在1897～1904年、1916～1929年、1965～1969年和1984～1989年。第一次并购浪潮包括许多横向(水平)并购和少数行业的混合并购;第二次浪潮主要以纵向(垂直)并购为主;第三次以混合并购为主,发生在20世纪60年代;第四次浪潮有其独特之处,它经常以敌意收购的面目出现,经常运用"垃圾债券"作为杠杆来为并购融资。尽管敌意收购者在20世纪80年代之前就已经存在,第四次浪潮以杠杆并购为主,为它们提供了"垃圾债券"融资的渠道,使得它可以常常对大企业发起攻击。但是转眼之间,到1992年并购的数量又回升了,大规模的并购活动终于拉开了序幕。于20世纪90年代中后期主要出现在发达国家的并购高潮是世界历史上的第五次企业并购高潮。第五次并购浪潮同以往四次都不相同,其中大多数并购都是战略性的,有利于企业寻求进入新的市场和充分利用协同效应。随着经济从1990~1991年的衰退中复苏,企业开始寻求扩张,并购再一次被看成实现企业扩张战略的一种快捷而有效的方式。当然并购也会导致更大程度的垄断,从而给消费者和社会带来净福利的损失。不过新的理论认为,兼并之后并不必然形成垄断,兼并应该受到更大的鼓励。但是与20世纪80年代的并购不同,90年代的并购更多地强调战略性而较少强调短期的财务收益,这些并购不再依赖80年代的债务融资,而是通过企业新增加的资产净值来融资,这使得杠杆收购的程度大大降低。90年代(1997年之前)运用现金收购的比例占到了25%,而1997年达到40%,1998年达到44%。美国企业经历的五次跨国并购情况详见表7.1。

表7.1 五次跨国并购浪潮的基本特征

并购时间	基本形式	主要产业
19世纪末20世纪初	横向并购、混合并购	基础产业、农业、交通、能源等
20世纪20年代	横、纵向并购及产业内并购	食品加工、化学、采矿、公共事业、银行
20世纪60年代	纵向并购为主、混合并购	航空、机械、纺织、电影、烟草、电信
20世纪80年代	混合并购、产业间并购、杠杆并购	钢铁、汽车、金融、保险、零售、药品、石油化工等
20世纪90年代	大规模管理层收购、混合并购、产业间并购	金融、电信、通信、传媒、汽车、航空、生物、制药等

虽然自20世纪90年代末期以来企业并购热情已经有所冷却,但是世界范围内的并购总数还是以较高比率在增加。这说明科技进步、贸易自由化、全球竞争对跨国并购的普及有着极大的影响,不断增强的全球化趋势不仅增加了跨国并购的机会,也加大了跨国并购的压力。全球范围的产业重组、私有化以及经济的自由化等因素导致了跨国并购的快速发展,产业和区域的一体化也使全球并购总数和价值在不断增长。第五次并购浪潮中的并购并不仅仅局限于美国企业或者美国本土。在20世纪90年代,美国企业在购买国外企业时是积极主动的,而国外企业最初进入美国并购市场则比较迟缓,但是到了1995年,它们已经是美国企业最主要的购买者。

四、并购与新建的比较

对外直接投资企业的建立可以采取两种基本方式,即在东道国创建一个新的企业和并购东道国已经存在的企业。跨国公司需要根据不同的情况对这两种企业设立方式进行比较分析,然后再决定采用哪种方式建立海外企业。

(一)并购东道国企业方式(跨国并购)

目前,并购方式已经成为设立海外企业的一种主要方式,与创立新企业相对应的这种海外直接投资方式是对东道国已有的企业进行并购。

1. 并购海外企业方式的优点

(1)便于迅速营运。通过并购现有的企业,可以快速建立起自己在外国目标市场的运营设施。当德国汽车公司戴姆勒-奔驰决定要在美国的汽车市场占有更大的份额时,并不是通过建立新工厂来增加设施,而是并购美国第三大汽车公司——克莱斯勒公司,把两家企业合并,形成戴姆勒-克莱斯勒公司。当西班牙电子通信服务供应商西班牙电话公司(Telefonica)想在拉丁美洲建立服务设施时,也是通过一系列并购,买下了巴西和阿根廷的许多电子通信公司。在所有这些案例中,企业之所以实施并购,是因为可以利用目标企业现有的生产设备、技术人员和熟练工人;可以获得对并购企业发展非常有用的技术、专利和商标等无形资产;同时还可以大大缩短项目的建设周期,以最快途径在目标市场上建立大规模设施。

分析案例 7-6

Intel 公司收购 McAfee 公司

2010年8月20日,Intel 在官方新闻稿中表示,同 McAfee 公司达成协议,以每股48美元的现金收购后者所有普通股,总价为76.8亿美元。目前,两家公司的董事会都已经以无记名投票方式通过了该项收购。

McAfee 公司成立于1987年,总部位于美国加州 Santa Clara,共有约6100名员工,2009年营收约20亿美元,是专注于安全技术的全球最大厂商。对于普通 PC 用户来说,最熟悉的自然是它的 McAfee 杀毒软件。

McAfee 将作为 Intel 全资子公司继续运营,向 Intel 软件和服务集团报告。

Intel 表示,此次收购反映出安全性已经成为在线计算的基础要件。目前的安全措施还不足以覆盖互联网上数以亿计的联网设备,既包括传统计算机,也包括手机即其他无线设备、电视、汽车、医疗设备、ATM 机等等。为保护多样化的在线设备,需要全新的安全措施,结合软件、硬件与服务。

Intel 已经把安全性放在了和能效性能与互联网连接性同等的优先级上,成为用户计算体验需求的"第三极"。Intel 高级副总裁,软件和服务集团总经理 Renée James 表示,硬件优化的安全方案将在更有效的应对日益复杂化的网络威胁方面带来突破,而收购 McAfee 正是这一策略的下一步。Intel 近年来扩展软件市场的动作频频,先后进行了多项大规模软件企业收购,涉及视觉计算、游戏、嵌入式设备、机器语言等多个领域,安全则是他们的最新方向。收购 McAfee 后,Intel 未来将走出怎样的软硬件结合安全之路,相当值得期待。

——资料来源:佚名.英特尔宣布将以76.8亿美元收购 McAfee [EB/OL]. (2010-08-

19)[2020-08-26]. http://tech.sina.com.cn/it/2010-08-19/20454565436.shtml.

(2) 在许多情况下,通过跨行业的并购活动,可以迅速扩大经营范围和经营地点,增加经营方式,促进产品的多样化和生产规模的扩大。还可以利用目标企业原有的销售渠道,较快地进入当地及他国市场,不必经过艰难的市场开拓阶段。除此之外,企业实施并购还可以在竞争对手之前抢占先机。为了在快速全球化市场先发制人,如电子通信行业,企业相互竞争试图争夺全球领先地位,因此这些市场呈现出集中的并购浪潮。英国沃达丰公司(Vodafone)对美国卓越通信公司(Excel Communication)价值600亿美元的并购,是一项数额巨大的并购。

(3) 并购比新建企业风险要小。当企业实施并购时,它买下的是一种能产生收入和利润流的资产。相反,新建企业能带来的收入和利润流是不确定的,因为它从未存在过。当企业在国外市场实施一项并购时,它不仅获得一系列有形资产,如工厂、物流系统、顾客服务系统等,而且获得了有价值的无形资产,包括全球品牌和管理人员对那个国家商务环境的知识。这些知识可以降低由于不了解该国文化而导致错误的风险。

2. 并购海外企业的缺点

(1) 由于被并购企业所在国的会计准则与财务制度往往与投资者所在国存在差异,还有信息不对称问题,所以有时难以准确评估被并购企业的真实情况,导致并购目标企业的实际投资金额提高。

(2) 东道国反托拉斯法的存在,以及对外来资本股权和被并购企业行业的限制,是并购行为在法律和政策上的限制因素。

(3) 当对一国企业的并购数量和并购金额较大时,常会受到当地舆论的抵制。

(4) 被并购企业原有契约或传统关系的存在,会成为对其进行改造的障碍,如被并购企业剩余人员的安置问题等。

鉴于以上缺点,尽管并购非常流行,但并购却经常带来令人失望的结果。例如,美世管理咨询公司(Mercer Management Consulting)通过对发生在1990年1月至1995年7月单项并购价值在5亿美元以上的150项并购的研究,发现其中50%股东资产价值贬值,甚至大贬值;33%有少许利润回报;只有17%取得了成功。同样,由毕马威国际会计和管理咨询公司进行的对发生在1996~1998年的700例大型并购的研究发现,其中30%为并购企业带来了实际价值,31%降低了价值,其他则没有受到任何影响。在一项对被并购企业在并购后的绩效的研究中,戴维·雷文斯克拉夫特(David Ravenscraft)和迈克·谢勒(Mike Scherer)断定,在此期间许多优秀企业在被并购后的利润和平均市场份额都下降了。雷文斯克拉夫特和谢勒的证据表明许多企业会陷入特定的困难。他们的证据还表明许多并购毁掉了公司价值,而不是提升了价值。尽管这些研究大多以国内并购为研究对象,但这些发现也可用于跨国并购。

(二) 在东道国创建新企业方式(绿地投资)

绿地投资(greenfield investment)又称创建投资或新建投资,是指跨国公司等投资主体在东道国境内依照东道国的法律设置的部分或全部资产所有权归外国投资者所有的企业，是在原来没有的基础上新建的企业。正如"绿地"这个名词所隐含的意思一样，投资企业一般会购买一块空地，在这块空地上建设生产工厂、营销分公司或者其他供自己使用的设施。福特公司正是这么做的，例如，它在西班牙瓦伦西亚的市郊建立了自己的大型工厂。

1. 创建海外企业的优点

（1）创建新的海外企业不易受到东道国法律和政策上的限制，也不易受到当地舆论的抵制，这是由于绿地投资会直接导致东道国生产能力、产出和就业的增长。在东道国创建新的企业，常会享受到东道国的优惠政策。在多数国家，创建海外企业比收购海外企业的手续要简单。

（2）对新创立海外企业所需要的资金一般能做出准确的估价，不会像收购海外当地企业那样会遇到繁琐的后续工作。

（3）在外国建立全新企业的最大优点是，能使企业最大限度地建设自己想要的分支机构形式。例如，从无到有建设组织文化要比改变被并购企业的文化容易得多。同样，在一家新企业建立规章制度要比改变被并购企业的规章制度容易得多。这对许多国际企业来说是个非常重要的优势，在这些企业中，把已有企业的产品、技能和诀窍转移给新建子公司是它们创造价值的首要途径。

2. 创建海外企业的缺点

创建海外新建企业建设周期长，企业常常需要一段时间的项目营建期，所以投产开业比较慢，风险也大。对于任何一家新企业，未来的收入和利润潜力都是不确定的。不利于跨国公司对投资成本的收回。创建海外企业不像收购海外企业那样可以利用原有企业的销售渠道，因此不利于迅速进入东道国及其他国家市场，还可能会被更具野心的全球竞争对手超越，后者通过并购进入，建立起更大的市场规模，从而限制了新建企业的市场潜力。同时不利于迅速进行跨行业经营和迅速实现产品与服务的多样化。绿地投资与跨国并购两者之间的优缺点可由表7.2显示出来。

表7.2 绿地投资与跨国并购两种模式的优缺点

方式	优点	缺点
跨国并购	可迅速切入目标市场	信息不对称导致成本高，难撤离
	可利用原有管理、营销渠道、技术和其他经营资源	股权价值和收益受汇率变动影响
	在某些情况下可以实现低成本的并购	购买价格可能存在超值支付风险
	经营带来的不确定性和风险性较小	管理上协调困难，整合难度大，失败率较高
	减少竞争、增强核心竞争力	需要雄厚的人才力量和国际经营管理能力
绿地投资	没有旧企业遗留问题	投资大，建设时间长，回收久，难撤离
	没有资产高估风险	文化冲突影响企业运作
	技术不易泄露	商标、信誉、市场开发不确定性大

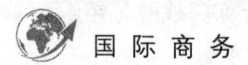

第四节 跨国战略联盟

跨国战略联盟是指两个或两个以上的跨国公司,出于对整个世界市场的预期目标和企业各自总体经营目标的需要,以签订长期或短期契约为形式而建立的局部性相互协作、彼此互补的合伙企业、合作企业的一种联合经营方式。

现在,跨国战略联盟成为企业全球化发展的快捷方式之一。跨国公司通过缔结战略联盟,在从研究与开发到产品销售等一系列经济活动环节上广泛开展经营合作,以寻求自己的成长机会或者巩固领导地位。20 世纪 80 年代以来,战略联盟的数量激增,逐步成为企业的快速成长方式。据有关数据统计,在世界 150 多家大型跨国公司中,以不同形式结成战略联盟的高达 90%;世界领先的 2000 家公司在战略联盟中的投资回报率接近 17%,比所有公司的平均数高出 50%。战略联盟的主要本质就是"合作竞争",企业通过这种松散的组织形式可以实现协同优势和合力作用,也就是说要取得"1+1>2"的效果。跨国战略联盟常常发生于潜在的或实际的竞争对手之间。战略联盟作为一种全新的现代组织形式,已被视为企业发展全球战略最迅速、最经济的方法,成为现代企业提高国际竞争力的重要方法之一。

当今跨国战略联盟已从制造业拓展到服务业,并从传统产业发展到高新技术产业。诸如戴姆勒-奔驰汽车公司同美国克莱斯勒汽车公司组成的越洋公司;摩托罗拉与东芝达成协议,利用双方的专有技术制造微处理器;美国国民银行公司与美洲银行公司合并成为美国最大的商业银行;日本与美国两大金融机构即日兴证券与美国旅行者公司进行资本重组;美国 AT&T 和日本 NEC 建立了战略联盟;英特尔公司与微软公司结成了战略联盟等。未来国际市场的竞争不再只是企业与企业的竞争,而更多的是战略联盟之间的竞争。

一、跨国战略联盟概述

从跨国公司经营方式的发展轨迹看,在 20 世纪 50 年代,以独资经营方式为主,20 世纪 60 年代合资经营成为主要经营方式,20 世纪 70 年代中期以来,越来越多的跨国公司采用非股权经营方式,进入 20 世纪 80 年代后期,跨国战略联盟的兴起成为一种新的趋势。上述其中一个经营方式在某个年代可能表现得多一些,但并不排除其他经营方式的存在。公司结成战略联盟往往出于很多原因,即希望达到自己的战略目标、增加收益的同时减少风险、充分利用自己已有的资源等。那么,下面我们来看看战略联盟兴起的主要原因和具有的主要优势。

(一)跨国战略联盟兴起的主要原因

1. 跨国战略联盟能够适应当今技术飞速发展的时代

目前世界市场上盛行的跨国战略联盟是以技术联盟和营销联盟为主,其中一半左右为跨国技术联盟。西方经济学家指出,第二次世界大战前,一个新产品经历研制-投产-上市-

衰退的全过程,大约要20年;21世纪初一半以上的产品生命周期为3年,半导体工业不足3年,电脑产品每隔半年就有新产品上市。一项复杂的高技术产品使得一些跨国公司都望而却步。跨国战略联盟则能够以市场为纽带,通过强强联合,把各种科研机构和各行各业的企业集合起来,为着共同的战略目标组成灵活、协调的生产销售网络。

2. 跨国战略联盟有可能实现降低投资成本、提高规模效益的目的

资源对于需求来说总是短缺的,随着各国经济的发展和调整,全世界对资本、劳力、技术等资源的需求增长得更快。资源需求的增长,已经使投资成本大大提高,今后还会更快地提高。投资成本之所以会更快提高,还由于经营战略的涉及面越来越广,要想通过投资建立完整的战略经营体系,就很难在每个环节上都获得规模效益,甚至在每个环节上都不能获得规模效益。投资成本的提高,对直接投资(独资和合资企业的扩展)是个很大的限制。而跨国战略联盟能够以少量投资(甚至用不着投资),就可以有效地、适当地动员起所需要的各种资源,各合伙人在各自承担的环节上,也会有更多的机会来降低投资成本和提高规模效益。

3. 跨国战略联盟有利于形成灵活协调的产销网络,实现产品结构的多元化

面对激烈竞争的世界市场,要想在国际化经营上站稳脚跟,就必须更快地推进产品结构多样化和建立相应的多种市场渠道,并且还要具有生产迅速转轨和市场渠道灵活变动的能力。若想通过增设独资分支机构,广建合资企业,从而扩展跨国公司的产销体系来做到这些,是不现实的。即使有能力建设这样的多样化的经营体系,也很难做到反应敏捷、转换灵活。跨国战略联盟就是形成灵活协调的产销网络,从而能较容易地做到产品结构多样化的灵活转换。同时,跨国战略联盟还能够联合各方面的力量,缩短从设计新产品到正式投产的时间,从而更有利于开拓市场和占领市场。

4. 跨国战略联盟有利于减少经营风险

通过广设独资分支机构和合资机构,建立内部增值链体系,是适应于战后所确立的关贸总协定自由贸易体制的。但现在的情况是:战后自由贸易体制解体,世界市场分裂,新的贸易保护主义抬头,世界市场变得更加动荡不安和变化莫测。内部增值链体系由于其新增价值的实现形式而要冒越来越大的经营风险,因为其所有的新增价值,都要在最后产品的一次销售上得到实现,一旦受阻便全线瓦解。跨国战略联盟因为其价值实现是分段进行的,而且能够以更为广泛的网络掌握更多的市场渠道,所以减少了经营风险。

5. 跨区域联盟可以绕过关税壁垒

随着区域经济集团的发展,贸易壁垒的形式不断翻新,特别是自欧盟宣布建立统一大市场以来,欧盟对汽车和纺织品等采取统一的贸易保护政策,使美国、日本等其他工业国家对欧盟的贸易摩擦不断,美国和日本跨国公司为了对付欧盟的壁垒措施,积极与西欧同行业的大公司结成战略联盟。

(二)跨国战略联盟的主要优势

1. 战略联盟有利于进入一个外国市场

许多企业相信如果它们想成功进入国外市场,就必须找一家了解业务状况和有着良好联系的当地合作伙伴。例如,全球著名的两大跨国集团三菱公司与奔驰汽车公司,在汽车、宇航、集成电路等11个项目上达成合作协议,以求在欧洲统一大市场形成之前抢先进入欧洲。2004年华纳兄弟公司与两家中国合作伙伴组成合资企业,在中国制作和发行电影。作为一家外国电影公司,华纳公司发现如果想独自为中国市场制作影片,它的每部电影都必须走复杂的审批程序,必须把发行权移交给当地的公司,这些使得在中国做生意很困难。但是,如果有中国企业的参与,只需通过流程式的审批过程,就可以为中国市场制作电视片,而这是外国企业不允许做的。

2. 战略联盟还使企业分担了开发新产品或工艺的固定成本及其风险

波音与许多日本企业联盟生产波音最新的商用飞机787,也是源于波音希望分担开发这种飞机所需的近80亿美元投资的想法。美国福特汽车公司与日本马自达汽车公司联盟,发挥前者精密的设计能力和后者完美的工艺质量,两家公司联合开发的新型越野吉普车曾成功的获得美国"汽车新潮"最佳奖。

3. 联盟是把企业单靠自己很难开发出来的互补技能和资产结合起来的途径

例如,2003年,微软与东芝建立了一个联盟,旨在开发装在汽车上能发挥多种娱乐功能(如能用来驱动DVD播放器或实现无线网络连接)的嵌入式微处理器(微型电脑)。这种微处理器将运用微软的视窗CE操作系统版本。微软把它的软件工程技术带到联盟中,东芝则把它的开发微处理器的技能带到联盟中。思科和富士通之间组建联盟也是为了共享技术诀窍。

4. 组建战略联盟有助于企业建立有利的行业标准,确立新的竞争原则

例如,2003年,韩国三星电子同日本松下建立战略联盟合作伙伴关系,把松下DVD-RAM的技术作为行业技术标准,抢先占领世界DVD市场。日韩企业的这次合作为中国DVD企业的生产经营设置了巨大障碍。

5. 解决国际纠纷,消除不必要的竞争

半导体工业在世界市场上竞争十分激烈,因技术使用权问题公司间经常发生摩擦和纠纷。例如,意法合资经营企业SGS-汤姆逊电子公司起诉日本东芝公司侵权,日本公司为防止事态扩大而对其不利,主动提出签订半导体专利的相互特许交换协议,以缓解矛盾激化。20世纪90年代美、欧、日厂商在芯片生产上展开激烈的竞争,大有不共戴天之时,为避免两败俱伤,美国国际商业机器公司(IBM)与德国西门子公司联合日本东芝公司,三方合作开发新一代的256兆位芯片。

(三)跨国战略联盟面临的挑战

上述的优点意义非同一般。尽管如此,还是有些评论家批评战略联盟,认为它们为竞争对手获得新技术和市场提供了一条低成本的路径。有些评论家指出美国与日本企业之间的战略联盟是日本秘而不宣战略的一部分,以使日本保持高工资、高附加值工作,同时获得在诸多竞争中卓有成效的美国公司所积累的项目工程技术和生产工艺技能。而且他们认为,日本在机器工具与半导体行业的成功主要基于通过战略联盟而获得美国的技术。同时他们认为美国的管理人员通过联盟为新发明进入日本开辟了道路,为由此形成的产品提供了一个美国式的销售和配送网络,从而帮助日本的企业实现它们的目标。虽然这样的交易可能会产生短期利润,但他们认为,从长远来看,结果是"蛀空"了美国企业,使它们在全球市场上不再拥有竞争优势。战略联盟与任何企业的战略一样,具有不可避免的局限性。大多数公司经理认为面临的最大问题是联盟的控制权问题。如美国经理比亚洲和欧洲的经理更担心失去对联盟的控制权。美国人更倾向于避免达成双方各占一半的合资企业项目。这些批评者持此观点:联盟有风险,除非企业十分小心,否则失去的可能要比得到的多。

战略联盟的另一大难题是寻找合适的伙伴。如果双方不匹配,甚至不相容,会产生事与愿违的效果。除了控制权问题和挑选合适的联盟伙伴问题外,构建战略联盟还存在以下几个问题:

1. 战略联盟存在的固有风险

组建联盟可以分摊风险,但是不可能完全规避风险。无论协议制定得多么详细,技术上的失败仍然是联盟失败的主要原因之一。美国麦肯锡咨询公司发现,合作技术开发联盟的失败率是50%。

2. 战略转换

有的联盟是为了克服双方固有的弱点,取长补短而建立的。然而随着时间的推移和战略环境的变换,当其中一家企业的弱点不再存在时,它的战略也应该随之发生转换,这样联盟存在的基础便发生了变化,另一家企业也不得不改变它的合作战略。

3. 经营运作的有效性

战略联盟的运作要求管理者具有创新的管理方法和技能,这对于初涉此道的企业和管理者来说是有困难的。联盟的特点是,一旦总体战略确定下来,是否成功将有赖于经理们的合作,选择不当的经营合作方式很可能导致联盟的失败。另外,在联盟中,若一合作方过于相信对方处理问题的能力,尤其是在这些问题被认为属对方最熟悉的领域时,其结果常常是遭遇失败。

4. 相互竞争

大多数联盟协议规定参与联盟的企业不得与联盟涉及的领域发生直接的竞争,但是在签署这个协议时应当谨慎,因为双方企业的战略地位可能会发生巨大变化,与联盟发生冲突是双方所不愿看见的。联盟双方所拥有的技术保护是敏感问题,如果一方将其用于私自目的,甚至被用来与主要竞争对手成立另一个联盟就构成竞争关系。所以即使拥有先进的技术,有些企业也不愿意立即把它应用于刚刚成立的联盟。由于跨国战略联盟常常发生于潜在的或实际的竞争对手之间,战略联盟为竞争对手获得新技术和进入新市场的一种有效路径。

5. 容易形成寡头垄断

例如,在航空制造业,自麦道公司被波音兼并后,全世界现在只剩下波音和欧洲空中客

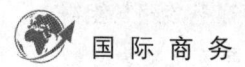

车工业公司；在汽车领域，美国两大汽车公司外加大众、丰田等少数厂商，控制着世界90%以上的汽车生产与销售；在移动通信领域，诺基亚、摩托罗拉、西门子和松下、飞利浦占据国际市场绝大部分份额。全球著名的两大跨国企业经营集团日本三菱公司与德国戴姆勒-克莱斯勒公司在汽车、宇航、集成电路等11项上达成战略联盟，就是为了在欧洲统一大市场的关税同盟之前抢先进入欧洲市场的一种战略安排。

目前跨国公司战略联盟的发展趋势不可逆转，尽管公司加盟有利有弊，但利大于弊，因此，西方经济学家用"与狼共舞"去形容结盟的相互关系。

分析案例7-7

索爱联盟

索尼爱立信移动通信公司由日本索尼公司、瑞典爱立信公司分别出资50%于2001年10月成立，以生产手机产品为主。

2007年后，受到市场上智能手机兴起的打压，公司生产的功能手机逐渐失去市场，公司经营一步步滑入亏损的泥沼。经过谈判，2011年10月27日，索尼、爱立信两家母公司达成协议，由索尼支付爱立信10亿5000万欧元（约合14.7亿美元），前者从爱立信手中购得索尼爱立信。

2012年2月15日，索尼移动通信子公司成立，索尼爱立信从此寿终正寝，正式退出市场。而爱立信退出手机终端业务后，改为专注于2G、3G和4G移动通信网络以及通信市场专业服务领域。

——资料来源：佚名. 索尼爱立信的发展与企业战略联盟[EB/OL]. (2011-12-01)[2020-08-26]. https://wenku.baidu.com/view/bd64506c011ca300a6c3905e.html.

（四）跨国战略联盟的主要特征

普通的合资、合作经营方式是一种短期的营销战术。具体讲，跨国战略联盟与国际合作、合资经营相比，具有如下几个特点。战略联盟合作形式具有较大的灵活性和随意性，是一种非约束性的松散联姻，可以随时因外部技术和市场的变化进行调整，自主经营性强；战略联盟实现了"柔性竞争"（合作式竞争），在合作中竞争，在竞争中合作，你中有我，我中有你，防御性的分配市场，进攻性的开辟市场；战略联盟实行全方位合作，促进了企业组织结构创新；在增加收益的同时减少风险；充分实现了资源互补；战略联盟是一种深层次的合作形式，加强了合作者之间的技术交流。

二、跨国战略联盟的主要形式

（一）根据联盟成员之间的依赖程度来划分

按此方式，战略联盟可以分为非正式的国际合作联盟、正式的国际合作联盟、股权式跨国战略联盟。

1. 非正式的国际合作联盟

非正式的国际合作联盟是指两个或两个以上国家的公司之间通过签订不具有法律约束力的协议而达成的联盟。

在这种类型的联盟中,尽管任何一方公司在维持这种联系方面都不受法律上的约束,但是公司可以利用这种非正式的协议来试验其在比较正式的协议下进行协作的能力。如果它不能有效地进行,可以随时终止。由于不存在来自契约方面的法律保护,所以联盟各方往往不太愿意贡献自己的优势资源来维持这种联系。因为一旦一方泄露了公司的专有优势,例如特有的制造工艺、独特的管理方式等,那就意味着另一方可以无偿得到这种优势而没有提供对等优势资源的义务。所以这种联盟类型主要发生在非直接性竞争的公司之间。

分析案例 7-8

迪士尼、麦当劳、可口可乐三者的战略联盟

迪士尼、麦当劳、可口可乐三者之间就达成了非正式的联盟协议。在世界各地的迪士尼乐园外面,温和可爱的麦当劳大叔形影相随。迪士尼动物王国外开设有以迪士尼世界为主题的麦当劳餐厅,该餐厅的员工穿的是经过迪士尼特许的制服,而餐厅中央则有一个超大型的"可乐瓶"供应可口可乐。这是一个绝妙的组合。然而,三家公司的结盟却没有任何书面协议为依据。正如可口可乐公司新董事长艾弗斯特所说,他们靠的只是"一种共识和相互信任"。如果把正式的战略联盟比作婚姻,那么采用这种非正式的国际合作联盟可以说是"婚前的自由恋爱"。

——资料来源:佚名. 企业战略管理案例分析:麦当劳、可口可乐、迪斯尼的新结盟方式[EB/OL]. (2011-10-21)[2020-08-26]. https://wenku.baidu.com/view/679d35d133d4b14e8524681c.html.

2. 正式的国际合作联盟

正式的国际合作联盟是指两个或两个以上国家的公司之间通过签订具有法律约束力的协议而达成的联盟。要获取单个公司依靠自身无法取得的某些利益,公司通常必须让其他公司共享其所不具备的某些知识、技能或特殊资源,这意味着双方公司必须让渡某些对合作伙伴有价值的东西,以换取某些所需东西。由于有了正式的联盟契约,合作伙伴之间的行为也就有了一定的法律约束力,因此这种联盟类型较难解散。

正式的国际合作联盟一般以联合研究与开发和联合市场行动最为普遍。最常见的形式包括专有技术、设计或专利协议。联盟成员间相互交流技术资料,通过知识的学习来增强竞争力;研究与开发合作协议,分享现成的科研成果,共同使用科研设施和生产能力,在联盟内注入各种优势,共同开发新产品。通过制定协议,共同生产和销售某一产品。

3. 股权式跨国战略联盟

股权式跨国战略联盟,也被称为合资性联盟,是由各成员作为股东共同创立的,其拥有独立的资产、人事和管理权限。股权式联盟中一般不包括各成员的核心业务,具体又可分为交叉持股型战略联盟和国际合资企业。交叉持股型战略联盟中联盟成员为巩固良好的合作关系,长期地相互持有对方少量的股份。与合资、合作或兼并不同的是,这种方式不涉及设备和人员等要素的合并。国际合资企业是指合资生产和经营的项目分属联盟成员的局部功能,双方母公司各拥有50%的股权,以保持相对独立性。

例如,美国通用汽车公司与意大利菲亚特汽车公司就同时建立了这两种形式的战略联盟。根据协议,通用汽车公司完成了对菲亚特集团麾下的菲亚特汽车公司的资本投入,得到了该公司20%的股票;而菲亚特也从通用汽车获得了约3200万股的普通股股票,占通用汽车当前普通股的5.6%。这样就建立了交叉持股型战略联盟。同时,两家公司还签署了成立双方持股各50%的合资企业协议,合资企业将分别从事制造和采购业务。这样就建立了国际合资企业。这两种类型联盟的建立,充分奠定了双方的合作基础。

三种战略联盟的区别可由表7.3反映出来。

表7.3 三种主要战略联盟的区别

联盟类型	参与程度	解散难易度	对竞争者的清晰度	是否要合同	法律实体
非正式的国际合作联盟	通常参与范围和时间有限,是一种便利的结合	容易,任何一方都可轻易解散	否	无	无
正式的国际合作联盟	更深入地参与,要求交易公司的知识和资源	在合同到期以前由于公司的法律责任和做出了资源承诺,因此较难解散	常通过商业出版物中的声明对竞争者有一定了解,但细节是保密的	是	无
股权式跨国战略联盟	深入地参与,要求交易财务、公司的知识和管理资源	由于公司间相互交叉持股或建立独立的国际合资企业,因此很难解散	双方互为对方股东或共同出资建立公司,因此双方的情况都很清楚	是	交叉持股型联盟不是独立的法律实体,国际合资企业是独立的法律实体

(二)按联盟企业在分工合作中的地位进行分类

按此方式可以把战略联盟分为垂直联盟、水平联盟及混合联盟。

1. 垂直联盟

垂直联盟是指在生产经营活动的价值链中承担不同环节活动的公司之间的联盟。一般来说,垂直联盟是由从事互补性活动的厂商组成的联盟,如生产商同供应商或销售商的联盟。

2. 水平联盟

水平联盟是指在价值链中从事相同环节活动的公司之间的联盟。一般来说,水平联盟是由从事竞争性活动或类似活动的厂商组成的联盟。

3. 混合联盟

混合联盟是指两个或两个以上相互间没有直接的投入产出关系和技术经济联系的企业间的联盟，或者是两个或两个以上产品与市场都没有任何关系的企业间的联盟。其目的在于扩大企业自身结构，扩大经营能力，增强市场控制能力，实现多角化经营，利用产品组合的经济性和高市场占有率来谋求企业的发展，它是驱动横向和纵向战略联盟动因的一种混合。表 7.4 所示为丰田公司的横向与纵向战略联盟。

表 7.4 丰田公司的横向与纵向战略联盟

集团或公司		战略联盟形式
丰田横向联盟	通用	丰田与通用合资建轿车生产厂（NUMMI），双方股比各 50%
	大众	丰田在日本销售大众和奥迪汽车
	福特	一方面福特学习丰田的汽油电力混合车辆的开发技术。另一方面丰田希望从福特公司财务服务的经验中受益
	标致雪铁龙	2001 年共建合资公司，双方股比各 50%，联手开发小轿车
	雷诺	丰田与雷诺在哥伦比亚共同生产雷诺轿车和丰田货车，丰田占股份 17.5%，雷诺占股份 23.7%，其余当地出资
	本田	丰田与本田、马自达、三菱及日产共同开发零部件订货计算机网络
	日野	丰田有日野 20.1% 的股份
	富士重工	2005 年丰田汽车公司以 6800 万购得富士重工 8.7% 的股份
丰田纵向联盟		与日本电装公司、爱信精机公司、丰田合成公司、亚乐克公司、关东工业公司、爱三工业公司等零部件、车体及车身生产商进行战略联盟

（三）按照产品生产的不同阶段

按此方式战略联盟分为集中式战略联盟和综合式战略联盟。

1. 集中式战略联盟

集中式战略联盟是根据两个或多个企业之间的协议安排建立的，目标明确但受限制，联盟中一般只有一项主要活动和功能。

2. 综合式战略联盟

综合式战略联盟的合作业务内容可能包括合作伙伴价值链上的全部环节，成员之间合作范围十分广泛。

在产品生产的不同阶段，企业进行战略联盟的内容也不同，这可从表 7.5 中看出。当一种产品处于研发阶段与处于生产制造阶段时，进行战略联盟的方式和内容有显著的区别。如在研发阶段，技术人员交流与合作、交换许可合同等内容是企业战略联盟所考虑的重点，

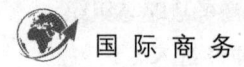

而在生产制造阶段,则零部件标准、产品组装等成为重要内容。若是到了产品销售阶段,则联盟的主要内容是销售代理协议。

表7.5 在产品不同阶段战略联盟的不同内容

阶段	联盟内容
研究与开发阶段	许可协议 交换许可合同 技术交换 技术人员交流 共同研究与开发 以获得技术为目的的投资
生产制造阶段	委托定制供给 辅助制造合同 零部件标准协定 产品组装及检验协定
销售阶段	销售代理协议
全面性的战略联盟	产品规格的调整 联合分担风险

(四)根据合作参与国的不同发展程度和区域划分

按此方式,跨国战略联盟有互补型和授受型两类。

1. 互补型联盟

这类联盟大多是在西欧、北美和日本这类发达市场经济国家的企业之间结成的。它们为了应付全球性的竞争而在设计技术、加工过程和市场营销服务方面进行技术、资金和人员等方面的相互补充与配合。它们的主要动机:一是分摊产品开发与生产投资的成本;二是迅速、有效地进入目标市场国的市场营销与分销网络。

2. 授受型联盟

这类联盟按经济体制的不同和经济发展水平的不同,还可以进一步细分为东西方联盟和南北方联盟,这类联盟总的特点是发达国家的合伙者向相对欠发达国家合伙者转让各种技术和操作方法,相对欠发达国家的合伙者则向对方开放国内的某一部分市场,或支付技术转让、人员培训等方面的费用。

三、跨国战略联盟的建立与管理

(一)跨国战略联盟的建立

国际联盟的建立是指在分析企业的外部环境和内部条件的基础上,根据企业的战略目标,确定合作对象、合作方案及其应变措施的具体行动计划的过程。跨国战略联盟的建立主要包括制定战略、评选方案、寻找盟友、设计类型和谈判签约 5 个阶段。

1. 制定战略

这项工作通常包括分析环境以明确来自竞争对手的威胁和本企业所具有的市场机会,核查本企业的资源和生产能力,评估本企业在现有环境下的优势与劣势,然后在共同考虑本企业长期与短期目标的基础上确定本企业的战略。在战略制定过程中,一是要明确本企业的使命,即企业所要达到的营销目标或前景,这样,企业的战略计划才能随之而定;二是要从长计议,特别是注重于相对竞争优势的取得,而不拘泥于一时一地的得失,尤其是要细致地分析企业的现有优势与潜在优势,同时也要考虑现有与将有的劣势,并衡量这些优势或劣势在竞争中的重要程度。

2. 评选方案

为最后确定战略,企业需对各种方案进行评选。比如,是实行兼并战略还是收购方案,企业是自我发展还是参加战略联盟等。企业在评选这些备选方案时,除了要深刻而全面地研究这些战略方案之外,还需知道实施这些方案所需的资源及这些方案对本企业所产生的影响。具体来讲,如果企业拟采用战略联盟,则需明确几个问题:① 联盟是否必不可少?② 结成联盟后对公司的声誉有何影响?③ 公司的高层管理者是否拥护联盟?④ 联盟的建立是否会引起客户、供货方、目前的合伙方及金融部门的不利反应?

3. 寻找盟友

理想的合作者应能对联盟起到互补的作用。如果双方能在工艺技术、营销资源、顾客服务等诸方面互补,合作的机会就会增大。这就要求企业严格考察和甄别每个潜在的合伙者,切忌匆忙选择联盟者。一个合适的同盟者或合作伙伴拥有三个主要特征:

首先,一个好的伙伴有助于企业实现它的战略目标,或者获得市场准入,分担开发新产品的成本和风险,或者获得关键的核心竞争力。合作伙伴必须拥有企业所缺乏的、有价值的能力。

其次,一个好的伙伴共享企业所创建的愿景。如果有着截然不同的议事日程的两个企业组成联盟,关系不融洽的可能性就很大,这样的联盟不会兴旺,将以解散而告终。

最后,一个好的伙伴不会试图为了自身的目的而利用联盟,即获得该企业的技术诀窍却回报甚少。从这个角度看,有着"公平游戏"名声的企业可以形成最好的联盟。

要选择一个拥有以上三个特征的伙伴,企业必须对可能的联盟候选人进行综合研究。为提高选出一个好搭档的可能性,企业应该尽可能地搜集有关可能的同盟者的相关和公开信息。从拥有相关信息的第三方收集数据,其中包括与这些可能的合作伙伴已经结盟的企业、与它们打过交道的投资银行,以及以前的雇员。在结盟前,应尽可能地了解可能的合作伙伴。这其中包括高层管理人员之间的面对面的洽谈,以确保企业的结合是正确的。

4. 设计类型

建立战略联盟采取什么样的形式,应当依据企业的不同情况,对每个可能的伙伴,相应考虑联盟的类型与构成方式。尽可能地取得企业全体人员对联盟的支持和对联盟活动的协助。此外,应选择适合协调工作和具有丰富经营管理经验的人担当联盟的管理人员。

5. 谈判签约

联盟各方进行谈判,就目标、期望和义务等各抒己见,然后在取得一致意见的基础上制定出联盟的细则并签约实施。

(二)跨国战略联盟的控制与管理

跨国战略联盟的失败率似乎相当高。对49家跨国战略联盟进行的一项研究发现,有2/3的联盟在成立后的两年内遇到了严重的管理和财务问题,虽然许多这样的问题都得到了解决。但仍有33%的联盟最终被参与各方视为失败。某些跨国战略联盟的发展之所以不尽如人意,其根源在于结盟过程中存在一些被忽视的问题,以至于难以发挥其应有的作用。具体包括:① 错误地选择合作对象;② 文化间的差异阻碍效益的发挥;③ 技术优势的丧失使战略联盟解体;④ 只追求短期的利益目标;⑤ 不平等的结盟等。针对这些问题,需要进行联盟的控制与管理。全方位管理是指不仅要对联盟双方借以缔结合约的核心要素(如经济利益、风险划定)等进行管理,也要对其外在要素(如组织结构、知识产权、企业文化)等各方面进行综合协调和控制。因此,这是对战略联盟的形成、运作以及信息反馈全过程所实施的组织、计划、监督和调节。具体而言,应将控制和管理集中在如下几个方面:

第一,战略联盟必须基于双方的需要。联盟自始至终应贯彻"双赢"的经营原则,使每个合作伙伴在互利基础上达到各自的经营目标。

第二,每个企业按不同的联盟建立不同的合作部门,并采用创新的组织机构适应其联盟资源管理,新的组织结构必须对市场总需求和竞争条件的变化做出迅速而灵活的反应,必须具备广泛、健全的信息反馈网络,实现最佳的资源配置,获取最大的经济效益。

第三,建立不同的决策体系,科学地授予和有效地行使权力以推动各成员的共同参与,对跨国战略联盟进行有效的协调管理。沟通文化间的差异,创造新的企业文化。各个合作伙伴分享共同的价值观,在自主平等的基础上友好协商解决一切重大问题。

第四,发展多方位的联盟合作关系。多边联盟的形式能最大限度地减少任意两方联盟解体带来的危机,能比单一联盟更广泛地、更好地运用多国企业的综合优势,从而优化技术水平,开拓国际市场。

第五,向合作伙伴学习。学术界认为,决定一家公司从联盟中得益的一个主要因素是它向联盟伙伴学习的能力。例如,在一项对主要跨国公司之间的15个战略联盟进行的长达5年的研究中,学者们发现在所有日本公司与欧洲或美国合伙者联盟的案例中,日本公司在学习中投入了更大的精力。被研究的西方公司很少向它们的日本合伙者学习,它们仅仅把联盟看作共同分担风险的方式,而不是作为向潜在的竞争对手学习的机会。通用汽车公司和丰田汽车公司1985年为生产雪佛兰-诺瓦而建立了联盟。这个联盟被构建成一个正式的合资企业。据一位日本管理人员介绍,丰田汽车公司很快通过联盟实现大部分目标。所有这些知识被应用到肯塔基州的乔治敦,在那里丰田汽车公司开设了自己的工厂;而通用汽车公司得到的全部可能就是一种新产品——雪佛兰·诺瓦。

◆内容提要

一旦一家企业决定要进入一个外国市场,就出现了如何选择最佳进入模式的问题。进入国际市场的方式可以分为基于非股权和基于股权两种情况,非股权进入方式包括出口、交钥匙工程、授权许可、特许经营、管理合同、合同制造等。基于股权市场进入方式包括独资经营、合资经营和跨国并购及跨国战略联盟。上述每一项选择各有其优缺点,而每一种进入模式优缺点的大小取决于一系列的因素,其中包括交通费用、贸易壁垒、政治风险、经济风险、业务风险、成本和企业战略。最佳进入模式根据这些因素随环境的不同而不同。国际企业在决定采用哪一种模式时必须仔细考虑所有进入模式的利弊。因此有的企业最好以出口的形式服务于某一特定的市场,而其他企业成立独资公司或并购一家已有的企业能更好地服务于特定市场。

◆关键词

出口　独资经营　合资经营　非股权经营　跨国并购　跨国战略联盟

◆复习思考题

1. 企业进入国外市场的方式有哪些?
2. 当进行国外投资时,一个公司在什么情况下会更倾向于建立合资企业而不是独资企业?
3. 非股权进入方式主要有哪些?
4. 比较跨国并购与新建投资的优缺点。
5. 如果合资企业和跨国战略联盟有区别,区别是什么?
6. 跨国战略联盟怎么建立和管理的?

◆思考案例

雷诺-日产战略联盟

一、法国雷诺汽车公司

创立于1898年的法国雷诺汽车公司是法国第二大汽车公司,由于二战中向德国军队提供了不少武器,战后即被法国政府接管。公司利用国家资本,兼并了许多小汽车公司,并发挥了雷诺公司的技术潜力,开发出多品种汽车新产品。作为当今世界上(除中国外)唯一的由政府资产占支配地位的汽车公司,雷诺公司的发展与政府这个强硬后盾息息相关。而与此同时,雷诺公司一直在努力避免国有企业的弊病,在激烈的市场竞争中不断进行自我调整、革新和自我完善,最终位列世界十大汽车集团之一。

二、日产汽车公司(尼桑 Nissan)

日产汽车公司创立于1933年,是日本三大汽车制造商之一,它在全世界17个国家有21个制造中心,年产总量约240万辆汽车,在全世界191个国家和地区销售汽车。日产拥有堪称世界一流的技术和研发中心,被车界称作"技术日产"。但正如许多日本大型企业拥有的通病一样,日产公司内充斥着严重的官僚主义,内部成本控制极为不利,虽然公司经历着规模上的高速扩张,盈利能力却没有得到有效的提升。从1991年起,日产公司的经营状况更是每况愈下,到1999年连续7年亏损,背负债务高达21000亿日元,市场份额由6.6%下降到不足5%。整个日产公司濒临破产。

三、汽车行业背景

世界汽车工业经过一百多年的发展，并购、结盟的趋势越来越明显，几乎所有的跨国汽车巨头的成长史都是一部并购、结盟史。例如，美国的福特、通用、克莱斯勒等汽车公司，它们都是经历了大小几十次甚至上百次的并购才从美国200多家汽车公司中生存下来，成为世界汽车市场的主要竞争者。

四、雷诺-日产联盟

事实上，20世纪90年代后期就有不少汽车工业巨子开始考虑对日产进行竞标，但日产公司的巨额亏损、庞大的债务以及几乎被认定为积重难返的各种大企业弊病使福特、戴姆勒-克莱斯勒等公司相继退出了竞标。而法国雷诺汽车公司却捡起了烫手的山芋，在旁人看来，这无异于一次巨大的冒险，因而，几乎无人看好这宗交易。一位观察家评论说：雷诺拯救日产的想法就如同依靠法国的公务员来复兴日本经济一样。但奇迹就出现在双方联盟之后，日产不但成功地扭亏为盈，而且凭借双方严密的整合计划和精确的实施能力，联盟真正实现了显著的协同效应，提高了双方的盈利能力，进一步开拓了新市场、巩固了老市场，形成一种双赢的局面。

作为一种全球性的战略伙伴关系，联盟基于两个关键的预期：联盟催生的集团将能够面对市场、产品、技术革新等各方面的全球化挑战；联盟能够形成强有力的互补优势，尤其在三个关键领域：生产（主要是产品的平台），采购和市场。联盟最终的目的非常明确：实现双方长期的有盈利的增长，成为世界首屈一指的汽车集团。这一目的也非常明确地体现在日产的复兴计划上：以盈利为导向。

雷诺轿车在亚洲比较少见，尤其在中国。为了打进亚洲市场，雷诺物色了陷于债务困境中的日产汽车公司作为合作伙伴。1999年3月27日雷诺与日产签署了协议，雷诺以54亿美元的投资取得日产公司36.8%和日产柴油车公司22.5%的股份，并得到5年后持日产44.4%股份的保证。

由于日产复兴计划的提前实现，2002年3月，雷诺提前将在日产的持股比例提高到44.4%，而日产也在2002年5月获得雷诺汽车15%的股权。就产量而言，雷诺-日产汽车联盟现排在通用、丰田以及福特之后，位居全球第四。

试分析：

1. 雷诺-日产联盟带给我们什么启示？
2. 为什么这两个公司选择的是联盟而不是合并？

◆应用训练

中国企业海外最大收购案——中国化工430亿美金收购先正达

中国化工集团公司2017年6月8日在瑞士巴塞尔宣布，完成对瑞士农化巨头先正达（Syngenta）的收购，中国化工董事长任建新出任先正达董事会主席，中国化工拥有94.7%的先正达股份。这笔430亿美元（2900亿元人民币）的并购大单，成为中国企业最大的海外收购案。通过该项收购将显著提升中国化工集团农化、种子业务在全球的市场份额，将有助于中国成为比肩美国和欧洲的全球农业研发领先者。中国化工集团是中国最大的化工企业，其总部设在北京，在150个国家和地区拥有生产、研发基地和营销体系，位列世界500强排名第234位，主要业务在材料科学、生命科学、高端制造和基础化工领域。2016年，其营收为3001亿元，资产总额3776亿元。总部设在瑞士巴塞尔的先正达是世界领先的农业科技公司，全球500强企业、世界第一大植保公司、第三大种子公司。这家公司在全球90个国家和地区拥有107个生产供应基地和119个研发基地，雇员28000名。为了并购这家公司，中国化工历时近2年，经过美国外国投资委员会等11个国家投资审查机构的"盘问"，美国、欧盟等20个国家和地区反垄断机构的审查后，终于并购成功。

分析：
从中国化工收购先正达案如何看待中国企业跨国并购的趋势？

第四篇
国际商务运营

跨国公司国际商务运营管理主要包括国际市场营销管理、国际供应链管理、国际财务管理以及国际人力资源管理等重要职能环节,每个职能环节均涉及众多内容。这些职能环节不仅在国家间、企业间存在着差异,还随着全球化推进不断发生着变化,并正对跨国企业日常活动产生重要的影响。跨国公司如何优化国际商务运营管理,提高内部资源配置的效率、提升对外竞争优势,是面对日益复杂的国际环境并做出有效调整的重要环节。本篇将从国际企业市场营销管理、国际企业供应链管理、国际企业财务管理以及国际企业人力资源管理几个方面来学习国际商务运营管理相关知识,并探讨其对跨国企业国际商务活动的影响。

第八章　国际企业市场营销管理

本章结构图

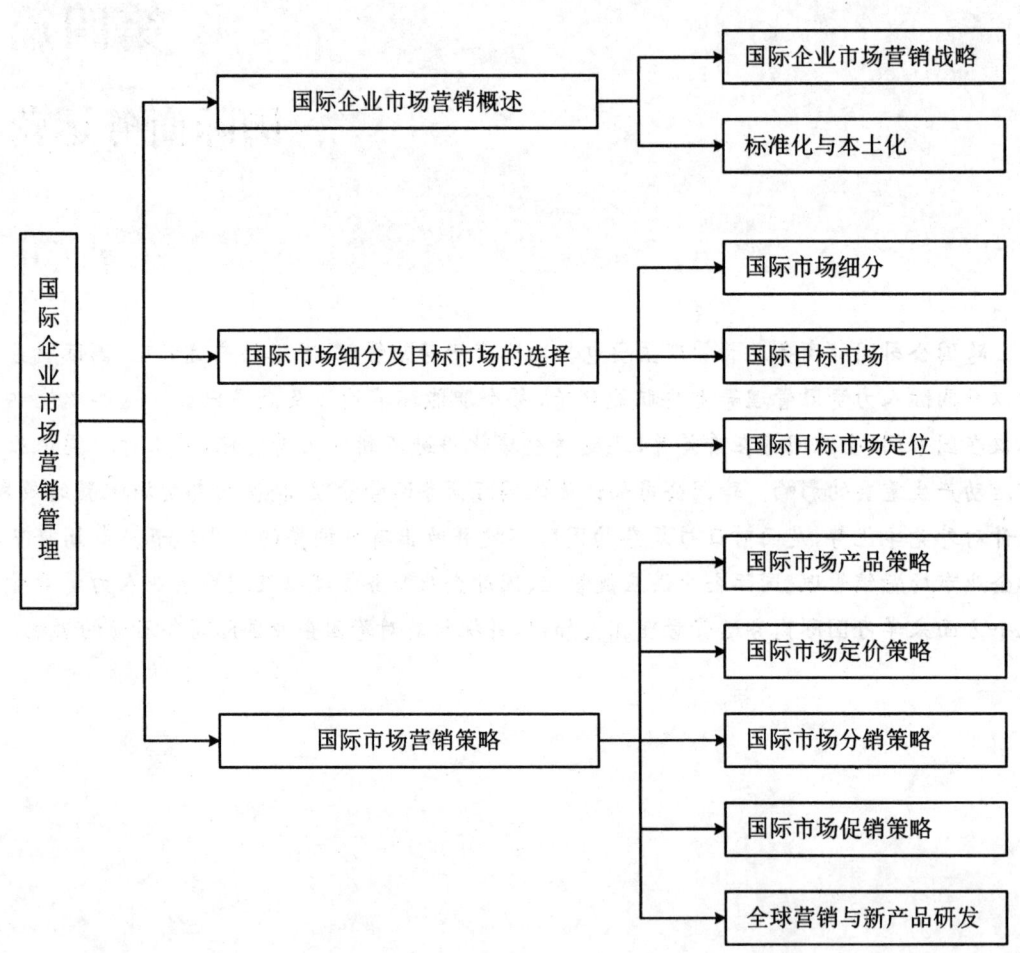

第四篇 国际商务运营

第八章 国际企业市场营销管理

学习目标

理解国际市场营销的含义及特点,了解企业开展国际市场营销的机遇及挑战,掌握国际市场细分标准及目标市场选择的影响因素,熟悉国际市场营销策略组合的侧重点。

导入案例

全球化妆品巨头划分子市场

世界著名的化妆品公司正将目光投向有利可图的新子市场:巴西、俄罗斯、印度和中国等国家的新兴中产阶层。例如,中国人在 2005 年用于化妆品和洗浴用品的金额达到 103 亿美元,到 2010 年达到 170 亿美元。难怪欧莱雅、宝洁、资生堂和雅诗兰黛等公司的营销人员都迅速投入行动。雅诗兰黛公司的总裁兼首席执行官威廉·兰黛(William Lauder)将中国称作"千亿美元的商机"。

化妆品公司的营销人员知道不存在"处处通用的"审美标准,他们自诩具有对当地文化偏好的敏感性。正如欧莱雅首席执行官让-保罗·阿贡所言:"我们有不同的顾客。每一位顾客都可以有自己的追求。我们的意图就是尽可能地对每一位顾客的愿望做出回应。有些顾客喜欢华丽,有些顾客喜欢自然,我们必须拿出最好的质量和最好的产品,以满足她们的期望与梦想。"例如,许多亚洲女性喜欢敷用增白乳霜以淡化肤色;在中国肤色白与富有相关联。因此欧莱雅便应运推出雪颜美白系列;资生堂则推出欧珀莱美白系列。

全球性化妆品巨头在世界范围取得的成功是一个令人信服的范例,展示了在细分和确定全球目标子市场方面下力取得的功效。市场细分就是指根据共同特征对消费者和国际群组进行识别和分类的尝试。确定目标市场就是评估子市场,并将营销力量集中于存在相当反响潜力的某个国家、地区或人群的过程。这种确定目标市场的做法反映了一个现实情况,即公司应该找出它能够最有效、迅速和有效益地接触到的那些消费者。最后,还需要有适当的市场定位,使目标顾客心目中产生产品或品牌的差异特征的概念。在细分和确定全球保健与美容产品子市场和制定适当的定位策略过程中,欧莱雅及其竞争对手都面临各种挑战与问题。

请看几个全球公司在市场细分和确定目标市场方面的事例:

• 个人电脑市场可分为家庭用户、团体(也称企业)用户和教育用户。戴尔的目标市场原本是团体用户;即使今天,其家用产品的销售额也只占总收入的 20%。起初戴尔仅专注于个人电脑市场,后来才涉足其他类型的计算机产品,如服务器和存储硬件。

• 希克·威尔金森·索德(Schick-Wilkinson Sword)曾在全球召开员工会议,研究女性在刮毛方面的喜好,后于 2003 年推出了一款带有可更换刀片匣的女用刮毛器。这种被称作舒芙 Intuition 的刮毛套装包含一种固态护肤剂,可让女士在涂抹皂沫时刮腿毛。舒芙 Intuition 是直接针对吉列的三刀片式女用刮毛器维纳斯(Venus)用户的。

• 考斯麦(Cosmed)是德国贝尔斯道夫公司(Beiersdorf AG)的子公司,经营妮维雅(NIVEA)牌女用护肤系列产品。后来该公司推出一个新品牌——妮维雅男士系列(NIVEA

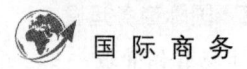

for Men)。

• 根据通用汽车公司最初在中国的市场进入策略,其目标顾客是有资格享用大型轿车的政府和公司官员。如今,通用汽车在中国的产品阵容包括以中产阶层为对象的别克新世纪和售价1万美元的别克赛欧。

由此可见,全球市场的细分可以根据买主类别(即消费者、企业或政府)、性别、年龄和许多其他标准来划分。这些事例也说明市场细分和确定目标市场是两种既相互分离又密切相关的活动。这些活动在中间发挥了纽带作用,一边是市场的需求,另一边是公司经理为迎合一个或几个子市场的特殊需要而开发营销项目、设计价值等具体的策略决定。

——资料来源:Miki Tanikawa. A Personal Touch Counts in Cosmetics[N]. The New York Times,2009-2-17.

国际企业市场营销管理实质上指的是跨国企业的国际市场营销管理活动。根据美国著名市场营销学家菲利普·科特勒(Philip R. Kotler)所著权威性教科书《国际市场营销》中的定义,国际市场营销(International Marketing)是指"对商品和劳务流入一个以上国家的消费者或用户手上的过程进行计划、定价、促销和引导,以便获得利润的活动"。

国际市场营销管理,是指企业根据国际经济、政治等环境的变化,在不同时期、不同区域、不同条件下,在世界范围内确定并采取灵活多变的营销策略,实施有效、及时的管理,以满足世界范围的消费需求,确保其全球经营战略的实现。因此,国际市场营销管理是企业国际商务活动的重要内容,是企业全球战略体系中重要的核心环节。

国际营销与国内营销从本质上来说并无根本不同,营销的基本原理对两者都是适用的。无论国际营销还是国内营销,企业都要分析营销环境、寻求营销机会、选择目标市场,都要进行营销手段和营销组合的决策,实现产品从生产者到消费者的转移。但是,尽管国际营销和国内营销在定义上的唯一区别在于国际营销活动是在一个以上国家进行的,这个差别表面上看起来很小,却隐含了国际营销活动的复杂性、多样性、风险性和挑战性。这是由于开展营销活动的环境存在差异引起的,包括人口、政治、经济、法律、社会文化和竞争环境等。

第一节 国际市场营销概述

一、国际市场营销战略

国际市场营销的一个重要管理任务就是通过学习,发现营销计划和项目可被延伸到全球各地的程度,以及需要修改的程度。一家公司完成上述任务的方式反映了其国际市场营销战略。在国内营销活动中,战略发展涉及两个根本问题:选择目标市场和发展一套营销策略组合。虽然视角会有所不同(见表8.1),但这两个问题同样是公司国际市场营销战略的要害。所谓全球市场参与度,就是指公司在主要世界市场上经营活动的多寡。

表 8.1 国内市场营销战略与国际市场营销战略的对比

国内市场营销战略	国际市场营销战略
目标市场战略	参与全球竞争
发展营销组合	发展营销组合
产品	产品调整或产品标准化
价格	价格调整或价格标准化
促销	促销调整或促销标准化
分销	分销调整或分销标准化
	营销活动的集中度
	营销活动的协同度
	竞争行动的集成度

国际市场营销战略有三个与营销管理相关的维度:其一是营销活动的集中度,即与营销组合(如促销活动或定价决策)相关的活动是在一个国家还是在几个国家开展;其二是营销活动的协同度,即全球各地计划并执行与营销组合相关的营销活动时,各种活动相互依存的情况;其三是竞争行动的集成度,即公司在世界各地的竞争性营销战术相互依存的程度。国际市场营销战略的设计应有助于提升公司在全球各地的业绩。

有些品牌几乎在每一个国家都能见到,可口可乐是世界上有名的强势品牌,其令人羡慕的全球地位部分源于可口可乐公司支持其旗舰品牌的意愿和能力,即依靠各国的罐装厂网络和强有力的当地营销活动。从事国际市场营销的公司未必要在世界上 200 多个国家中都开展业务,是否进入一国或更多市场的决策取决于公司的资源、管理层的心态以及机会和威胁的性质。

二、标准化和本土化

当一家公司比自己的竞争对手为顾客创造了更多的价值时,该公司就可谓在同行中享用竞争优势。竞争优势是在与同行竞争对手对比中显现出来的,例如,你开在某地的自助洗衣店属于当地洗衣业,你的竞争对手是地方性的。全国性行业中的竞争者则是全国性对手。全球性行业(如汽车、消费电子品、手表、药品、钢材、家具以及其他许多行业)的竞争则具有全球性。如果企业投身于某个全球性或正在全球化的行业,全球营销便成为必不可少的活动。

全球化正在改变一些产品走向国际市场的方式,但这还不是它的全部。一些公司实施全球战略,在全球范围内以近乎相同的促销手段销售同一产品;而另一些公司则发现需要对其产品做一些改变,以适应国外市场消费者的口味;另外还有一些公司的产品则需要采用不同的宣传方式,目的在于利用当地市场独有的特色吸引当地顾客。那么,经理人如何决定什么时候需要修改他们的营销战略呢？

企业市场营销经理人通常选择三个基本方法来决定是否使企业的销售组合标准化或者本土化：

(1) 企业应该采取种族中心主义的方法(ethnocentric approach)，换句话说，就像在国内一样在国际市场上简单地销售产品，对市场营销组合不做变化或者是尽可能少变化以适用于全球市场的政策。

(2) 企业应该采取多中心主义的方法(polycentric approach)，也就是说，采取定制化市场营销组合，以适应每个外国市场用户的特殊需求。

(3) 企业应该采取以全球为中心的方法(geocentric approach)，换句话说，分析全世界消费者的需求，然后对其服务的所有市场采取一个标准化的市场营销组合。以全球为中心的方法要求市场营销组合的标准化，允许企业在不同的市场提供实质上一样的产品和服务，并且使用同质化的市场营销方式在全球销售产品和服务。

美国著名研究学者西奥多·莱维特在他的一篇广为人知的文章中写道，世界正变得日益标准化和同质化，全球公司在世界各地应该以同样的方式销售同样的商品。莱维特认为，技术的进步已经使得世界上所有客户的需求和偏好趋向大同，因此公司应该通过标准化其产品的物理特性和营销策略来降低生产成本和营销成本。

自从那篇文章发表以来，一些研究人员却指出，标准化只不过是那些已经成功进入国际市场的公司所采用的诸多战略中的一种而已。另外，还有人争论说标准化战略并不总是最好的，并劝告那些规模较小的公司在利用他们独有的国际形象去获取当地市场份额时一定要适应当地文化。

企业采取标准化和本土化的程度依赖于许多因素，包括产品类型、母国和东道国之间的文化差异以及东道国的法律体系。总部设在俄亥俄州的乐伯美公司在尝试提高其国际销售时发现了审美观的作用。美国消费者喜欢用蓝色系或杏色系的家居用品，而欧洲南部的居民则偏爱红色，荷兰人却喜欢白色。此外，欧洲文化习惯用金属制品，欧洲人大多认为塑料制品是劣质产品的代名词，因而他们喜欢用带盖的金属垃圾桶；而在美国则正好相反，美国人偏爱塑料制品，喜欢用敞口的塑料垃圾桶。

事实上，的确有一些产品可以忽略各国的文化差异在全球进行标准化营销。尽管红酒并不是传统的亚洲酒品，但它却在极短的时间内席卷了亚洲市场，如中国香港、中国台湾、新加坡和泰国等。医学研究的结果——"饮用适量的红酒有益于身体健康"，更是促进了红酒市场的迅速发展。另外，一些原因也起到了不小的作用，在亚洲人眼里，红色是一种幸运的象征，很多人就餐时点上一瓶红酒可能也正源于此，他们用红酒代表他们的成熟和成功。即使在北京，现在时尚的年轻人也都会选择红酒作为乔迁之礼而不是父辈们所钟爱的白酒。

国际企业也必须考虑其本身的组织结构。标准化意味着经营控制权更加集中，通常是位于公司的总部，本土化策略则意味着总部更加可能将决定权下放到地区经理人。因此，中央集权型的企业更有可能采取标准化的国际市场营销组合，而分权制企业则更有可能采取本土化营销策略。

在理想的条件下,国际市场营销者应该"思维全球化,行动本土化",不集中于任何一个极端,也就是说,既非完全的标准化又非完全的本地化。比如,很多公司会标准化其产品设计以获得生产的规模经济效益,同时定制不同市场的广告宣传和营销渠道以满足当地市场的需求。表8.2总结了影响公司采用标准化还是本土化策略的一些因素。

表8.2 标准化和本土化

促进标准化的因素	促使调整适应的因素
产品研究开发的经济性	不同的使用环境
生产中的规模经济	政府的规章制度的影响
市场营销的经济性	购买者不同的行为模式
控制市场营销方案	促进本地化营销主动性
全球同质市场趋势	执行中激活当地的创造性和推动力量

第二节 国际市场细分及目标市场的选择

一、国际市场细分

国际商务人员在对国际市场进行详细调查研究的基础上,通过对第一手资料和第二手资料进行研究和分析,以期发现宝贵的营销机会。开拓国际市场,主要按照以下步骤进行:① 细分市场;② 选择目标市场;③ 进行市场定位。

(一)国际市场细分的概念和作用

市场细分(market segmentation)的概念是由美国市场学专家温德尔·史密斯(Wendel Smith)于20世纪50年代中期首先提出来的,是指企业在市场营销调研的基础上,按照一定因素把整体市场划分成若干个小市场,即细分市场或子市场,然后从中选择营销对象。所谓国际市场细分,是指企业按照一定的细分变量,把整个国际市场划分为具有不同营销组合特征的小市场或分市场。市场细分的思想被广泛应用于营销实践过程,市场细分是选择目标市场的基础。

企业对国际市场进行细分,对正确开展国际市场营销活动,具有很大的意义,这主要表现在5个方面:

(1)有利于企业分析和发现新的国际市场机会。

(2)有利于企业根据细分市场的特点和自身的比较优势,确定市场目标和进行市场定位,制定最优营销策略。

(3)有利于企业根据细分市场的特点,集中使用人力、物力等资源,避免分散力量,从而取得较好的国际市场营销效益。

(4) 有利于中小企业开发国际市场,因为中小企业实力相对较弱,通过国际市场细分,能扬长避短,集中力量占领一块有利可图的细分市场。

(5) 有利于企业较快地觉察市场变化,一旦国际市场发生变化,能随机应变,及时调整。

(二) 国际市场细分的标准

1. 国际市场宏观细分

国际市场宏观细分是指按照某种标准,把整个国际市场分为若干个子市场,每一个子市场具有某些共同的特征。通常采用以下标准:

(1) 地理标准。这种细分方式的依据是,处于同一区域的各国具有相似的文化背景,因而在消费行为和购买动机方面有很大的相似性,比如,把国际市场划分为北美、西欧、日本、东欧、中东、南亚、东南亚、东亚、拉美、非洲市场等。

(2) 经济标准。各个国家或地区的经济发展水平直接决定消费者的购买力,常用的经济标准包括人均 GNP、人均 GDP、进出口贸易额、外贸依存度等,按照这些标准,可将国际市场划分为发达国家市场和发展中国家市场,或工业化国家、中等收入国家和低收入国家等子市场,或分为传统社会、起飞前准备阶段、起飞阶段、趋于成熟阶段和大众高消费阶段等市场。

(3) 社会文化标准。用来对各国市场进行集群分析,常用的细分变量包括语言、种族、民族、宗教、教育及价值观等。

(4) 组合标准。它是 20 世纪 80 年代初里兹克拉提出的,他从国家潜量、竞争力和综合风险 3 个方面,按 3 个等级,对世界各国进行不同的排列组合,把国际市场细分为 18 类;其中,国家潜量是指企业的产品或劳务在一国市场上的销售潜量,可通过人口数量及分布、经济增长率、人均国民收入等衡量;竞争力包括影响该国竞争力的内部因素和外部因素,内部因素是指企业自身的资源条件及企业在该国市场上的表现,外部因素是指同业竞争、替代产品的竞争及行业竞争结构等;综合风险是指该国所面临的政治风险、经济风险、财务风险及各种影响利润和经营结果的风险。组合细分法对不同国家的营销环境的考察更全面具体,但需要事先通过大量调查以掌握准确信息,过程复杂,会导致过高的营销成本。

2. 国际市场微观细分

国际市场微观细分,是基于消费者需求差异的细分。经过国际市场宏观细分,企业选择某个国家作为目标市场,但企业在决定进入该国市场后,还需对该国市场再进行微观细分,使企业的最终目标市场更具体、更准确。国际市场微观细分可以分为消费品市场微观细分和工业品市场微观细分两类。

消费品市场微观细分的标准主要有:

(1) 地理因素,是指根据消费者所处的地理位置进行细分,依据是消费者所处地理位置不同,市场潜力、竞争情况、消费者特点不同。

(2) 人口因素,是指根据消费者的家庭结构、年龄、性别、婚姻状况、职业、收入水平、文化程度、种族、宗教等进行细分,因为人口因素是区分消费者群体最常用的基本要素,因此是微观细分的重要依据。

(3) 心理因素,指企业按照人的心理特征,如理性或感性、强制性或非强制性、独立或依赖、内向或外向、保守或激进、成就欲、领导欲等个性特点及价值观和生活方式等进行细分,比如,将女性皮鞋市场分为时髦型、朴素型、大众型、独特型等子市场。

(4) 行为细分,是指根据消费者的购买习惯、消费模式等特点进行细分,如根据消费者所追求的效用利益将牙膏市场细分为保持牙齿洁白、防止龋齿、使口腔清新芳香3个子市场;根据使用程度的行为将国际男用香水市场划分为未使用者、曾经使用者、潜在使用者、初次使用者、经常使用者5个子市场。

工业品的消费主要表现为企业行为,购买的目的主要是生产产品或提供劳务,因而决定购买的因素往往比较客观,具有购买的数量大、次数少、购买者地理位置集中、专业要求高等特点。工业品市场微观细分标准主要有:

(1) 购买者所处的行业和部门。如生产制造业、公用事业部门,或政府机关等,不同的行业具有不同的需求,按行业特点细分可以使企业更好地满足目标市场的特殊需求。

(2) 购买者的规模。购买者的规模决定购买力和购买方式,如根据用户大小将市场分为大客户、小客户等子市场。

(3) 购买组织的特点。工业品市场上的购买属于集团购买,大企业参与购买决策的人多,小企业参与购买决策的人少;民主管理式企业参与购买决策的人多,家族式集中管理企业参与购买决策的人少;大型设备参与购买决策的人多,低值原材料参与购买决策的人少。

(4) 购买者所处的地理位置。如购买者所在地区的气候、交通条件、水电设施、运输条件等。

应当指出的是,尽管国际市场细分是企业制定国际市场营销战略和策略的重要前提和依据,要使市场细分合理和有效还必须注意以下几个方面的问题:首先,细分国际市场的变数的个数取决于消费者需求差异的大小。对于消费者需求特征差异较小的产品或服务可采用单一变数进行细分,如果消费者需求特征差异较大,则应采取双重或多重变数细分,以保证细分的有效性。其次,细分国际市场的变数也不是越多越好。因为若对某市场采用了过多的变数进行细分,会导致各个子市场过小,既给企业选择目标市场带来了困难,又会使得企业的营销活动缺乏效率。再次,应把握市场细分的动态性。国际市场上的消费者需求和竞争者状况每时每刻都在发生变化,企业应注意信息的搜集,在必要时进行市场细分的调整。

二、国际目标市场

(一) 选择国际目标市场的标准

并非所有的细分市场对国际企业都具有同等的吸引力,企业在进行国际市场细分后,要从若干个细分市场中选择一个或多个细分市场作为自己的国际目标市场(target market)。选择国际目标市场的总体标准是要能充分地利用企业的资源以满足该细分市场上消费者的需求,具体有以下标准:

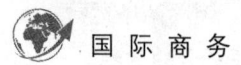

1. 规模、质量与可测量性

国际目标市场应当是具有一定规模和消费质量,并且销售潜量及购买力的大小能被测量的市场。在细分后的市场群中确定目标市场,首先要从战略高度出发考虑哪些市场更有开发潜力。同时,目标市场的现实状况和潜力必须是可以测量的,即企业可以通过各种市场调查手段和销售预测方法来测量国际目标市场现在的销售状况和未来的销售趋势。

2. 稳定性

国际目标市场必须在一定时间内保持相对稳定的状态,以便企业制定长期的营销战略,对该市场进行有效的开拓,从而保证企业获得稳定的经营利润。如果市场变化过快,企业必须快速调整营销策略和资源分配,这就加大了企业经营的风险。

3. 竞争缓和性

国际目标市场应当选择竞争相对缓和的市场。通常竞争激烈的市场中,由于竞争成本较高,新进入企业很难迅速掌握市场主动权。因此应当避免选择竞争激烈的市场,以便形成市场控制力,拥有一个更有弹性的经营空间。

4. 相容性和可行性

国际目标市场所提供的营销资源,能使企业有效地制定国际营销计划和策略,以及有效地将营销计划付诸实施。同时,国际目标市场的环境有利于企业发挥市场协调的能力,在环境变化时调整其营销战略和策略。相对于竞争者,企业的资源条件、营销经验及所提供的产品和服务在所选择的国际目标市场上具有更强的竞争能力和竞争优势。

(二)国际目标市场营销策略

在目标市场最终确定后,企业可以选择具体的目标市场营销策略主要有3种。

1. 无差异性营销策略

无差异性营销策略是指企业以同一种商品去适应市场细分后各个子市场的共同需要。采用这一策略,要求企业采用大规模生产方式和标准化作业,建立广泛的销售渠道,制定统一的广告宣传内容,提供统一的标准化产品,从而在消费者心目中树立起企业所提供的产品或服务的鲜明形象。

这种营销策略的实质是企业只着眼于消费者需求的同质性,对消费者需求的差异性忽略不计。无差异市场策略的代表是可口可乐公司,曾长期以单一口味的产品、单一标准的瓶装和统一的广告宣传占领世界饮料市场。这一策略最大的优势在于成本的经济性,不足之处是忽略了不同消费者之间的需求差异,因而会丧失许多市场机会,一旦有几家企业在同一行业采用这一策略,竞争就会日益激烈。在现实中只有极少数企业会采取这种策略。

2. 差异性营销策略

差异性营销策略是指企业在市场细分的基础上,针对不同的目标市场生产不同的产品,实行不同的营销组合方案,以适应不同的需求,提高市场份额。

这一策略的优点是能够塑造差别产品的形象,满足不同类型消费者的需要,争取到更多的"忠诚者",可以减少经营风险,增强企业的应变能力,如美国通用汽车公司针对具有不同财力、目的和个性的国际消费者,生产不同种类、型号的汽车,以满足他们的不同需要。问题在于企业的生产、营销成本和管理费用会大大增加,企业的经营收益会受到影响。一般只有少数采用高度分权化管理的大企业才有能力采取这种策略。

3. 集中性营销策略

集中性营销策略,是大多数企业的营销策略选择。在前两种营销策略中,企业面向的是整个市场或大部分子市场,而采取集中性营销策略的企业则力图在市场细分后的众多子市场中,选择某一个或少数几个细分市场作为目标市场,集中力量在该市场上营销,争取获得竞争优势,占有较大甚至是领先的市场份额。

这一策略的特点是可以深入地了解特定细分市场的需要,实行有针对性的经营,向某一特定的子市场提供最好的产品和服务,生产和营销的集中也使经营成本得以降低。不足之处是目标高度集中,经营风险较大,若目标市场发生突然变化,或市场上出现一个新的强有力的竞争对手时,企业就可能面临生存困难。因此,采用这一策略,企业需要认真分析,找准方向。许多国际企业往往把目标分散在好几个国际市场部分,实行"多元化经营",以减少风险。

图 8.1 概括了无差异性营销策略、差异性营销策略和集中性营销策略之间的差别。

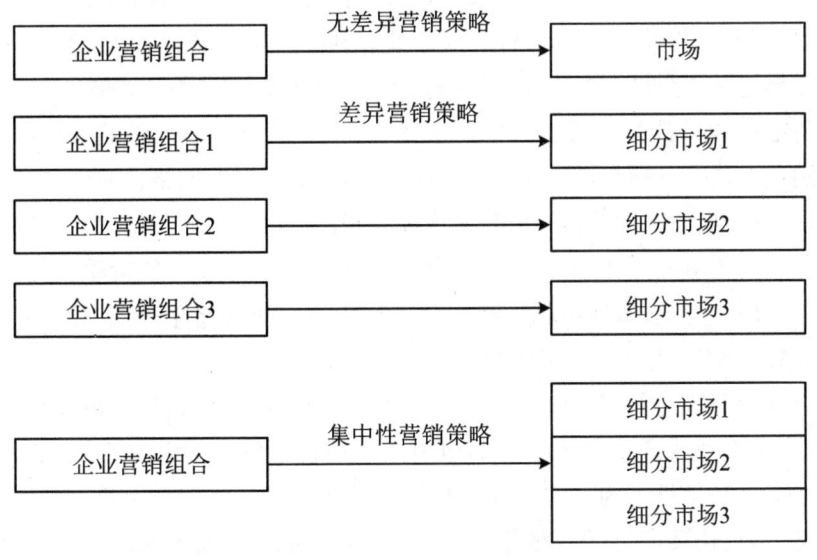

图 8.1 三种目标市场策略

(三)选择目标市场营销策略时应考虑的因素

1. 产品的性质

同质性产品,如钢材和水泥,比较适合于采用无差异性营销策略。而对于那些可采取不同设计的产品,如汽车、家用电器等,则更适合采用差异性营销策略或集中性营销策略。

2. 产品所处的生命周期阶段

当企业把一种新产品导入市场时,比较现实的做法是强调产品某一个特点,因此无差异性营销策略或集中性营销策略最为有效;当产品进入生命周期的成熟阶段时,差异性营销策略则开始起更大的作用。

3. 市场的特点

如果购买者都有相同的消费偏好,而且对营销刺激也都产生同样的反应,则适宜采用无差异性营销策略。反之,则采用差异性营销策略或集中性营销策略为好。

4. 企业的资源

当资源不足时,企业采用集中性营销策略最为有效。

5. 竞争对手的营销策略

当竞争对手都实行无差异性营销策略时,推行差异性营销策略或集中性营销策略的企业自然会在竞争中获得有利的竞争地位。

三、国际目标市场定位

(一) 市场定位的含义

市场定位(market position)有两种含义。第一种含义是指对国际市场细分并选择确定细分目标市场的过程,即将企业或产品定位在最有利的目标市场位置上。它基本上是根据消费者需求差异选择准确的消费群体或阶层进行定位,是国际市场细分策略的应用。主要有:

(1) 年龄定位,如"强生"护肤品按照年龄使自己成为儿童护肤品中的领导者。

(2) 性别定位,如"金利来,男人的世界";经典的案例还有万宝路香烟。

(3) 心理定位,如斯沃琪手表根据时尚这种心理进行市场细分获得巨大成功。

(4) 特殊消费者定位,如捷卡系列运动表的定位是"现代中学生的运动表"。

(5) 大量使用者定位,如日本朝日啤酒公司集中所有资源将单一的"超级干啤"(Super DRY)牌产品做精做优,满足整个市场的需求。

第二种含义是指在进行了国际市场细分并确定了目标市场后,根据市场竞争情况和本企业条件,确定本企业或产品在该目标市场的位置,使目标顾客理解并正确认识本企业或产品有别于竞争者的象征性行为。它实际上是使企业或产品在消费者心目中占据一个位置,形成一种优势,因此需要向目标消费者说明本企业及产品与现有的及潜在的竞争者有什么区别。这种"特色"和"形象"可以是实物方面的,也可以是心理方面的,或兼而有之,如优质高档、物美价廉、豪华舒适、服务周到、技术先进等,都可作为定位的概念。

(二) 市场定位策略

定位的策略有很多,大体上可分为实体定位和观念定位两大类。

1. 实体定位策略

实体定位策略,是指以产品的质量、性能、用途、造型、价格、包装、服务、运送、维修等某

一方面的独特性来定位,强调本产品与同类产品的不同之处和所带给消费者的更大利益,突出产品的新价值。具体有:

(1) 功效定位。即以商品的特异功效来定位,如美国宝洁公司根据各品牌的不同功效为其生产的海飞丝、飘柔和潘婷等确定了"去头屑""柔顺""营养健康"的定位,满足了不同需求的消费者,因而赢得了广大的消费市场。

(2) 品质定位。即以商品的优异品质来定位,如康师傅方便面"香喷喷,好吃看得见",使消费者对其品质产生信赖感,从而产生强烈的购买欲望。

(3) 价格定位。即以商品的价格高低来定位,可分为高价定位和低价定位。高价定位法是以高位价格突出产品的档次,塑造高品质的产品形象,多运用于汽车、香水、手表、电视机等奢侈品,如"世界上最贵的香水只有快乐牌(Joy)";低价定位是以低位价格增加产品的竞争能力,吸引更多的消费者,多适用于竞争激烈的产品和无品牌的日用品,如盐、糖、麦粉、饮料等,如百事可乐以"同样的价格,两倍的含量"打得可口可乐喘不过气来。

(4) 高技术定位。即对产品的形象给予高技术性的联想定位。个人电脑、摄像机、音响、汽车等产品,消费者的关注度主要集中在它们的技术性能上,因此,在对这类产品的营销中,就要着重强调产品的技术特征和性能,向消费者提供有关技术性的信息,在消费者中树立产品的高技术形象。

2. 观念定位策略

观念定位策略,就是突出商品的新意义,改变消费者的习惯心理,树立新的商品观念的定位策略。主要有:

(1) 逆向观念定位,是借助于有名气的竞争对手的声誉来引起消费者对自己的关注、同情和支持,以便在竞争中占领一定市场份额的定位策略。如中国台湾"普腾"(Proten)电视为了打开美国市场,借用当时日本索尼在美国已建立起优秀的品牌形象,打出了"Sorry Sony"(对不起了,索尼)的广告口号,引起了人们的普遍关注,知名度急剧上升,此法多适用于二、三流企业和二、三流产品。

(2) 比附观念定位,与逆向观念定位从产品与竞争品的关系出发点不同,它是从产品与其他相关产品的关系出发,间接地揭示和传达了本产品价值信息,从而唤起人们对该种商品的需求。如雪利酒"在喝咖啡时,永远不要忘了芳醇的雪利酒"。

(3) 是非观念定位,通过新旧观念的对比,让消费者明白是非,接受新的消费观念,最有名的例子是美国七喜(7up)汽水的"七喜,非可乐"是非观念定位,适用于三流企业、三流产品,这样可以避开一、二流企业的锋芒,另辟市场,从侧面与其展开竞争。

(4) 流行观念定位,即以社会流行观念创造出产品的附加功能,以迎合广告对象的消费心态。如箭牌口香糖利用社会上流行的色彩观念,赋予各种口味颇有创意的附加功能,绿箭是"清新的箭",红箭是"热情的箭",黄箭则是"友谊的箭",将白箭定位于"健康":"每天嚼白箭口香糖,运动你的脸",使箭牌口香糖在市场上畅销不衰。

(5) 高感受定位,即对产品的形象能够引起消费者某种特别感受或情绪为重点的定位,也叫个体成功观念定位,是对个人生存的全部正面价值的肯定,比如,事业、成功、地位、身

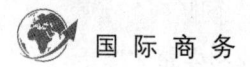

份、财产、健康、友谊、爱情、审美，等等，运用最为普遍，如"人头马一开，好运自然来"。

由于观念的流动性、可塑性，观念定位法也不拘一格，没有一个固定不变的模式，只要能最终抓住消费者的心，就是成功的定位。

第三节 国际市场营销策略

在国际企业决定进入某一特定的外国市场后，就需要进一步考虑具体的营销决策，国际营销经理们必须考虑以下4个方面的问题：如何开发公司产品；如何给产品定价；如何销售产品；如何将产品分销到客户手中。

这些因素共同被称为销售组合，通俗地被认为是市场影响的"4P"，即产品、价格、促销和分销。它们是国际营销活动的核心领域。

一、国际市场产品策略

国际企业所采取的产品战略将随特定产品与用户的不同而有所不同。有些产品可通过采用相同的战略而在国内和海外同时被成功地生产和销售。其他一些产品则必须加以改动，并按照专门制定的营销战略在海外销售。表8.3显示了各种可能性，位于表左侧的产品与服务不需要多少改动，而位于右侧的产品则必须加以改动以适应当地的市场需求。

表8.3 面对国际市场而对产品进行改动的一些例子

不需要多少改动	需要少许改动	需要大量改动
重型设备	汽车	时尚性消费品
电子手表	服装	化妆品
笔记本电脑	家用电器	包装食品
化工设备	药品	文化产品
书写设备	飞机	广告
照相机	运动鞋	包装
网球拍	电视机	餐饮
香烟	啤酒	医疗服务

（一）无需进行多少改动的产品

工业用产品和技术服务是无需进行多少改动的典型例子，推土机、笔记本电脑和复印机，无论是在美国、法国还是中国，都履行同样的功能，并以同样的方式被使用。即便需要做出一些小的调整，也不过是使机器适应不同的电压，或改变标签及说明书的语言文字等。很多服务性活动也同样如此。例如，国际工程建设公司发现它们在全球各地都使用类似的产品战略。在世界各地，人们也采用基本相同的方式修建水库和电厂。

实际上,经验是说服客户雇用工程建设行业跨国公司的最有力根据,例如,拥有在美国扑灭油井大火和在阿拉斯加清理瓦尔迪兹石油泄露(Valdez oil Spill)经验的美国公司,在1991年海湾战争的灾难之后曾大显身手。这些公司拥有很高的国际声誉,它们也无需采用差异化的营销战略便可取得成功。又例如,某些国际名牌产品也在世界各地受到了一致认同。

(二)需要中度到较大程度改动的产品

有数种因素致使跨国公司需要对产品进行一般到较大程度的改动,它们包括经济、文化、当地法规、技术以及产品的生命周期等。

1. 经济因素

有大量的例子可以说明经济因素会如何影响企业的产品改动决策。例如,美国的口香糖往往是10～20片一小包装。但在其他很多国家,购买力的不足则要求销售5片一包的小包装口香糖。在很多国家,消费者必须将购买的商品从商店提回家,因此,小而轻的包装比大而重的包装更受消费者欢迎。

经济因素在下述场合也十分重要,即产品价格或者过高,或者太低,致使在其他国家不足以吸引消费者,例如,在经济发达国家,商店均采用电子收款机,在那里已看不到老式的手动收款机。然而在世界上很多国家,电子收款机对于大多数零售店和小店铺来说仍过于昂贵,过于复杂。因此,像收款机公司(现在已成为美国电话电报公司的一部分)这样的跨国公司,至今仍在继续生产老式手动收款机。此外,便宜的计算器仍在世界各地被广泛使用,很多商店还在用它计算顾客购货总价。

类似地,在经济发达国家,产品一般会被加以装饰;而在欠发达国家,消费者则只愿接受那些仅具有基本功能的产品。例如,在美国,自行车被用于体育锻炼和娱乐,因此需要拥有很多特殊功能以供骑车者尽情享受;然而在很多国家,自行车还只是基本的交通工具。因此,为美国生产的自行车要轻巧舒适,而为第三世界国家生产的自行车则要经济耐用,为此,自行车制造商要对自行车进行改造,使其适应不同国家的不同市场需求。

2. 文化因素

在某些场合,必须对产品加以改造,以适应于不同国家中人们的不同行为方式。例如,法国人喜欢从顶部装衣物的洗衣机,而英国人则喜欢从侧面装衣物的洗衣机;德国人喜欢带有高速旋转甩干功能的洗衣机,而意大利人喜欢低转速的洗衣机,因为他们愿意在太阳下晾晒衣服。因此,向欧盟地区销售洗衣机的厂商便需要生产多种不同的机型。

食品往往是需要因地制宜地进行生产和销售的另一类产品。诸如麦当劳这样的特许快餐店,在世界各地以类似的菜单和食品提供服务,但它也为适应各地区消费者的不同口味而对某些食品进行了调整。例如,南美分店提供的咖啡要比北美分店中的味道要浓。在某些欧洲和亚洲地区的分店中,食品中使用了更多的调料,以适应当地人的口味。

文化还从式样和美学方面影响消费者的购买决策。化妆品和美容品就是很好的例子。在欧洲畅销的香水往往难于在美国找到市场,因为它们不被美国女孩喜欢。类似地,很多畅销于美国的产品,如香波和除臭剂,在其他地方却只有有限的市场。例如,吉列公司发现,很

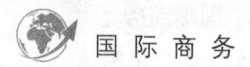

难以销售洗漱用品获利,因为人们往往认为这类产品基本上大同小异。

方便性与舒适性是决定是否需要对产品进行改造的另外两个文化因素。过去在美国销售的日本汽车是为针对其他进口汽车,尤其是大众公司的甲壳虫牌(Beetle)汽车而设计的。研究人员发现,用户对甲壳虫牌汽车的两个最大抱怨就是后排座位太小,加热器的加热速度太慢。意识到美国人对这两方面的要求后,日本公司提供了有很大后座空间和更高效的加热器的车型。不出几年,这些日本进口车便蚕食了大众公司的汽车市场。外国汽车制造商还发现了追求很大、方便性和舒适性的消费者群体。其结果是,出现了很多日本及德国产豪华型轿车,这些轿车在高档车市场中能够很好地同美国车型竞争。

其他要求对产品进行改动的文化因素包括颜色和语言。在美国,人们在葬礼中穿黑色衣服;而在其他一些国家,在葬礼中使用白色,因此在消费品中不宜使用这种颜色。类似地,美国市场中的绝大多数洗发水都是浅颜色的;而在一些东方国家,消费者更喜欢深颜色的洗发水。语言也是一个修改产品时要考虑的重要因素,因为产品往往需要借助文字来说明其内容及使用程序。在同时使用两种或更多语言的地方,如加拿大和瑞士,这些信息都要同时以各种相应的语言文字进行表述,语言对于正确表达产品的形象也十分重要。人们经常发现很难翻译的广告文字,因为有些说法或口号在其他语言中根本没有意义。

3. 当地法规

当地法规也可能要求对产品进行改动,以使其满足当地环境和安全的要求。例如,美国的汽车排气控制法规曾要求日本及欧洲汽车制造商对出口美国的汽车进行很大改动。一些国家的食品和药品法规对商品包装和说明的要求往往也不同于商品产地国。例如,在沙特阿拉伯,任何含有动物脂肪的产品,都必须说明其脂肪来自何种动物并申明没有使用猪油。商标保护法规也会要求对产品进行某些改动。例如,福特汽车公司发现,在墨西哥必须给其福特鹰牌(Falcon)汽车改名,因为这一商标在那里已为他人所注册占用。该公司的野马牌(Mustang)汽车在德国也遇到了同样的问题。

4. 技术及产品的生命周期

改造产品的另一个理由是要解决有限的产品生命周期问题。例如,在20世纪80年代,福特汽车公司曾在欧洲市场获利甚丰,但在90年代,这一盈利已不复存在,因为福特公司没能够开发出新型的、有竞争力的产品。吉列公司是另一个很好的例子。该公司非常有效地将技术与营销结合,以便在老产品的市场份额明显下降之前及时推出新产品。

通过在老产品衰落之前推出新产品和服务项目而缩短产品生命周期,是一种非常有效的战略,图8.2说明了这一点。请注意,图中有两种产品生命周期。一种是标准的产品生命周期,它覆盖了一个较长的时期,一般为4~5年。另一种是时间跨度短得多的产品生命周期。很多公司发现,通过缩短产品生命周期和提供新产品,它们能够获取和保持很大的市场份额。其通常的做法是,推出一种新产品,之后对其进行改进,并在竞争者做有效反应之前推出新的改进产品。在某些时候,公司可通过推出变革性产品而得到竞争优势,但只要产品改进战略仍具有价值,公司便可继续靠这一战略而保持产品领先者的地位。这一战略正为遍及世界各地的跨国公司所采用。

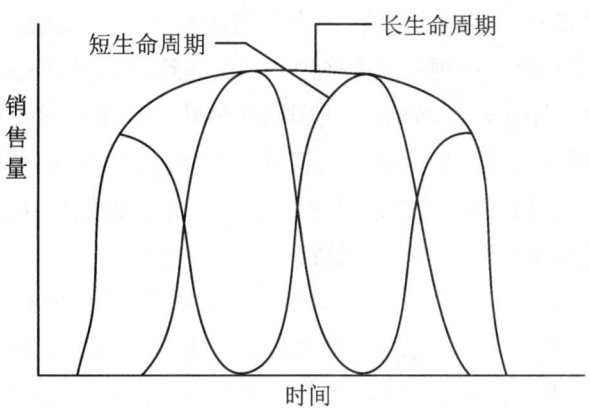

图 8.2 两种不同的产品生命周期

二、国际市场定价策略

（一）影响国际市场定价的因素

在国内业务中，定价就已经是一项既繁琐复杂又通常具有主观性的工作。在国际业务中，定价工作更是难上加难，因为各国货币各不相同、贸易壁垒名目繁多、成本考虑因素进一步增加、分销渠道通常也更长。经营者都会毫不迟疑地承认：能否获得国际市场成功，价格起到关键性作用。

总而言之，价格的确能够对销售量造成可量化的效力，因而直接影响企业的获利能力。一方面，价格常常招致竞争性反应，而竞争性反应能够使价格下跌；另一方面，由于存在关税、税收和国外中间商的抬价，价格也可能攀升到一个不合理的水平。不同市场中的价差还能导致灰色市场行为（gray market activity）——由授权分销商以外的其他中间商将正品合法进口到一国市场（也称平行进口）。

定价与所有其他营销方案要素相互作用，并对所有其他营销方案要素产生影响。价格能够影响消费者对价值的认知度，能够决定国外中间商的积极性，能够影响促销开支和促销战略，能够弥补营销组合中其他要素的不足。国际定价的影响因素可以分成四类。

第一类影响因素是产品或行业的性质。专业化产品或具有技术优势的产品，企业在定价上具有更大的灵活性。当企业在某项产品上掌握相对垄断权力时（如微软的操作系统软件），企业通常能够索要高价。

第二类影响因素是生产机构的位置。在拥有低成本劳动力的国家配置生产环节，能够使企业制定较低的价格；在主要市场或临近主要市场的位置配置工厂，能够使企业消减运输成本，还可以杜绝由外汇波动引发的问题。例如，20世纪80年代，丰田公司和本田公司都在各自最重要的国外市场——美国建立起汽车制造厂。但是，马自达汽车公司仍然将许多生产环节留在了日本国内，而采取向美国出口汽车的方式。随着日元对美元不断升值，马自达公司不得不提高自己的售价，因而对其在美国的销售造成了不利影响。

第三类影响因素是分销体系的类型。如果企业出口依赖的是国外独立分销商,那么企业的出口定价有时会遭到分销商的更改,因为分销商希望使价格适应他们自己的目标。一些分销商会大幅抬高价格(一些国家的价格抬升幅度达到200%),而这会危害制造商在市场中的形象和定价策略。相比而言,如果企业国际化依赖的是企业通过对外直接投资而建立的公司控股的海外营销分公司,那么管理层就可以维持自己对定价策略的控制力。如果企业出口采取的是将产品直接卖给最终用户的方式,那么企业也能控制自己的定价,能够对定价做出迅速调整以适应不断变化的市场条件。

第四类影响因素是需要考虑到的国外市场条件。各种国外市场因素(如气候等自然条件)可能要求企业投入资金更改自己的产品或产品的分销方式。运往气候炎热地区食品需要冷藏,所以增加了企业的成本。在农村人口居多或者分销基础设施落后的国家,将产品送达广泛分布的客户手中需要支付较高的运费,所以企业必然要制定较高的价格。国外政府的干预也是一个需要考虑到的重要因素。政府征收关税会导致价格升高;许多政府还实施价格管制,例如,加拿大对处方药实施的价格管制降低了企业定价的灵活性;健康标准、安全标准和其他规制也会增加在当地运营的成本,所以企业也必然要制定更高的价格。

图8.3全面列出了影响企业国际定价的内部与外部因素。管理层首先必须说明自己的目标,大多数企业追求的是海外利润最大化。不过,也有许多公司注重的是市场份额,这类

```
内部因素:
    (1) 管理层对利润和市场份额的期望。
    (2) 制造、营销等价值链活动的成本。
    (3) 管理层希望对国外市场定价掌握的控制程度。
外部因素:
    (1) 客户期望、购买力、对涨价的敏感度。
    (2) 竞争对手的提供品、价格和战略的性质。
    (3) 国际客户成本:
        ◆ 对产品包装进行的修改;商标和标志的要求;
        ◆ 单证(原产地证、发票、银行费用);
        ◆ 融资成本;
        ◆ 包装费和集装箱费;
        ◆ 运输(检验、仓储、货运代理费);
        ◆ 保险。
    (4) 登陆成本:
        ◆ 关税(关税、进口税、清关费);
        ◆ 进口港口仓储费,当地运输费用。
    (5) 进口商成本:
        ◆ 增值税和其他由进口商支付的适用税种;
        ◆ 当地中间商(分销商、批发商、零售商)的利润;
        ◆ 库存成本。
    (6) 预期的货币汇率波动。
```

图8.3 影响国际定价的内部与外部因素

企业常常为了获得尽可能多的客户而制定较低的价格。在本节的前半部分,我们还讨论过一些其他影响因素,如控制力问题和生产、营销成本。

(二)国际市场定价策略

在营销组合中,定价是一个产生收益的元素,其他都是成本。因此,在营销决策的主要方面,它应该作为积极的战略工具来使用。但是,因为政府干预、货币不同和附加成本等因素,国际市场定价比国内市场定价复杂得多。国际定价可以基本分为三类:出口定价、国外市场定价和转移定价。

1. 出口定价

在国际市场一般有三种定价战略:全球统一定价;双重定价,也就是区分国内价格和出口价格;市场差异化定价。

前两种是以成本为中心的定价方法,设置时相对简单,容易理解,包含了所有的必要成本。标准全球定价(standard worldwide pricing)的基础是固定成本、变动成本和出口相关成本的平均单位成本。

在双重定价(dual pricing)中,国内价格和出口价格是不同的,这里有两种方法:成本加成法(cost-plus method)和边际成本法(marginal cost method)。成本附加战略(以成本加成法定价)涉及实际成本,也就是,将国内和国外成本全部分配至产品。虽然这种定价方法保证了一定的利润,但是最后的价格可能超出了顾客的承受范围。因此,一些出口商寻求灵活的成本附加战略,根据顾客类型、竞争程度或订单大小,必要时给予一定的折扣。边际成本法是将出口生产和销售的直接成本作为底价,所定价格不低于底价。工厂的固定成本、研发费用、国内一般管理费用和国内营销成本都不计入价格内。出口商因此可以较低的出口价格在市场上取得竞争优势,否则可能被排除在市场之外。

另一方面,市场差异化定价(market-differentiated pricing)是以需求为中心的战略,因此与营销概念更为一致。这种方法在设置出口价格时还考虑到竞争因素。主要问题是出口商不断遇到困境,即缺乏信息。所以,在多数情况下,边际成本为竞争比较提供了一个基础,并依此设置出口价格。

在准备报价单时,出口商必须审慎考虑特殊出口相关成本,可能的话,将它们包括在内。除了与国内成本共享的标准成本外,它们包括:

(1)为国外市场调整商品产生的成本。

(2)出口业务的运营成本。譬如人员、市场调研、附加的运输和保险成本、与外国客户的通信成本以及国外促销成本。

(3)进入国外市场产生的成本。这些包括关税;在不同的市场,与购买者相关的风险(主要是商业信用风险和政治风险);不使用出口商本国货币交易产生的风险——也就是外汇风险。

明确的和隐含的成本加起来导致出口价格远远超过国内价格。这种现象称为价格升级(price escalation)。由于货币贬值,以美元标价的产品对于当地购买者也会变得昂贵。例如,在1997年亚洲金融危机期间,印度尼西亚、马来西亚、韩国和泰国的许多公司大幅削减购买。出口商在这些情况下,可以有多种选择,比如放宽付款条件,削减价格,或者向受影响的市场销售价格降低的、更负担得起的产品。

2. 国外市场定价

企业业务所在市场的定价决定于企业目标、成本、顾客行为和市场条件、市场结构、环境制约。所有这些因素因国家而异,跨国公司的定价政策也因此不同。即使赞成国际市场统一定价,价格歧视也是在不同市场开展业务的企业定价政策一个必不可少的特点。在对美国42个跨国企业的研究中,定价决策中的主要问题是面临的竞争、成本、缺乏有利的信息、分销和渠道因素以及政府壁垒。

因为各种因素的影响,标准全球定价可能只是一个理论问题。但是,定价的协调还是必需的,尤其在较大的区域市场,比如欧盟。标准化常常只是确定价格水平,将定价作为一种定位的工具。

对于跨国企业有巨大重要性的,是对中间商的定价控制与协调。当货币兑换率差异加大时,就会出现半黑市(gray market)。半黑市指进入一个国家时是合法的品牌进口,但是处于正规的分销渠道之外。促使半黑市出现的原因是,一些企业可以在国外市场以比分销商低得多的价格出售商品,比如美国分销商,诸如美元或日元等坚挺货币也是促使半黑市出现的原因。美国的汽车、手表、甚至婴儿奶粉、照相机和口香糖等半黑市很活跃。这一现象不仅在经济上损害了企业,而且破坏了企业的声誉,因为授权经销商常常拒绝保修从半黑市购买的产品。譬如,在美国,从半黑市买来的汽车也许没有通过EPA检查,因此可能使无辜的用户付出代价。

半黑市的支持者声称争取"自由贸易"的权利,指出制造商在一些市场不仅生产过剩,而且定价过高。主要的受益者是消费者,他们得益于较低的价格和折扣分销商。

3. 转移定价

转移定价或公司内部定价是向公司集团内部成员销售时的定价。企业整体的竞争和资金地位形成了定价政策的基础。在这一点上,转移定价发挥着关键作用。企业内部销售可以很容易地改变企业在全球的整体结果,因为它们常常是一个企业内最重要的不断进行的决策领域之一。转移价格通常由企业主要的财务负责人设定——财务副总裁或财务经理——母公司的管理人员都不愿意让其他部门或分公司的管理人员过多地参与。

过去已经出现了四种转移定价的方法:① 按照直接成本转移;② 在直接成本上附加额外的费用进行转移;③ 参照最终产品的市场价格转移;④ 以正常交易价格(arm's length price)(非关联价格)转移,也就是,同一笔交易双方没有关联关系时所达成的价格。

在国外做生意需要处理特殊环境的复杂事务,它的影响可以通过操纵转移价格来抵消。需要调整的因素包括税收、进口关税、通胀倾向、不稳定的政府和其他的规章制度。例如,如果分公司所在国所得税较高,企业可以以高转移价格将商品运往分公司,以低价进口分公司商品,从而最大限度地减少分公司的税收。税负不仅来源于绝对税率,而且也因收入计算方法的不同而不同。另一方面,较高的转移价格可能会影响进口税,尤其是按照广告补助基数来征收。超出一定的限度会使进口税大幅度增加,因此给分公司带来负面影响。

在本国,跨国公司关心的是要维持一个企业公民的好形象。许多企业在起草跨国行为准则时,明确规定企业内部的定价将遵守非关联原则。人们也发现他们严格按照税收法规对转移定价进行管理。经济合作与发展组织也颁布了包括转移定价方法和记录说明的准则,来帮助企业遵守规定。

三、国际市场分销策略

(一)国际市场分销渠道

如同国内的市场营销一样,任何企业在进行国际市场营销时,也必然会面临分销的决策问题。分销是指将产品或服务从生产者向消费者转移的过程。国际分销与国内分销的重要区别在于,国际分销是跨越国界的营销活动,而国内的分销活动则仅限于一国的国境之内。因此,国际分销要比国内分销复杂得多,决策也将困难得多。然而,分销却是国际市场营销策略组合中的一个必不可少的因素。分销渠道的价值在于提高销售效率,降低销售成本。可以想象,如果可口可乐从美国经过太平洋运到中国,再卖到消费者的手上,那成本是怎样的惊人?如果是百威啤酒,也许运到中国都已经过了保质期,那又如何销售呢?如果建立了分销渠道,那时候情形就大不相同了——可口可乐、百威啤酒通过在中国建立分装厂家,建立各级分销环节来完成产品和消费者的接触。这样一来,既有效地节省了从美国越洋运输的成本,又节省了从产品生产到销售之间的时间,让产品出现在消费者可能购买的各个角落,极大地方便了消费者。另一方面,拥有分销渠道,企业不必面对大量的消费者,面对过多的非销售因素,而将经销商作为交易对象,提高了交易效率,降低了交易的成本。

国际市场分销渠道是指将产品实体及其所有权经过各种通道和中间机构从一国的生产者转移到国外消费者或最终用户手中所经过的各种通道和中间机构的总和。渠道的两端分别是产品的制造商和产品的消费者或使用者。从更广泛的角度上看,这个制造商也可能是某一渠道中的一个中介机构,因为要从事产品制造必须组织购进各种生产要素。这种渠道,即由供应商-制造商-中间商(各种经销商、代理商等)-最终使用或消费者所组成。

出口方式进入国际市场时,一次分销的完成一般必须经过三个环节:国内的分销渠道;由本国进入进口国的分销渠道;进口国的分销渠道。出口分销系统的结构如图8.4横箭头所示。在国外设厂生产、就地销售时,与出口的方式相比则可能要简单一些,分销所经过的过程和环节,与国内分销差不多,如图8.4竖箭头所示。

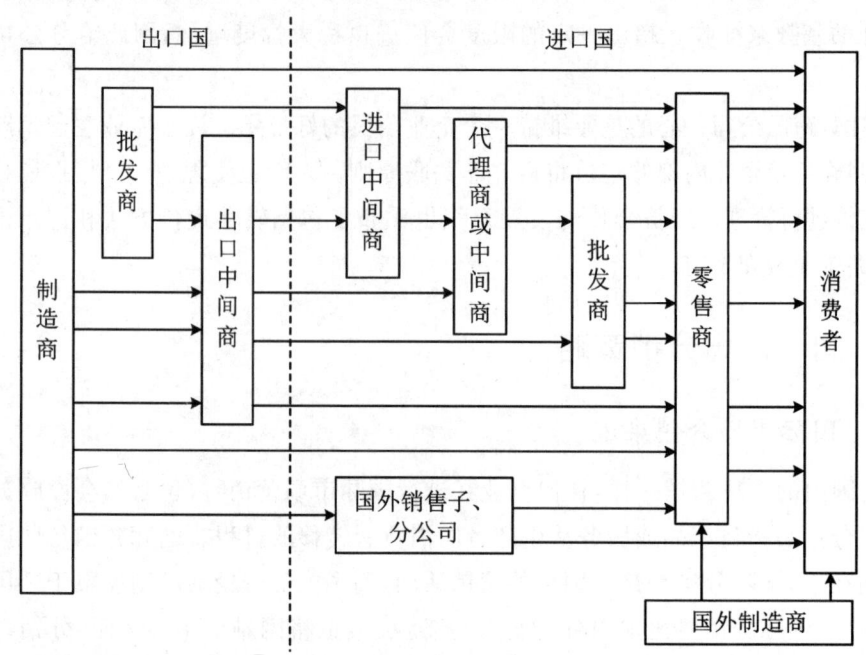

图 8.4 国际分销系统结构示意图

（二）国际分销渠道长度策略

1. 短渠道策略

短渠道策略是指企业直接与国外零售商或用户交易，尽可能越过中间环节，使商品在跨国界销售中的中间环节减少到最少层次。短渠道策略有三种具体方式：

（1）企业直接与消费者或用户交易，又称直接分销。

（2）企业直接与大百货公司、超级市场、大连锁店交易。

（3）企业直接在国外建立直销机构进行销售。

直接分销是工业品分销的主要方式，随着现代网络技术的发展，许多消费品生产企业也可以通过网络直销自己的产品。短渠道策略的优点：越过大量中间环节，可以节约经营成本，有利于增强竞争能力。其缺点：有的商品难以缩短中间环节，过短则不利于进入更广阔的市场。

2. 长渠道策略

长渠道策略，是指企业选择两个或两个以上环节的中间商销售产品对于那些与广大的消费者贴近的商品。企业往往采用多个环节的中间商进行分销、长渠道策略的优点：产品易于进入国外更广阔的地理空间和不同层次的消费者群。缺点：容易形成产品在各个层次上的较大存量，增加销售成本。

影响渠道长度策略选择的因素如表 8.4 所示。

表 8.4 影响国际分销渠道长短策略选择的主要原因

项目	影响因素	长渠道	短渠道
产品特征	重量和体积	重量轻、体积小的产品	重量大、体积大的产品
	易腐性	不易腐产品	易腐产品
	单价	单价低产品	单价高产品
	标准化程度	标准化产品	差别化产品
	技术性	技术性低的产品	技术性高的产品
	时尚性	时尚性差的产品	时尚性强的产品
	新颖度	历史悠久的产品	新投放的产品
市场特征	规模	规模大的市场	规模小的市场
	地理分布	大而广的市场	小而集中的市场
	贸易限制	贸易限制较松	贸易限制严厉
企业特征	规模	小规模企业	大规模企业
	财务力量	财力弱的企业	财力强的企业
	营销能力	经营能力差的企业	经营能力强的企业
	产品组合	产品组合窄的企业	产品组合宽的企业

（三）国际分销渠道宽度策略

1. 窄渠道策略

窄渠道策略，又称独家分销策略，是指进入国际市场的企业在目标市场上，给予中间商一定时期内独家销售特定商品的权力，一般规定这家中间商不能经营其他竞争性产品，而制造商也不能在该地区内直接销售自己的产品或使用其他中间商分销其产品。独家分销包括独家包销和独家代理两种。窄渠道策略的优点：有利于鼓励中间商开拓国际市场，并依据市场需求订货和控制销售价格。其缺点：容易造成中间商垄断市场，对中间商能力要求较高，风险较大。

2. 宽渠道策略

宽渠道策略，是指企业在进入国际市场直到接触最终消费者的各个环节（层次）中，选择较多中间商销售产品，又分广泛分销策略和选择分销策略。广泛分销策略是指在同一渠道层次使用尽可能多的中间商分销其产品，对每一中间商所负责的地区范围不做明确规定，对其资格条件也不做严格的要求。

选择分销策略是指企业在一定时期、特定的市场区域内精选少数中间商来分销自己的产品。宽渠道策略的优点：促进企业产品进入广阔的市场；利于中间商之间展开竞争，扩大商品销售。其缺点：价格、整合沟通等较难控制，中间商一般不愿为产品承担广告宣传费用，还可能造成中间商互相削价竞销，损害产品在国际市场上的形象。

有些产品为了能迅速进入国际市场，在开始时往往采用广泛分销策略，但经过一段时间后,为了减少费用,保持产品声誉,转而选用选择分销策略或独家分销策略,逐步淘汰那些作用小、效率低的中间商。也可选用几家中间商进行试探性分销,待企业有了一定国际市场经验或其他条件比较成熟以后,再调整市场分销策略。

由此可见,从事国际市场营销的企业有多种分销渠道模式可供选择,这依赖于企业已确定的国际市场进入战略。不仅如此,企业在选择具体的国际分销策略和设计国际分销渠道结构时,还必须充分地考虑企业自身的资源及其所在行业的特点、竞争者的渠道策略、目标市场特征、目标市场国家的法律环境以及消费者的生活方式和购买习惯等。此外,不论采取何种选择,国际营销企业都必须考虑渠道的效率和对渠道的控制。

（四）国际企业的国际分销渠道策略

对国际企业来说,它必须同时开拓国内与国外两种市场。这样才能确保自己"左右逢源",在最大范围内发展自己。就国际分销渠道策略来讲,有三种类型策略可供选择。

1. 间接出口

所谓间接出口是指国际企业将产品销售给国内的销售中介机构,而后再由这个销售中介机构转售给国外用户,或者向整件产品制造商的出口产品的生产提供零部件或附件,由其通过整件产品的出口,达到销售自己产品到国外的目的。

当企业在国际市场上尚未树立一定的声誉,其产品品牌在国外用户中缺乏一定的知名度,由于初次涉及对外贸易活动,企业在人员、资金、机构建设和经验等各方面都不具备直接向国外市场推出产品的条件。在这种情况下,可以选择间接出口的方式,为直接出口创造条件,打下基础。

2. 直接出口策略

直接出口是国际企业的既定目标,直接出口不仅使企业有向国外用户显示自己和了解国外市场变化的机会,更为企业的产品打开了一个更为广阔的市场。

(1) 以进口国的商业企业为中间商。这是一种国际企业在对国外市场需求掌握不够充分情况下,常常采用的策略。利用进口国的商业企业熟知本国市场和已有的分销渠道等条件,选择其中合适者作为出口商品的中介。

(2) 向进口国派驻机构。条件成熟的国际企业,在了解进口国的各种有关法律规定后直接派驻本企业人员或聘请当地人员,组成专门从事销售本企业产品的机构。这种策略下建立的分销渠道,有很大的稳定性,企业可以严格控制各种渠道行为的发生。对企业来说,更大的好处是企业可不断发挥这一渠道所具有的调研、沟通、促销等各种功能,为企业在国际市场上参与各种竞争提供了坚实的基础。

(3) 直销策略在产品出口中的运用。国际企业可以通过举办或参与各种国际产品展销会、进出口贸易洽谈会,直接与国外最终用户达成供货协议后,将产品直接销售给这些最终用户。这是在出口贸易活动中最短的分销渠道,也是许多国际企业常采用的渠道策略。

3. 国外生产策略

国际企业常为国际市场竞争日趋激烈与国际贸易保护主义现象不断严重的矛盾所困

惑。扩大产品出口是每一个国际企业和其国家的目标,但进口国家则为保护本国弱小的民族工业得以生存而树立贸易壁垒。国际企业面对进口国家政府的种种进口限制,以及这些国家民族主义情绪的不断高涨,必须制定出一个两全之策,在国外生产不失是一种较理想的选择。国外生产,对生产企业来讲有合资和独资两种方式可供选择,合资又可分许可证方式、特许方式、行业合作方式、合同生产方式、管理合约方式等五种。

四、国际市场促销策略

(一) 促销的形式

从本质上看,促销是一个传递信息即沟通的过程,是一个旨在通过促销信息的传递,使信息接收者按信息传送人的预想结果进行反馈的过程。促销的主要任务是实现企业与客户之间的沟通。国内市场促销策略中有关人员推销、公共关系、营业推广、广告宣传的策略,同样适用于国际市场。但是,由于国际营销环境的复杂性,国际市场促销策略的运用比国内市场更为复杂。

1. 人员推销

人员推销(personal selling),又称派员推销或直接推销,是指以促销人员的介入为基础,通过介绍、演示、指导和具体业务活动中的行为等方式促成潜在客户(包括中间商或用户)购买的方法,是一种古老的但很重要的促销方式。因其选择性强、灵活性高、能传递复杂信息、促进买卖双方良好关系、能有效激发购买欲望和及时反馈信息等优点,成为不可或缺的促销手段。但也有覆盖面小、费用大、销售人员的素质达不到要求等缺点。

国际市场营销同国内市场营销一样,人员推销主要适用于工业品,特别是资本密集型工业产品销售,但通过人员直销也越来越成为高附加值消费品销售的重要手段。但国际人员促销形式还包括国际博览会、展览会和交易会等常见的重要形式。

人员促销的关键是有关促销人员的选择与培训。国际人员推销人才难觅、培训更难、费用更高。

(1) 促销人员的来源,一是企业的外销人员,优势是易与公司沟通,忠诚度高;二是母公司所在国移居国外的人员,其优势是懂得两国的语言和文字;三是国外当地人员,其优势是在当地有一定的社会关系,熟悉目标市场的政治、经济和社会文化。

(2) 促销人员的培训,主要是适应性和技能性两个方面,一是要使促销人员熟悉当地的社会、政治、经济、法律,特别要适应当地的文化,包括价值观、审美观、生活方式、宗教信仰、商业习惯等;二是要使促销人员熟悉促销的技能和技巧,提高他们促销的能力。

(3) 促销人员的激励,除精神激励外,还可采用固定薪金加奖励、佣金制、固定薪金与佣金混合等物质方式。

2. 营业推广

营业推广(sales promotion),又称销售推广,主要指能够刺激顾客引起强烈反应,促进短期购买行为的各项促销措施。它具有短期性和策略性特征,可以在短期内刺激目标市场需求,销量大幅度增长,但使用不当,会降低产品的身价,影响产品声誉。

3. 广告

广告(advertising),是由广告主以付费方式,运用媒体劝说公众的一种信息传播活动。广告是一种极为常见的促销方法,是企业用于信息传播和推销商品的有力武器。国际广告由于其诉求对象和目标市场是国际性的,广告代理是世界性的,因而与国内广告相比存在一定的差异。这是因为不同的国家和地区有不同的社会制度、不同的政策法令、不同的消费水平和结构、不同的传统习俗与习惯、不同的自然环境、不同的宗教信仰,以及由此形成的不同的消费观念及市场特点。

广告策略是指企业在分析环境因素、广告目标、目标市场、产品特性、媒体特点、政府控制和成本收益关系等的基础上,对广告活动的开展方式、媒体选择和宣传劝告重点的总体原则做出的决策。对应于企业国际竞争战略中的本土化、全球化、跨国战略和国际市场产品策略中的差异化、标准化及综合产品策略,国际广告策略的主要形式有差异化、标准化及综合广告策略。差异化策略,又称当地化策略,是指企业针对各国市场的特性,向其传送不同的广告主题和广告信息。标准化策略是指企业在不同国家的目标市场上,采用同样或类似的广告策略。两者的结合是"策略标准化,创意制作当地化"广告策略,它指事先制定出一种全球统一的广告宣传策略,再以它为中心针对当地情况灵活实施。不同国际广告策略的优缺点类似不同的国际市场产品策略。但要注意,国际市场产品标准化策略,依然可用国际广告差异化策略或"策略标准化,创意制作当地化"广告策略;国际市场产品差异化策略,也可采用"策略标准化,创意制作当地化"广告策略。采用何种国际广告策略,取决于消费者购买产品的动机,而不是广告的地理条件。

4. 公共关系

公共关系(public relations),主要是指企业为改善与社会公众的关系,促进公众对组织的认识、理解及支持,达到树立良好企业形象、促进商品销售目的的一系列促销活动。公共关系的直接目标有两个,即外在形象和内在形象的建立。前者主要是通过一系列措施与手段的运用,给社会以良好的印象,进而为企业的经营活动创造良好的外部环境。正是因为如此,公共关系同时也被视为"塑造企业形象的艺术"和重要的促销形式;后者主要是强化职工对企业的认同与归属感,进而形成强大的合力,并以此来影响和感染企业的外部经营环境。公共关系的对象主要是顾客、舆论界、有关单位、竞争者和本企业职工等。可供企业选择的具体措施很多,如积极参与公益活动,认真听取和处理各方面的意见,与舆论界、政府部门、社会团体等组织结构建立和保持良好的关系等。

在国际市场上,公共关系促销的作用日益增强,特别是进入一些封闭性较强的市场,公共关系的好坏会直接影响到能否进入市场并在进入后能否取得较好效益。在国际营销中,公共关系应当特别重视以下方面的工作:① 与当地政府保持良好关系,争取当地政府的支持和帮助;② 利用有关传媒正面宣传企业经营活动和社会活动,树立良好的企业形象;③ 建立多条沟通渠道,收集公众意见,及时消除相互之间的误解和矛盾,处理公关危机。

（二）影响促销组合的因素

上述4种促销方式各有优缺点。企业在实际运用过程中，可以根据不同的需要选择不同的促销方式或促销组合，以提高促销效果。但促销方式的选择与应用是一个非常复杂的问题，一般应充分考虑以下几个方面的因素：

1. 市场类型与产品特点

工业品市场和消费品市场在顾客数量、购买量和分布范围上相差甚远，各种促销方式的效果也不同，不同促销工具在工业品市场和消费品市场的重要性也不相同，在工业品市场上更多采用人员推销，而在消费品市场上则大量采用广告，这是因为工业品市场的顾客数量少，分布集中，购买批量大，适宜人员推销，而消费品市场顾客数量多而分散，通过广告能以相对较低的成本达到广而告之的目的。因此，消费品公司往往将资金更多地投入广告，其次为营业推广和人员推销，最后才是公共关系。相反地，工业品公司则将大部分的资金用于人员推销，其次为营业推广、广告和公共关系。一般而言，昂贵和具有风险性的产品，以及消费者较少而规模却较大的市场，常常采用人员推销的方式。

2. "推"式与"拉"式策略

菲利普·科特勒认为，企业可能采取两种促销策略，即"推"的策略与"拉"的策略，如图8.5所示。

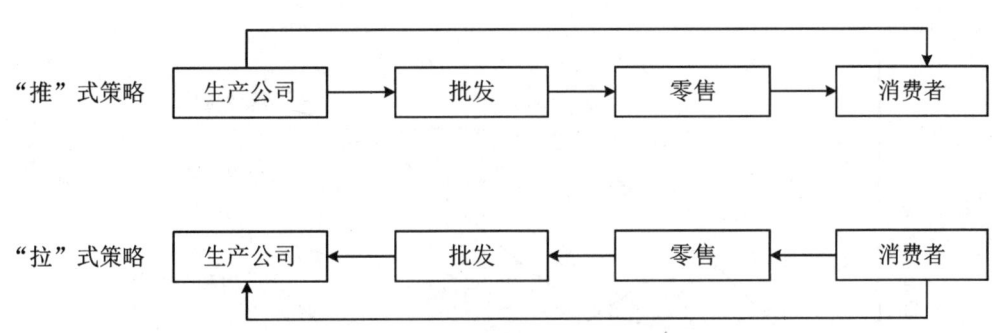

图8.5 "推"式与"拉"式策略的区别

企业是选择"推"式策略还是"拉"式策略来创造销售，对促销组合的方式也具有重要影响。"推"式策略是指利用推销人员与中间商促销将产品推入渠道，具体说就是生产者将产品积极推到批发商手中，批发商又积极地将产品推给零售商，零售商再将产品推向消费者。"拉"式策略则是以最终消费者为主要的促销对象，即以广告和公共关系等促销方式引起潜在顾客对促销产品的注意，刺激他们产生购买的欲望和行为。如果促销有效，消费者就会向中间商选购这一产品，促使中间商积极进货。

3. 促销目标

促销组合方式也会因促销目标而有所区别。若以树立公司形象，提高产品知名度为目标，促销重点应是广告，同时辅之以公关宣传；若以让顾客充分了解某种产品的性能和使用方法为目标,印刷广告、人员推销或现场展示是较好的选择;若以在近期迅速增加销售为目标,则营业推广最易立竿见影,要是辅以人员推销和适量的广告,效果更好。

4. 产品生命周期

在产品生命周期的不同阶段,各种促销方式所带来的成本效应是不同的。在产品的投入期,广告和公共关系具有最高的成本效应,因此促销组合应以广告和公共关系为主;在产品的成长期,各种促销方式的成本效应都降低了,但为了维持其市场增长率,促销仍以广告和公共关系为主,但广告内容应突出宣传产品的品牌、特色和优势;在产品的成熟期,促销强度应加大,并采用以营业推广为主要促销方式,辅以广告、公共关系和人员促销;在产品的衰退期,仍以营业推广为主,但促销投入要降到最低限度。

5. 购买准备阶段

促销方式在不同的购买准备阶段有着不同的成本效益,图 8.6 显示出促销手段的相对效益。在认知阶段,广告和公共关系的作用最为重要;在理解阶段,消费者主要受到广告和人员促销的影响;在信任阶段,消费者主要受到人员促销的影响,接下来是广告和营业推广;在购买阶段,人员促销和营业推广对消费者影响最大;到了再购买阶段,同样是人员促销和营业推广更为重要,提示性广告对消费者也起到一定的作用。很显然,广告和公共关系在消费者购买过程的早期阶段最为有效,而在购买过程的晚期阶段,则是人员促销和营业推广的效果更为显著。

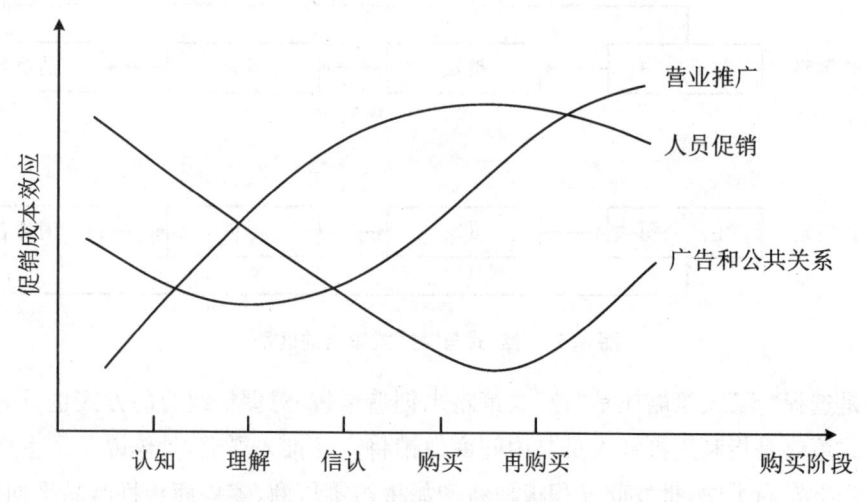

图 8.6　各种促销工具在购买过程不同阶段的成本效益

6. 媒体的可得性

能否采用拉的策略取决于能否找到广告媒体。美国社会存在大量的媒体,包括印刷媒体(报纸和杂志)、广播媒体(电视和无线电)以及互联网。在美国,有线电视的崛起极大地推动了有针对性广告的发展,如针对青少年的 MTV,针对妇女的生活杂志,针对体育爱好者的体育娱乐电视频道(ESPN)。互联网也是这样,不同的网站吸引不同类型的用户。尽管这种媒体的混合在其他一些发达国家中也存在,但还不普遍。即使在很多发达国家,能用来做广告的电子媒体与美国相比还是少得多,比如在斯堪的纳维亚地理,直到最近才有商业电视或无线电台,所有的电子媒体以前都是国有的,它们不播商业广告。当然,随着卫星电视管制的取消,这一局面已经有所改变,在发展中国家,因为各种大众媒体非常有限,因此这方面受到的限制也就更多,所以,在有些国家,使用拉的策略将受到有限媒体的限制。在这种情况下,推的策略更具有吸引力。例如,联合利华在很少有大众媒体可用的印度农村采用推的策略销售消费品。

在有些情况下,媒体的可得性还受到国家法律的约束。虽然一般国家都允许在印刷媒体上做烟酒广告,但很少有国家允许在电视和无线电台上做这类广告。日本最大的威士忌酿酒商三得利公司(Suntory)每年花在版图上的广告费大约5000万美元,但在进入美国市场时,它不得不放弃传统的电视广告促销模式。

五、全球营销与新产品研发

(一) 全球市场中的新产品研发

随着科技的进步及交通、通信的发展,各国之间交往日益频繁,世界经济社会区域一体化趋势进一步加强,全球在众多方面具有越来越多的共性,各国市场之间的需求也越来越具有相似性。就某些产品而言,各国市场之间的差异性甚至将完全消失。企业要想在激烈的优胜劣汰竞争中赢得生存发展,就必须以全球市场为导向,采取全球营销战略。

全球营销是指企业通过全球性布局与协调,使其在时间各地的营销活动一体化,以便获得全球性竞争优势。

全球营销有三个重要特征:全球运作、全球协调和全球竞争。因此,开展全球营销的企业在评估市场机会和制定营销战略时不能以国界为限,而应该放眼全球。企业为全球市场提供产品,既不能极端地认为国外消费者同本土消费者的需求完全一致,从而不加改变地以本土畅销产品为国外消费者服务,也不能极端地认为国外消费者同本土消费者的需求偏好完全不同,从而以高成本为代价为国际市场开发产品。企业应该分析全球市场的营销环境(文化环境、政治法律环境、科技环境等),制定适合目标市场国的产品战略。

新产品在保持销售和利润增长、淘汰落后商品方面都发挥着重要作用。在全球营销的背景下,针对不同国家和地区,不同的经济、金融、文化、政治、法律环境下市场的特点,调整产品战略和研发新产品成为每个跨国公司必须认真面对的事情。

研究与开发(research and development)新产品并营销新产品的公司往往能赢得巨额的回报,3M公司从核心产品胶带和黏合剂技术出发,研发了各种新产品;英特尔一直保持在个人计算机芯片研发领域的领先地位;思科公司研发了在互联网中用于数据传输引导的关键部件——路由器等。新产品开发是全球营销过程的核心,在全球营销中具有重要意义,在企业技术可行和财务盈利的条件下应该根据全球和区域消费者需求的变化研发新产品。随着竞争对手对新产品研发的加快,全球性产品计划的好处愈加明显。一家采取全球性计划的企业更能开发出专业化与市场化兼容的产品。而一家将产品开发的任务分散到各分支机构的企业将很难进行经验和技术的交流及推广。

许多跨国公司对每一种产品的研发都是为以后一旦技术可行时推广到全球范围做准备,以便形成一个统一的共同的多国市场。一些公司使设计的产品首先符合主要市场的需求,其次符合一个个较小市场的需求。比如日产汽车公司首先研发出样板车,然后进行细微调整使之适应主要市场。另外,公司提供一些附加车型以满足各地细分市场的需求。

某些市场可能需要研发特别的新产品,在以发展中国家的增长为主的全球经济中,采用传统的高价方式推出新产品可能会遭到消费者的拒绝。应该首先了解不同国家消费者能力,然后开发相应的产品。例如,在巴西,宝洁公司推出了比主流产品更便宜的"Pampers Uni"纸尿裤,首先用低价吸引并留出消费者,然后鼓励他们随着收入的增加购买更好的产品。

(二) 研发、营销和生产的结合

虽然研发新产品的公司可以获得巨大的回报,但是,新产品研发的失败率很高。一项针对 16 家分别从事化工、医药、石油、电子行业产品研发的公司研究表明,只有 20% 的研发项目最终成功地转化为商业产品或流程。知名度很高的产品也会遭受失败,如苹果电脑的 Newton 个人数字的助理产品,索尼在视频播放器市场上的 Betamax 录像机,世嘉 DC(Sega Dreamcast)的家用游戏机控制器。

新产品研发失败率如此之高,原因是多方面的,有的是因为所研发的技术市场需求有限,有的是因为未能把有前景的技术转化为商业成果,还有的是因为新产品的制造成本太高。只要坚持跨部门的紧密配合和统筹考虑新品研发的三个职能——研发、营销和生产,就可以降低犯上述错误的概率。研发、营销和生产之间的紧密配合有助于公司确保:① 新品研发项目受到消费者需求的驱动;② 研发的新产品制造方便;③ 研发费用受控;④ 新产品上市时间最短。

研发和营销之间的紧密配合是为了保证新产品研发项目受消费者需求的驱动。公司的客户可以成为新产品创意的重要来源。弄清客户需求,特别是尚未得到满足的需求,可以为成功研发新产品设定方向。作为与客户接触的对外窗口,公司的市场营销部门可以在这方面提供许多有价值的信息。将研发和营销结合起来是保证新产品得以正常商业化的关键。没有两者的结合,公司的新产品研发就会面临市场需求不足或无需求的风险。

研发和生产的结合可以使公司在设计产品时充分考虑到加工要求。设计阶段把加工要求考虑进去,可以降低成本、提高质量。两者的有机结合还有助于公司降低研发成本,缩短新产品上市时间。如果产品设计忽略了加工能力,那么最终可能导致新产品根本无法生产。结果可能要推倒重来,这样研发成本更高,上市时间也大大延长。

(三) 建立全球研发能力

将研发和营销活动结合起来以便实现新技术的商品化,这对跨国公司来说意味着特殊的困难,因为商品化可能要求在不同的国家生产不同版本的新产品。要做到这一点,公司必须在研发中心和各国的子公司之间建立密切的联系。同样,研发和生产之间也必须建立密切的联系,特别是那些考虑到相对要素成本等因素而将生产基地分布于全球各地的跨国公司更需要这样做。

要使跨国公司实现研发、营销和生产之间的有机结合,可能要求用正式或非正式的结合机制把在北美、亚洲和欧洲的研发中心与它在世界各地的营销及生产基地结合起来。此外,跨国公司或许还应成立由来自世界各地的成员组成的跨部门研发小组。这一复杂的任务要求公司利用正式和非正式的结合机制把分布于各地的经营实体紧密联系在一起,以便能有效及时地研发出新产品。

诚然,如何在世界各地研发中心间分配产品研发任务尚无一个最佳模式可言,但许多跨国公司采取的对策之一是建立一个全球的研发中心网络。在这种模式中,基础研究在全球各地的基础研究中心开展。这些中心通常设在那些能够创造有价值的科学知识和熟练研发人才集中的地方(如美国的硅谷、英国的剑桥、日本的神户、新加坡)。这些中心是公司创新的发动机。它们的任务是研发能转化为新产品的基础技术。

这些技术由附属于全球产品分公司的研发部门挑选并用于研发为全球市场服务的新产品。在这一层次上,重点放在技术的商品化及工艺的研发上。如果需要对产品加以本土化改造以迎合特定市场消费者的品位和偏好,那么这种重新设计工作将由该国子公司的研发部门或由负责几个国家市场的区域研发中心承担。

惠普有四家基础研究中心,它们分别位于加州的帕洛阿尔托、英国的布利斯托尔、以色列的海法和日本的东京。这些实验室是惠普公司技术的苗圃,而这些新技术最终将成为新产品和新业务。它们是公司创新的发动机。例如,帕洛阿尔托中心首创了惠普喷墨打印技术,而产品则是由全球产品分公司的附属研究中心研发的。如此,总部设在加利福尼亚州圣地亚哥的惠普消费者集团利用惠普发明的喷墨打印技术设计、研发和制造出一系列影印产品。各地的子公司再对产品作必要的本土化改造以最好地满足消费者的需求。例如,惠普在新加坡的子公司负责为日本及亚洲其他市场设计和生产喷墨打印机。该公司把圣地亚哥总部原先设计的产品拿过来,然后为亚洲市场重新设计。此外,新加坡子公司还从总部那里承接了某些便携式喷墨打印机的设计和研发任务。总部之所以要把研发权力下放给新加坡公司,是因为该子公司已举办喷墨打印机的设计和制造能力活动,成为全球承担此项工作的最佳地点。

◆ 内容提要

西奥多·莱维特持有以下观点,即随着现代通信和交通技术的兴起,消费者的品位和偏好正在朝全球趋同的方向发展。这给标准化的消费品创造了全球市场。然而,许多评论者认为他的言论有些极端,事实上国与国之间仍然存在巨大差异。公司在准备进入一个新的地区或市场之前,必须对全球环境进行分析。通过全球市场细分,确定目标市场,然后为之设置市场营销策略,以满足不同目标市场的需求。市场营销策略包含国际市场产品策略、国际市场定价策略、国际市场分销策略、国际市场促销策略和全球营销与新产品开发五部分内容。

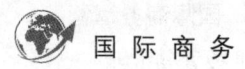

◆ **关键词**

标准化　本土化　全球性行业　市场细分　确定目标市场　市场定位　产品生命周期
灰色市场　转移定价　短渠道策略　长渠道策略　窄渠道策略　宽渠道策略　人员推销
营业推广　广告　公共关系　拉引策略　推动策略　撇脂定价策略　新产品研发

◆ **复习思考题**

1. 全球营销组合标准化的优势是什么？
2. 指出几种基本的细分策略，并列举运用各种策略的公司实例？
3. 何谓全球消费者文化定位？全球营销经理还可选用哪些战略定位？
4. 购买者对于产品生产国或原产地的态度是如何影响营销战略的？
5. 如何识别影响全球定价决策的一些环境限制？
6. 试述企业进行新产品研发及推广应该考虑的因素。

◆ **思考案例**

蔻驰品牌依靠调研获得时尚重生

多年来，蔻驰(Coach)以供应结实、耐用的皮革商品而闻名全球。尽管很多职业女性非常喜欢保守风格的带有蔻驰标识的手提包，但她们认为蔻驰品牌的配饰未必是必须拥有的时尚物品。今天，蔻驰被看作前沿的时尚品牌，它在日本等国家的奢侈品市场上的份额不断增加。该公司擅长在不同时期制造和销售最新款式的手提包。在手提包行业中，普拉达(Prada)、古驰(Gucci)、香奈儿(Chanel)以及其他奢侈品牌占据着主导地位，这些品牌的手提包售价一般在几百美元，而蔻驰首创了"唾手可得的奢侈品"(accessible luxury)概念。蔻驰公司首席执行官卢·弗兰克福特(Lew Frankfort)是如何实现这一转型的？该公司在十几个国家设有各种不同的销售渠道和生产网络，这意味着其生产成本要比其他竞争对手平均低40%。

但是，价格只是其中的一部分原因。营销信息系统和广泛的消费者调研同样非常重要。蔻驰管理层依靠各百货公司、独立精品店、蔻驰的网站和工厂直销店的日常反馈。此外，在对新设计的产品进行市场测试时，公司高度关注"数量"。公司手提包和配饰产品的首席设计师瑞德·克拉考夫(Reed Krakoff)解释道："如果某些产品卖不动，我从不会说，那是人们不理解它。如果人们不懂这款产品的话，那它就不该进店。"

蔻驰公司每年的调研费用达到500万美元，会对1万多名消费者进行个人访谈。此外，公司还采用其他各种技术，包括焦点小组座谈、电子邮件和在线调查等。调查的问题包括蔻驰的品牌形象、女包的肩带长度等。蔻驰公司所收集的信息涉及正在销售的时装系列和处于设计阶段的相关物品。蔻驰公司负责全球业务发展的总裁彼得·爱默森(Peter Emmerson)解释道："当蔻驰进入日本市场时，调研帮助管理层了解到，日本女性顾客希望在手提包外侧设计一个可以放置火车票的地方。同样，为日本市场设计的手提包在规格上应该更小一些，日本消费者通常喜欢小款的、可爱的物品。而美国人更喜欢规格大、分层多的物品。"

当发现其化妆包的销售额大幅上涨后，蔻驰公司的管理层充分认识到调研的重要性。调研发现，女性顾客喜欢把化妆包放在较大的蔻驰包中，这样的话就能方便地找到手机或其

第四篇　国际商务运营

第八章　国际企业市场营销管理

他重要物品。管理层明白,化妆包的意外成功代表着一种创新的机遇。负责零售业务的副总裁戴维·杜普兰蒂(David Duplantis)斯指出:"我们发现一个为装饰品提供配饰的机会。"设计团队设计出一款长6英寸(1英寸合2.54厘米)、宽4英寸的拉链包,并配有手带和按扣。这款新包被称作"手腕包",是手镯和手提包的混合体。

2003年,蔻驰公司在伦敦武士桥地区的哈维尼克斯(Harvey Nichols)时尚百货卖场内开了一家小型时装精品店。爱默森希望,在英国打开市场之后,随着来自法国、德国、意大利的游客购买蔻驰包返回本国,蔻驰品牌的知名度将大大提高。爱默森说:"英国市场的销售情况将帮我们了解整个欧洲市场的机遇和规模。"

蔻驰公司首席执行官弗兰克福特正在努力开拓中国市场。为了提高市场控制能力,弗兰克福特收购了俊思集团(Imaginex Group),该集团是蔻驰在中国的第三方分销商。目前,蔻驰在中国共有30家店,弗兰克福特的计划是再开设50家新店。根据市场调研的结果,蔻驰在中国的市场份额为3%,品牌知名度为4%。与此形成鲜明对比的是,路易·威登在中国的市场份额超过了30%。蔻驰在中国的主要目标客户是接受过大学教育的、年收入不断增长的新兴中产阶层女性。这些客户同时会购买等离子电视机和手提电脑。弗兰克福特预测:"中国将超过日本,成为蔻驰更大的销售市场。如果我们能够复制在日本的经营策略,中国的销售额在未来四五年内将增长一倍。"

同时,弗兰克福特的管理团队所面临的困难决策是如何应对全球经济萧条。蔻驰的首席财务官杰瑞·施特里茨克(Jerry Stritzke)认为,蔻驰产品的售价过高。公司决定调整产品分类和定价,以便将50%的蔻驰包定价在300美元以内。为了证明自己的观点有道理,杰瑞·施特里茨克希望弗兰克福特相信,公司产品的销售额将大幅上涨,足以抵消价格降低带来的损失。

该团队决定采取下面的策略:他们将开发新的产品系列,以此为该品牌产生"年轻的活力"。尽管有些行业观察者认为公司受到误导才会为试图减轻压力的消费者提供一些"乐趣",克拉考夫却不这么认为。他说:"人们想购买的不是安全,这样想是不对的。人们希望得到鼓励,这正是时尚的主题,也是购物的实质所在。"

克拉考夫的员工开始设计新款的织物和皮革制品,这些新产品将比公司常规产品更薄、更软和更轻便。为了降低成本,蔻驰与皮革处理商和其他供应商密切合作。2009年春,在曼哈顿的蔻驰陈列室中,一小群女性顾客评价了Poppy系列的手提包。受到她们积极回应的鼓励,该团队在几个蔻驰销售店和百货商店推出了这个新系列。在此测试中,两款定价为198美元的包在受欢迎程度上超出了管理层的预想。

随着零售启动日(6月26日)的临近,蔻驰网站的访问者可以点击Poppy系列的链接,弹出的网页将邀请他们注册购买最流行款式,并有可能获得总价值1000美元的Poppy奖品。此外,访问者将被引到"邀请你的朋友参加"在肖特山、新泽西、芝加哥或旧金山举行的Poppy聚会。营销团队还利用社会媒介的力量进行推介:公司的Facebook主页包括题为"新款Poppy系列产品特色"的照片集、Poppy聚会的RSVP链接、对新款包非常感兴趣的购买者的评论。蔻驰的注册Facebook用户已经达到20.9万,而且这个数字仍在增长,他们有机会在网上的"预售"活动中购买 Poppy 系列的手提包。

——资料来源：Susan Belfield. Coach's New Bags[N]. Business Week，2009-1-29.

问题讨论：

1. 蔻驰的品牌定位可以描述为"唾手可得的奢侈品"，你怎么理解这个说法？

2. 考虑到当前的全球经济衰退问题，弗兰克福特拓展中国市场的战略是否需要做出调整？

3. 蔻驰如何以网络作为营销工具来推介 Poppy 系列？

◆应用训练

1. 蔻驰品牌曾被称为"实现品牌复兴的教科书"（见思考案例）。另一家英国时尚品牌巴宝莉也是如此，请搜寻这两家公司的相关报道，仔细分析管理层所开展的市场调研及振兴品牌的方案。巴宝莉和蔻驰所采用的战略是否有相似点？

2. 消费者追求特定品牌的行为表明公司与其消费者之间的关系是随时间发展的。利用 GlobalEDGE 网站找出最新全球品牌的排名，并识别排名的标准。哪个（或哪些）国家在全球品牌前 100 名中占据主导地位？你认为这样的排名有道理么？准备一篇简短的报告，指出拥有世界品牌的国家及其成功地原因。此外，说明新进入名单的公司的特征。

第九章 国际企业供应链管理

本章结构图

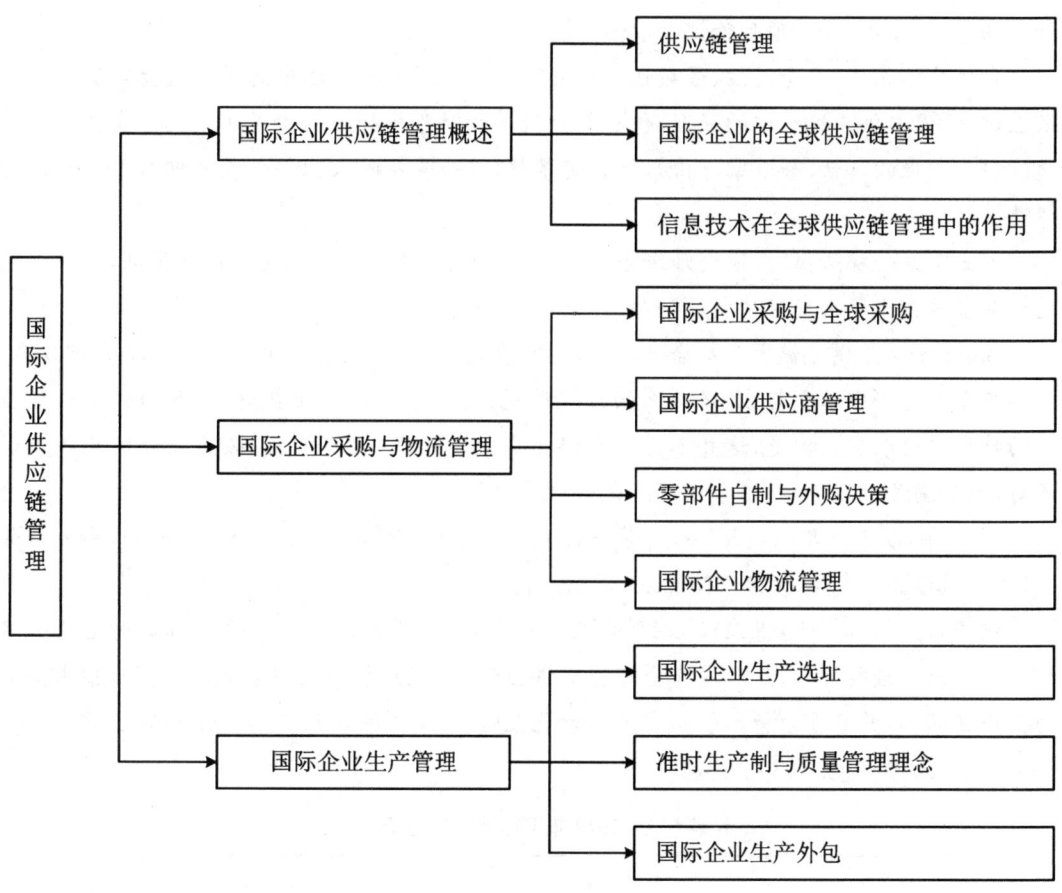

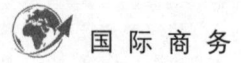

学习目标

了解供应链管理的概念及运行机制,理解国际企业供应链管理的风险,熟悉国际企业零部件自制与外购决策的影响因素以及国际企业物流的核心内容,掌握国际企业生产选址的影响因素和生产外包的优势。

导入案例

2019年高德纳全球供应链评选

高德纳(Gartner)咨询公司是全球领先的最具权威的信息技术研究和顾问公司,成立于1979年,总部设在美国康涅狄克州斯坦福。其研究范围覆盖全部IT产业,就IT的研究、发展、评估、应用、市场等领域,为客户提供客观、公正的论证报告及市场调研报告,协助客户进行市场分析、技术选择、项目论证、投资决策。

在供应链领域,最受关注、最被认可的莫过于Gartner每年发布的供应链大师级企业和供应链25强。供应链管理的强弱,仅从几个简单的财务指标来评价是不够的。高德纳公司通过引入定性的评估(如专家评价),结合定量评估(如营业收入、库存、投资回报率等),进行评选。

首先是第一梯队:供应链大师级企业。Gartner于2015年引入这一评选类别,旨在对相关企业在过去十年来稳定持久的领导力表示认可。

Gartner对于供应链大师级企业的标准是:在过去10年内有7次进入了榜单的前5名。大师级企业是一个独立与25强排名的顶级桂冠,彰显了这些企业在近10年内供应链管理上的持续卓越表现。但是,这并不是一个终生成就奖。假如某个大师级企业连续几年表现不好,无法满足前述标准,这个桂冠也是会被摘除的。

2019年,联合利华(Unilever)与苹果(Apple)、宝洁(P&G)、亚马逊(Amazon)和麦当劳(McDonald)携手步入"大师"(Masters)级行列。

接下来是第二梯队:供应链25强企业。从2005年开始,Gartner每年都会对全球著名公司的供应链进行评估,然后发布全球公司供应链排行榜,评选出供应链Top 25,推出全球的供应链领袖,并着重分析和展示它们的最优策略。2019年5月,Gartner公布了年度全球供应链25强榜单(表9.1)。

表9.1 2019年高德纳供应链25强

名次	公司名称	中文名
1	Colgate-Palmolive	高露洁-棕榄
2	Inditex	Inditex(Zara母公司)
3	Nestlé	雀巢
4	Pepsico	百事

续表

名次	公司名称	中文名
5	Cisco Systems	思科系统
6	Intel	英特尔
7	HP Inc.	惠普
8	Johnson & Johnson	强生
9	Starbucks	星巴克
10	Nike	耐克
11	Schneider Electric	施耐德电气
12	Diageo	帝亚吉欧
13	Alibaba	阿里巴巴
14	Walmart	沃尔玛
15	L'Oréal	欧莱雅
16	H&M	H&M
17	3M	3M
18	Novo Nordisk	诺和诺德
19	Home Depot	家得宝
20	Coca Cola Company	可口可乐
21	Samsung Electronics	三星电子
22	BASF.	巴斯夫
23	Adidas	阿迪达斯
24	Akzo Nobel	阿克苏诺贝尔
25	BMW	宝马

资料来源：根据Gartner咨询公司官网资料整理。

高露洁-棕榄(Colgate-Palmolive)首次荣登榜首，随后依次是Inditex、雀巢(Nestlé)、百事(PepsiCo)和思科(Cisco)。中国电子商务公司阿里巴巴(Alibaba)和荷兰化学公司阿克苏诺贝尔(Akzo Nobel)首次跻身供应链25强之列。

——资料改编自：戚风.供应链管理从入门到精通[M].天津：天津科学技术出版社，2019.

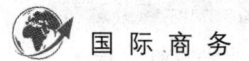

第一节　国际企业供应链管理概述

一、供应链管理

（一）供应链管理的概念及战略目标

供应链（supply chain）是指围绕核心企业，从采购原材料开始，直到把产品送到终端消费者手上这一过程中，由供应商、制造商、分销商、零售商直至终端消费者所连接成的一个整体的功能网链。因此，一条完整的供应链始于供应商，止于终端消费者，具体包括供应商（原材料供应商或零配件供应商）、制造商（加工厂或装配厂）、分销商（代理商或批发商）、零售商（卖场、百货商店、超市、专卖店、便利店、杂货店等）以及终端消费者。供应链不仅是一条连接供应商直到终端用户的物料链、信息链和资金链，它还是一条价值增值链，可以给供应链上的相关企业带来收益，这也是供应链赖以存在的基础。

供应链具有复杂性、动态性、响应性和交叉性的特点。

（1）复杂性。由于供应链节点企业组成的跨度（层次）不同，供应链往往由多个、多类型甚至多国企业构成，供应链结构模式比一般单个企业的结构模式更为复杂。

（2）动态性。供应链管理因企业战略和适应市场需求变化的需要，其中节点企业需要动态更新，这就使得供应链具有明显的动态性。

（3）响应性。供应链的建立、重构、优化等都必须积极响应市场需求，并且在供应链的运作过程中，用户的需求拉动是供应链中信息流、产品/服务流、资金流运作的驱动源。

（4）交叉性。节点企业可以是这个供应链的成员，同时又是另一个供应链的成员，众多的供应链形成交叉结构，增加了协调管理的难度。

供应链管理（supply chain management）是对供应链上相关的参与者和一系列活动的整合、协调与优化，包括有关采购、生产和物流的一切活动的计划与管理，也包括与渠道合作伙伴的协调与合作。供应链管理有许多重要的战略目标。第一个战略目标是降低成本。有效地管理供应链以使供需更好地匹配，这样能够降低成本。有效的供应链管理可以减少系统中的存货，加快存货周转，这意味着公司在存货投入上的营运资本更少，手头也不太可能有过多的须报废的存货，这样也能够降低成本。供应链管理第二个战略目标是通过消除供应链和制造过程中的次品，提高产品质量（在此，质量意味着可靠性，是指产品没有缺陷、性能良好）。

降低成本和提高质量这两个目标并不是彼此独立的。加强质量控制的公司也可以降低价值创造的成本。加强质量控制将在三个方面降低成本：① 因为时间没有被浪费在不适销的劣质产品上，所以生产率提高了。这项节约直接导致单位成本的减少。② 降低了与次品相关的返工和报废成本。③ 降低了与修理次品相关的保修成本，花费更少的时间。总的来说，提高质量就是通过降低制造和售后服务成本来降低价值创造的成本。

除了降低成本和提高质量两个目标，还有两个目标在国际商务中尤其重要。其一，必须适应地方调适的需要。地方调适的需要来源于国家间在消费者偏好、基础设施、分销渠道及东道国政府需求等方面存在的差异。地方调适的需要迫使生产活动分散到公司业务所在国家或地区的主要市场，或是采用灵活的制造过程使公司能够根据产品销售市场的情况为客户定制产品。其二，必须能对客户需求的转变迅速做出反应。当客户需求发生很大的无法预料的转变时，最快适应这种变化的公司将占上风。

（二）供应链管理的运营机制

1. 信任机制

信任机制是供应链管理中企业之间合作的基础。供应链管理就是要优化资源配置，快速反应市场需求，提高整个供应链的市场竞争能力，满足消费者需求。要达到此目的，加强供应链节点企业之间的合作是供应链管理的核心，而在供应链企业的相互合作中，信任是基础。没有了企业间的起码信任，任何合作、伙伴关系、利益共享等都只能成为一种良好的愿望，因此，建立供应链企业间的信任机制是至关重要的。

2. 合作机制

供应链是由供应商、制造商、分销商、零售商、客户组成的网络结构，链中各环节不是彼此分割的，而是环环相扣的一个有机整体。企业之间的关系不再是单纯的买卖交易关系，而是强调在合作和信任的基础上，在较长时间内达成协议和承诺，强调共同努力，实现共有的计划和解决共同的问题。在供应链合作机制下，强调相互之间的信息共享、利益共享、风险共担和责任共负，以实现系统双赢或多赢为目标。

3. 激励机制

核心企业在管理供应链事务、最大化供应链整体利益的过程中需要其他参与者的配合与协作，但由于供应链上的合作伙伴间没有隶属关系，彼此都是独立的实体，核心企业不可能通过行政命令来指挥参与者的行动，只能通过共同的愿景来激励其他参与者或通过契约手段对他们的行为加以约束。

4. 自律机制

自律机制要求供应链企业向行业的领头企业或最具竞争力的竞争对手看齐，不断对产品、服务和供应链业绩进行评价，并不断的改进，以使企业能保持自己的竞争力和持续发展。自律机制主要包括企业内部的自律、对比竞争对手的自律、对比同行企业的自律和对比领头企业的自律。企业通过推行自律机制，可以提高客户满意度，降低成本，增加利润，提高企业和整条供应链的竞争力。

5. 决策机制

由于供应链企业决策信息来源不再仅限于一个企业内部，而是处于开放的信息网络环境下，不断进行信息交换和共享，以达到供应链企业同步化、集成化计划与控制的目的。而且随着信息技术的发展与进步,企业的决策模式将会产生很大改变,因此处于供应链中的任何企业决策模式应该是基于开放性信息环境下的群体决策模式。

(三)供应链失调及协同管理

供应链失调是指由于供应链不同环节的目标互相冲突或者由于环节之间的信息传递发生延迟和扭曲,而产生的供应链运营失衡状态。

在传统的供应链管理中,如果供应链的每一个阶段只追求各自目标的最优化,而未考虑对整条供应链的影响,或者是信息共享不利,就会导致供应链失调。在供应链失调的情况下,由于各成员企业的信息不能共享,企业只能依据各自独立的预测和需求信息确定其运营策略,从而导致供应链"牛鞭效应"[①]的产生,对供应链的整体效益将产生负面影响。

因为传统供应链管理的种种弊端,为了防止供应链失调现象发生,加强供应链协同运作显得尤为必要。供应链协同是指供应链中各节点企业为了提高供应链的整体竞争力而进行的彼此协调和相互支持。而供应链协同管理,就是对供应链各节点企业之间的合作进行管理,以便使各企业进行的彼此协调和相互支持更加高效有序,从而提高供应链整体的竞争力。供应链协同管理就是在"共赢"思想的指导下,以协同技术为支持,以信息共享为基础,始终从全局观点出发,相互信任,提高整个供应链的柔性和实现整个供应链价值的最大化。供应链协同可以加深上下游企业的联系与合作,实现"你中有我,我中有你"的紧密联系局面,并以最快的速度响应客户需求,提升客户满意度。供应链协同管理是供应链管理发展的高级形式。

要想提高供应链协同管理水平,需要把供应链上各节点紧密联系在一起。可以从以下几方面入手:

(1)建立信息共享平台。信息共享是保证企业协同的必要条件,各企业之间信息的处理程序必须规范,处理信息要遵守一定的规程,不能出现虚假信息。在信息共享平台上,供应链的参与者可以了解相关企业的各种信息,从而实现合作共赢。

(2)建立供应链战略合作伙伴关系。供应链协同管理要求各节点企业紧密联系,合作共赢,为防止个别企业为自身利益而损害整条供应链,最简单有利的途径就是建立战略合作伙伴关系。

(3)推进文化建设,形成价值认同。供应链上的各个企业可以在利益驱使下共同合作,但是很难在企业价值观上完全一致,这也就导致了传统的供应链管理模式下各节点企业的貌合神离。因此,要注重文化层面的建设,使供应链上的各参与企业之间形成一致的价值理念。

---

① "牛鞭效应"是经济学上的一个术语,指供应链上的一种需求变异放大现象,是信息流从最终客户端向原始供应商端传递时,无法有效地实现信息共享,使得信息扭曲而逐级放大,导致了需求信息出现越来越大的波动,此信息扭曲的放大作用在图形上很像一个甩起的牛鞭,因此被形象地称为牛鞭效应。

二、国际企业的全球供应链管理

(一) 全球供应链管理概念

在全球化背景下,国际企业为了优化资源配置、降低成本、提高综合竞争力以及增加收入等,会积极构建全球供应链网络。全球供应链管理(global supply chain management)是指在全球范围内组合供应链,它要求以全球化的视野,将供应链系统延伸至整个世界范围,根据企业的需要在世界各地选取最有竞争力的合作伙伴。全球供应链管理强调在全面、迅速地了解世界各地消费者需求的同时,对其进行计划、协调、操作、控制和优化,依靠现代网络信息技术支撑,实现供应链的一体化和快速反应,以满足全球消费者需求。

目前,越来越多的企业认识到任何一个企业都不可能是"全能"企业,只有优势互补才能实现"双赢"或者"多赢",共同增强竞争力。因此,很多企业摒弃了传统经营管理模式,转而在全球范围内与供应商和销售商建立最优合作伙伴关系,与它们形成一种长期的战略联盟,结成利益共同体,建立运营全球供应链网络。全球供应链网络通过对供应链系统进行计划、协调、操作、控制并优化整个供应链各节点企业的活动,以最低的成本将顾客所需要的正确的产品、在正确的时间、按照正确的数量和质量、以正确的状态送到正确的地点,从而使整条供应链的价值增值和利润最大化,提高整条供应链的竞争力。供应链是一个利益集合体,供应链管理强调核心企业与其他企业建立战略合作关系,供应链各节点企业有机结合在一起,最大限度地发挥供应链整体的力量,以此提高综合竞争力。供应链管理是企业成本管理和质量管理的重要一环,有效的供应链管理是企业降低成本、提高质量和增加收益最重要的工具之一。

分析案例 9-1

联合利华的供应链部门

联合利华是全球最大的快速消费品公司,在很多国家都有自己的供应商和销售业务。联合利华意识到,要想始终保持先进性,在市场竞争中独占鳌头,就必须提升供应链运作的方方面面。为了加强对供应链的掌控,联合利华专门成立了供应链部门,专门负责供应链的调控、调配任务。经过整改之后,形成了四个关键职能部门,分别是计划部门、采购部门、生产制造部门、物流部门。计划部门是整个供应链部门的大脑,支配资金流、物流还有信息流;采购部门负责寻找新的供应商,并且与供应商建立良好的合作关系;生产制造部门的责任是将计划完成,把抽象的图纸变成实实在在的商品;物流部门的工作则是有计划地将做好的产品运往世界各地。联合利华对供应链部门寄予厚望,将公司的供应链战略与更大范围的商业战略统一起来,从而创造价值,实现业绩增长。

——资料来源:戚风. 供应链管理从入门到精通[M]. 天津:天津科学技术出版社,2019.

(二) 国际企业全球供应链管理风险

全球化为供应链的发展提供了无数的机会,同时也增加了风险。诸如苹果和宝洁等高绩效的供应链都充分利用了全球化。但是，有些供应链却并没有做好应对全球化带来的风险。

如今的全球供应链比过去的当地化供应链面临更多的风险因素，包括供应中断、供应延迟等。就像在2008年金融危机中那样，低估全球供应链中的风险，以及没有制定适当的风险缓解战略，都会产生令人痛苦的后果。在2004年流感季节开始之际，为美国供应流感疫苗的两家供应商中的一家被污染，结果导致供应短缺。这种短缺致使大多数州不得不实行定量配给，在某些情况下甚至出现了严重的价格欺骗。

好的供应链网络设计可以在降低供应链风险方面发挥重要的作用（表9.1）。例如，拥有多个供应商可以降低任何一个供应源中断的风险。类似地，拥有柔性的产能可以降低全球的需求、价格和汇率波动的风险。例如，日野卡车通过在工厂生产线之间调配劳动力来改变不同产品的产量进而获得柔性的产能。这样一来，即使每条生产线的产量会因为供给与需求的匹配而发生变动，但是日野卡车工厂中的工人总数是不变的。正如上述例子所说明的，在供应链网络中加入缓解策略的设计可以有效地提高供应链应对风险的能力。

表9-1 设计供应链网络时要考虑的供应链风险

类别	风险驱动因素
供应中断	自然灾害、战争、恐怖主义、劳资纠纷、供应商破产
供应延迟	供应源的高产能利用率、供应源缺乏柔性、供应源的质量差或产量低
系统风险	信息基础设施故障、系统整合或联网的系统范围
预测风险	由于较长的补货提前期、季节性、产品多样性、较短的生命周期、较小的顾客基数造成的预测不准确、信息扭曲
知识产权风险	供应链垂直整合、全球化外包和市场
采购风险	汇率风险、要素价格、从单一供应源采购部分部件、整个产业的产能利用情况
应收账款风险	顾客人数、顾客的财务实力
库存风险	产品过时的速度、库存持有成本、产品价值、需求和供给的不确定性
产能风险	产能成本，产能的柔性

资料来源：苏尼尔·乔普拉，彼得·迈因德尔.供应链管理：战略、计划和运作[M].5版.刘曙光，吴秀云，等译.北京：清华大学出版社，2014.

然而，每一种缓解策略都是有代价的，而且可能增加其他的风险。例如，增加库存可以缓解延迟的风险，但会增加因过时而报废的风险。拥有多个供应商可以缓解中断的风险，但会因为单个的供应商难以实现规模经济效应而增加成本。因此，在供应链网络设计中根据具体情况定制缓解策略是非常重要的，以便在所缓解的风险量与因此而增加的成本之间达到良好的平衡。表9.2列出了一些定制的缓解策略。

表 9-2 供应链网络中的风险缓解策略

风险缓解策略	定制的策略
增加产能	对可预测的需求，注重低成本、分散的产能；对于不可预测的需求，建造集中的产能；随着产能的成本下降而增加分散性
预备多余的供应商	对于大量生产的产品采用较多的供应冗余；对于少量生产的产品采用较少的供应冗余；将少量生产的产品的冗余集中在少数几个柔性的供应商处
提高响应能力	对于日用品，对成本的重视超过响应能力；对于生命周期较短的产品，对响应能力的重视超过成本
增加库存	可预测的、价值较低的产品分散库存；难以预测的、价值较高的产品集中库存
增加柔性	对于可预测的、大量生产的产品，对成本的重视超过柔性；对不可预测的、少量生产的产品，重视柔性；如果柔性的成本较高，则将柔性集中在少数几个地点
合并或聚集需求	随着不可预测性的增加而增加聚集程度
增加供应源的产能	对于高价值、高风险的产品，对产能的重视超过成本；对于低价值的日用品，对成本的重视超过产能；如果可能，在柔性源头集中高产能

资料来源：苏尼尔·乔普拉，彼得·迈因德尔.供应链管理：战略、计划和运作[M].5版.刘曙光，吴秀云，等译.北京：清华大学出版社，2014.

三、信息技术在全球供应链管理中的作用

（一）信息技术在全球供应链管理中的作用

供应链各成员企业之间的信息传递、共享与协调都离不开信息技术的应用，是信息技术的发展使供应链的管理成为可能。供应链管理相对于传统经营模式的区别在于能够做到上下游企业间的统筹安排、协同运行和统一协调，在缺乏现代信息技术支持的情况下，企业间和部门间信息难以沟通，供应链管理思想难以实现。信息技术有助于快速高效的生产、熟练的库存管理、有效的供应商沟通以及客户满意度的提高。

信息技术贯穿整条供应链，充当供应链管理层的眼睛和耳朵，获取并分析制定良好决策所需的信息。现代信息技术的核心是使信息传递和共享，使供应链各个环节之间形成畅通的信息渠道。这不仅有利于各个供应链环节效率的改善，更为重要的是有利于不同环节之间活动的协调，从而改善整个供应链系统中的流程运行效率。因此，企业竞争的焦点转向整个供应链信息系统。

信息技术在供应链中的作用包括：

（1）有利于了解顾客的消费需求和购买行为，并最大限度地提高服务水平。例如，在顾客购买某件商品的同时，他也提供了对商品的喜好与态度、购买时间及其年龄、性别等一系列相关的信息。零售企业在销售时点信息系统（point of sales，POS）中显示的即时销售资料，通过网络在第一时间传递到生产商和供应商那里，作为他们分析市场需求、设计产品和安排生产的依据。

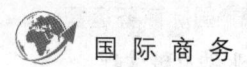

(2) 有利于及时准确地把供求信息传递给供应链上的其他成员。供应链信息系统从提高商品供应的效率入手,在制造商、批发商、零售商之间利用现代技术和方法建立起相互协调的关系。如利用销售时点信息系统提供的商品销售信息,把有关订货要求自动传向配送中心或者制造商,通过电子信息自动发货,解决了人工订货的低效率,实现了无纸化作业,减少了人工录入的差错。

(二) 全球供应链中常用的信息技术

在供应链中常用的信息技术包括电子数据交换技术(EDI)、无线射频识别(RFID)、企业资源计划(ERP)与物资需求计划(MRP)等。

1. 电子数据交换

全球信息系统得以运转的关键在于及时获得相关信息。例如,苹果公司建立了一个要求其所有供应商采用的企业间 B2B 门户,该门户完全允许供应商与苹果公司共享电子数据。许多企业运用电子数据交换(electronic data interchange, EDI)把供应商、制造商、客户和中介机构连接起来,尤其是在食品生产和汽车制造行业,毕竟这些行业的供应商数量会大量增加。在全球范围内,通过电子数据交换可以把出口商与海关连接在一起,以方便海关表格的快速处理,进而加快跨境交付。沃尔玛就是因为革命性地运用电子数据交换将其全球供应商与其库存订货系统相连接而闻名。

2. 企业资源计划与仓库管理系统

企业资源计划(ERP)系统是一个广泛的业务计划和控制系统。企业资源计划把客户需求和企业内部的制造活动以及供应商的制造资源整合在一起,形成一个完整的供应链,它包括多个模块,从企业的产品设计,到原材料采购、成品生产,再到库存管理,几乎将企业管理的方方面面都囊括了进去。企业资源计划系统可以帮助企业及时调整策略,快速适应市场;可以优化企业的内部运转,提升供应链水平;可以解决物料短缺和库存积压之间的矛盾;可以提高产品质量,降低产品成本。企业资源计划系统的供应链管理思想对企业提出了更高的要求,是企业在信息化社会、在知识经济时代繁荣发展的核心管理模式。

物资需求计划(material requirements planning, MRP)是对 ERP 软件的扩展。作为计算机化信息系统,MRP 用于应对复杂的库存情况,并能根据零部件用户的生产计划计算出对零部件的需求量。丰田汽车的零部件供应电装公司就广泛运用 MRP 软件,并根据其供应丰田以外企业的生产进度来计算出对零部件的需求量。为了填补 ERP 不能填补的组织间关系,协同、预测和补充的供应链库存管理(CPFR)系统被开发出来。还有供应商库存管理(VMI)系统可以对供应链进行整体观察,所有库存管理都有一个单一控制点。

仓库管理系统(WMS)通常与 ERP 系统协调运作。例如,ERP 系统定义物料需求,并将这些需求传送到 WMS 的分销中心。仓库管理系统主要分为五个功能区,分别是入库业务、出库业务、仓库调拨、库存调拨和虚仓管理。通过运用仓库管理系统,企业可以有效控制并跟踪仓库业务的物料与成本管理全过程,实现或完善企业仓储信息管理。仓库管理系统减少了不必要的资源浪费,可以使账目与实物相吻合,使得货物的追溯更加便捷,并可以降低总成本。应用仓库管理系统,可以使仓库管理实现信息化、自动化,从而大幅提升管理效率。

3. 无线射频识别(RFID)

近年来,无线射频识别(radio frequency identification,RFID)浪潮可谓席卷技术领域。这种技术可以给产品贴上电子标签,从而存储和传输关于产品原产地、目的地以及数量方面的信息。当电子阅读器通过无线电波扫描该标签时,不仅可以重写或捕获这些数据,而且可以将它们传输到收集、组织、存储和转移数据的计算机网络数据库,而这些数据通常与ERP系统相连接。通过这些实时信息,制造商、供应商和分销商就可以在产品的整个制造流程和运输网络内跟踪产品和零部件,从而大大提高整个供应链的效率和可见度。

联合利华就非常重视对信息技术的运用,通过对"物联网"的运用,联合利华将供应商整合成一个信息共享的整体。联合利华对"物联网"的运用,主要从两方面进行:一方面,通过分析消费者的行为,明确其实际需求。另一方面,通过大数据的使用,对运作进行优化。比如,在物流系统、生产系统中,通过对GPS、车辆传感器、用电量、用水量等数据的追踪和分析,确认平台系统是否合理,是否需要优化。联合利华一向积极拥抱技术,其把数据分析用到了极致。从超市货架上每个产品的变化,到供应商的产量变化都被其统计出来,从而形成了一条能产生出高价值的数据链通路,利用通路上的每一个节点的每一项数据,对供应链业务进行优化和改进,从而使业务运营获得了骄人的成绩。

第二节 国际企业采购与物流管理

一、国际企业采购与全球采购

(一)采购

采购作为供应链的一部分,指的是对生产过程中使用的原材料、零部件和制成品的采购。当今跨国公司中大约35%的采购是内部采购(即从公司内部采购),约65%的采购为外部采购(即从公司外部采购)。不管是选择内部采购还是外部采购,跨国公司还要决策是从国内采购还是国外采购。在国内采购可以避免很多麻烦,比如语言差异、汇率波动、关税、政治问题、长途运输等。但对很多企业来说,国内采购无法实现,或者要比国外采购更贵。

采购管理是供应链管理中的一个环节,属于供应链管理的上游环节。现代的企业竞争很大程度上是供应链的竞争,而一家优秀的企业必定有符合自身实际需求的采购战略,因此,企业应当制定详细的采购战略,以便从源头做好供应链管理。

(二)全球采购

所谓全球采购(global procurement)就是在全球范围内寻找、培育和发展供应商,并与之建立某种业务联系的采购策略。全球采购是现代信息技术广泛应用条件下,全球经济一体化、分工深化与企业对核心竞争能力追求的必然产物。在跨国公司寻求全球扩张和最大限度地利用全球优势资源的背景下,全球采购已成为跨国公司获得竞争优势的一个重要途径,并且上升到了跨国公司企业经营战略的核心地位。根据 Kearney 股份有限公司报道,《财富》1000强中80%的企业所采用的原材料和零部件都是通过全球采购获得。据美国一家咨询机构调查,国际主要汽车制造商每年在全球范围内的采购金额已经达到其销售额的65%～70%,而单独的一家公司,例如丰田和日产,直接的供应商就达到200家左右。全球采购的吸引力在于一些在成本、质量、时效性以及其他相关维度上具有优势的供应商的存在。

全球采购具有如下特点:

(1) 范围广。采购范围扩展到全球,不再局限于一个国家或一个地区,企业可以在世界范围内配置自己资源。因此,国际企业充分和善于利用国际市场、国际资源,尤其是在物流随着经济全球化进入全球物流时代,国内物流成为国际物流的一个环节,要从国际物流的角度来处理物流的具体活动。

(2) 采购风险大。全球采购通常集中批量采购,采购项目和品种集中,采购数量和规模较大,牵涉的资金比较多,而且跨越国境、手续复杂、环节较多,存在许多潜在的风险,比如汇率风险和安全问题。

(3) 采购价格低。总体来说,因为可以在全球配置资源,可以通过比较成本方式,全球采购可以寻找到价廉物美的产品。但在有些方面,全球采购的成本会高于国内采购。例如,交通和通信成本会增加,而且企业可能还得支付中介费和代理费。鉴于供应链长度的增加,企业通常需要等待更多的时间才能从国外获得组件,这样交货期就会变得不太确定,这个问题也会导致库存持有成本的增加,转而增加了生产工厂准时获得组件的难度。

(4) 采购渠道稳定。虽然供应商来源广,全球采购线长、面广、环节多,但在全球供应链管理的理念之下,采购商与供应商形成了战略合作伙伴关系,因而采购供应渠道相对比较稳定。

全球采购场所的选择对于跨国公司来说是极其重要的。在全球采购趋势下,以中国为首的低成本国家正在成为全球买家的采购中心。综观全球所有的低成本国家,没有任何国家获得比中国更大的关注,同时也没有任何国家能够保持如此稳定和高速的经济增长。中国在作为有着丰富物产、广大地域、廉价劳动力、不断攀升的国民经济以及非常稳定的政治局面的最大的发展中国家,更是世界发展最快的大国,在跨国公司全球采购中的地位和作用越来越重要。全球500家最大的跨国公司中已有400多家在华设立研发机构、采购中心、销售中心、生产企业或区域总部。其中,通用电气、惠普、戴尔、柯达等均纷纷宣布在中国设立采购中心。经济界人士指出,跨国公司来华直接采购呈升温之势,这能促进国内更多的产品通过连锁集团的采购系统直接进入国际市场;企业不出国门,其产品便可搭上进入国际市场的"直通车"。跨国公司在华建立采购中心,除了供应中国本土的生产体系外,还负责供应设在其他国家和地区的生产。

分析案例 9-2

华为的采购系统与采购战略

作为世界上最大的通信设备制造商之一,华为的业务遍布全球,这得益于华为对供应链的有效把控。为了有效管理供应链中的采购环节,华为公司专门建立了一套采购组织结构,全权负责相关工作。华为的采购平台拥有四个部门:策略中心、生产采购、行政采购和工程采购。这四个部门分别负责采购的不同阶段,其中策略中心是最重要的一环。

华为的产品,大多数是集成度很高的产品,因此对供应链的质量要求也很高,它要求每一个供应商都是顶尖的,还需要把上下游整合在一起。华为的采购战略是合作共赢、共同成长。在采购方面,华为有一套系统的战略思想和运作原则,通过对这些思想和原则的严格遵守,华为聚集了一批优秀的供应商。华为的采购战略如下:

(1) 坚持互惠共赢,与供应商建立长期合作关系,保证原材料和产品供应的稳定性。

(2) 突破传统的采购理念,平等对待供应商,建立战略合作伙伴关系,使供应商能够更紧密地配合业务发展的需要。

(3) 建立新型业务流程,积极开展业务交流,共享信息,使双方都能清楚地认识到彼此的利益是紧密相连的。

(4) 通过华为的进步,带动供应商公司的进步,催促供应商加速新产品的开发、发掘新的市场机会,为华为培养一批拥有核心竞争力的战略合作伙伴。

——资料来源:戚风. 供应链管理从入门到精通[M]. 天津:天津科学技术出版社,2019.

二、国际企业供应商管理

(一) 供应商开发基本准则

生产优质的产品需要优秀的原材料,优秀的原材料需要优秀的供应商来提供。供应商的开发和管理是整个采购体系的核心。一般来说,供应商开发包括的内容有:供应市场竞争分析,寻找合格供应商,潜在供应商的评估,询价和报价,合同条款的谈判,最终供应商的选择。

为了更好地开发供应商,国际企业通常建立供应商评分系统。评估供应商应做到客观、公平和公正,为此必须注重计分的合理性与可操作性,不能制定出一堆偏向性极强,同时无法操作的评分系统。在大多数的国际公司中,供应商开发的基本准则是"Q. C. D. S"原则,也就是质量(quality)、成本(cost)、交付(delivery)与服务(service)。

在这四者中,质量因素是最重要的,首先要确认供应商是否建立有一套稳定有效的质量保证体系,然后确认供应商是否具有生产所需特定产品的设备和工艺能力。其次是成本与价格,要运用一套成熟的方法评估供应商控制成本的能力以及对所涉及的产品进行成本分析,并通过双赢的价格谈判实现成本节约。在交付方面,要确定供应商是否拥有足够的生产能力,人力资源是否充足,有没有扩大产能的潜力。最后一点,也是非常重要的是供应商的售前、售后服务的能力。

在供应商开发的流程中,首先要对特定的分类市场进行竞争分析,要了解谁是市场的领导者,目前市场的发展趋势是怎样的,各大供应商在市场中的定位是怎样的,从而对潜在供应商有一个大概的了解。

(二)供应商分类管理

对供应商进行分类管理也是大多数国际企业的共同做法。分类管理供应商要做到区别对待,重点管理。不同国际企业对供应商有不同的分类方法和标准。

国际企业可根据采购量和采购额的大小、供应商所供的物资在企业物资供应中所处的地位,将供应商分为两大类:战略供应商和一般供应商。战略供应商是企业发展的重点,一般供应商起到补遗拾缺的作用。要加强战略供应商的管理,与供应商建立合作伙伴关系,在买卖双方对产品质量、运送、技术支持、信息沟通等多方面协商的基础上,实现"双赢"的策略。必要时与战略供应商建立战略联盟关系。战略供应商通常拥有强劲的实力,它们要么拥有关键技术,要么拥有战略资源,要么规模很大,力量不可小视。与战略供应商建立战略联盟是一种新的管理理念和方法,它是供求双方合作的高级形式。通过技术共享、联合开发、战略协同等非常紧密的合作关系,可以结成利益共同体,实现双赢结果。对于国际企业来说,与其战略供应商建立战略联盟可以在货源供应上得到保证,供货可靠性和准确性得以提高,避免断货现象发生,降低供应风险;可以改善产品和服务质量;可以实现总成本的降低,具体地说,可以降低采购成本、流程成本及机会成本,大大减少企业库存,降低库存费用;还可以提高整条价值链的反应速度,简化流程,提高效率,加快新品上市,从而快速把握市场契机。日本丰田汽车公司对于那些非战略性零件的供应商,主要考虑性价比,重点考察零部件的价格、质量和送货时间等因素能否满足基本需求,使用竞标方法压低价格,以刺激供应商之间的竞争,由此降低物品的采购价。对于那些生产核心部件的供应商,丰田与他们会有较高程度的合作,以确保无缺陷和定制化。同时,丰田也会对供应商进行投资,使其能够获得长久的发展。通过对传统的竞价采购和建立合作伙伴关系两种模式的结合有针对性地对供应商进行区别管理,避免了传统模式和合作模式的不足。

企业实行战略采购,从"同谋共事"的角度出发,建立企业与供应商之间长期的、稳固的相互信任关系,实际上是企业长期的需要。如企业实行零库存管理,这就要求供应商有能力提供品质优良的产品。企业加强采购管理,对提高企业的效益意义非常重大。企业应从战略的角度高度重视采购管理,降低经营成本的压力,提高采购物资的质量和售后服务水平,与供应商建立长期、互惠互利的战略伙伴关系,使双方最终形成成本和利润优势,并获得新的市场竞争力,实现企业与供应商的"双赢"。

供应商关系非常重要,但有时这种关系显得很复杂,尤其是那些进行全球供应商关系管理的跨国公司。正如约翰迪尔公司(John Deere)在其网站上所称的,迪尔的供应商来源广泛,代表着迪尔全球市场的多样性。为了与供应商维持良好的合作关系,约翰迪尔制定了供应商行为准则,并将该准则翻译成18种不同的语言。如果跨国公司在国外有着重要的供应商队伍,特别是在发展中国家,那么绝大多数的跨国公司似乎都会制定供应商行为准则。苹果公司2012年度的供应商责任报告重点关注的是对工人的赋权、劳工与人权、健康及安全、环境和责任。建立供应商行为准则是为了确保工人享有安全并符合伦理的工作环境。该报告讨论了包括审计程序在内的供应商责任,同时也披露了公司的17家最终产品组装厂,包括每家组装厂的供应商名单、组装的产品以及占其全球采购支出97%的前200家供应商。当然,并非所有的供应商关系都像苹果与富士康那样合作顺利。有时,大客户会利用其强大的市场地位以及采购影响力,来对供应商提出额外的要求。

(三)零部件自制与外购决策

国际企业在战略层面和运营层面都会经常面临零部件是自制还是外购的决策,即需要决定零部件在公司内部制造还是从外部供应商那里购买。在某种程度上,零部件自制还是采购决策对全球供应链的起点产生影响。如果决定自己制造,就需要考虑从哪里购买原材料,如果决定从外部采购该产品,则需要考虑质量控制等问题。

对于国际公司来说,自制与外购决策需要考虑众多因素。产品的重要性、专业技术和战略契合度都会影响决策的制定;成本和生产能力更是影响自制与外购决策的关键因素。例如,当某个零部件对产品成功至关重要,并且对主要利益相关者也至关重要时,国际企业就会决定自己生产。如果零部件需要专业设计或专业的生产技能,并且设备和可靠的替代品非常稀缺时,国际企业也会优先选择自制。另外,战略契合度也很重要,如果某零部件在战略层面上符合公司当前和(或)未来的核心竞争力,那么国际企业也会做出自制的决策。成本因素包括原材料、零部件和其他投入品的获取以及最终产品的成本。生产能力因素是与机会成本相关的问题,也就是说,企业是否有能力以至少不高于从外部供应商购买产品的成本来生产该产品?如果产品是自己制造的,那么会产生哪些机会成本。

质量控制、过剩的产能、供应商有限、持续供应的保障等也是支持自制决策的因素。因此,当国际企业决定外购零部件时,最起码,成本要比国际企业预期的自制成本低(或者至少没有更高的成本)。不过,当国际企业有过剩的生产能力或者生产能力在本公司能得到最好发挥时,最好是由公司自己制造。

有时,国际企业为了策略性的库存管理可能会做出外购决策。在某些情况下,品牌偏好也会促使国际企业做出外购决策,例如,很多计算机用户青睐英特尔的芯片,因此许多大型计算机制造商都选择从英特尔购买芯片,而不是自己制造芯片。实践中,国际企业参与全球供应链时,零部件自制与外购决策的制定比理论上的研究结论要复杂得多。

四、国际企业物流管理

作为供应链的一部分,物流(logistics)指的是供应链中计划、实施和控制制造过程中使用的原材料、零部件和产品等存货的有效流动和库存的活动[①]。物流是连接供应链各环节的纽带,它就像人体内的血管,持续不断地将营养输送至人体各部分。而物流管理水平则被看

---

① 查尔斯·希尔,托马斯·霍特. 国际商务[M]. 11版. 郭羽诞,等译. 北京:中国人民大学出版社,2019.

成是企业与其供应商和客户相联系的能力。对物流进行优化,就是对整个供应链的运转进行优化,进而提升供应链的输血能力。在传统制造业行业,物流成本往往占据其总成本的很大一部分。因此,提高物流管理水平还可以节约成本。

国际物流管理是在现代信息技术基础上,合理、高效地组织国际间的货物流动,以最小的成本、最优的服务质量保证国际贸易和国际化生产高效、有序的进行,最大限度地在供应链中创造价值,以顾客满意的价格提供优质的产品和服务。国际企业物流的核心内容包括全球配送中心、全球库存管理、包装、运输、逆向物流。

全球配送中心(global distribution center)是向全球各地用户提供配送服务的配送中心。全球配送中心在物流系统中处于非常重要的地位,是进行商品、物资等集散的场所,它可以将产品送到世界各地的批发商或零售商手中,也可以直接送到世界各地的消费者手中。在全球市场上对配送中心进行战略性布局时,应考虑到将产品从工厂或供应商通过配送中心交付给客户的劳动力和运输总成本。

全球配送中心是全球供应链的中心,也是全球供应网络的基础。具体来说,全球配送中心具有如下作用:① 能够迅速、准确地掌握流通过程中的库存情况,从而避免了库存积压和库存量分布不均;② 有利于形成快速、有效的发送体制,保证了在提高顾客服务水平的同时,降低发送费用;③ 通过全球配送中心集中进货,使工厂与仓库之间按计划、有规律地进行大批量运输成为可能,有利于降低运输费用;④ 对于品种、规格繁多的商品,通过全球配送中心进行配售,有利于减少中间环节,提高流通效率;⑤ 配送中心可以对许多商品进行统一加工和包装,以降低包装加工成本。

全球库存管理(global inventory management)可以看作国际企业的原材料、零部件、半成品和成品库存的决策过程,包括库存数量有多少,以何种形式储存,在供应链的哪个环节储存等问题。全球库存管理是国际企业生产、计划和控制的基础。有效的库存管理在保证企业生产、经营需求的前提下,可使库存量经常保持在合理的水平上;可掌握库存量动态,适时、适量提出订货,避免超储或缺货;可减少库存空间占用,降低库存总费用;可控制库存资金占用,加速资金周转。公司的全球库存战略必须能够有效防范库存量过大或过小以及产品不符合市场要求的风险。

包装可以分为运输包装和销售包装。运输包装也称为大包装或外包装,能够起到保护商品的作用,同时还便于商品的搬运和装卸。销售包装也称为小包装或内包装,它也可以保护商品,并能够美化商品,吸引消费者注意,从而促进销售。此外,包装还具有通知功能,即包装应包含符合当地法规的产品使用说明、强制性的产品质量保证书、售后服务信息(如果需要的话)。

全球供应链涉及的距离较远,运输通常是物流成本中占比较大。影响运输费用和总成本的主要因素是距离、运输模式(海洋运输、陆路运输或空运等)、装载量、货物特性和燃料价格。一般来说,大规模的运输系统会提升物流的效率,同时降低单位产品的运输成本。这就需要有创新的规划,以把小批量的装运聚集成集中的、具有较大批量的整合运输。

逆向物流指的是计划、实施和控制将原材料、在制品存货、成品和相关信息从消费点运回到原产地的有效流动,旨在重新获得价值或实现妥善处置,使成本最小化。对于最终顾客来说,逆向物流能够确保不符合订单要求的产品及时退货,有利于消除顾客的后顾之忧。国际企业通过逆向物流可以提高顾客对产品或服务的满意度,赢得顾客的信任,从而增加其竞争优势,扩大企业的市场份额。传统管理模式的物料管理局限于企业内部物料,不重视企业外部废旧产品及其物料的有效利用,造成大量可再用性资源的闲置和浪费。由于废旧产品的回购价格低、来源充足,通过逆向物流对这些产品回购加工可以大幅度降低国际企业的物料成本,并同时减少产品对环境的污染及资源的消耗。

第三节 国际企业生产管理

生产是供应链运营管理的一个重要组成部分。随着经济全球化进程的加快、自由贸易的推进、信息技术的飞速发展,国际企业逐步建立起国际化的生产战略,把产品生产过程在全球部署,将不同的生产阶段分布在最有效率和成本最低的区位,以创造、保持和提高竞争优势。

一、国际企业生产选址

(一)国际企业生产选址影响因素

国际企业面临的一个基本决策是在哪里从事生产活动。对于从事国际化生产的公司来说,必须考虑许多因素。这些因素可分为三大类别:国家因素、技术因素和产品因素。

1. 国家因素

(1)政治经济体制、要素成本及文化环境。在之前的章节里我们已经了解到一国的政治经济体制、要素成本、文化环境是如何影响国际企业在该国从事生产经营活动的收益、成本和风险的。在其他条件相同的情况下,国际企业应该把它不同的生产活动置于经济、政治和文化条件对这些活动的绩效最有利的地方,以获取区位优势和区位经济。

(2)产业集群。产业集聚地区拥有丰富的具有适当技能的劳动力资源和完善的配套产业。产业集群的溢出效应或外部效应对生产活动起到重要作用,这种集群化的生产给企业在研发、采购、生产、销售和服务各个方面带来极大的利益与便捷。在其他条件相同的情况下,集群化的生产使某些地区对相关行业具有了极大的吸引力,比如,印度的班加罗尔。班加罗尔被誉为"亚洲硅谷",是全球最大的软件外包中心,吸引了大批IT公司落户此处,让庞大的工程师队伍不断涌入,形成良性循环。

(3)贸易和投资壁垒。尽管相对低的要素成本会使一国作为制造活动的地点看起来很具吸引力,但限制外商直接投资的法规和一些正式的及非正式的贸易壁垒则会让国际企业的生产很不经济,从而背离最小化成本的目标。

(4)汇率预期变动。汇率上不利的变化会迅速降低一个国家作为生产基地的吸引力。

货币增值可使低成本地区变成高成本地区。

2. 技术因素

（1）固定成本。固定成本的高低会直接影响国际企业生产的地理布局。一般来说，如果工厂的固定成本过高，国际企业往往会选择以较少的工厂生产满足全部市场的需求。相反，如果固定成本较低，则在不同地区同时进行生产更具优势，一方面可以更好地响应当地市场要求，缓解地区调试压力；另一方面还可避免过度依赖一个或少数几个产地，可更好地应对诸如汇率波动等突发情况。

（2）最小效率规模。产出的最小效率规模是指大多数工厂的规模经济达到极限的产出水平。根据规模经济，工厂产量增加，单位成本就会下降。但当生产达到一定产量水平时，单位成本不再减少，额外的规模经济几乎不存在。这时，工厂达到最小效率规模产量。工厂的最小效率规模越大，国际企业就越倾向于在少量地区集中布局生产。

（3）柔性生产与大规模定制。柔性生产是针对大规模标准化生产的弊端而提出的新型生产模式。柔性生产技术不仅使企业能够大规模定制满足顾客群需要的个性化产品，并且达到传统大规模批量生产标准化产品时的低成本。柔性生产是全面的，不仅是设备的柔性，还包括管理、人员和软件的综合柔性。采用柔性生产技术时，企业可以在最佳区位的一家工厂为不同国家的市场生产定制产品，而且不必承担很大的成本。

3. 产品因素

（1）产品价值与重量。当产品价值较高，而重量较轻时，运输的成本只占产品总成本的很小一部分。这类产品在具备生产区位优势的地区布局生产并从该地点配送全球市场会更加有利。相反，当产品价值较低但重量较大时，运输费用将会占产品总成本的较大比例，此种产品需要在靠近主要市场的地区生产，以降低运输成本。

（2）产品能否满足普遍需求。全球化背景下，全世界消费者偏好出现趋同现象，各国消费者对某一产品的品位和偏好没有什么差别时，全世界需求相同或类似，则将增加在一个区位优势明显的地区集中生产的吸引力。相反，则适合分散的生产布局。

（二）国际企业生产布局战略选择

国际企业在生产布局方面有两个基本战略可以选择：一个是在某个最佳区位集中生产并服务于整个世界市场，另一个是在邻近主要市场的不同国家或地区分散生产。适当的战略选择是由以上所讨论的不同的国家因素、技术因素和产品因素决定的。

当以下条件存在时，国际企业选择集中生产最具合理性：国与国之间在要素成本、政治经济和文化方面的差异对各国制造成本有相当大的影响；贸易壁垒低；相似的企业集中导致外部性的产生；预期重要的汇率将保持相对稳定；生产技术有很高的固定成本，相对于全球需求来说有很大的最小效率规模；存在柔性生产技术；产品的价值重量比高；各国消费者的偏好几乎不存在差异。

当以下条件存在时，国际企业选择分散生产最具合理性：国与国之间在要素成本、政治经济和文化方面差别对各国制造成本没有很大的影响；贸易壁垒高；区位外部性不是很重要;预期重要的汇率变化无常;生产技术的固定成本低,最小效率规模小;柔性制造技术不存在;产品的价值重量比低;各国消费者的偏好存在很大差异。

在实践中,大多数情况下,国际企业生产布局战略选择不是那么简单明了的。国际企业经常面临这样的情况:从要素成本、技术因素方面考虑,应该选择集中生产;而贸易投资壁垒和波动不定的汇率又表明应该分散生产。世界汽车工业很可能就是这种情况。尽管柔性生产技术的存在和汽车相对较高的价值重量比意味着应集中生产,但正式和非正式的贸易壁垒及当今世界浮动汇率制的不稳定性又使企业放弃该战略。

二、准时生产制与质量管理理念

(一)准时生产制

准时生产制(just in time,JIT)是指在所需要的时刻,按所需要的数量生产所需要的产品(或零部件)的生产模式,其目的是加速半成品的流转,将库存的积压减少到最低的限度,从而提高企业的生产效益。

准时生产制的基本思想就是通过生产的计划和控制及库存的管理,使原材料刚好而不是提前到达制造工厂参与生产过程,追求一种无库存,或库存达到最小的生产系统,从而节省存货储存成本,如仓储费和保管费。这意味着,公司能够减少用于存货的营运资本数量,将资金用于其他用途和/或降低企业的总资本要求。在其他条件相同的情况下,这将增强公司以投资回报率衡量的盈利能力,这还意味着公司不太可能有过多的未售出存货,过多存货必然要抵消收入或导致降价销售。

准时生产制以准时生产为出发点,首先暴露出生产过量和其他方面的浪费,然后对设备、人员等进行淘汰、调整,达到降低成本、简化计划和提高控制的目的。在生产现场控制技术方面,JIT的基本原则是在正确的时间,生产正确数量的零件或产品,为即时生产。它将传统生产过程中前道工序向后道工序送货,改为后道工序根据"看板"向前道工序取货,看板系统是JIT生产现场控制技术的核心,但JIT不仅仅是看板管理。

除了成本方面的收益,准时生产制系统还有助于公司提高产品质量。在准时生产制系统中,零部件立即进入制造程序,不经过库存。在这种情况下,有缺陷的投入品会立即被发现。问题可追溯到供应源处予以解决,避免生产出更多的零部件废品。而在一个较传统的系统中,零部件在使用前储存数周,在问题被发现之前,很多废品零部件已生产出来。

准时生产制系统的缺点是它没有可供公司缓冲的存货。尽管保管缓冲存货的成本很高,但它有助于公司对需求的增加迅速做出反应,帮助公司应对供应商中断引起的存货短缺。有一些办法可以降低与根据准时生产原则运行的全球供应链相关的风险。为降低依赖一个供应商提供重要原材料所带来的风险,国际企业可以向多个国家的多个供应商购买原材料。

(二)质量管理理念

国际企业生产不仅要控制生产成本,还要提高产品质量。在质量管理过程中,多种质量管理理念与体系应运而生并得以推广运用。

1. 全面质量管理

全面质量管理(total quality management, TQM)就是指一个组织以质量为中心,以全员参与为基础,目的在于通过顾客满意和本组织所有成员及社会受益而达到长期成功的管理途径。全面质量管理由一些美国咨询顾问发展起来,如 W·爱德华·戴明(W. Edwards Deming)、约瑟夫·朱兰(Joseph Juran)和 A. V. 费根鲍姆(A. V. Feigenbaum)。20 世纪 80 年代和 90 年代早期,全面质量管理体系先后在日本公司和美国公司得到了广泛的应用。

全面质量管理一般分为四个阶段:

第一个阶段称为计划阶段,又叫 P 阶段(plan)。这个阶段的主要内容是通过市场调查、访问、国家计划指示等,摸清用户对产品质量的要求,确定质量政策、质量目标和质量计划等。

第二个阶段为执行阶段,又称 D 阶段(do)。这个阶段是实施 P 阶段所规定的内容,如根据质量标准进行产品设计、试制、试验,其中包括计划执行前的人员培训。

第三个阶段为检查阶段,又称 C 阶段(check)。这个阶段主要是在计划执行过程中或执行之后,检查执行情况,是否符合计划的预期结果。

最后一个阶段为处理阶段,又称 A 阶段(action)。主要是根据检查结果,采取相应的措施。

全面质量管理具有如下几个特点:① 全面性:全面质量管理的对象是企业生产经营的全过程;② 全员性:全面质量管理要依靠全体职工;③ 预防性:全面质量管理应具有高度的预防性;④ 服务性:企业以自己的产品或劳务满足用户的需要,为用户服务;⑤ 科学性:质量管理必须科学化,必须更加自觉地利用现代科学技术和先进的科学管理方法。但是,全面质量管理的宣传、培训、管理成本较高。

2. 六西格玛

六西格玛(Six Sigma)理念从全面质量管理体系演化而来,由摩托罗拉开发并获得通用电气推广的一种针对质量管理的统计方法。六西格玛借助数据及严谨的统计分析来确定流程或产品中的缺陷,减少变异性,并尽可能实现零缺陷,旨在在全公司范围内减少次品、提高生产率、消除浪费和削减成本。在六西格玛水平上,生产过程有 99.99966% 的正确率,每百万单位产品中仅有 3.4 个次品。随着次品的减少,成本会降低,生产周期会减短,客户满意度也会随之上升。

六西格玛方法包括 5 个步骤(称为 DMAIC 法):定义(define)、测量(measure)、分析(analyse)、改进(improve)、控制(control)。首先在定义过程,询问客户是谁,他们存在什么问题。要识别客户的关键特征,以及支持这些特征的相关流程。接下来六西格玛关注测量生产流程,包括分类关键特征、验证测量系统和收集数据。第三步是分析,将原始数据转化为信息,识别和确定导致流程出现缺陷或问题的最基本、最重要的原因。然后六西格玛对流程进行改善,包括优化解决方案,实施变更,并评估是否需要额外的变化。最后,监控新的系统流程,采取措施以维持改进的结果,以期整个流程充分发挥功效。从本质上讲,六西格玛这种方法建立了一个持续改进业务流程的封闭循环系统。

3. ISO 9000 质量管理体系

ISO 9000 质量管理体系由国际标准化组织（International Organization for Standardization, ISO）制定，于 1987 年提出。国际标准化组织于 1947 年在日内瓦成立，该组织成立的目的是在世界范围内促进标准化及有关工作的开展，以利于国际贸易的交流和服务，并发展在知识、科学、技术和经济活动中的合作，以促进产品和服务贸易的全球化。作为非政府组织，国际标准化组织先后制定了约两万个国际质量标准。ISO 组织制定的各项国际标准在全球范围内得到该组织的 100 多个成员组织的认可。ISO 9000 质量管理体系可帮助组织实施并有效运行质量管理体系，是质量管理体系通用的要求和指南。中国在 20 世纪 90 年代将 ISO 9000 系列标准转化为国家标准，随后，各行业也将 ISO 9000 系列标准转化为行业标准。

三、国际企业生产外包

（一）外包概念及分类

所谓外包（outsourcing），是指企业为维持核心竞争力，将非核心业务委托给外部的专业公司，以降低营运成本，提高品质，集中人力资源，提高顾客满意度。经济全球化使得世界经济环境发生了深刻变化，特别是自 20 世纪 90 年代以来，随着信息技术的突飞猛进、产业分工的不断细化以及全球化竞争对降低成本要求的日益强烈，使得越来越多的跨国公司将非核心业务转移出去。由此产生了国际产业的大规模转移，外包产业也异军突起。目前，外包已成为经济全球化的一种新标志和国际产业转移的新兴主流方式。

外包有很多分类标准及相应类别。根据外包领域的不同，可将外包分为制造业外包和服务外包。根据外包地理位置不同，可将外包分为在岸外包和离岸外包（将业务外包给近邻的国家公司有时被视为近岸外包）。根据外包的具体业务不同，可将外包分为生产外包、管理外包、研发外包、物流外包、客户关系外包等。外包可以把自己的非核心业务交给更专业的企业去做，这样就可以节省大量的固定资产投资，有利于资源的优化配置、市场的快速拓展，企业间的专业化协作，从而增强企业迅速应对市场的能力，使国际企业的经营管理更加灵活和敏捷等。以下将介绍国际企业的生产外包。

（二）国际企业生产外包

在掌握产品核心技术和建立成熟的营销网络后，国际企业可以不再直接投资进行生产，而是以外包的方式来完成其产品的生产任务。随着行业的不断细分、技术的不断增强、产品类别的不断丰富，生产外包的程度会越来越高。

国际企业实施生产外包可获取多种优势：① 减少企业在财力、物力、人力上的投入，尤其是固定资产投资，增加资本运作的回报率；② 专注于核心技术、业务和附加值高的业务，将有限的资源用于研发和市场营销等环节，可以获得竞争优势并创造更高的企业价值，同时可以缩短产品从开发、设计、生产到销售的时间,快速响应市场,及时抢占市场;③ 生产外包环节可以选择全球市场上的低成本地区和企业,节约生产成本,而且承接外包业务的公司往往能够提供更优质的产品;④ 可以避免机构臃肿现象导致的运转不灵,由此提高经营能力和管理水平;⑤ 还可以降低季节性、突发性生产的风险以及减少劳动争议所带来的一系列问题。但是,生产外包也具有一定风险,比如不利于控制,并且会泄漏一定的技术,培育出竞争对手。

国际企业成功实施生产外包战略需要企业自身具备品牌优势、研发能力、营销网络和控制能力。品牌优势是企业进行生产外包的最大优势,因为只有建立在品牌经营的基础上,企业才有可能为产品附加上额外价值;同时,优秀的品牌也使得生产商更加乐意接受企业的外包业务。客户需求的快速变化,需要企业能够不断创造出满足其个性化需求的新产品。而只有具备强大的研发能力,才可能使生产外包形成良性循环,生产一批,研发一批。否则,同类竞争产品的出现,会很快侵蚀企业的核心竞争力。现代企业的核心驱动力是订单,否则,外包回来的产品只能是一堆库存。如果拥有强大的营销网络,可以快速地把产品送到客户手中,缩短资金回流的周期,使企业进入新一轮的产品外包。生产外包减少了企业对生产环节的管理监督,但同时也可能增加企业责任外移的可能性,如果无法对合作者进行有效的控制,最终市场很可能被合作者的自有产品抢走。这是要求企业具备很强的控制力,不断地监控外包企业的行为,并努力与之形成良好的长期合作关系。

生产外包在对国际企业提出一定要求时,对接包商也有一定限制,要求其有强大的生产能力,包括先进的生产设备、合格的工艺技术、技能熟练的员工以及丰富的生产经验等体现其核心竞争力的因素。同时,还要求合作者有着良好的信誉。

随着经济全球化和竞争全球化的发展,许多国际企业纷纷将生产活动外包到包括中国在内的亚洲区域。很长时间以来,中国大多数企业扮演的都是承接生产外包的角色,负责组装、生产的任务,在供应链上处于中下游。而设计和研发工作则是由西方国家的大企业完成,它们占据供应链的上游,赚取大部分的利润。如今,中国政府正大力推行产业升级和转型力度,正是要企业走向上游,在国际市场的大供应链上拥有话语权和主导权。随着市场经济的发展,中国积累了大量的资金以及丰富的管理经验,具备了一定的国际竞争力,越来越多的中国企业也开始将生产制造分离出去。

◆ 内容提要

国际企业供应链管理的核心职能包括采购、物流、生产等。采购作为供应链的一部分,指的是对生产过程中使用的原材料、零部件和制成品的采购。对供应商进行评估和分类管理对国际企业采购至关重要。作为供应链的一部分,物流指的是计划、实施和控制制造过程中使用的原材料、零部件和产品的有效流动和库存的活动。国际企业物流的核心内容包括全球配送中心、全球库存管理、包装、运输、逆向物流。国际企业生产选址是国际企业面临的一个基本决策,需要考虑国家因素、技术因素和产品因素。随着分工的细分、技术的增强和产品类别的丰富,很多国际企业选择将生产业务外包出去以降低生产成本,提高产品质量以及增强核心竞争力。

◆ **关键词**

供应链　全球供应链管理　全球采购　物流　生产　全球配送中心　准时生产制　全面质量管理　外包

◆ **复习思考题**

1. 供应链及供应链管理的概念是什么？
2. 简述影响国际企业生产布局的因素。
3. 简述国际企业全球供应链管理的风险。
4. 试述国际企业生产外包的作用。
5. 准时生产制的概念及作用是什么？
6. 国际企业零部件自制与外购决策的影响因素有哪些？

◆ **思考案例**

亚马逊布局智能物流仓库

亚马逊公司是全球知名网络电子商务公司，并多次登上 Gartner 供应链评选的大师级榜单。在亚马逊公司的仓库里，一个个矮矮胖胖的小机器人川流如梭，可别小看这些机器人，它们大有来头。

这些小机器人的名字叫 Kiva，Kiva 会自动扫描地上的条码，然后根据无线指令，将货物和货架按照订单分别送到指定的地点，之后再由员工处理。这样一来，工作人员每小时可挑拣、扫描 300 件商品，效率是之前的 3 倍，并且送货的准确率高达 99.99%。目前，亚马逊已经在全球部署了超过 10 万台 Kiva，仅仅在美国加利福尼亚州的一座仓库中，就有超过 3000 台的 Kiva。在机器人应用数量、订单处理能力以及仓库自动化程度上，亚马逊均处在全球同类企业的领先水平。

现在，亚马逊成功地在人们心中树立了这样一种形象：亚马逊不只是电商平台，更是一家科技公司。亚马逊在业内率先使用了大数据技术，利用人工智能和云技术管理仓储物流，首次推出了预测性调拨、跨区域配送、跨国境配送等服务，并由此建立了全球跨境云仓。

在智能物流思想的指导下，亚马逊对原有的仓储物流供应链进行了全面改造和升级，以智能运营系统为基础，打破了单一库房运营的传统模式，形成了全球化智能运营网络，构建起全球覆盖最广的电商自建运营网络。

——资料来源：戚风. 供应链管理从入门到精通[M]. 天津：天津科学技术出版社，2019.

试分析智能物流对国际企业供应链管理的意义。

◆ **应用训练**

沃尔玛的大数据供应链体系

沃尔玛是最早进入中国的外资零售企业之一，拥有丰富的供应链管理经验。初入中国时，沃尔玛就保持着世界一流的供应链管理水平。在互联网技术日新月异的今天，沃尔玛也没有停止前进的脚步，而是致力于将国际领先的供应链管理体系与本土优势资源相结合。

沃尔玛通过信息技术创新,在提高服务效率的同时,整合供应链的上下游资源,实现各方资源共享、价值共创。

沃尔玛在十多个国家建设了8000多家门店,这些门店都有各自的供应商,汇聚成一股庞大的数据流,依靠传统的管理模式显然很难实现对其有效的管理。因此,沃尔玛将大数据系统引入供应链管理中,要求每家供应商都要使用专用的 Retail Link 系统,审视沃尔玛旗下每一家超市的实时需求,做到适时补货,从而有效控制企业系统。

另外,沃尔玛还会利用大数据分析消费者的偏好与购买行为,对市场需求进行预测,并且与制造商的生产能力进行精准匹配,从而提高整个供应链的运营效率。

在物流方面,沃尔玛也在充分利用大数据,它和承运商协同管理供应链,由其中一家承运商牵头,按照需要调运货物,其他承运商则通过供应链平台实时分享信息,共享运力,保证区域运力充足,实现商品平稳供应。

——资料来源:戚风.供应链管理从入门到精通[M].天津:天津科学技术出版社,2019.

试分析大数据时代背景下,国际企业供应链管理面临哪些机遇和挑战。

第十章 国际企业人力资源管理

本章结构图

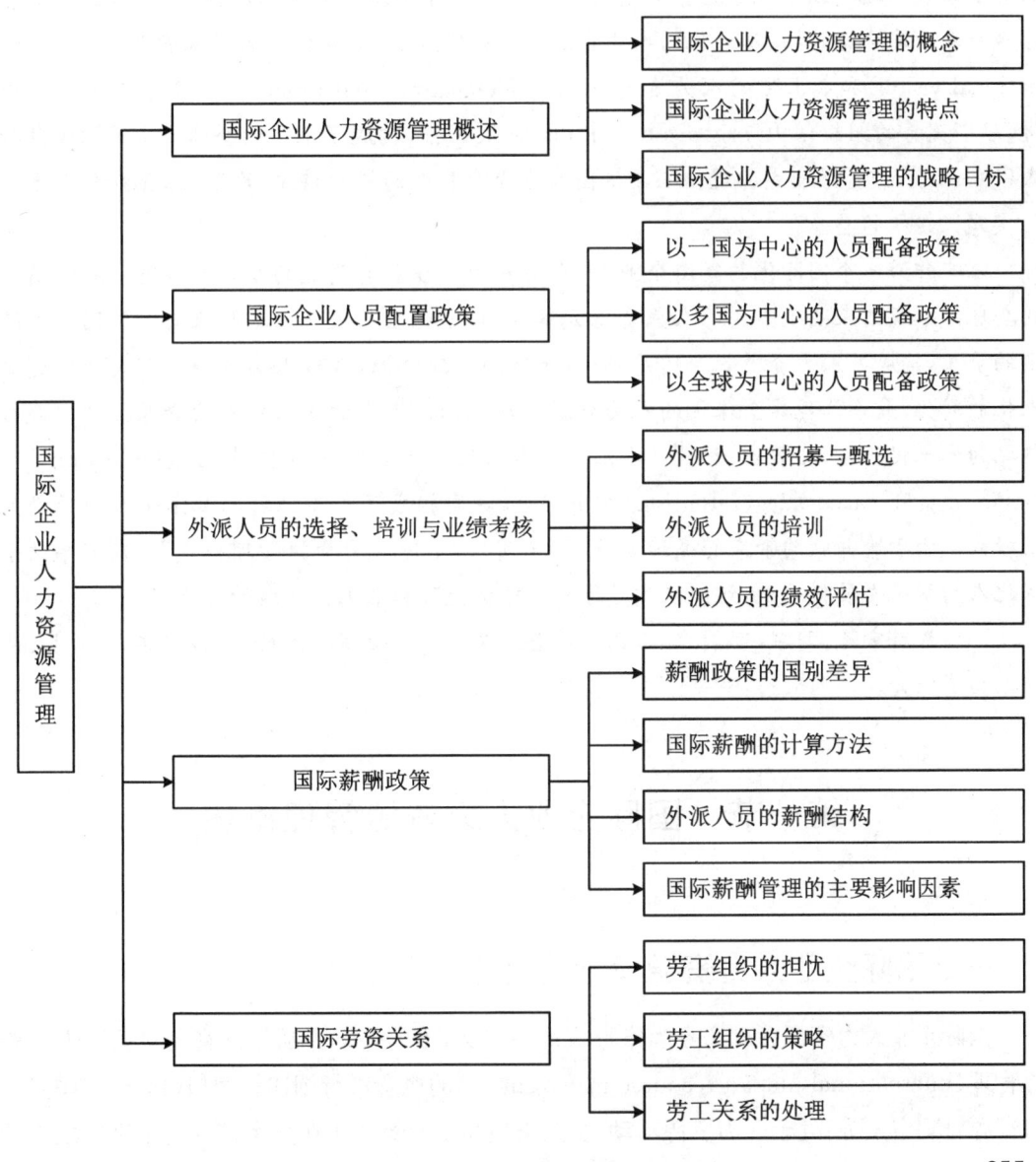

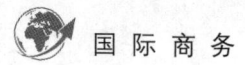

> **学习目标**
>
> 熟悉国际企业人力资源管理的基本概念;了解人力资源管理在国际企业全球化运营中的作用;掌握国际企业人员配备政策的主要类型,明确不同人员配备政策的利弊;知晓外派人员的选择、业绩考核标准及培训的主要内容;了解国际薪酬的计算方法;能够正确阐述劳工组织对国际企业战略选择的影响。

> **导入案例**
>
> **汇丰集团的全球人力资源管理模式**
>
> 汇丰不仅仅是一家"全球银行",更是一家全球性的"当地银行",体现了全球化与本土化的完美结合。这种经营理念也指导着汇丰的人力资源实践。汇丰依托强势的企业文化、全球视野和全球资源,坚持本地化的人力资源管理和实践,将全球化人力资源管理视野(international vision)和本土化的人力资源管理实践(localizational practice)整合于汇丰持续改进、不断完善的组织结构(organizational integration)中,构成了汇丰的全球人力资源管理模式(I-O-L 模式)。该模式体现出汇丰集团人力资源管理的鲜明特征,即"全球化视野""本土化实践""组织的整合"。
>
> 汇丰作为一个国际化的集团企业,其人力资源管理具有明显的全球化视野。它以清晰的全球战略规划来明确集团的人力资源战略方向;通过企业文化来凝聚来自不同国家和地区的员工,构成了人力资源管理的基础;以丰富的全球资源,实现人力资源管理全球化到本土化的转化,最终体现其全球化的人力资源管理理念。汇丰的本土化人力资源管理实践被称之为本土化的"人才管理计划"。在汇丰的本土化人才管理计划中,包含选(selection)、育(training)、用(career)、留(retention)四个部分,共同构成了汇丰独特的本土化人力资源实践模式。由于兼并收购带来的高速扩张、汇丰实行"全球人力资源管理模式"。在汇丰的全球化人力资源发展模式中,组织机构是连接全球化视野和本土化实践的桥梁。
>
> ——资料来源:刘宇,彭剑锋.跨国企业全球人力资源管理模式研究:以汇丰为例[J].中国人力资源开发,2015(2):68-74.

第一节 国际企业人力资源管理概述

一、国际企业人力资源管理的概念

国际企业人力资源管理迄今尚未形成统一定义,国内外学者从不同视角对国际人力资源管理(international human resource management)的概念进行阐述。摩根(1986)将国际人力资源管理定义为:处于人力资源活动、员工类型和企业经营所在国类型这三个维度之中的互动组合。泰勒等认为国际人力资源管理是不同的活动、职能和过程的集合,用于吸引、开发和维护跨国公司的人力资源。约翰·伊凡瑟维奇认为,国际人力资源管理是国际化组织中人员管理的原则和实践。约翰·库仑认为,将人力资源管理的功能应用于国际环境时,就变成了国际人力资源。舒乐和塔里克认为国际人力资源管理是跨国公司在全球市场对人力资源的有效管理,以此来获得主要竞争优势,并在全球范围内取得成功。赵曙明指出,国际人力资源管理涵盖三个维度:人力资源管理活动(包括人力资源的获取、分配与利用)、员工类型(东道国员工、母国员工、第三国员工)及东道国、母国和第三国三个与国际人力资源有关的国家。

这些研究分别基于不同视角对国际人力资源管理的概念进行诠释,虽各有侧重,但无对错之分。我们认为国际人力资源管理是跨国企业在全球市场为有效利用其人力资源所进行的各项活动,这些活动至少包括以下几个方面:人力资源规划、员工招募、绩效管理、培训与开发、薪酬计划与福利、劳资关系等。广义上,国际人力资源管理就是在跨越国境的范围内从事与国内人力资源管理相同的活动。

二、国际企业人力资源管理的特点

与国内企业人力资源管理相比,国际企业人力资源管理具有以下特征:

(1) 国际企业人力资源管理所处的环境更为复杂多样。经济、社会、自然环境的差异,导致跨国公司面临环境不确定因素增强。跨国公司应在充分了解东道国环境的基础上,有针对性地调整管理思想与实践,践行差异化的人力资源管理理念。如在政治环境动荡,但市场前景广阔的国家采取合资方式,并依据当地习惯拟定不同的招聘、培训、考核等实施细则。

(2) 国际企业人力资源管理面对多元文化冲突的挑战更为突显。文化差异是跨国公司在国际经营中需要谨慎处理的重大问题,因此有必要进行多元文化管理。跨国公司要处理的是如何在使用原有的、已经证明有效的人力资源管理经验以保证公司业绩的基础之上,适应当地文化,规避文化冲突的风险。例如,跨国公司对于聘用、提升、奖励、解聘、雇员民族化等问题通常遵守当地的习俗传统,并以该国文化的特定价值评判体系作为基础。

(3) 国际人力资源管理需要谨慎权衡目标多重性。虽然跨国公司仅为一般企业的特例,就人力资源管理职能而言,均涉及人力资源计划、招聘、培训、绩效考核和报酬管理等职能,但其环境复杂性和文化多样性会影响到人力资源管理的目标。例如,某些跨国公司的培训目标不仅限于提高雇员技能、增强岗位适应性,或许是对东道国征收工资税的一种回应。

(4) 国际人力资源管理需要明智应对雇员多样性。跨国公司的雇员可能来自母国、东道国、第三国,其种族构成也多种多样。这就使跨国公司人力资源管理涉及一系列的新问题、如外派人员的选拔与培训,绩效考核、薪酬设计、跨国流动以及海外遣返等问题,这对跨国公司人力资源管理是一个严峻的挑战。

三、国际企业人力资源管理的战略目标

良好的人力资源管理是在全球经济中维持高生产效率和竞争优势的持久源泉,这是国

际人力资源管理的重要战略功能。出色的人力资源管理能够支撑跨国公司的高生产效率、竞争优势和价值创造。通过影响公司人力资源的个性、发展、素质和生产率,人力资源管理职能能够帮助公司削减价值创造的成本,更好地满足客户的需求,达成公司的主要战略目标(表10.1)。

表 10.1 国际企业人力资源管理的战略目标

国际企业人力资源管理活动	战略目标
制定国际企业人员配备政策	以一国为中心、以多国为中心或以全球为中心进行人员配备
招募、甄选与培训员工	招募和选拔外派经理;以文化、语言和实践为重点,对员工进行培训,提高员工工作效率,进而提升公司绩效
国际绩效评估	评估外派经理及其他员工海外工作的有效性
出台合理的员工国际薪酬方案	制定薪酬制度,如基本工资、福利、津贴和奖金
处理国际劳资关系	安排集体谈判、与工会交流、处理罢工等劳工纠纷
实现员工队伍的国际化	招募不同背景人才,充分发挥其经验与知识,帮助企业解决问题,实现国际化经营

第二节 国际企业人员配备政策

员工的招聘和选拔,亦被称为人员配备。人员配备政策(staffing policy)主要是指为特定的工作岗位选派员工,主要包括管理人员和技术人员的选派。选择正确的人员配备政策,不仅能提高工作效率,而且是强化企业文化的重要手段。研究显示,国际企业人员配备政策通常有三种类型:以一国为中心的人员配备政策、以多国为中心的人员配备政策和以全球为中心的人员配备政策。

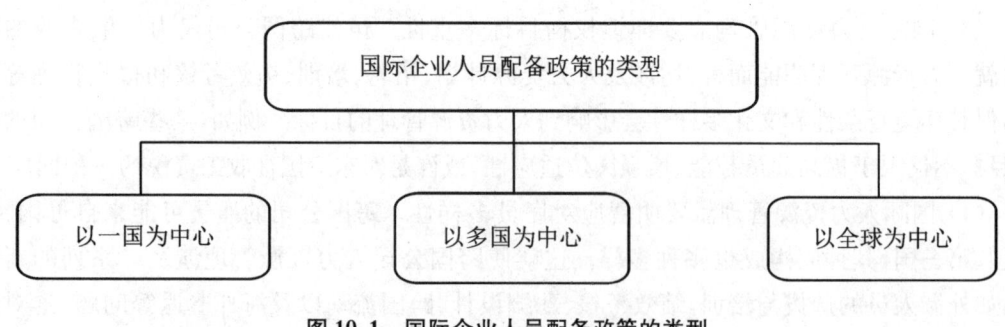

图 10.1 国际企业人员配备政策的类型

一、以一国为中心的人员配备政策

在以一国为中心的人员配备政策下,所有关键的管理和技术职位均由母国公民担任,适合国际战略,即当成本降低压力和当地化经营压力都较小时,公司易于采取以一国为中心的人员配备政策。应用该政策的公司极为普遍,诸如印度的威普罗公司、日本的丰田和松下、韩国的三星等公司。印度的威普罗公司在35个国家拥有54000名员工,其中11000多人是外派人员,90%以上是印度人。威普罗公司向全球派驻印度高管,这些高管负责业务发展,并培训当地员工,以便将"威普罗方式"传播到世界各地。

（一）优点

采用以一国为中心的人员配备政策的优点主要体现在以下三个方面:

(1) 弥补了东道国缺乏合格高层管理人员的不足。公司可能认为东道国缺乏合格人选担任高级管理职务。这种现象在欠发达国家设立子公司时,尤为普遍。

(2) 是维系统一的公司文化的最佳方式。当今许多美国和日本的公司仍倾向于雇佣母国人员担任海外子公司的要职,因为母国人员受雇时已融入公司的文化,当公司格外注重企业文化时,这一原因尤为显著。

(3) 当公司实施国际战略,力图通过向国外子公司转移核心能力创造价值时,会认为最好的途径是将那些具有相关知识能力的母国员工转移到国外子公司。

（二）缺点

尽管以一国为中心的人员配备政策有其合理性,但现如今多数跨国公司已逐渐弃用该种人员配备政策,主要缘于该种人员配备政策具有以下不足:

(1) 以一国为中心的人员配备政策限制了东道国员工的发展机会,这将招致怨恨不满,造成生产率下降以及组织中的人员变更频繁。

(2) 以一国为中心的政策会导致文化短视,公司无法了解东道国的文化差异所应采取的不同营销和管理方法。

(3) 外派经理适应期通常较长,而在此期间很可能会做出错误或不当的决策。

二、以多国为中心的人员配备政策

以多国为中心的人员配备政策要求在母国人员占据了公司总部的关键职位的同时,子公司管理层由东道国人员担任,通常适合本土化战略。鉴于母国情形有别于东道国,公司一般会根据东道国的环境来制定和调整人力资源管理战略。如微软公司及食品与清洁用品巨头联合利华公司都曾采用过该人员配备政策。其中,微软的人力资源理念便是对该政策的完美诠释。当微软在美国以外的国家开展业务时,它的目标是雇佣本国国民。正如其前首席运营官所言,"你需要了解当地情况、价值体系、工作方式、人们在特定国家使用技术的方式以及谁是主要竞争对手。如果你从不同的地区或国家派新人来,他们对此类事情无从所知。"并且,微软董事长比尔·盖茨(Bill Gates)认为,多中心政策是国际商务的道德义务,他宣称,在为国外办事处配备人员时,"让一个外国人过来管理当地事务,这无疑传递了一个错误的信息"。

（一）优点

以多国为中心的人员配备政策的优点主要体现在以下方面：

（1）避免了文化短视，尊重当地环境的独特优点。

（2）以多国为中心的人员配备政策的实施成本低，降低了价值创造的成本，因为负担外派经理的费用是非常昂贵的。

（3）避免一些敏感的政治风险。

（4）子公司管理层由东道国人员担任有助于保持子公司管理的连续性，由当地经理担任高级职位有利于吸引、激励和留住当地雇员。

（二）缺点

以多国为中心的人员配备政策也存在以下不足之处：

（1）东道国人员发展受限。东道国人员缺少在本土以外的经验，因而难以在本国子公司的高级职位谋得发展。与以一国为中心的政策一样，以多国为中心的人员配备政策也会引发不满情绪。

（2）东道国管理人员和母国管理人员之间易出现隔阂。如果母公司与东道国之间缺乏管理人员的流动，这种隔阂就会进一步恶化，最终导致总部与国外子公司之间无法实现一体化。这样，公司难以获得转移核心能力、实现经验曲线或区位经济所需要的协调性。因此，虽然以多国为中心的人员配备政策可能对实施本土化战略的企业有效，但对实施其他战略的企业却不一定适合。

（3）产生的联盟形式可能产生公司内部运作惯性。

三、以全球为中心的人员配备政策

以全球为中心的人员配备政策在整个组织内不考虑国籍因素，为关键岗位寻找最佳人选，适合全球标准化战略和跨国战略。启用该政策的公司包括印度塔塔集团、日本索尼公司、美国的通用电器公司、汇丰银行等。

（一）优点

这种政策有许多优点：

（1）公司能够最好地利用其人力资源。

（2）公司可通过以全球为中心的人员配备政策建立起一支国际管理人员的核心队伍，他们可在各种不同的文化环境中轻松自如地工作。建立这样一支队伍，就为建立牢固统一的公司文化以及构建非正式的管理网络迈出了关键性的第一步。

（3）同推行其他人员配备政策的公司相比，以全球为中心的公司更易于实现经验曲线、区位经济和多方位转移核心竞争力，从而创造价值。

（4）以全球为中心的人员配备所形成的多国管理队伍有利于避免文化短视，增强地区调适性。

(二)缺点

(1) 许多国家都希望国外子公司雇佣本国公民,为实现这一目标,它们运用移民法,规定如果本国有足够数量的人员且有所需的必备技能,则必须雇佣东道国公民。

(2) 实施以全球为中心的人员配备政策成本是很高的。

(3) 这些处于国际"快车道"的管理人员的高额薪酬可能导致公司其他人员的不满。

表10.2概括了三种人员配备政策的利弊。总体而言,以一国为中心的人员配备政策与国际战略相匹配,以多国为中心的人员配备政策与多国战略相匹配,以全球为中心的人员配备政策与全球战略和跨国战略相匹配。

表10.2 人员配备政策比较

人员配备政策	适用战略	适用前提	优势	劣势
以一国为中心	国际战略	公司的领导理念、管理价值观和工作实践都优于国外市场;总部做出关键决策,外国子公司服从命令	解决东道国缺乏合理管理人员的问题;统一企业文化;有利于转移核心竞争力;提升高管的国际视野	滋生东道国的不满情绪;可能导致文化短视;管理者无视东道国创新;外派经理易受到文化冲击
以多国为中心	多国战略	总部制定宽泛的战略决策,外国子公司负责具体运用以适应当地市场;适应母国和东道国之间真实或想象的差异;具有卓越竞争力的企业需要了解东道国客户、市场及其机构	缓解文化短视;实施成本低;由当地经理担任高级职位有利于吸引、激励和留住当地雇员;降低高管/外派人员失败的几率;满足当地政府相关规定,即关键管理职位需由本国人担当,跨国公司子公司易被视为本土企业	限制了职业流动性;隔离总部和国外子公司;使协调和控制活动复杂化;使东道国员工仅关注本国,难以具有全球视野
以全球为中心	全球战略、跨国战略	所有国家都是平等的,具有不可分割的特征;总部和子公司合作确定技术转移和传播最佳途径;创意和创新可以发生在任何地方	有效利用人力资源;有利于建立强大的企业文化和非正式网络;促进动态学习,在全球范围内开发、转移和利用东道国的创意与创新	各国移民政策可能限制其实施;发展困难,运营成本高,维护困难;外派人员高额薪酬易招致公司其他人员的不满;与许多国家支持地方市场发展的计划背道而驰

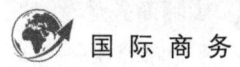

分析案例 10-1

索尼公司的人员配备策略

索尼是日本一家全球知名的大型综合性跨国企业集团,总部设于日本东京都港区港南。索尼是世界视听、电子游戏、通信产品和信息技术等领域的先导者,是世界最早便携式数码产品的开创者,是世界最大的电子产品制造商之一、世界电子游戏业三大巨头之一、美国好莱坞六大电影公司之一。

索尼公司的人员配备策略经历了由一国为中心策略向多国为中心及全球为中心策略的转变。日本公司的高级管理人员传统上历来由清一色日本人担任。1997年公司第一次吸收了一名美国人和一名瑞典人进入董事会。索尼在中国生产已经本土化了,营销管理环节也正在本土化,它在中国的18个分公司、办事处都是由中国本土人士进行管理。仿效日产汽车和其他日本老字号公司聘任海外经理人,2005年3月7日,索尼公司举行董事会会议,正式任命美国人霍华德·斯金格出任该公司总裁兼CEO,取代领导索尼达10年之久的67岁的出井伸之。这使索尼"掌门人"的交椅上59年来第一次出现了一个金发碧眼的西方人。

——资料来源:立石泰则.拯救索尼[M].姚佳,译.成都:四川文艺出版社,2007.

第三节 外派人员的选拔、培训与业绩考核

企业全球扩张战略的规划和实施,离不开具有全球视野的职业经理人员。这些人员可以来自对企业外部人力资源的招聘,也可以对来自企业内部人员的培训。一个组织能否成长壮大,主要取决于经理人员是否得到了有效的利用。

一、外派人员的招募与甄选

以一国为中心和以全球为中心的人员配备政策均涉及人员外派。外派人员是指一国公民到别国去工作。在以一国为中心的人员配备政策下,外派人员都是母国国民。在以全球为中心的人员配备政策下,公司的派遣决定不以国籍为基础。国际人员配置的前提与基础是外派人员的招募与甄选。

(一)外派人员的招募

招募员工并将其派遣到海外适合的岗位工作对于国际企业来说至关重要。招募(recruitment)是企业为了生存和发展,根据工作分析和人力资源战略规划的数量、质量与结构要求,通过信息发布和科学甄选(selection),为企业挑选合格人才,并将其安排至企业相关岗位工作的过程。

公司外派人员通常应具有以下特质:至少具有从事工作的专业知识与技能,以及成为成功经理人所必备的智慧与人际关系技能。而海外派任者还必须能与自己国家文化倾向迥异

的员工和管理阶层同事相配合与应对的才能,且只身在国外的压力,亦可能造成单身经理人的负担。当然若配偶与子女将共赴新职,则整个家庭必须面对复杂的问题与压力,例如新语言的学习、结交新朋友等状况。因为,外派人员成功与否通常取决于5项因素,即专业技能、交际技能、国际动力、家庭环境与语言技能。

(1) 专业技能:主要考察外派人员的硬性技能包括技术技能、行政技能、领导技能。国际商务知识以及在国内的业绩或曾经的海外业绩。众多研究结果显示,国际企业在甄选外派人员过程中通常将专业技能视为关键因素。例如,2002年ORC Worldwide的早期调查发现,72%的受调查企业选择应聘者取决于其工作技能与竞争力。

(2) 交际技能:主要包括沟通能力、文化容忍力和接受力、对模棱两可的容忍度、灵活适应新的行为和态度和适应能力。同文化的接受度:主要考察对异国文化的容忍度、是否善于移情、管理者本人是否具有种族中心主义以及是否抱有成见等。

(3) 国际动力:主要考察愿意接受外派职位的程度、对派遣区位文化的兴趣、对国际任务的责任感、与职业发展阶段的吻合度。

(4) 家庭环境:主要考察配偶愿意到国外生活的程度、配偶的交际能力、配偶的职业目标、子女的教育要求。

(5) 语言技能:主要考察用当地语言沟通的能力。

(二) 外派人员的甄选

国际人员配置的一个突出问题是外派失败,降低外派失败率的一种办法是改善挑选程序,筛选出不合适的候选人员。因此,外派人员的甄选至关重要。甄选(selection)是评价和决定谁将成为特定岗位候选人而收集信息的过程,它不仅包括了对企业要求、职位信息和应聘者信息的详细调查、研究与比较,而且包括了对各种各样的甄选技术、方法、程序的选择与运用。

1. 外派人员的甄选方法

为了避免外派失败,跨国企业在考虑采用人员海外派遣的初期,就应该建立一套完整的科学的甄选外派人员的制度。外派人员的甄选过程主要从以下几个方面因素,即外派人员的专业技能、交际技能、国际动力、家庭状况及语言技能,选取对应方法进行筛选。

以往跨国企业在人才甄选中采用的主要方法基本以主观判断的面试为主,凭借外派人员的技术知识和人生阅历做出判断。在面试的基础上,应当增加标准测试、评估中心、个人资料、关键事件和内部推荐等多种方法(表10.3)。在掌握外派候选人个人资料的基础上,了解各位候选人的技术能力、交际技能、语言技能和家庭环境;通过标准测试筛选出技术技能、语言技能和交际技能等符合标准的候选人;进一步通过面试和关键事件法确定最终候选人的可选范围;利用评估中心的方法有效地甄选出最为适合的外派人员。内部推荐也是一种非常有效的甄选方法,通过领导、下属、同事的推荐,帮助人力资源部门扩大可选择的外派候选人的范围,提升甄选的有效性。此外,在人员甄选中还可以使用先进的心理测评工具、职业生涯测评工具等进一步增强甄选工作的科学性和准确性,帮助跨国企业选择真正适合的人员到合适的岗位上。

表10.3 外派成功因素和甄选方法

关键性成功因素	细分因素	甄选方法					
		面谈	标准测试	评估中心	个人资料	关键事件	内部推荐
专业/技术技能	技术技能	√	√		√	√	√
	管理技能	√		√	√	√	√
	领导技能			√	√		√
交际能力	沟通能力	√		√			√
	文化容忍力和接受力	√	√				
	对模棱两可的容忍度	√		√			
	灵活适应新事物的行为和态度	√		√			√
	适应能力	√		√			
国际动力	愿意接受外派职务的程度	√			√		
	对派遣地区文化的兴趣	√					
	对国际任务的责任感	√					
	与职业发展阶段吻合	√			√		√
家庭状况	配偶愿意到国外生活的程度	√					
	配偶的交际能力	√	√	√			
	配偶的职业目标	√					
	子女的教育要求	√					
语言技能	用当地语言沟通的能力	√	√	√			√

2. 外派环境与甄选标准相匹配

与国内人员甄选相同,对外派人员的甄选需要制定与职位相匹配的甄选标准。与国内人员甄选标准不同的是,各种外派职位对外派人员的要求具有一定的共性,均要求员工掌握专业或技术方面的技能,具备国际化沟通交际的能力,符合国际化发展的需求,掌握必要的语言技能,同时还要得到家庭的支持。以上5种要素缺一不可。不同的外派环境对外派人员的要求各不相同,外派人员的甄选环节应当结合各种环境因素进行员工甄选。外派环境主要包括任职的时间长短、文化差异、与东道国雇员沟通的能力、工作的复杂性和责任等方面的因素。

通过表10.4,可以分析得出不同的外派环境及工作要求,不同条件下,进行外派人员甄选的决定性要素各不相同。

表10.4 不同外派环境下员工甄选标准的优先程度

外派成功因素	外派时间长	文化差异大	与东道国公民交流需求高	工作复杂、责任大
专业技术能力	高	不确定	中	高
交际能力	中	高	高	中
国际动力	高	高	高	高
家庭状况	高	高	不确定	中
语言技能	中	高	高	不确定

资料来源:Cullen J B, Parboteeah K P. Multinational Management:A Strategic Approach[M]. Mason:Cengage Learning,2013.

(1) 任职时间:外派人员预计在东道国停留的时间从以月来计到若干年不等,短期任职的选择标准强调职业技术能力;而长期外派对于员工的职业技术能力、环境适应能力、家庭状况的要求比较高,交际能力和语言技巧要求则相对较弱。

(2) 文化差异:东道国与母国间存在一定程度的文化差异。例如,相对于中国与美国的文化差异,中国与韩国之间的文化相似性更高。当文化差异越大时,越应当注意在人员甄选过程中考察其交际能力、国际动力、家庭状况和语言技巧。

(3) 工作的复杂性和责任:外派人员承担工作的复杂性越高,责任越重大,对于员工专业技术能力的要求就越高。在甄选过程中,要注意考察外派候选人员的技能和以往的任职经历,尤其是成功的实际操作案例。

(4) 沟通与交流:外派人员需要与东道国的员工共同工作,在工作的过程中需要必要的沟通和交流。人员甄选时,若职位对交流和沟通的必要性要求越高,就越应当注重考察外派人员的交际能力、国际动力和语言技巧。

分析案例10-2

壳牌:有效选拔,才能并重

荷兰壳牌石油公司是在中国境内投资最大的跨国公司之一,在内地共设有21个办事处和20多个正在运营或发展的项目,员工人数约1000人,其中1/3在合资企业工作;另外,在香港特别行政区有员工500多人。

壳牌大中华公司前任员工计划和开发部经理沃特·博斯这样说:"一般情况下有两种选择,要么是招聘年轻人,没有什么工作经验但有巨大潜力;要么是招聘有工作经验的人。"

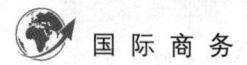

在香港负责人事工作两年,博斯亲眼目睹了两次公司重组:从壳牌香港公司到壳牌大中华公司,到最近的壳牌亚洲东北公司。最后一次变动是在1998年的5月1日完成的,包括壳牌公司地区总部从香港迁到北京;博斯本人任职期满调回伦敦。

壳牌公司"培养自己的人才"仅有一个目的,即培养一批值得信赖的当地管理队伍,全面经营在中国的公司。博斯说:"本地化和职业生涯发展进程需要相当细致而明确的管理,首先是制定总体目标。壳牌公司的总体目标明确声明,在一定期限内,其在中国的公司不再有享受特殊薪水的驻外人员;第二步是安排合适的候选人到每一个特定岗位上。壳牌公司华南地区综合事务经理戴维·李认为,公司正从组织的地区概念转向市场等级结构。在每个等级的市场中,我们都会指定经理负责全中国的贸易。"在结构变动期间,壳牌公司适应中国人力资源要求的措施仍保持不变。总部仍坚持原来的目标。"我们做了明确的决定,由公司自己教育和训练99%的本地员工。"博斯说,"我们愿意培养自己的人才。"

——资料来源:罗静,卢妍燕.壳牌的人力资源管理[J].企业管理,2011(12):42-43;刘贝妮.领导人才职业发展模式研究:以壳牌公司为例[J].中国人力资源开发,2015(14):62-68.

二、外派人员的培训

(一)培训的主要目的

培训(training)是改变雇员的行为与态度,使其更好地实现工作目标的过程。企业高级管理人员必须使培训和被培训人员明确认识到,培训的目的并不是简单地把成熟市场的做法简单地复制到新兴市场。接受培训的人员需要掌握创新、冒险和已有业务基本经济规律之间的平衡。预先对这些问题进行周密的思考也是企业高级管理团队的职责。

培训系统的构建可为公司跨国经营提供有力支撑。对外派人员进行培训,是为了让其获取国际经营管理所需的知识和经验,提升其文化敏感性。文化敏感性是跨文化管理能力的一项主要内容,对此进行培训的目的是使母公司的管理人员了解他们将赴任国家的文化氛围,充分理解东道国国民的价值观与行为观,迅速地增强对东道国工作和生活环境的适应能力,推动不同文化背景的人员协调合作,充当两种不同文化的桥梁。更重要的是培训能够减少外派失败率,并且提高公司绩效。

(二)外派人员培训的主要内容

对外派经理的培训通常包括跨文化培训、语言培训和实践培训。

1. 文化培训

文化培训,旨在提升外派经理的跨文化意识,即提高外派经理对不同文化差异性的理解与敏感度。其信念是对东道国文化的理解有助于经理人员移情于东道国文化,从而提高与东道国人员交往的有效性。考虑到配偶的适应能力,让配偶或整个家庭参与文化培训同样至关重要。

2. 语言培训

语言培训是外派出发前培训项目的必要组成部分。英语是全球性商务语言,在全世界范围内只用英语做生意是很有可能的。例如,在瑞士电子设备巨人ABB集团,13位来自不同国家的高层经理需要经常开会。由于没有共同的母语,他们只有统一使用英语进行交流,这时候,英语已经成为ABB集团的公司语言。尽管英语非常普及,但外派人员如果具备用东道国语言沟通的能力,则可以进一步提高他们的工作效率和谈判能力。为外派人员提供国外语言培训将有助于提高外派人员的工作效率,并使他们更加容易融入外国文化,从而为公司在东道国树立良好的形象。

3. 实践培训

实践培训,旨在帮助外派人员及其家人适应东道国的日常生活。日常生活的规律形成得越快,外派人员及其家人适应的成功率就可能越高。外派人员拥有当地社交网络是非常关键的,企业通常在有外派人员社团的地方投入大量的精力,以保证新外派人员的家庭能够尽快融入这一集体。

(三)培训的方式

1. 按照培训计划制定主体划分

国际企业针对外派管理人员制定的培训计划主要有外部培训和内部培训。外部培训计划不是由某个跨国公司制定的,而是由独立的培训机构针对跨国公司的某一类管理人员设计的。例如,工商管理学院开设的国际管理课程,专业化培训公司提供的沟通技能和人际关系技能培训等。这类培训计划往往邀请有经验的或在某个领域著名的专家授课,让学员从别人的经验中得到借鉴,或了解某些领域的最新发展。许多跨国公司喜欢把管理人员送到东道国接受培训,此举可以使管理人员在承受工作压力之前,切身体会文化差异的影响。

内部培训计划一般是根据跨国公司自己的需要定制而成的。这种培训的效果通常较为直接和明显。培训计划的内容可以根据公司遇到的不同问题灵活地进行改变。现在许多知名跨国公司都设立自己的公司大学(Corporate University),这是一种典型的内部培训方式。公司大学的主要任务是培训公司内部的管理人员等骨干力量。因此这些外派的管理人员可以去公司大学进行培训,培训计划也可根据人员需要灵活设计,如在出国前准备阶段,可请一位熟悉两国文化的人担任培训人员,了解所在区域的环境因素,并对当地特有的管理问题进行探讨,为受训人员到任后有效的建立工作关系打好基础。在职培训也是跨国公司内部设置的一种培训,该培训对象是具有特殊工作需要的个别管理者,在职培训通常由更有经验的上级监督受训者在实际工作中的表现。由于在职培训可以在工作中进行,时间约束性弱,并且该种培训方式更强调实践性,是一种实用性很强的培训方式。

2. 按照培训强度划分

基于培训强度视角,国际企业外派人员培训主要分为高强度培训、中强度培训与低强度培训三种方式。其中,高强度培训目标是实现外派人员与东道国国家文化、商业文化和社制度融洽相处。中强度培训目标在于促进外派人员熟悉与东道国文化相关的一般知识和具体知识，减少民族中心主义。低强度培训目标侧重于提供有关东道国商业和国家文化的背景信息以及有关公司经营的基本信息。培训强度的选择与任职特点息息相关。高强度培训通常适用于任职期限长、文化差异大、工作责任大、沟通互动强的情形。低强度培训一般适用于任职期限短、文化差异小、工作责任小、沟通互动弱的情形。中强度培训则介于两者之间。具体情况见表10.5。

表 10.5　外派员工培训模式的选择与任职特点间的关联

培训强度	培训方式	培训目标	培训时长	任职特点
高强度	去东道国旅行，与具有东道国经验的管理者会谈，与东道国人员会谈，集中语言培训	与东道国国家文化、商业文化和社会制度融洽相处	160小时以上	长期任命，相异文化，工作责任大，需要与当地人深入交流
中强度	文化间的学习练习，角色扮演，模拟练习，实例研究，生存语言培训	培养有关东道国文化的一般知识和具体知识，减少民族中心主义	20~60小时	
低强度	授课，录像，阅读背景材料	提供有关东道国商业和国家文化的背景信息以及有关公司经营的基本信息	4~20小时	短期任命，相似文化，工作责任不大，与当地人交流需要不大

分析案例 10-3

大通曼哈顿：重金投入，强化培训

　　新兴市场的培训有多重要？针对埃塞俄比亚不同部门的两项研究揭示了培训的重要性。第一项研究是基于在埃塞俄比亚三家公共银行工作的333名员工样本，检查人力资源管理是否会对员工满意度产生影响。研究包括招聘和选拔、培训和发展以及绩效评估和薪酬等系列数据。研究结果表明，培训和发展、绩效评估和薪酬等因素对员工满意度的影响较大。然而，最重要的，部分人力资源管理功能对员工满意度有正向影响。第二项研究将焦点从员工转移到公司层面。研究人员观察了金融业104家公司（涉及银行、保险、房地产等行业）。约旦是一个重要的新兴市场，在中东影响较大。该研究考察了典型的人力资源管理活动，如招聘和选择、培训、绩效评估和内部职业机会对公司绩效的作用。与之前的研究不同，结果显示只有培训对公司绩效具有正效应。事实上，研究人员对财务指标，如盈利能力、市场份额等亦进行检验。结果显示培训对这两项绩效指标均产生积极影响。

　　——资料来源：Ijigu A W. The Effect of Selected Human Resource Management Practices on Employees' Job Satisfaction in Ethiopian Public Banks[J]. Emerging Markets Journal, 2015, 5(1): 1-16. Darwish T K, Singh S, Wood G. The Impact of Human Resource Practices on Actual and Perceived Organizational Performance in a Middle Eastern Market[J]. Human Resource Management, 2015, 55(2): 261-281.

三、外派人员的绩效评估

国际企业外派人员是指由母公司任命的在东道国工作的母国公民或第三国公民。外派人员作为母公司与子公司之间管理和沟通的纽带，既要贯彻执行公司总部的战略部署，实现公司的战略目标，又要根据东道国的具体情况因地制宜地实施经营管理，以降低投资风险、确保资本保值增值。因此，国际企业外派人员的工作绩效直接关系到海外子公司的运营水平乃至成败。

绩效评估（performance appraisal）是指运用数理统计、运筹学原理和特定指标体系，对照统一的标准，按照一定的程序，通过定量定性对比分析，对项目一定经营期间的经营效益和经营者业绩做出客观、公正和准确的综合评判。外派人员的绩效评估，是指跨国经营企业对照工作目标或绩效标准，采用科学的方法，评定外派人员的工作目标完成情况、外派人员工作职责履行程度、外派人员的发展情况等，并将上述评定结果反馈给外派人员的过程。由于存在各种无意识的偏见，如何客观地对外派经理人员的业绩进行评价，对于众多国际企业来说是一个非常棘手的问题。

（一）绩效评估存在的问题

1. 东道国经理的偏见

东道国的经理判断很可能被其参考的文化框架所左右。例如，一位美国经理在印度子公司工作时引进当地员工参与决策，随后这位美国经理便收到东道国经理的负面评价，因为印度社会等级观念森严，身为专家的经理人员不应向下级寻求帮助。显然，美国经理的尝试被视为不能胜任工作的表现。

2. 母国经理在评价上产生偏见

由于空间距离遥远及海外工作经历空白，母国高管通常不了解国外子公司的运营环境，因而外派人员的业绩评估唯有依赖子公司的生产率、盈亏率或市场占有率等硬性指标。但此类数据易受汇率波动及经济低迷等宏观因素影响，除此之外，绩效评估体系未引入跨文化意识的能力、与当地经理人员有效合作的能力等软性指标，因此评估结论不尽合理。

由于上述偏见的存在，许多外派经理人员认为总部的管理层对他们的评价有失公允。在一项对美国跨国公司经理人员的研究中，56%的经理表明国外任命对他们的事业无益甚至有害。

3. 业绩评估存在的困难

首先，公司的战略布局可能会影响到子公司的经营绩效。其次，各子公司之间的数据不一定具有可比性。再次，时空造成的隔离也影响到跨国公司考核各个海外市场外派人员业绩的客观性。最后，绩效还会受到国外经营机构成熟度的影响。

（二）绩效评估的指导原则

有一些方法可减少在业绩评价过程中的偏见。

（1）大多数外派人员认为当地经理的评价权重应该高于非当地经理。由于相近性，当地经理更倾向于评价软性变量，这是外派人员业绩的一个重要方面。如果当地经理的国籍与外派人员相同，其评价会因文化偏见的缓解而特别有效。

（2）外派者前任的评价。实际上，母国的经理人员通常是收到当地经理的评估内容后才写业绩评价的。在这种情况下，大多数专家建议让以前曾在同一地方任职的外派人员参与评价，这有利于减轻偏见的影响。

（3）充分沟通。当公司政策要求由国外当地经理写业绩评价时，母国经理应该在当地经理完成正式的评价报告之前与其进行商讨。这使母国经理有机会平衡由于文化误解可能造成的非常带有敌意的评价。

（三）外派人员的绩效评估方法

员工绩效评估有很多种方法，其中大部分是传统的评估方法，如排序法、配对比较法、图表法、强制分布法、目标管理法、关键事件法、行为定位评分法、描述法等。跨国公司及其分支机构可以根据自身的特定条件选择其中的一种或几种方法。

1. 排序法

排序法（ranking method）是最为简单与常见的绩效评估方法之一。排序法主要包括简单排序法（simple ranking method）和交替排序法（alternative ranking method）。简单排序法通常的做法是针对某一项指标，管理者将本部门所有员工绩效按从高到低进行排序。鉴于人们发现，把最好的员工和最差的员工加以区别，比将员工按次序排列要简便得多。因此，交替排序法应用较为广泛。首先，列出评估对象名单；接着，从名单中删去评估者难以了解、区别和排列的人；然后，再用一张表将表现最好的员工和最差的员工选出来，分别放在第一位和最后一位，然后在剩下的员工中，再选出一名最好的和最差的，把他们分别放在第二位和倒数第二位，依此类推，直到把评估对象排列完为止。

2. 配对比较法

配对比较法（paired comparison method）是将每一个被考评员工与小组或团体中其他员工进行比较。在配对比较法中，管理者唯有将每个员工与其他所有员工对比后方能得出绩效评估结果。由于其工作量较大，通常适用于人数较少的组织。

3. 图尺度评价法

图尺度评价法（graphic rating method）。首先在一张图表中列举出一系列绩效评价要素并为每一要素列出几个备选的工作绩效等级。其次，主管人员从每一要素的备选等级中分别选出最能反映下属雇员实际工作绩效状况的工作绩效等级，并按照相应的等级确定其各个要素所得分数。

4. 关键事件法

使用关键事件法(critical incident method)进行绩效评估,就是将注意力集中在那些区分有效和无效工作绩效的关键行为方面。评估者记下一些细小但能说明员工工作有效或无效的事件。为某个人记下一长串关键事件,就可以提供丰富的具体例子,向员工指明他有哪些被期望或不被期望的行为。

5. 目标管理法

目标管理法(management by objectives)是通过考察员工工作目标的达成程度来实现人员绩效评估的一种方法。目标管理法一方面强调员工工作成果的重要性,另一方面强调个人目标和组织目标的一致性,尽量规避员工的工作重点与组织目标偏离。目标管理法要求企业管理者基于组织目标制定部门目标,然后,由部门领导就本部门的目标与下属展开讨论,并帮助员工拟定个人工作计划,进而确定个人工作目标。在其后的工作绩效评估工作中,将员工的工作成果与预期工作目标进行比较,进而实现人员绩效评估。

6. 强制分布法

强制分布法(forced distribution method)是将员工按照事先确定的若干等级分别归入某一级别中的人员绩效评估方法。实施强制分布法,首先要确定分类等级中每一级相应的人数,然后将员工按照绩效归入某一等级。强制分布法可以用来对职责相同或相似的、人数较多的员工进行评估,在员工之间拉开绩效评估结果的差距,以挖掘出工作确实优秀的员工。

7. 行为定位评分法

行为定位评分法(behaviorally anchored rating scale)综合了关键事件法和图尺度评价法的主要因素,评估者按某一序数值尺度对各项指标打分。不过,评分项目是某人担任某项职务的具体行为事例,而不是一般的个人特质描述。行为定位评分法侧重于具体而可衡量的工作行为。它将职务的关键要素分解为若干绩效因素,然后为每一绩效因素确定有效或无效行为的一些具体事例。

8. 描述法

描述法(descriptive method)也是最简单的绩效评估方法之一,它要求评估者针对员工前面一个阶段的工作写一份记叙性材料,描述员工的所长、所短、过去的绩效以及未来的潜能等,然后提出予以改进和提高的建议。书面描述不需要采取某种复杂的格式,也不需要经过多少培训就能完成。但是,采用这种方法的效果好坏和评估者的评估能力有很大关系。

(四)外派人员的绩效评估

在海外雇员的绩效评估中,硬标准、软标准和情境标准常常被用作绩效标准的基础。硬标准是客观的、可以用数量表示的、可直接测量的指标。软标准以关系或特性为基础。情境标准试图将绩效发生时的情景作为考虑因素。当地经理的评价比非当地经理的评价更重要,其可以对外派人员进行软标准上的考量。综合运用硬标准、软标准和情境标准的评估系统使得每一项评价都富有效力并使得不足之处最小化。

要对外派人员进行绩效考评,首先要建立绩效考评指标体系。绩效考评指标一般可以分为硬指标和软指标。硬指标指定量的、客观的、可以直接衡量的标准,如市场份额、投资回收期、利润率和营业额等。软指标指以品质或关系为基础的标准,如领导能力和创新能力等。由于外派人员工作的特殊性,应该再加上情境指标。情境指标指绩效发生时的环境变量,如东道国市场环境、不同国家的法律法规和企业总体发展战略等。外派人员所处的环境、企业在东道国的发展战略都将对外派人员的绩效产生重要的影响。海外雇员业绩考核的评估渠道、标准和时期的建议如表 10.6 所示。

表 10.6 海外雇员业绩考核的评估渠道、标准和时期

评估渠道	标 准	时 期
自我评估	达到目标	6 个月和在主要项目结束时
	管理技能	
	项目成功	
下属	领导技能	在主要项目完成后
	沟通技能	
	下属发展	
外派管理者和东道国管理者的观察	团队建设	6 个月
	人际交往技能	
	跨文化沟通技能	
现场监管	管理技能	在重大项目结束时
	领导技能	
	达到目标	
顾客与主顾	服务质量和及时性	每年
	谈判技能	
	跨文化沟通技能	

第四节 国际薪酬政策

薪酬是指员工因被雇佣而获得的各种形式的经济收入、有形服务和福利,是影响和决定员工的劳动态度和工作行为的重要因素之一。在国际人力资源管理中,薪酬管理的目标旨在用最小的薪酬成本获取最大的激励效果。而薪酬政策则是薪酬管理的核心,包括岗位工资政策、奖励性薪酬政策和员工福利政策等。企业根据自身战略目标和外部条件对工资、津

贴、奖金、福利、股权进行选择组合，进而确定科学合理的薪酬政策。

令人满意的国际报酬政策通常难以制定，其主要原因在于以下两方面：一是各国的薪金水平、报酬期望和报酬方式差异显著；二是由于各个国家经济发展水平及货币价值不同，不同国家即便是相同工作待遇也不尽相同。因此，了解报酬政策的国家差异，合理选取酬薪计算方法，明确国际薪酬管理的影响因素对国际企业来说至关重要。

一、薪酬政策的国别差异

不同国家同一级别的经理人员的报酬存在很大的差别。这使得跨国公司须选择是根据每个国家的现行标准向各国经理人员支付报酬还是按照全球标准将报酬均等化。在以一国为中心的企业中，这个问题简化为应如何向母国的外派人员支付报酬；对以多国为中心的企业，经理人员在各国子公司之间没有流动性，可以按照国别标准支付；然而，对实施以全球为中心的人员配备政策的企业而言，这却是一个非常棘手的问题。许多公司采用一种不考虑工作地点，基于相同的评级体系来评估员工，并据此给予相同的工资和奖金结构的全球一致标准。

分析案例 10-4

施格兰酒业集团的全球报酬系统

施格兰酒业集团(Seagram Spirits And Wine Group)是一家国家化公司，它成立于加拿大，人力资源部位于伦敦，而 CEO 居于纽约。施格兰收入的 65% 来自北美以外的地区，1 万名职员分布在 60 个不同的国家里。这家公司需要经验丰富、敬业的跨国管理者，不论他们是欧洲人、亚洲人或是美洲人，在公司里需要发生变化时，都能轻松而有效地在国与国之间流动。为了促进其跨国战略，这家公司制定了一个叫作"国际骨干政策"的国际报酬计划，这个计划起着"全球胶水"的作用。

这项报酬政策适用于国际骨干中 1000 多名全球管理者。国际骨干的成员并不是那类在任职结束后就想返回母国的典型外派人员，这些管理者的整个职业生涯都是在国际职位上度过的。

国际骨干报酬体系源于一个全球工作评估系统，以便保证同工同酬。为了在不同地区间平衡这个报酬体系，Seagram 将管理者置于地区报酬的最高级别。但是，管理者为维持这种报酬级别，必须实现绩效目标。

——资料来源：Bobby W, Watson J R, Gangaram S. Global Pay Systems: Compensation in Support of a Multinational Strategy[J]. Business, Management and Economics, 2005, 37(1): 33-36.

二、国际薪酬的计算方法

计算国际薪酬的方法通常有现行费率法、资金平衡法、薪酬基准加码法和固定薪酬法。

(一)现行费率法

1. 方法概述

现行费率法是将海外派遣的基本工资与工作所在国的工资结构挂钩。跨国公司在当地调查的基础上,决定是以所在国人员的工资为标准,还是相同国籍的外派人员执行统一标准,或者所有国家的外派人员工资统一。对于低工资的国家,跨国公司往往在基本工资和福利之外提供额外的补贴。

2. 现行费率法优缺点

现行费率法的优点:计算简单明了,能获得与当地人员平等的待遇,不易产生纠纷。但同时,也存在一些缺点:同一人员的不同外派薪酬会产生差异;不同国家工作的同国籍的外派人员之间存在差异,导致外派人员倾向选择待遇较高的地方;工作所在国的工资水平高于母国,外派人员可能不愿回国。

(二)资金平衡法

1. 方法概述

资金平衡法在确定外派人员薪酬时最为常见,它使居住在国外和国内职位水平可比的人员具有平等的购买力,并且提供奖励来补偿不同派遣地之间的生活质量差别。这种方法假定跨国任职的外派人员不应该因工作调动而蒙受物质损失。基本做法:① 本国支付款和福利为基础;② 通过调节本国的薪酬计划来平衡工作所在国的额外支出;③ 以增加财务激励的方式使薪酬计划具有吸引力。

2. 资金平衡法的优缺点

资金平衡法的优点:尽可能保证不同派遣任务待遇平等;回国后能与母公司的薪酬体系接轨。缺点主要有:可能导致不同国籍的外派人员、母国人员和东道国人员待遇之间产生相当大的差距。这种做法使管理变得极为复杂,并极易招致员工的不满情绪。

(三)薪酬基准加码法

1. 方法概述

薪酬基准加码法是在母国薪酬的基础上,外加一定比例的艰苦津贴。

2. 薪酬基准加码法的优缺点

优点:外派人员的薪酬计算方法方便且容易决定,归国后也容易与母国薪酬对接。缺点:津贴增加的系数通常由高层主管主观决定的,没有客观依据,导致不公平。

(四)固定薪酬法

固定薪酬法是不分工作地点,一律按母国的薪酬水平支付。较少公司采用此方法。采用此法的原因:母国给予的薪酬比东道国高很多;两者地理位置接近;东道国当地物价与消费便宜。

分析案例 10-5

中国商业银行全球薪酬支付政策的调整

BankCo 是一家 25 年前进入澳大利亚的中国商业银行,是世界前 20 大银行之一,为 31 个国家的客户提供全面的金融服务。目前,BankCo 在悉尼、墨尔本和珀斯有 6 家子公司。在其海外业务中,BankCo 采取跨国战略以促进成本降低和地区调适能力提升。为与跨国战略相适应,公司国际人力资源管理政策也进行了相应调整,通过激励现有员工,吸引新员工建立人力资本。在旧的薪酬制度下,BankCo 必须采用统一的工资标准,这意味着工资水平低于外国竞争的对手,以致公司无法招募和留住最好的银行家,甚至是海外市场的管理人员。因此,公司海外运营所面临的一大挑战是如何通过完善薪酬政策以吸引最优秀的本地银行家。借助薪酬政策的调整,BankCo 现设的海外子公司可以通过采用与所在国市场相匹配的薪酬政策以吸引和聘用合格人才,这增强了当地的竞争力和反应能力。

——资料来源:Fan D, Zhang M Q, Zhu C J. International Human Resource Management Strategies of Chinese Multinationals Operation Abroad[J]. Asia Pacific Business Review,2013,49(9):9-35.

三、外派人员的薪酬结构

国际商务活动中在海外任职人员的薪酬从内容上包括以下方面:

(一) 基本工资

基本工资(base salary)是与员工所任职务相联系的基本薪酬,通常是计算奖金和福利的基础。海外任职人员的基本工资一般与母国同类职务的工资水平挂钩。基本工资可以用母国货币、东道国货币或同时用这两种货币支付。

基本工资的确定有三种方法:

(1) 母国基准法。即按照总公司国内同级职务的工资水平对海外员工发放基本工资。这样做有以下好处:一是不同国家间的工作轮换容易进行;二是方便他们返回国内工作;三是使得企业内部做相同工作,东道国不同的员工工资水平较为一致。

(2) 东道国基准法。这种方法有时被称为目的地定价或本地化定价,即按照东道国的工资水平对海外员工进行支付。如果东道国的工资水平较高,则高薪资对于海外员工会造成很有效的激励,但若情况相反,员工的工作积极性往往受到挫伤。这种做法的好处是缓和外派人员与东道国低工资同事间的紧张关系。并且由于支付给外派人员的报酬较低,这种方法还提高了公司的投资回报。

(3) 折中法。由于母国基准法和东道国基准法各自的局限性,一些企业采取了将两者混合使用的折中法,即将母国工资的数额乘以一定比例来确定一个基准额,然后根据东道国工资的一定比例来确定提高的比例,两者相加,便是外派人员的基本工资。在实践中,折中法的应用范围较前两者更为广泛。

（二）海外任职奖金

海外任职奖金(foreign service premium)通常是为母国外派员工和第三国员工提供，作为其到海外工作的一种补偿，是为鼓励员工到国外任职的额外报酬。通常，海外任职奖金以年薪的一定百分比表示，并根据其是区域内转移(如从加拿大到墨西哥)还是洲际转移(如从德国到日本)而有所不同。多数公司海外任职奖金为税后基本工资的10%~30%。

（三）津贴

津贴(allowances)是外派员工薪酬组合中的重要组成部分，通常情况下包含6种具体形式：

(1) 生活费津贴。它是为了使海外任职的员工能够保持原来的生活水平，贴补员工国外生活费与其母国生活费之间的差额。生活费主要包括员工在购买食品、蔬菜、衣物及其他日用品方面的生活开支。在确定生活费津贴的数额时，往往会参照国外某种生活费指数。

(2) 住房津贴。有的企业向海外任职的员工提供住房并支付一切与之相关的费用。有的企业则向海外任职的员工每月支付预定金额的住房费用，由员工个人进行住房选择。目的是使海外任职的员工能够保持在母国时的生活水平，或者在某些情况下使他们得到与同类外国员工或同事相同的居住条件。

(3) 艰苦条件津贴。为了鼓励员工到海外任职，有的企业还对到那些条件艰苦的东道国工作的员工予以津贴。所谓"条件艰苦"，是指地理位置不好或自然气候恶劣，或者东道国经济发展落后、生活条件差，或者是社会、政治环境条件不好，可以是一次性发放，或者是按员工基本工资固定百分比发放。

(4) 子女教育津贴。为海外任职员工的子女提供教育津贴包括学费、学习语言课程的费用、入学费、课本和文具用品费、交通费、食宿费以及校服费等。

(5) 搬家津贴。在员工接受调动移居海外任职或者任职期满回国时，一般企业都会承担员工及其家属的差旅费、行李费等与搬家有关的一切开支。

(6) 探亲津贴。有的企业为了帮助海外任职员工缓解工作或生活的压力，向他们提供每年一次或多次的回国费用。

（四）纳税

税收政策要求跨国公司调整薪酬，使外派人员的税后收入不受外派期间产生的税收的影响。通常而言，外派人员需向母国和东道国政府双重纳税，除非东道国与外派人员的母国间签有互惠纳税协议。按照习惯做法，当外派人员的净收入因东道国高额的所得税而减少时，公司会就差额给予补偿。

税务政策通常涉及税收保护与税收平衡。税收保护是指员工在东道国缴纳的税款不能超过其在母国国内应缴纳的税款，如果在东道国的纳税额低于母国，那么两者之间的差额就可以成为员工的额外收入。该做法的最大优点是低税收派遣地的员工可以获利。主要缺点是：员工为了获利，可能会违反税法，少报收入；不利于员工从低税收派遣地向高税收派遣地的流动。税收平衡是国际企业较为常用的税务政策,具体指公司扣留相当于母国员工在国内应缴纳的税款金额后,再由母国缴纳其在东道国应该缴纳的税款,东道国税款高出母国税款的部分由公司支付。这种方法的优点是:对于外派人员来说不会因为东道国不同形成纳税数额上的差异,是公平的;公司可以从低税收的派遣地那里获利;员工不会通过违反税法而获利。其缺点是:需要专业的咨询服务,像聘请国际会计师事务所来分析国家之间的税务政策差别,因此执行成本较高。

(五) 福利

福利(benefits)往往占有员工薪酬的很大比重。因为国与国之间存在很大的差异,因此企业对海外任职员工的福利管理较为困难,通常面临较多复杂问题。如是让海外任职员工沿用国内福利计划,还是让海外任职员工改用东道国的福利计划;东道国有关解雇员工的法规对员工福利的影响,相关费用由谁支付等。

分析案例 10-6

诺基亚北京公司的薪酬体系——本土化和人性化的完美结合

薪酬问题对企业的经营与发展至关重要。本案例主要探讨诺基亚北京公司薪酬体系在企业管理中的作用。诺基亚认为,优秀的薪酬体系要求企业拥有与之配套的绩效评估系统,从而使企业呈现出良好的竞争力。为确保自己的薪酬体系具备行业内竞争力而又不会带来过高的运营成本,诺基亚在薪酬体系中引入了比较率(comparative rate),即诺基亚员工的平均薪酬水平/行业同层次员工的平均薪酬水平。为了使比较结果兼具客观性和及时性特征,诺基亚每年都会拨出一定的经费,让专业的第三方进行市场调查。根据这些客观数据,再对企业内部不同层次员工的薪酬水平作适当调整,力求每一个岗位的比较率都能保持在 1~1.2 的区间内。

诺基亚启动了名为 IIP(invest in people)的项目:每年要和员工完成 2 次高质量的交谈,一方面要对员工的业务表现进行评估,另一方面还要帮助员工认识自己的潜力,告诉他们特长在哪里,应该达到怎样的水平,以及某一岗位所需要的技能和应接受的培训。通过 IIP 项目,员工可以清晰地感觉到,诺基亚是希望员工获得高绩效而拿到高薪酬,并且不遗余力地帮助员工达到这个目标。另外,诺基亚将巴雷特法则(80~20 法则)运用到人力资源管理中,推崇重要员工管理理论(key staff management theory)。诺基亚的薪酬比较率随级别升高而递增,级别越高的员工,其薪酬就越有行业竞争力,让高层次人员的稳定性有很好地保证,促进企业持续发展。

——资料来源:Li Z. Analysis of the Existent Salary System of Enterprise[M]. Berlin: Springer Press, 2013.

四、国际薪酬管理的主要影响因素

国际薪酬管理的影响因素主要包括内部因素和外部因素。其中内部因素又分为薪酬制定者和劳动预算，外部因素分为经济状况、劳动力市场及政府和工会等。

（一）内部因素

1. 薪酬制定者

公司从上到下的架构都决定着薪酬的支付额度和体系。在大的上市公司中，股东和董事会都相当关注薪酬，尤其是高层的薪酬。高层管理者决定企业预算中付酬的数额、支付的形式和其他支付政策。在大型跨国公司中，薪酬专家也会加入到薪酬决策中来。

2. 劳动预算

企业中的每个部门都会受到劳动预算规模的影响。真正的企业预算是指部门能够得到的份额，而部门之间薪酬的分配则决定于部门的领导者和管理者。

（二）外部因素

1. 经济状况

经济状况主要指整个宏观经济的状况和行业的经济状况。宏观经济状况的影响无须赘述，行业经济状况也对薪酬有着重要影响。竞争程度越高，组织支付高薪的能力就越弱。同时生产力水平也对薪酬有较大影响。先进的技术、有效的操作方法都能使得企业的生产力提高，进而提高付薪能力。

2. 劳动力市场

在充分就业的情况下，为了吸引数量足够和素质合格的员工，薪酬或许要高于一般水平，而在非充分就业情况下，薪酬自然会降低。不同地区的劳动市场，薪酬也会由于人口密度、熟练工多少、国家间差别等各种各样的原因而有所不同。

3. 政府和工会

政府可以通过制定最低工资率、工资小时法、反歧视法来影响薪酬。强大的工会有助于提高工资、福利以及改善工作条件。如果公司处于的地区工会力量较强，则其薪酬也显然会受到影响。

第五节　国际劳资关系

国际劳资关系（international labor relations）是国际企业的资本所有者与劳动者之间为了实现各自的经济利益而在劳动过程中所结成的一种社会经济关系。国际劳资关系贯穿于国际企业生产、经营、分配的各个环节，其并非仅限于劳动者个人与受雇企业之间的单纯关系，而是成为国际社会关系中不可或缺的重要组成部分。国际人力资源管理的职能之一便是构建和谐的国际劳资关系，使所有员工都能充分发挥自身的能力来完成任务，为公司做出贡献。

在美国，大多数工会仍停留在地区层面。而地方工业工会倾向于代表工厂一级的工人。

尽管大多数集体谈判是在地方一级进行的,但在某些情况下,如在汽车行业,工会试图在全公司或全行业范围内达成协议。然而,美国工会会员人数却在下降。随着贸易全球化,地方工会正在慢慢失去对工人的权力。

在德国,工会更强大,对企业的行为有重要影响。在公司层面,德国的工业民主使许多工人在董事会中享有与股东选举的工人平等的代表权。在德国,共同决定存在于两个层面。在工厂一级,工人选举工程委员会。这一群体拥有法律所支持的某些特权。一些决策与管理层共享,例如选择标准。一些管理决策可以被否决,比如重新分配。最后,管理层必须就其他决定,如意外事故、咨询及通知工务委员会保护。

一、劳工组织的担忧

集体谈判(collective bargaining)是一种工会或个人的组织与雇主就雇用关系和问题进行交涉的一种形式。工会组织常常代表劳方集体与企业管理层进行劳资谈判来为其成员争取更有利的报酬、更强大的工作保障,以及更良好的工作条件。工会的谈判能力主要来自其通过罢工或其他抗议形式(如拒绝加班)而形成的破坏生产的威慑力。国内工会对跨国企业的主要忧虑是:

第一,企业可通过将生产转移到其他国家的方法来反击工会的谈判能力。当面对强大的工会时,许多韩国公司会选择在工资较低、劳动关系较为有利的国家开展业务。例如,韩国万都公司(Mando)在美国阿拉巴马州有一家工厂,在印度、中国和俄罗斯也有业务,浦项制铁(Posco)和现代(Hyundai)正在计划在印度开展业务,三星(Samsung)已将许多工厂设在中国。

第二,国际企业会将增值能力强的高技能工作留至母国,而仅将增值能力弱的低技能工作移至海外工厂。这样在经济条件允许时,国际企业在不同地区转移生产相对更加容易,劳工组织的谈判能力将再次被削弱。

第三,全球化及跨国公司对外直接投资正在弱化工会的力量。美国工会会员人数有所下降。随着贸易全球化,美国的地方工会正在慢慢失去权力。跨国公司转包、外包、新建企业的无工会化和撤销工会等方式不断削弱工会的谈判力量,一国原有的劳动力市场及劳资关系面临着严峻挑战。对于很多国家而言,20世纪70年代和80年代初,是工会密度最高的时期,1980年以后,工会组建率总体呈下降趋势。

第四,当国际企业试图引入母国的雇佣惯例和契约协议,工会也会有所担忧。当这些做法与东道国不同时,劳工组织担心这些变化会降低其影响和权力。例如,在日本跨国企业试图将其劳工关系模式复制到其他国家时,这亦引发东道国工会的担忧。

二、劳工组织的策略

劳工组织回应跨国公司日益强大的谈判力的策略通常有三种:即建立国际劳工组织、游说国内立法机构对跨国公司加以限制、通过联合国等国际机构获取对跨国企业的国际管制。

(一)国际工会处

目前,国际上共有15个贸易工会处(ITSs),作为松散的联盟为某些特定行业的各国工会提供世界范围的联系。其长远目标就是能够与国际企业进行跨国性谈判。劳工组织相信,通过ITSs在国际上协调各国工会,它们能够获得在国际范围内破坏生产的威慑力,从而应对国际企业。以韩国万都公司为例,假如其他国家工会联合起来进行反对,该公司将生产从韩国转移到北美洲或亚洲其他国家或地区的威胁就不那么可信了。

然而,ITSs实质上并未获得真正的成功。首先是因为它们同时也相互竞争以吸引国际企业的投资,从而为其成员增加工作机会。比如,汽车行业的工会为了其成员获取新工作,就经常想方设法地吸引那些在为新工厂选址的汽车企业。例如,日产公司选择将欧洲生产基地设在英国而不是西班牙的原因之一就是因为英国工会做出的让步比西班牙工会更大。各国工会间的竞争使合作关系难以建立。

工会组织结构普遍不同是合作的又一障碍。各国的行业工会独立发展,组织结构、意识形态以及集体谈判的性质都各不相同。工会领袖意识形态上的差异使得合作非常困难。

(二)游说国内和国际机构管制国际企业

这方面也收效甚微。国际劳工组织及经济合作与发展组织等国际组织为跨国企业规定了劳工关系方面必须遵循的章程。但这些准则远远未达到许多工会期望的程度,也缺乏具体实施机制。许多研究人员都认为这些准则的有效性相当低。

三、劳资关系的处理

跨国企业在处理劳工关系的方式上有着显著的不同,主要区别在于企业中劳工关系活动集中与分散的程度。长期以来,由于各国之间的劳动法规、工会力量、集体谈判性质等各不相同,大多数的跨国公司都将国际劳工关系活动下放到子公司。将劳工关系职能下放给当地管理者是有效的。人们认为集中管理不可能有效解决在多个不同环境中同时管理劳工关系的复杂性问题。

虽然这种逻辑仍然存在,但是目前已经出现了更加集中化控制的倾向。这一倾向反映出跨国企业正力图使其全球运作合理化。各行各业日益激烈的竞争压力使得成本控制对企业越来越重要。由于劳动力成本占企业总成本相当大的比例,许多公司开始在与工会的谈判中运用转移生产这一威慑武器来改变工作法规,限制工资增长。

此外,人们越来越意识到工厂中工作的组织方式可成为竞争优势的主要来源。这一倾向反映出跨国企业正力图使其全球运作合理化。各行各业日益激烈的竞争压力使得成本控制对企业越来越重要。由于劳动力成本占企业总成本相当大的比例,许多公司开始在与工会的谈判中运用转移生产这一威慑武器来改变工作法规,限制工资增长。此外,人们越来越意识到工厂中工作的组织方式可成为竞争优势的主要来源。

分析案例10-7

现有关于跨国公司如何与外国工会打交道的研究多基于发达国家跨国公司样本展开。然而,伴随新兴市场与发展中国家跨国公司"走出去"步伐加快,了解其如何与当地工会打交道,可为管理其他国家的劳资关系提供借鉴。

最近针对中国跨国公司的深入分析揭示了一些关于如何与工会打交道的独到见解。正确处理工会问题的一个重要方面是认识到地方工会的重要性。因此,在工会合法并具有较强影响力的地区开展业务时,跨国公司必须承认当地工会,并设法与其合作。中国的跨国公司通常遵守当地法律,尊重当地风土人情。但是,在一些工会权利被视为过大的情形下,参与研究的中国跨国公司会试图找到解决权力过于集中的方法。最后研究还表明,跨国公司可以借鉴一个市场的经验教训,并将其应用到其他市场。其中一家中国跨国公司研究了将其在赞比亚子公司的业务经验应用到其在缅甸的新业务中。这种经验教训的应用使跨国公司能够在新的地点顺利开业。

——资料来源:Zhu J S. Chinese Multinational Corporations' Responses to Host Country Trade Unions:An Eclectic Approach[J]. Journal of Industrial Relations,2015,57(2):232-249.

◆ **内容提要**

国际企业人力资源管理活动主要涉及人力资源战略、人员配备、外派人员选择、培训与绩效评估、国际薪酬政策及国际劳资关系。其中,人力资源战略与企业战略、企业组织结构匹配性将直接关系企业国际化经营成功与否;人员配置政策事关企业发展与企业文化,国际企业要借助严格的甄选程序选择合适的外派人员,并辅以适当培训降低外派失败率;薪酬问题对企业国际化运营与发展至关重要。国际企业优秀的薪酬体系通常要求企业拥有与之配套的绩效评估系统,从而使企业在国际竞争中能够崭露头角;国际劳资关系贯穿于国际企业生产、经营、分配的各个环节,其已成为国际社会关系中不可或缺的重要组成部分。国际人力资源管理的职能之一便是构建和谐的国际劳资关系,使所有员工的能力充分得以展现。总体而言,国际企业人力资源管理活动需与国际企业的战略选择相匹配,从而增强企业国际化运营能力。

◆ **关键词**

国际人力资源管理　人员配备　绩效评估　劳资关系　集体谈判

◆ **复习思考题**

1. 简述不同人员配备政策的利弊及其适用条件。
2. 如何实现外派环境与甄选标准相匹配?
3. 招募与甄选外派经理时主要考虑哪些技能?
4. 为什么绩效考核对国际企业至关重要?
5. 人力资源管理与其他职能领域如市场营销、财务和运营管理有何关联?
6. 如果你被分配到国外工作,你会对你的雇主提出什么具体的培训要求?
7. 更换一名国际管理人员成本高昂,这对国际企业人员配置意味着什么?

◆ **思考案例**

随着跨国公司发展及全球生产网络构建,外派人员数量增长迅速。尽管外派人员的需求不断激增,但外派人员中女性比例仍然偏低。全球搬家服务公司 BGRS 的《2016 年全球流动性趋势调查报告》(《2016 Global Mobility Trends Survey》)显示,女性外派雇员的比例创下该调查 21 年来的最高纪录,但她们仍只占总数的 25%。专家们将其归因于许多因素。例如,对妇女的偏见致使从事国际企业管理工作的妇女人数较少;许多妇女仍然承担着照顾孩子等大部分家庭责任;该现象是自我选择的结果;女性外派人员接受度普遍较低。最近一项针对中国女性外派人员的研究中,研究人员调查了东道国国民对女性外派人员的偏见,发现这种偏见会导致女性外派人员表现较差,降低女性外派人员的自我效能感。换言之,对外籍女性的偏见会导致外派女性对自己能够胜任国际管理工作的信心骤降。

尽管如此,对于试图在男性主导的商业世界中脱颖而出的女性来说,海外经验尤其有益。在企业环境中,外派岗位可以成为女性雇员在职业生涯中取得突破的一种方式。专业服务公司普华永道(PwC)最近一份调查显示,70%以上的千禧女性(出生于 1980 至 1995 年期间的女性)表示想在本国以外工作。在斯坦西·波丹(Stacie Berdan)《外派晋升术》(《Get Ahead by Going Abroad》)的采访对象中,超过 80%的女性雇员都表示,外派岗位帮助她们争取到更高层的职位。

总的来看,在竞争性的劳动力市场,企业若想吸引最优秀的员工,就得准备好支持和鼓励其女性高管到海外去工作。人事部门在这方面发挥着关键作用:他们既能对寻求外派岗位的女性所遭遇的任何阻力发起挑战,又能对那些还没有考虑过外派工作优势的女性给予鼓励。因此,跨国公司有义务营造良好的环境,让女性外派人员不仅被选中,而且有机会获得成功。建议跨国公司在制定外派人员招募计划时,鼓励女性参与全球派遣。此外,东道国国民应接受培训,以积极态度对待女性外派人员。最后,跨国公司可以提供更多的短期任务,使女性外派人员更容易接受此类任务。

——资料来源:Jie S, Fu M J. Factors Influencing Chinese Female expatriates' Performance in International Assignments[J]. International Journal of Human Resource Management, 2015, 26(3): 299~315.

试分析:1. 如何让更多女性在外派任务中崭露头角?
2. 中国跨国公司应如何处理外派女性职员所面对的跨文化调适困难问题?

◆应用训练

假设你所在的公司准备在欧洲市场拓展业务,你可以从美世咨询、国际劳工组织、韬睿咨询公司获取目标市场的相关信息,如薪酬状况、劳动关系、绩效考核等,从而初步筛选出新工厂的 4 个可能目的地,并通过进一步对比,最终确立最佳选择。

第十一章　国际企业财务管理

本章结构图

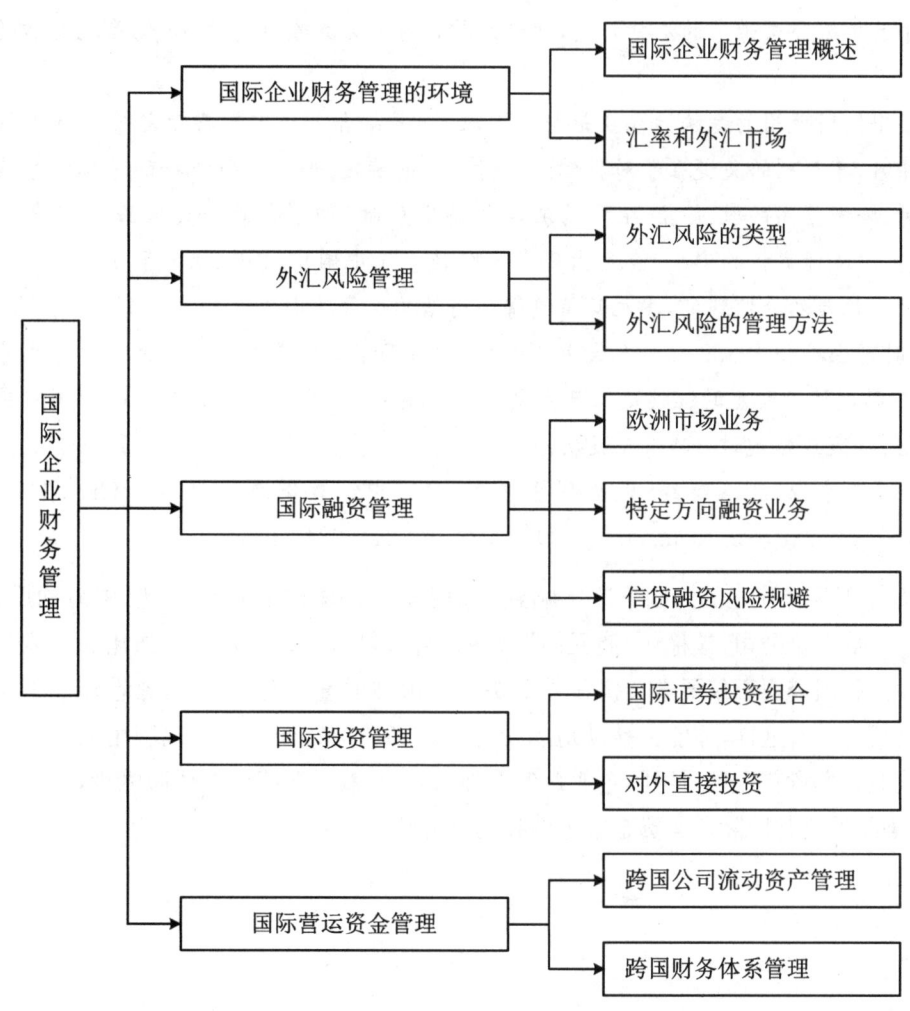

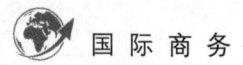

学习目标

理解国际企业财务管理的环境,掌握外汇风险管理、国际融资管理、国际投资管理、国际营运资金管理的基本理论、实务操作与技能技巧,能够综合运用各种方法应对国际经营中的外汇风险,实现股东财富最大化和企业价值最大化的财务管理目标。

导入案例

无处不在的外汇风险:中国中铁与澳元存款

2007年12月,中国中铁股份有限公司(简称:中国中铁)分别在中国内地和香港上市。2008年上半年,澳元对美元汇率持续走高,由于中国中铁正在实施的澳大利亚项目需要大量澳元,因此公司基于澳元对美元升值和澳元为高息货币的考虑,为提高外汇存款收益,减少人民币升值给公司带来的汇兑损失,通过结构性存款方式累计建立15亿美元左右的外币存款。

中国中铁所使用的结构性存款是与汇率挂钩,并结合外币定期存款与外汇选择权的投资组合品种,其获利的关键在于对挂钩汇率行权价的确定:当存款所依据的挂钩汇率波动幅度较小时,将有更高的收益;但在挂钩汇率波动剧烈时,却蕴含着较大风险。2008年下半年,受美国次级债危机的影响,澳元出现急剧贬值。而中国中铁从2008年9月30日起,相应结构性存款开始分批到期,澳元贬值使得公司结构性存款出现大量澳元头寸,约15.38亿澳元,同时产生折合19.39亿元人民币的汇兑损失,而市场也盛传公司的大量澳元头寸将在2008年三季度随着澳元的继续走低产生更多汇兑损失。2008年10月22日,中国中铁股价遭受重创,H股跌幅超过20%,A股跌停。

——资料来源:新浪财经. 风暴刮伤央企,中国中铁栽倒澳元门[EB/OL]. (2008-10-23). http://finance.sina.com.cn/g/20081023/03002476284.shtml.

2008年下半年澳元的急剧下跌影响到中信泰富、中国中铁、中国铁建、中海油服、大唐发电等一大批中资公司,被称作"澳元门"事件。它折射出全球化背景下强化外汇风险管理的必要性。我国公司不仅要学会优化外汇头寸与币种配置的安排,更要熟悉外汇工具及其组合的技巧。只有这样,才能由被动地承受外汇市场风险转变为主动地利用汇率波动来增加公司收益。本章首先探讨国际企业财务管理的环境,然后介绍外汇风险管理,最后了解国际融资、国际投资与国际营运资金管理的技巧与方法。

第一节　国际企业财务管理的环境

一、国际企业财务管理概述

（一）国际企业财务管理的概念

跨国公司的经营活动是当前世界经济的重要组成部分，跨国公司的营销管理寻求的是全球细分市场的渗透，因此其财务管理需要将资本或投资机会的着眼点放在全球金融市场上，为开发市场、创办企业、一体化生产、营销、研发以及融资的价值链条提供服务。而国际企业财务管理作为现代财务管理向国际领域发展的一门新兴学科，其意义也正在于此。国际企业财务管理主要研究跨国公司在组织财务活动、处理财务关系、防范财务风险时所遇到的特殊问题，国际企业财务管理就是跨国公司财务管理。

（二）国际企业财务管理的目标

总体上讲，跨国公司财务管理的目标与国内企业类似，通常受到企业目标的影响。由于跨国公司各分支实体分布于多个国家，企业目标存在文化和制度差异。随着政治、经济环境的变化，跨国公司目标先后经历了"筹资数量最大化""利润最大化""净现值最大化""每股收益最大化""股东财富最大化""企业价值最大化"等多个阶段，与此相应的财务管理目标也在不断深化和发展。目前，国际企业财务管理的目标主要是股东财富最大化和企业价值最大化。

1. 股东财富最大化

股东财富最大化是指通过财务上的合理经营为股东带来尽可能多的财富。股东创办企业的目的是增加财富。如果企业不能为股东创造价值，他们就不会为企业提供资金。没有了权益资金，企业也就不存在。因此，企业要为股东创造价值。股东财富可以用股东权益的市场价值来衡量。股东财富的增加可以用股东权益的市场价值与股东投资资本的差额来衡量，称为"权益的市场增加值"。权益的市场增加值是企业为股东创造的价值。

以股东财富最大化为目标有其积极方面：第一，股东财富最大化考虑了风险的因素，因为风险的高低会对股票价格产生重要影响。第二，股东财富最大化在一定程度上能够克服企业追求利润的短期行为，因为不仅目前的利润会影响股票价格，未来的利润预期对企业股票价格也会产生重要影响。第三，股东财富最大化目标容易量化。

但这一目标也存在缺点：第一，它只适用于上市公司，对非上市公司很难适用。第二，它只强调股东的利益，对企业其他相关者的利益重视不够。第三，股票价格受多种因素影响，这些因素并非都是公司所能控制，把不可控因素引入财务目标是不合理的。

2. 企业价值最大化

企业价值最大化是指通过企业财务上的合理经营，采用最优财务策略，充分考虑资金时间价值和风险与报酬的关系,在保证企业长期稳定发展的基础上使企业总价值达到最大。其基本思想是将企业长期的稳定发展放在首位,强调在企业价值增长中满足各方利益关系。企业价值的增加是由权益价值增加和债务价值增加引起的。假设股东投资资本和债务价值不变,则增加企业价值的途径主要来自权益价值的增加。因此,企业价值最大化与股东财富最大化具有相同含义。

以企业价值最大化作为财务管理目标具有以下优点:第一,企业价值最大化目标考虑了取得报酬的时间,并使用时间价值原理进行计量;第二,企业价值最大化目标科学考虑了风险与报酬的联系;第三,企业价值最大化目标能克服企业追求利润的短期行为,因为不仅目前的利润会影响企业的价值,未来的利润预期对企业价值所起的作用更大。

总体来看,企业价值最大化作为国际企业财务管理目标受到越来越多的认同,这意味着投资和融资决策要最大限度地增加企业价值,也意味着公司要对其所控制的资产进行有效管理。当然,像跨国公司这样复杂的机构不能只有单一的目标,其他反映管理权限、外部风险的特定目标也需要加以考虑,概括起来主要有以下三点:

(1) 合并收益最大化。跨国公司需要均衡协调母公司、子公司、分公司之间的权责关系,实现合并收益最大化是国际企业财务管理的基本目标。这意味着跨国公司需要充分利用东道国政府提供的优惠政策,合理安排投、融资活动和各类营销活动,寻求投资收益最大化,融资成本最小化,并充分利用内部转移价格实现资金有效分配。

(2) 经营风险最低化。汇率风险是跨国公司面临的主要风险,所以理解外汇风险的性质、掌握规避风险的技能与技巧、将经营风险降至最低,也是国际企业财务管理的主要目标。

(3) 国际税负最小化。跨国经营的税收计划是一项重要而复杂的财务工作,利用各东道国政府提供的税收优惠政策,建立全球税收的分担和优化系统,使各公司的税负最小化,也是国际企业财务管理的重要目标之一。

(三) 国际企业财务管理的内容

国际企业财务管理的内容一般包括外汇风险管理、国际融资管理、国际投资管理、国际营运资金管理四个方面。

(1) 外汇风险管理。外汇风险管理是国际企业财务管理的基本内容之一,也是国际企业财务管理与传统财务管理最为本质的区别所在。跨国公司在不同国家展开业务,外汇风险不可避免,国际企业财务管理力图通过对外汇风险性质的研究,达到掌握风险对冲工具和减少外汇风险的目的。

(2) 国际融资管理。跨国公司以其国际化经营的优势,在多个金融市场上筹集外部资金,以便改善企业资本结构和财务比例。国际企业财务管理主要研究跨国公司进行国际融资的环境、渠道和方式。

(3) 国际投资管理。国际投资是指企业将资金投入国际市场以赚取收益的行为,由于跨国公司对外投资时面临更复杂的国际市场环境,从而面对更大风险。因此,分析和把握投资环境、掌握投资技巧与方法成为国际投资管理的重要内容。

(4) 国际营运资金管理。营运资金主要包括现金、应收账款及存货管理。跨国公司营运资金管理的内容主要包括各子公司之间的资金调度、现金头寸管理、币种配置、转移定价等。合理安排、调度企业的营运资金，是避免风险、实现财务管理目标的重要手段。

二、汇率和外汇市场

（一）国际货币体系

汇率代表一国货币兑换另一国货币的比率，是以一种货币表示另一种货币的价格。而国际货币体系正是指决定货币间兑换比率的一套政策、制度、惯例、规则和机制。汇率的主要市场机制包括自由浮动、管理浮动、目标区安排、固定汇率制度和当前的混合制。

自由浮动汇率制度又称不干预浮动汇率制度，是指货币当局对汇率上下浮动不采取任何干预措施，市场汇率由货币供求关系决定，这种自由浮动汇率制度通常称为"清洁"浮动。

管理浮动汇率制度也是以外汇市场供求为基础的浮动汇率制度，它与自由浮动汇率的区别在于它受到宏观调控的管理，中央银行会通过干预措施消除过度的汇率波动，因此该种汇率制度也称作"肮脏"浮动。

目标区安排汇率制度主要出现在多个国家组成的目标区体系中，例如欧洲货币体系，各成员国调整自己国家的经济政策，将本国汇率维持在协定的固定中心汇率的一个特定范围内，这样目标区体系就能最大限度地减少汇率波动并加强经济的稳定性。

固定汇率制度是以某些相对稳定的标准或尺度作为依据，以确定汇率水平的一种制度。在固定汇率制度下，现实汇率水平受平价的制约，只能围绕平价在很小的范围内上下波动。与浮动汇率比较，固定汇率为国际贸易与投资提供了较为稳定的环境，降低了汇率的风险。

当今的国际货币体系是混合式，一些主要货币在管理基础上浮动，一些货币则自由浮动，其他货币则属于不同类型的钉住汇率制。

（二）汇率预测中的平价条件

1971年布雷顿森林体系解体后，整个世界进入浮动汇率时代。这个新的体系被认为将减少经济波动，促进自由贸易，许多支持者认为汇率的浮动能够抵消通货膨胀的国际差异，从而使贸易、工资、就业、产出保持相对稳定。但是，迄今为止，结果令人失望。在浮动汇率制度下，汇率的波动与实际的通货膨胀率没有关系，而与人们对政府未来政策的预期和经济状况有很大关系，能够影响汇率的因素急剧增加，石油价格、国家竞争力等非货币因素也对货币体系产生冲击，实际汇率的波动不是降低，而是增加了。

这种趋势导致国际金融市场中套利行为的增加。套利通常指在不同市场上同时买卖同样的资产或商品，从价差中获利的行为。国际金融的中心思想就来源于套利：在为数众多、能以较低成本获取信息的买方和卖方组成的竞争市场中，经汇率调整后的同种同质贸易品和金融资产在世界范围内具有相同的交易成本，这一思想被称作一价定律。同理，不同市场上的金融资产经过风险调整后的预期回报也应是相等的。但是市场不完善提供了平衡失调的机会，套利者可以"低买高卖"来获取市场不平衡的细微偏差所产生的盈利机会，并促进市场向平衡回归。

由此，套利活动产生了理论上的五大重要平价关系：购买力平价定理(PPP)、费雪效应(FE)、国际费雪效应(IFE)、利率平价定理(IRP)、远期汇率作为未来即期汇率的无偏估计量(UFR)。

(1) 购买力平价定理(PPP)认为，人们对本国和外国货币的相对评价，主要取决于两国货币在各自国家对商品和劳务的购买力。假设一个汉堡在美国价值 1 美元，在中国价值 7 元人民币，那么国际汇率中 1 美元应兑换 7 元人民币。购买力平价分为两种形式，即绝对购买力平价和相对购买力平价。绝对购买力平价与物价水平有关，而相对购买力平价则取决于通货膨胀率。

(2) 费雪效应(FE)表示名义利率、真实利率和通货膨胀率之间的关系，真实利率是名义利率消除通货膨胀因素后的结果，如果一个国家货币的真实利率高于其他国家，大量资本就会流入这个国家寻求套利机会。

(3) 国际费雪效应(IFE)表达了名义利率与预期汇率之间的关系。在金融市场中，套利活动将使得两国利率之差决定未来即期汇率的预期变动。

(4) 利率平价定理(IRP)表述的是外汇市场与货币市场的平衡关系，即抵补套利活动最终使得在任何两国投资的收益均相等，汇率远期升水或贴水取决于两国利率之差。

(5) 如果把国际费雪效应和利率平价定理结合起来，那么汇率远期升水或贴水就等于未来即期汇率的预期变化，即远期汇率是未来即期汇率的无偏估计量(UFR)。

五种平价理论的关系如图 11.1 所示。

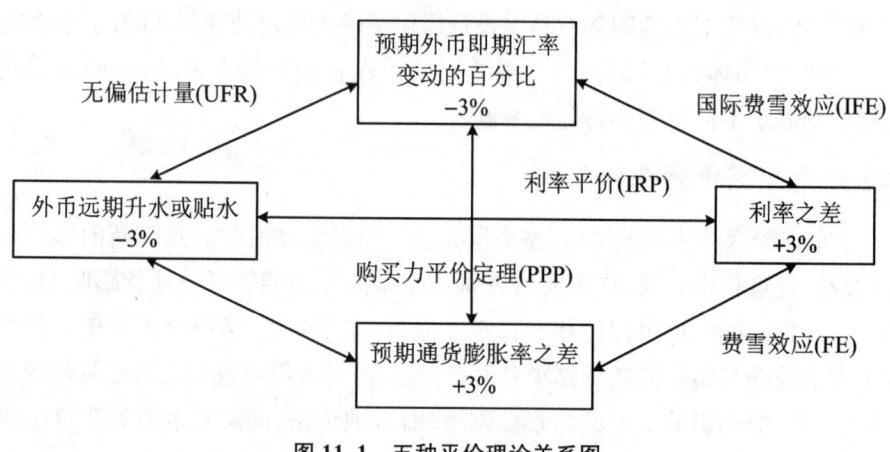

图 11.1　五种平价理论关系图

(三) 外汇市场

外汇市场是指进行外汇买卖的交易场所、组织系统和交易网络系统，它包括有形的外汇买卖场所和无形的外汇交易网络系统，是国际金融市场的重要组成部分。

1. 外汇市场分类

外汇市场按不同的标准，可有不同的分类。

(1) 按有无固定场所划分，可分为有形外汇市场和无形外汇市场。有形外汇市场，也称为具体的外汇市场,是指有具体固定场所的外汇市场。无形外汇市场,也称为抽象的外汇市场,是指没有具体交易场所、也没有一定的开盘、收盘营业时间,而是由进行外汇交易的银行和经纪商通过通信网络取得联系,达成外汇交易。

(2) 按业务类型划分,可分为客户市场和银行间同业市场。客户市场是工商企业以及个人与外汇银行间进行外汇交易的市场,其交易内容一般包括货币兑换、进出口结算和外汇买卖。银行间同业市场是外汇银行、外汇经纪商和中央银行间买卖外汇的市场,其目的是为外汇银行轧平头寸、规避外汇风险和投机性外汇买卖提供场所。

(3) 按外汇管制宽严划分,可分为自由外汇市场、官方市场、平行外汇市场和外汇黑市。自由外汇市场是指政府、机构和个人可以买卖任何币种、任何数量外汇的市场。官方市场是指按照政府的外汇管制法令来买卖外汇的市场。平行市场也称替代市场,是受管制的官方市场的一种替代市场,这种市场可以缓解外汇供求矛盾,同时平行市场汇率可以作为政府管理汇率的参考。外汇黑市是外汇管制较严的国家非法存在的外汇交易市场。

(4) 按照交易发生的时间划分,可分为即期外汇市场和远期外汇市场。即期外汇市场是指进行即期外汇交易的市场。远期外汇市场则是进行远期外汇交易的市场。

2. 国际外汇市场中的交易种类

外汇市场具有三种基本功能:各国之间转移货币购买力、在国际贸易往来中获得或提供信贷、减少汇率波动引起的外汇风险。这些功能都是通过各种外汇交易品种加以实现,当前国际外汇市场中的主要交易种类包括:

(1) 即期交易和远期交易。按交割期限的不同,外汇交易可分为即期外汇交易和远期外汇交易。即期外汇交易又称为现货交易或现期交易,是指外汇买卖成交后,交易双方于当天或两个交易日内办理交割手续的一种交易行为。远期外汇交易又称期汇交易,是指交易双方在成交后并不立即办理交割,而是事先约定币种、金额、汇率、交割时间等交易条件,到期才进行实际交割的外汇交易。

(2) 套汇和套利交易。套汇交易是指利用不同外汇市场、不同货币种类在汇率上的差异进行低买高卖,从中套取差价利润的一种外汇交易。套利交易是指利用不同国家或地区短期利率的差异,将资金由利率较低的国家或地区转移到利率较高的国家或地区进行投放,从中获得利息差额收益的一种外汇交易。

(3) 掉期交易。掉期交易又称时间套汇,是指在买入或卖出即期外汇的同时,卖出或买进同一货币的远期外汇,以防止汇率风险的一种外汇交易。掉期交易的目的并非为获利,而是轧平外汇头寸,防止由于汇率变动所带来的损失。

(4) 外汇期货交易。外汇期货交易是在期货交易所内,交易双方通过公开竞价达成在将来规定的日期、地点、价格,买进或卖出规定数量外汇的合约交易。

(5) 外汇期权交易。外汇期权交易是指交易双方在规定的期间按商定的条件和汇率,就将来是否购买或出售某种外汇的选择权进行买卖的交易。

(6) 互换交易。互换交易是交易双方按市场行情预约在一定时期内互相交换货币或利率的金融交易,其目的是降低长期筹资成本及在债务管理中防范利率、汇率风险。

第二节 外汇风险管理

外汇风险是指一个国家汇率波动的不确定性对跨国公司构成损害的风险。这种风险是由于汇率波动而使以外币计值的资产、负债、盈利或预期未来现金流量(不管是否确定)的本币价值发生变动而给外汇交易主体带来的不确定性。当然,这种变动可能是损失,也可能是额外的收益。广义的外汇风险是指既有损失可能性又有盈利可能性的风险;狭义的外汇风险仅指给经济主体带来损失可能性的风险。从国际企业财务管理的角度看,外汇风险是指广义概念上的外汇风险。

一般认为,外汇风险产生于不同货币之间的兑换,只要有不同币种间的兑换,就不可避免地有外汇风险。当以外币计值的资产负债转换为本币时,由于汇率的波动就会产生外汇风险。实际上,一些以本币计值的预期未来现金流量也可能遭受外汇风险。比如,一个在本国市场上销售汽车的中国公司同一家出口汽车到中国的美国公司竞争,在这种情况下,如果汇率变化,自然会通过两国的生产成本、销售价格的变化影响到两公司预期现金流量的现值,从而提高或降低中国公司在同美国公司竞争中的地位,这也是为什么我国政府一直强调保持人民币汇率稳定的重要原因之一。

一、外汇风险的类型

外汇风险一般分为三类:交易风险、折算风险和经济风险。跨国公司可采取多种方法管理这三类外汇风险。

但是需要指出的是,预测到的汇率变化会被企业决策者事先考虑并加以处理,只有预料之外的汇率变动才会产生外汇风险。因此,跨国公司需要应用国际企业财务管理技巧来处理的外汇风险有以下几个特点:① 起因于未曾预料的汇率变动。② 发生在折算或货币兑换的场合。③ 造成企业预期现金流量的变化。④ 可能带来损失或利益。

(一)交易风险

交易风险是指企业或个人在交割、清算对外债权债务时因汇率变动而导致经济损失的可能性。

分析案例 11-1

我国某公司 1 月 1 日从日本进口一批家电,双方签订了 6 个月后付款的合约,合约价值为 100 万美元,7 月 1 日进行结算。其间汇率变动如下:

	USD/JPY	USD/RMB
1月1日	109.1200	7.050
7月1日	107.5300	7.100

由于合同货币为美元,而美元又在半年之内对日元和人民币分别有所贬值和升值,因此对中日进出口商双方而言,均面临外汇风险。汇兑损益计算如下:

	1月1日等值货币	7月1日等值货币
中国进口商(支付人民币)	7.050×1000000	7.100×1000000
日本出口商(收到日元)	109.1200×1000000	107.5300×1000000

由此可知,日本出口商损失金额为

$$(109.1200-107.5300)\times 1000000=1590000(日元)$$

中国进口商损失金额为

$$(7.100-7.050)\times 1000000=50000(人民币)$$

可以看到,由于合约签订日(1月1日)到交易结算日(7月1日)之间存在汇率波动,而日本出口商和中国进口商在这一期间内均存在以外币计值的未来应收款、未来应付款,并且最终都需要以本币进行结算。因此,随着美元对日元贬值、美元对人民币升值,双方均遭受到了汇率波动的负面影响,日本出口商减少了收益,而中国进口商增加了成本。

——资料来源:赵有广,魏彦杰. 国际商务[M]. 北京:高等教育出版社,2013.

交易风险分为外汇买卖风险和交易结算风险。

1. 外汇买卖风险

这种风险又称为金融性风险,产生于本币和外币之间的反复兑换,其前提条件是交易者一度买进或卖出外汇,后来又反过来卖出或买进外汇。外汇银行所承担的外汇风险主要就是这种外汇买卖风险;工商企业所承担的外汇买卖风险主要存在于以外币进行借贷或伴随外币借贷而进行的外贸交易的情况之中。

例如,中国银行在某一时间买进了100万港元,同时又卖出了80万港元,出现了20万港元的多头。当中国银行日后卖出这20万港元时,如果港币贬值,中国银行就会出现亏损,这种亏损的可能性就是外汇买卖风险。同理,当中国银行在外汇交易中出现卖出的港币多,买进的港币少,而在日后补进港币时,如果港币升值,中国银行同样也会面临由于外汇买卖风险而造成的损失。

2. 交易结算风险

这种风险又称为商业性风险,当进出口商以外币计价进行贸易或非贸易的进出口业务时,即面临交易结算风险。

进出口商从签订进出口合同到债权债务的最终清偿,通常要经历一段时间,而在这段时间内汇率可能会发生变化,于是以外币表示的未结算的金额就成为承担风险的受险部分。因此,交易结算风险是由进出口商承担的,基于进出口合同而在未来通过外汇交易将本币与外币或外币与本币进行兑换,由于未来进行外汇交易时汇率的不确定性所带来的风险。

例如,一家中国制造商向一家美国零售商出售1万件衬衫,货款总额为9万美元,商定的付款方式为90天内以美元结算(假定当前人民币兑换美元的汇率为1美元兑人民币6.5元),此时中国制造商面临的交易风险是人民币对美元升值。如果美国公司立即付款,向中国制造商支付 9 万美元,折合人民币 58.5 万元。如果等到 90 天后付款,且 90 天后人民币兑美元汇率升为 1 美元兑人民币 6.4 元,美国公司仍按约定价款支付 9 万美元,此时货款总额折合人民币 57.6 万元。这对于中国制造商来说,比即期付款损失人民币 9000 元。

(二)折算风险

折算风险也称为会计风险,是指在对海外子公司以外币表示的资产负债表、损益表等会计报表以母国货币进行折算过程中所产生的外汇风险。它是由于报告日和资产负债表各项目发生日的汇率差异所形成的一种账面风险,是一种存量风险。这种风险本质上是会计处理的结果,因此也称会计风险。虽然折算风险所产生的损益并不是实际损益,但它会影响到企业向股东和社会所公布的营业报告书的结果。

例如,中国某公司持有银行往来账户余额 100 万美元,汇率为 1 美元兑 6.7 元人民币,折算成人民币为 670 万元。此后美元贬值,人民币升值,汇率变为 1 美元兑 6.3 元人民币,该公司 100 万美元的银行往来账户余额折成人民币后就只有 630 万元了。在两个折算日期之间,该公司这 100 万美元的价值,按人民币折算减少了 40 万元。

折算风险来源于会计制度的规定。由于会计报表中不同项目的性质各异,且人们对不同项目是否都面临折算风险的看法也不一致,历史上曾先后出现过四种折算方法:流动/非流动折算法、货币/非货币折算法、时态法、现行汇率法。目前世界大多数国家均采用现行汇率法进行折算,这种方法的折算风险比其他方法更大。表 11.1 以资产负债表各项目为例显示了四种折算方法的差异。

表 11.1 资产负债表各项目所选用折算方法比较

项目		流动/非流动折算法	货币/非货币折算法	时态法	现行汇率法
现金		CE	CE	CE	CE
应收账款		CE	CE	CE	CE
存货	按成本	CE	HE	HE	CE
	按市价	CE	HE	CE	CE
投资	按成本	HE	HE	HE	CE
	按市价	HE	HE	CE	CE
固定资产		HE	HE	HE	CE
无形资产		HE	HE	HE	CE
应收账款		CE	CE	CE	CE
长期负债		HE	CE	CE	CE
实收资本		HE	HE	HE	HE
留存收益		*	*	*	**

注:CE 表示现行汇率法;HE 表示历史汇率法。* 表示轧算的平衡数额;** 表示收益和留存收益表折算结果,再通过平衡轧算法算出累计折算调整额。

（三）经济风险

经济风险又称为实际经营风险或预测风险,是指预测之外的汇率变动通过影响企业的生产数量、价格、成本,从而使企业未来一定时期内的收益和现金流量减少的一种潜在损失。经济风险与以上两种外汇风险相比,它对公司的影响更具有长期性和复杂性。

例如,人民币贬值对中国企业的内外贸都会产生影响。

1. 对中国企业的收入产生影响

对出口收入的影响:当人民币贬值后,若中国企业生产的商品在国际市场上可保持原产品的本币价格或适当降价,则出口数量会大幅上升,结果使总收入上升,现金流量增加;当进出口需求缺乏弹性时,如果保持原本币价格,则出口数量会略有上升,此时降价效果不明显,应适当提价,提价幅度小于贬值幅度。

对当地销售收入的影响:当人民币贬值后,国外同类产品在中国市场上相对昂贵,本国产品相对便宜,如果两国产品替代程度高,竞争十分激烈,则中国企业的内销量会大幅上升,此时若其产品的需求弹性大于1,则可保持售价不变,促使销售量大量上升,由此使得中国企业获得的以人民币表示的收入也相应大幅上升,现金流量增多;反之需求弹性不足时,则可相应提价,幅度小于贬值幅度,这样也可使人民币收入增加。当市场上两国商品替代性比较弱时,中国企业的内销量会略有上升,现金流量略有增加。

2. 对中国企业生产成本的影响

对国内投入要素成本的影响:如果人民币贬值,则中国很可能存在通货膨胀,因此虽然在最初阶段以人民币计价的投入要素成本可能保持不变,但货币贬值对国内经济产生的通货膨胀作用在时滞效应过去后,最终会导致中国企业成本开支上升。内销收入变化则要取决于要素价格和产品价格的相对变动比例。

对进口要素成本的影响:如果人民币贬值,将使得中国企业的进口投入品以本币表示的价格大幅上升,使生产成本上升。如果国内外产品替代程度相当高,则对进口投入品的需求会下降,而相应对本国投入品需求上升,由于贬值的通货膨胀效应,国内投入要素价格和产品价格也要上升,但上升幅度会小于贬值幅度。如果厂商保持价格同要素价格同幅度上升,则在需求稳定的情况下,中国企业的本币收入不变;如果厂商提高价格,其幅度大于国内生产要素价格的上升幅度,则收入会增加。反之,则下降。如果国内外产品替代程度比较弱,则进口投入品的本币价格会大大上升,而此要素需求弹性又很小,这样,中国企业以本币表示的生产成本会大幅上升,其上升幅度一般大于本国产品价格的上升幅度。所以,内销的收入会减少,现金流量会减少。至于外销收入的变化则取决于出口供求弹性大小。

人民币贬值对中国企业内外贸影响的关系说明,如表11.2所示。

表 11.2 人民币贬值对中国企业内外贸产生的影响

项目	经济因素	对收入(Y)和净现金流量(NPV)影响	
成本			
进口要素投入	替代性强	投入成本上升幅度 = 产品价格上升幅度	$\Delta Y=0, \Delta NPV=0$
		投入成本上升幅度 > 产品价格上升幅度	$\Delta Y<0, \Delta NPV<0$
		投入成本上升幅度 < 产品价格上升幅度	$\Delta Y>0, \Delta NPV>0$
	替代性弱	投入成本上升幅度 > 产品价格上升幅度	$\Delta Y<0, \Delta NPV<0$
国内要素投入	通货膨胀	>	$\Delta Y<0, \Delta NPV<0$
		<	$\Delta Y>0, \Delta NPV>0$
收入			
出口收入	$\eta m + \eta x > 1$	$\Delta P \leq 0, \Delta Y \Uparrow, \Delta NPV \Uparrow$	
	$\eta m + \eta x < 1$	$\Delta P \geq 0, \Delta Y \uparrow, \Delta NPV \uparrow$	
内销收入	替代性强	$EP>1, \Delta P=0, \Delta Y \Uparrow, \Delta NPV \Uparrow$	
		$EP<1, \Delta P>0, \Delta Y \uparrow, \Delta NPV \uparrow$	
	替代性弱	$\Delta Y \uparrow, \Delta NPV \uparrow$	

注：↑表示略有上升,幅度很小；⇑表示大幅上升；Δ表示变化净额,以本币(人民币)计量；EP 表示需求的价格弹性；ηx 表示出口需求弹性；ηm 表示进口需求弹性。

二、外汇风险的管理方法

分析案例 11-2

跨国公司回避外汇风险的财务管理行为

1997年亚洲金融危机的破坏能力显然超出了许多跨国公司经理人的预料,但是雅芳公司却对此未雨绸缪。考察雅芳公司在危机前后的所作所为,可以说明许多控制外汇风险的原则,而这些原则是跨国经营必不可缺的。

雅芳公司有着跨国经营的长期历史。在亚洲市场上,雅芳对其外汇风险进行套期保值的方式主要是通过经营的本土化策略,即在出售产品的市场上购买几乎全部的原材料和在当地生产其全部产品。例如,雅芳亚太公司在其最大的亚洲市场——中国、印度尼西亚、菲律宾和日本——拥有生产化妆品的工厂,并且在另外6个亚洲国家实行外包生产。雅芳还利用当地货币贷款为其当地经营融资,以便对其货币风险进一步套期保值。在1996年的48亿美元总收入中,雅芳从10个亚洲国家经营所得的收入占到了7.51亿美元。

当1997年7月危机起于泰国时,雅芳公司的经理们并未预见到泰国的问题会蔓延开来,但是为以防万一,雅芳公司决定亚洲的分支机构将所得汇回的期限由每月改为每周,来进一步减少货币风险。但是,到8月底,在马来西亚总理马哈蒂尔的评论之后,货币市场变得敏感起来。这位总理抱怨说,亚洲经济危机是由一个犹太金融家的国际阴谋集团所煽动的,他们的目的旨在使该地区的增长脱离正常的轨道。雅芳亚太地区总裁小乔斯·费里尔也意识到其他亚洲国家为了维持出口竞争力,可能不得不允许其货币贬值。为此,雅芳决定建立等值于5000万美元的5种亚洲货币对美元的远期外汇合同,期限长达15个月。

在做出财务方面的努力之后,雅芳开始转向经营战略。预计时间紧迫,雅芳亚太公司决定迅速采取行动:① 改变营销预算,放弃了激励销售人员面向高端客户的营销策略,而是通过在亚洲雇佣更多的销售人员来提升产品对不同收入阶层消费者的吸引力;② 雅芳亚太公司让其国家或地区经理尽可能地储备当地的原材料,阻止当地供货商将成本增加的全部影响转移给雅芳;③ 雅芳开始更主动地与必须依靠进口产品和原材料的弱势竞争者展开竞争,以便增加维系公司生存的市场空间;④ 雅芳开始通过亚洲工厂为其在美国销售的非化妆品提供更多原材料,以便回避亚洲市场的衰退并获得更多的美元硬货币,从而维持雅芳亚太公司的盈利能力;⑤ 雅芳亚太公司也寻求了拉美地区经理的帮助,以便分享它们在处理类似货币危机时的管理经验。例如,在1994~1995年的墨西哥危机期间,针对中低收入消费者的价格敏感品牌产品的价格缓慢提升。雅芳墨西哥公司迅速提升了价格敏感性较弱的高级品牌产品的价格,来与因墨西哥比索贬值价格已经上涨两倍的进口产品竞争。

在所有的精心计划和决策中,雅芳财务主管丹尼斯·林格是一位全面而积极的参与者。例如,他协助雅芳珠宝公司的主管,就与韩国珠宝供应商的合同条款进行了重新协商。结果在韩元对美元直线跌落的情形之下,获得了很大的价格折扣。正如林格先生所说:"财务管理工作的重要部分就是协助业务经理们理解和利用他们业务经营中的货币风险。"

——资料改编自:夏皮罗,沙林.跨国公司财务管理基础[M].6版.蒋屏,译.北京:中国人民大学出版社,2010.

(一) 交易风险管理

对于跨国公司而言,只要涉及以外币标价的交易,就会面临交易风险。由于交易会带来未来的外币现金的流入或流出,因此从交易达成到交易结算这段期间内,汇率的变动会带来本币收入的变化。为防范这种风险,跨国公司可以采用内部管理与外部管理两类措施来降低交易风险。

1. 企业交易风险的内部管理措施

(1) 选择计价货币。

第一,选择本币或可自由兑换货币计价。如果本币是国际上普遍接受的可自由兑换货币,企业的对外经济活动最好采用本币计价。这样,在经济活动中不涉及外币兑换,不存在外汇风险。如果本币不能自由兑换,那么应选择国际上普遍认可的储备货币进行计价,以便于资金的调拨运用,也有助于转移货币的汇价风险,可以根据汇率变化的趋势,随时在外汇市场上兑换转移。

第二,选择硬货币计价。汇率相对稳定并具有上涨趋势的货币称为硬货币,汇率相对不稳定且有下降趋势的货币称为软货币。在对外经济交往中,应遵循"收硬付软"的原则,尽量做到出口以硬货币计价,进口以软货币计价。总之,对于资产、债权要用硬货币,负债、债务

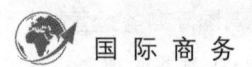

要用软货币,以降低经济风险。

第三,使用"一揽子"货币计价。国际间不同货币的涨跌存在不同趋势,也就是说,各种货币的汇率风险在一定时期往往可以相互调节。因此,跨国公司可以选用多种货币的组合来减少汇率波动带来的风险,即"一揽子"货币。多种货币计价一般是采用软硬货币搭配的方式,软硬货币之间往往表现为负相关,这便于利用它们之间的组合规避汇率风险。

第四,出口配合进口币种对外报价。这是指在可能的情况下,某些出口和进口业务采用同种货币报价,可以减少外汇风险。例如,中国企业从其他国家进口商品以美元报价,同时向其他国家出口商品也以美元报价,如进出口金额相当,企业可以完全规避由于汇率变动而遭受的风险。即使金额不相等,也可以最大限度地减少交易风险。

(2) 运用货币保值条款。

第一,硬货币保值条款。其原理是从订立合同到实际货款收付这段时间内,结算货币的汇价波动若超过双方协定的幅度,应由买卖双方按一定比例共同承担外汇风险的损失。具体来说,当合同约定必须用软货币来支付时,应选用一种硬货币作为保值货币,在合同中载明软货币和硬货币的比价,并规定软货币对硬货币的汇率波动幅度。支付日时,若保值货币与结算货币间的汇率波动大于规定幅度,则应当对汇率进行一定调整。

第二,"一揽子"货币保值条款。其操作原理类似于硬货币保值条款,就是规定结算货币和"一揽子"货币。在支付时,根据汇率变动幅度对结算货币金额做出相应调整。常用的"一揽子"货币有特别提款权和欧元。

(3) 调整价格法。当出口必须用软货币、进口必须用硬货币计价时,就要考虑调整价格法,一般包括出口加价保值和进口压价保值两种方法。

出口加价保值,是指出口商在接受软货币计价成交时,将汇价损失计入出口商品价格中。按国际惯例加价公式为

$$加价后商品单价 = 原单价 \times (1 + 计价货币贬值率)$$

进口压价保值是指进口商在接受硬货币计价成交时,将汇价损失从进口商品价格中剔除,其公式与出口加价相反:

$$压价后商品单价 = 原单价 \times (1 - 计价货币升值率)$$

(4) 采用提前或延迟支付手段。在贸易往来中,通过预测计价货币汇率的变动趋势,采取提前收付款或延迟收付款的方式,改变外汇的收付时间,以抵补外汇风险的方法。

2. 企业交易风险的外部管理措施

(1) 利用国际信贷。国际信贷是一种融资方式,但因其可以提前收回或支付货款,从而减少了债权债务承受外汇风险的时间,所以也可将其作为避险的措施加以使用。

第一,出口信贷。利用出口国银行为本国出口商或外国进口商提供低息贷款的业务,达到提前收到或支付货款的目的。该方法可以有效地降低因汇率变化而可能产成的损失,企业所要支付的成本主要是银行利息。

第二,福费廷。此是指在延期付款的大型设备贸易中,出口商把经进口商承兑的、5年以内的远期汇票无追索权地卖给出口商所在地金融机构,以提前取得现款的资金融通方式。

这种方式使出口商可以在进口商付款前取得货款,有效地降低因延期收款造成的汇率风险。

第三,保付代理。此是指出口商以商业信用的方式出售商品,在货物装船后立即将发票、汇票、提单等有关单据卖断给承购应收账款的财务公司或专业机构,收进全部或大部分贷款,从而取得资金融通的业务。在这种方式下,出口商仅支付一定的手续费或贴息,就能提前收回大部分货款,不仅避免了信用风险,而且也减少了汇率风险。

(2) 利用金融工具。利用国际金融市场上各种金融工具进行对冲是规避外汇风险的有效方法,其基本原理是通过签订另一笔外币交易,使其现金流量正好对冲掉第一笔交易风险的现金流量。

第一,远期外汇市场对冲。当企业在未来有外汇头寸出现时,可以通过在远期外汇市场上签订远期外汇合约,买进或卖出与头寸金额相同的外币,以此锁定汇率,防范汇率风险。

分析案例 11-3

假定某进口商须在 90 天后支付 10 万美元。为防止美元上涨带来外汇风险,该进口商在外汇市场上以 1 美元兑换 8.35 单位本币约定价格向其所在地银行买进 10 万美元远期合约,本币总金额为 835000 单位,执行期限为 90 天后。远期合约可以赋予进口商按 1 美元兑换 8.35 单位本币的固定价格在未来进行交易的权利,从而不必承受这一期间内汇率变化带来的影响。如果汇率上涨,进口商将获得好处,可以避免因美元升值(本币贬值)所带来的应付金额的增加。如果汇率下跌,进口商则可能有损失,因为从进口商的角度来讲,如果没有选择远期合同,他现在就能以更便宜的价格来购买美元。不过,对进口商而言,即使放弃了美元贬值的潜在收益也是合理的,因为远期合约消除了美元上涨所可能带来的外汇风险。表 11.3 总结了在支付日出现不同的即期汇率下,出口商在不同选择下的汇兑成本情况。

表 11.3 进口商的选择与汇率变化的影响

假设:当前即期汇率为 8.35,10 万美元兑换成本为 835000 本币				
出口商行为选择	90 天后即期汇率	汇率变化	本币支付额	盈亏情况
不采取任何行动	8.7	升值	870000	亏损 25000
不采取任何行动	7.9	贬值	790000	盈利 45000
购买协定价格为 8.35 的远期外汇	8.7	升值	835000	潜在盈利 25000
购买协定价格为 8.35 的远期外汇	8.35	不变	835000	潜在盈亏 0
购买协定价格为 8.35 的远期外汇	7.9	贬值	835000	潜在亏损 45000

第二,外汇期货市场对冲。如果企业知道在未来某一特定时间将产生外汇流入,则可以通过持有外汇期货合约的空头(卖出合约)来对冲风险,即空头套期保值。若外币未来贬值,则企业外币债权将发生损失,但在期货的空头上获利;若外币未来升值,外币债权将获利,但期货的空头将产生损失。类似地,如果企业知道它在未来将产生外汇流出,可以通过持有外汇期货合约的多头(买入合约)来对冲风险,即多头套期保值。外汇期货市场对冲的关键在于企业要根据自身的外币债权债务,在期货市场上持有等额的同一种货币的空头和多头,两

个市场上的盈亏相互抵补,可以减少外汇风险。

第三,外汇期权市场对冲。对于跨国公司而言,也可以通过签订外汇期权合约来回避外汇风险。如果企业拥有外币债权,则可以通过购买看跌期权(卖权)以拥有在未来按约定汇率向卖方卖出特定数量外币的权力;如果企业拥有外币债务,则可以通过购买看涨期权(买权)以拥有在未来按约定汇率向卖方买入特定数量外币的权力。但是与期货不同,期权买卖双方的权力与义务并不对等,期权买方在支付期权费后,便拥有了履行合约或放弃合约的权利,因此对于规避外汇风险的企业而言,它必定是期权的买方。当合约到期时,即期市场价格与期权协议价格哪一个对企业更有利,它就选择哪种方式进行交易,以此来降低外汇风险。

分析案例 11-4

某建筑公司参加了一项在泰国的水坝建设项目的投标,并已计算了人工、建筑成本以及利润,开标时预估利润为 1000 万美元,当前汇率为 1 美元兑换 6.7 元人民币。不过,在投标到中标期间内,如果美元贬值,就可能使这一利润金额的价值比投标时下降很多。为防范中标后美元贬值带来的外汇风险,中国企业可以购买一份执行价格为 6.7 元人民币的卖出期权,期权费为 2%,有效期包括从投标到开标的时间段(一份美式期权)。假如该公司获得了这个项目,它就能通过执行这份期权来避免任何因美元贬值而带来的损失。表 11.4 总结了开标日出现不同的即期汇率下,中国企业不同行为选择的盈亏情况。

表 11.4 某建筑公司的选择与汇率变化的影响

某建筑公司行为选择	90 天后即期汇率	汇率变化	期权	投标盈亏情况(人民币)
对价值 1000 万美元的建筑合同投标,3 个月后开标,即期汇率为 6.7					
不采取任何行动	7.2	升值		中标收益:7200 万,增加收益 500 万 失标收益:0
不采取任何行动	6.2	贬值		中标收益:6200 万,减少收益 500 万 失标收益:0
购买美元看跌期权,执行价格 6.7,期权费率 2%	7.2	升值	弃权	中标收益:7200−134=7066(万) 失标收益:−134 万
购买美元看跌期权,执行价格 6.7,期权费率 2%	6.2	贬值	行权	中标收益:6700−134=6566(万) 失标收益:500−134=366(万)

在以上方法中,企业应根据业务的需要,选择适当的方法,以达到规避风险和减低损失的目的。根据各种金融工具的简便性、保值效果和成本,一般建议使用远期外汇合约和期权两种方式来防范交易风险。

(二)经济风险管理

经济风险是预测之外的风险,造成风险的汇率变动超出了企业的控制范围,并且影响企业经营的各个方面。尽管公司可以很轻易地为交易风险进行套期保值,但经济风险的管理却无法通过金融工具加以消除,需要跨国公司提高市场营销和生产的主动性,从而保证企业长期的获利能力。

1. 经济风险的营销管理

(1) 选择市场。对于跨国公司而言,考虑的主要战略是产品销售的市场,即市场选择,以及对于每一个市场进行营销支持的力度。如果跨国公司的本币是硬货币,而它的竞争对手的本币却是软货币,那么开拓国际市场的难度就非常大。20世纪80年代初,美元坚挺最终导致一些不景气的美国公司退出了某些国际市场。因为在这些市场里,外国公司的竞争导致它们无利可图,一些日本和欧洲的公司利用其美元成本优势在第三方市场中挤占了美国公司的市场份额。

(2) 定价策略。在汇率波动的情况下,定价策略的核心在于选择市场份额还是利润率。例如,如果美元贬值,美国出口商可以提高商品的美元价格来增加利润率,或者保持原有的美元价格以扩大市场份额。做出何种选择受到以下因素的制约:币值变动的持久性、规模经济、扩大产出的成本结构、消费者对价格的敏感程度,以及利润率过高时竞争加剧的可能性。需求价格弹性越大,越能刺激企业降低产品价格从而增加销售收入。同样,如果企业存在显著的规模经济效应,那么降低价格、扩大需求是可取的,因为这通常会降低单位生产成本。如果不存在规模经济或者需求价格弹性很低时,反向操作则是可行的。

(3) 产品策略。跨国公司也可以通过改变产品策略来应对外汇风险,这涉及新产品的推出、产品系列决策以及产品革新等方面。对付汇率变动的一种办法就是改变推出新产品的时间。例如,跨国公司可以利用本币贬值期间发展品牌特许经营,因为此时产品具有价格竞争优势。汇率波动也会影响产品系列决策。如果本币贬值,企业可以扩大产品系列从而赢得国内外更多的消费者。反之,本币升值促使企业重新调整其产品品种,把目标市场定位在收入高、重质量、对价格敏感度小的消费群体。此外,增加研发(R&D)预算实现产品创新也是应对本币坚挺的有效策略。例如,日本的出口商为应对日元升值,转向生产尖端的、高附加值产品,这类商品具有技术先进、高质量标准以及其他非价格特征,因此其需求对日元升值并不是很敏感。

2. 经济风险的生产管理

(1) 产品源和厂址选择。这种方法可以用来降低营销策略所不能控制的竞争风险。例如,伴随当前人民币升值的趋势,中国企业可以将生产基地转移到海外;在主要出口市场建立生产基地,成本与收入间就可能不涉及货币兑换,从而回避汇率风险;或者将生产基地转移到软货币的国家,以便回避本币升值所带来的成本压力。

(2) 投入搭配。对海外投资可以实现生产的转移,但更具灵活性的办法却是从海外购买更多的零部件来改变投入搭配。当本币升值时,可以从软货币的国家大量购买生产需要的中间配件,从而降低汇率变动对生产成本的影响,这种方法也被称作资源外取。

(3) 在各个工厂间转移生产。跨国公司的优势在于拥有世界范围的生产系统,能够在众多的工厂间分配生产任务,例如,提高在软货币国家的生产量,降低在硬货币国家的生产量。因此,跨国公司可以更少地受到外汇风险的影响,随着生产成本的相对变化,跨国公司有更强的能力在全球范围内调整它们的生产(和营销)经营。

(4) 精益生产。作为将生产转移到海外的替代方法,具有强势本币的跨国公司也尝试改善生产力,例如,关闭低效益的工厂,提高自动化程度,与工会就降低工资和福利或者放宽劳动标准进行协商,许多企业制定措施以激励员工提高生产力和产品质量。提高生产力、降低成本的另一个途径是削减产品品种,这样不仅能够大幅度降低成本,也不会失去过多的市场份额。

第三节　国际融资管理

企业一般有三种可利用的资金来源:内部生成的现金、短期外部资金和长期外部资金。外部资金来自投资者或贷款者,跨国公司一般通过在国际市场公开发行债务或权益以及国际信贷融资的方式获取外部资金。

一、欧洲市场业务

欧洲市场包括欧洲货币市场、欧洲债券市场、欧洲票据市场和欧洲商业票据市场,跨国公司是这个市场中最重要的参与者之一。

(一) 欧洲货币市场业务

欧洲货币市场是国际货币市场的核心,它不同于各国的国内货币市场。它不受任何官方管制,其存贷款利率之差也小于货币发行国,并且该市场带有明显的批发性质,交易单位非常大。

1. 欧洲短期信贷

短期信贷是指欧洲银行接受短期外币存款并提供1年以下短期贷款的信贷业务。短期贷款多数为1～7天或1～3个月,少数为半年或1年。在欧洲货币市场上,欧洲银行的负债约有95%是期限不超过1年的短期存款,80%左右的资产期限也在1年以下。欧洲银行的标准存款期限为1、2、3、6、9和12个月。

欧洲银行信贷业务按交易对象划分有两种类型:第一种类型是零售业务,即办理客户与银行间的交易;第二种类型是银行同业间的交易。欧洲银行短期信贷的每笔交易金额一般都很大,通常最小的交易单位是100万美元。短期信贷业务主要凭信用,一般不签订贷款协议,无须缴纳担保品,交易双方通过电话或电传就可以完成。存款和贷款利率的基础取决于做市银行报出的拆进和拆出利率,伦敦银行同业拆进利率(LIBID)和伦敦银行同业拆借利率(LIBOR)是最常见的利率报价,另外一种报价基础是欧元银行同业拆放利率(EURIBOR)。欧洲货币市场对企业借款者的利率依赖于借款者的信用评级,并采用滚动定价法,即欧洲信贷可以被视作一系列更短的贷款组合,在每一期结束时(一般3或6个月),重新确定下一期的浮动利率 LIBOR。

2. 欧洲货币市场银团贷款

欧洲货币市场银团贷款一般称作国际银团贷款（又称为辛迪加贷款）。国际银团贷款是指由一家或几家银行牵头，多家国际商业银行参加，共同向一国政府、某一企业或某一项目提供高额资金，期限较长的一种国际贷款。

贷款种类包括：① 直接银团贷款，是指银团内各参加贷款银行直接向某国家的借款人放贷。② 间接银团贷款，是指由牵头银行先向借款人贷款，然后由该行再将总贷款权分别转售给其他参加银行。③ 一次性贷款，是指在贷款期间不用偿还本金，全部本金在到期日偿还，而利息则按协议分期支付。④ 期限贷款，是指在贷款签约后，借款人按约定逐步提取贷款资金，经过一段宽限期后，逐步偿还本金，或到期一次偿还本金。⑤ 循环信用贷款，是指银团承诺在未来的一段时期内，连续向借款客户提供一系列短期贷款，旧的贷款到期偿还后银团自动提供新的贷款，借款人可以随时提用。⑥ 期限贷款和循环信用贷款，是指先确定贷款期限，再给予贷款额度。

贷款的利率可以是固定利率或浮动利率，浮动利率的计息方式与欧洲短期信贷类似，同时获取贷款需要支付牵头费、代理费、杂费、承担费等一系列费用。

（二）欧洲债券市场

欧洲债券与外国债券在许多方面是相似的，都是涉及固定利率、浮动利率以及与权益挂钩的债务，并且两者都是国际债券融资的主要渠道。但是，与外国债券不同，欧洲债券市场几乎完全不受官方管制。例如，如果中国石油希望在美国发行美元债券，那么该债券就属于外国债券，因为它必须按照美国 1933 年《证券法》进行登记，并且可以在美国或以美国人作为分销对象发行或出售。而发行美元标价的欧洲债券则不受美国《证券法》管制，当然它也就不能在美国或以美国人作为分销对象发行或出售。

欧洲债券发行主要通过承销团进行，并且越来越多的欧洲债券采用私募而不是公募方式。从历史上看，大约 75% 的欧洲债券是以美元标价。固定利率欧洲债券通常 1 年付息一次，与外国债券的名义利率不同，欧洲债券的固定利率类似于内含报酬率。浮动利率欧洲债券的利率通常与欧洲货币贷款利率的设定方式相同——在参考利率之上加一个固定的幅差，参考利率一般为 LIBOR。如果欧洲债券期限超过 7 年就需要有偿债基金和回购基金，其目的主要是通过强行规定的偿债与回购义务来支撑债券的市场价格。多数欧洲债券的发行也都带有赎回条款，该条款赋予了借款人一项选择权，即在未来利率降到足够低时可以在到期日之前收回债券。此外，如同欧洲货币市场一样，信用评级也是欧洲债券市场中非常重要的环节。

二、特定方向融资业务

（一）国际贸易融资

国际贸易融资是银行为外贸企业办理国际贸易业务而提供的资金融通便利。主要类别

可分为:

1. 按融资的期限划分

(1) 短期贸易融资,融资期限在1年以下,包括打包放款、进出口押汇、贴现、国际保理业务、预付款、信用证(或商品抵押放款)、透支等。

(2) 中长期贸易融资,融资期限在1年以上,包括出口信贷、福费廷业务等。

2. 按接受贸易融资的对象划分

(1) 对出口方融资,包括进口方提供的预付款,保理商提供的国际保理业务,包买商提供的福费廷业务,银行提供的打包放款、进出口押汇、贴现、信用证抵押放款、付款交单凭信托收据借单等。

(2) 对进口方融资,包括出口方提供的赊账交易,托收结算方式下的承兑交单,银行提供的承兑信用、信用证开证额度、透支、商品抵押贷款、凭信托收据借单等。

(二) 国际租赁融资

租赁融资是指资本货物的出租人,在一定期限内将财产租给承租人使用,由承租人分期支付一定租赁费的一种融物与融资相结合的融资活动。国际租赁融资的优势主要体现在5个方面:① 节约融资成本,租赁的成本通常低于常规贷款成本。② 能够起到投资、融资和促销的三重作用。承租人偿还的本金是租赁物的折旧费,利息中包含了出租人的利润及一定的货币时间价值,因此,租赁是一种以租物的形式达到融资的信贷方式。③ 具有所有权和使用权相分离的特点。租期内,出租人拥有对设备的所有权,承租人只有支配和使用权。④ 融资迅速、方便、灵活。租赁融资可以发挥银行和出口贸易的双重作用,既为用户筹集资金,又按用户的需要向外订货并办理进出口手续。⑤ 租赁业是三方的交易。租赁融资涉及出租人、承租人和供货方三方当事人。

国际租赁融资的分类主要包括:① 经营性租赁和融资性租赁。融资租赁是指以资产为基础的租赁业务,具有融资与融物双重职能的租赁业务。经营性租赁泛指除融资性租赁以外的一切租赁形式,这类租赁主要目的在于对设备的使用。② 节税租赁和销售式租赁。节税租赁是出租人可以享受加速折旧、投资减税、利息费用扣减等税收优惠,并可以降低租金的形式向承租人转让部分税收优惠的租赁业务。销售式租赁通常被当作付款交易对待,不能享受税收优惠,从而实际利率高于银行贷款利率。③ 单一投资租赁和杠杆租赁。单一投资租赁是指一项交易中,购置成本全部由出租人承担的租赁业务。杠杆租赁则指出租人只投资租赁设备购置款的20%~40%,并以此来带动其他金融机构为其余60%~80%的款项提供无追索权贷款的租赁业务。④ 直接租赁、转租赁和回租租赁。直接租赁是由出租方购进设备后直接租赁给承租人的租赁业务。转租赁是指出租人根据最终承租人的要求,先以承租人的身份租进设备,然后再转租给用户使用的租赁业务。回租租赁是指由设备的所有者将自己拥有的部分财产卖给租赁公司,然后再从该租赁公司租回。当企业急需资金周转时,回租租赁是经常使用的手段。

（三）国际项目融资

国际项目融资是指以境内建设项目的名义在境外筹措外汇资金，并仅以项目自身预期收入和资产对外承担债务偿还责任的融资方式。

与传统融资方式相比较，项目融资具有以下7方面特征：

(1) 以项目为主体安排融资。投资发起人是以项目投产运行后所产生的现金流量和项目的资产为基础来融资，而不是依靠发起人的信誉或资产。

(2) 无追索权或有限追索权。无追索权即项目的投资人或债权人对债务人项目以外的资产无任何追索权力；有限追索权是对债务人项目以外的资产在某个特定期内（通常为项目的建设期或试运营期）有追索权。

(3) 融资周期长。项目生命周期包括从立项开始，经过项目的准备、实施、竣工验收、试运行，直到项目的正式投产运行等众多的阶段。

(4) 风险分担。由于项目融资渠道多，可使同一个项目拥有众多投资者，由此分散了风险，实现了真正意义上的"共享利润，共担风险"。

(5) 非公司负债型融资。项目融资属资产负债表外的融资，即用于建设项目的债务不出现在项目投资者的资产负债表上，投资者不会因为资产负债比例失衡而丧失新的筹资机会。

(6) 融资成本高。项目融资以商业银行为主，融资金额大，手续简便，但融资成本较高。

(7) 项目融资多数能够得到政府的支持。由于融资的项目一般来说是规模大、投资时间长、风险高的项目，政府一般会作为借款人的身份给予支持、担保或补贴。

国际项目融资的模式主要包括：① 直接融资模式，是由项目投资者以自己良好的资信获取担保贷款，为项目的建设和运营提供资金的融资方式。② 项目公司融资模式，指投资者通过建立一个单一的公司来安排融资。③ "设施使用协议"项目融资模式，指设施的拥有者与使用者达成"无论使用与否均需付款"性质的协议及其他担保，并使用这种信用保证实现项目融资的方式。④ "杠杆租赁"项目融资模式，指在项目投资者的要求和安排下，由杠杆租赁结构中的资产出租人融资购买项目的资产，然后租赁给承租人的一种融资形式。⑤ "生产支付"项目融资模式，指项目公司以项目生产的产品及其销售收益的所有权作为担保，使项目获得所需资金的一种融资方式。⑥ BOT项目融资模式。BOT是built（建设），operate（经营）和transfer（转让）的缩写，是指由项目所在国政府或所属机构提供特许权协议作为项目融资的基础，项目投资者和经营者全权安排融资与开发建设，并在有限期间内经营项目，最后根据协议将该项目转让给相应政府机构的融资模式。⑦ ABS项目融资模式。ABS是asset-backed securitization的缩写，具体是指以项目所拥有的资产为基础，以项目资产的未来收益为保证，通过在国际资本市场发行高档债券等金融产品来筹集资金的一种项目证券融资方式。

三、信贷融资风险规避

跨国公司信贷融资面临的风险主要有三方面：其一，因借入货币为软货币，在信贷到期归还时,该货币贬值,公司将要付出更多的货币归还借款;其二,由于公司在一定外汇市场上的信誉度不高,当需要借入该种货币时,就要付出更高的成本,也构成信贷风险;其三,跨国公司信贷融资利率有浮动利率和固定利率,而往往风险小的利率需要支付较高的成本,而成本较低的利率又可能存在较大风险。

因此,企业需要权衡货币风险、货币可利用程度和借款目的,使用不同方法规避汇率波动的风险。

1. 币种选择

(1) 借款货币最好与使用货币相结合,如购买日本设备最好借日元,若借美元买日本设备,一旦美元贬值,借款人就会面对较大的汇率风险。

(2) 借款货币要与购买设备后生产产品的主要销售市场相结合,如借日元买日本设备,设备生产的产品销往日本,则偿还日元贷款十分方便。如果不是这样,就会产生较大的汇率风险。

(3) 借款货币最好选择软币,即有下浮趋势的货币,将来偿还贷款就可以取得汇价下浮的好处。但软币利率较高,要权衡得失。与此相反,尽量不要选择硬币,即汇率有上浮趋势的货币,以防止还贷时受到汇价上浮的损失。

(4) 若硬币上浮的幅度小于硬币与软币的利率差,则还可以借硬币;若大于软、硬币利率差则借软币。

2. 提前偿还

(1) 某种借款货币汇率升值较大,在可以获得其他货币资金贷款或自有外汇资金较充裕时,可以提前偿还贷款。

(2) 贷款采用浮动利率,而利率上涨幅度较大时,若有其他优惠利率贷款来源或自有外汇资金充足,可提前偿还以减轻损失。

(3) 在贷款采用固定利率而国际金融市场利率下降幅度较大,且仍有继续下降的趋势时,借款人应借入其他低利率新贷款,提前偿还已有贷款,以减轻高利息负担。

3. 使用互换工具

(1) 在不同付息方式的借款市场上,如果本企业和另一企业分别在借款利率上拥有比较优势,可以通过利率互换降低贷款成本。例如,公司A、B都想借入1000万英镑,期限都是3年,两家公司依据信用水平可获得的贷款利率如下:

	固定贷款利率	浮动贷款利率
公司A	7%	LIBOR(5.8%)+1%
公司B	6%	LIBOR(5.8%)+0.5%

那么A、B公司就可以进行利率互换:A公司借入浮息贷款,B公司借入固息贷款,并分别交由对方使用。同时,B公司支付A公司LIBOR的浮动利息,A公司支付B公司5.75%的固定利息。最终,公司A按照6.75%的利率获得了固定利率贷款,而英国公司B按照LIBOR+0.25%的利率获得了浮动利率贷款,双方各节省0.25%的利息成本。其流程如图

11.2所示。

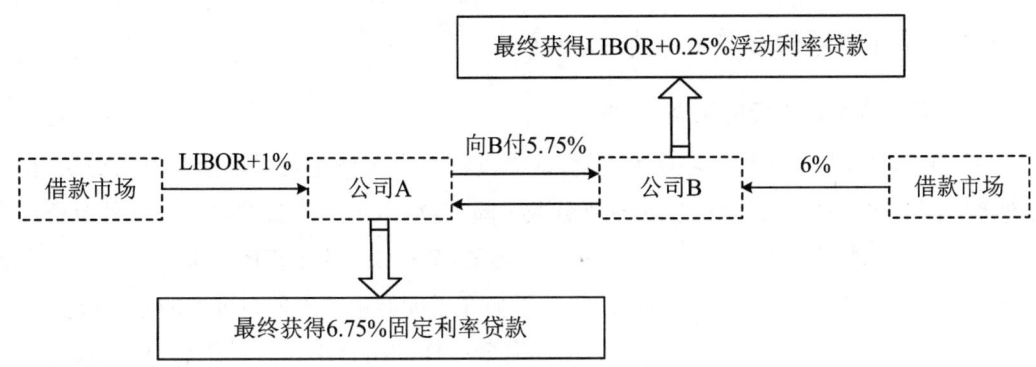

图 11.2　利率互换流程示意图

（2）在不同货币的借款市场上，如果本企业和另一企业分别在借款利率上拥有比较优势，可以通过货币互换降低贷款成本。其原理与利率互换类似，不同之处在于互换的借款币种不同，同时货币互换一般均涉及本金的交换。

第四节　国际投资管理

跨国公司投资管理一般涉及国际证券投资和对外直接投资两个方面，两者都能降低企业的经营风险，并获得超额利润。但是，购买外国股票和债券更多是追求不同的风险/收益配比，而对外直接投资则是将企业国内竞争优势拓展至国外，保持全球性的竞争优势，因此对外直接投资的作用远远不止获得超额利润这一单一目标。

一、国际证券投资组合

（一）国际证券投资组合的好处

国际证券组合投资能得到较好的收益/风险权衡结果。首先，关注国际市场股票发行比只关注国内市场股票发行可获得更多的机会，实际上，如果我们关注那些市场规模巨大的产品或者快速成长的公司，会发现绝大多数大型的、高盈利或者高成长的企业都来自国外，特别是那些发达国家或新兴经济体。其次，国际上可投资证券总体的扩大为获得比只投资国内证券更佳的风险/收益权衡提供了可能。如果可用于投资的资产总体规模巨大，在相同的风险水平下就会产生较高的收益，或在相同的期望收益水平下风险较低。这一关系符合证券多元化组合投资的基本原理：多元化的范围越广，收益越稳定，并且风险也越分散。最后，对回避投资风险的跨国公司而言，在给定的期望收益水平下，跨行业的多元化投资可以产生较低水平的风险。但如果投资局限于国内市场，由于一个国家的所有公司都或多或少地受到相同周期性经济波动的影响，这种多元化投资的优势从根本上受到了限制。通过国际多元化投资,即通过在具有不同经济周期的国家进行投资,投资者应该能够进一步降低收益的波动性。也就是说,国内经济中的系统性风险对于全球经济来说可能是非系统性风险。

(二)国际证券组合投资的策略与方法

1. 国际证券组合投资的策略

(1) 保守型策略。这种策略认为,最佳证券投资组合策略是要尽量模拟市场现状,将尽可能多的证券包括进来,以便回避所有可分散风险,获得市场平均收益水平。这种投资组合有以下好处:① 能回避所有可分散风险;② 不需要高深的证券投资的专业知识;③ 证券投资的管理费比较低。但这种组合获得的收益不会高于证券市场上所有证券的平均收益。

(2) 冒险型策略。这种策略认为,与市场完全一样的组合不是最佳组合,最优投资组合需要取得远远高于平均水平的收益。在这种组合中,一些成长型的股票比较多,而那些低风险、低收益的证券不多。另外,其组合的随意性强,变动频繁。这种高风险、高收益的证券投资方式被称为冒险型策略。

(3) 适中型策略。这种策略认为,特定企业的经营业绩决定证券价格,只要企业经营业绩优良,证券价格会最终反映其真实的价值水平。因此通过对证券进行分析,如行业分析、企业业绩分析、财务分析等,选择高质量的股票和债券,投资组合可获得较高的收益,而又不会承担太大风险。各种金融机构、投资基金在进行证券投资时一般都采用此种策略。

2. 国际证券组合投资的方法

(1) 选择足够数量的证券进行组合。这是一种最简单的证券投资组合方法。采用这种方法时,不是进行有目的的组合,而是随机选择证券,随着证券数量的增加,非系统风险会逐步减少,当数量足够时,大部分非系统风险将被分散掉。

(2) 风险组合的1/3法。该方法是指把全部资金的1/3投资于风险大的证券,1/3投资于风险中等的证券,1/3投资于风险小的证券。这种1/3的投资组合法,是一种进可攻、退可守的组合法,虽不会获得太高收益,也不会承担巨大风险,也是一种常见的组合方法。

(3) 把投资收益呈负相关的证券聚在一起的组合。一种股票的收益上升而另一种股票的收益下降的两种股票,称为负相关股票。把收益呈负相关的股票组合在一起,能有效地分散风险。

二、对外直接投资

(一)对外直接投资的动机

按照国际直接投资理论,推动对外直接投资与跨国公司发展的动力可能来自多个方面。首先是谋求垄断优势,企业走向国际化的主要动机是为了充分利用自己独占性的生产要素优势,以谋取高额利润。所谓独占性的生产要素是指企业所具有的各种优势,例如,技术先进、规模经济、管理技能、资金实力、销售渠道等,由于国际贸易中存在各种障碍和干扰(市场不完全性),独占性的生产要素优势必须通过对外直接投资方式发生作用。其次是产品生命周期的要求,由于产品在生命周期内表现出不同的成本水平、技术特征、规模经济程度和竞争力要求,因此资本会随着产品生命周期的变化在国际间流动。再次是内部化理论,跨国公司通过建立企业内部市场,即内部形成的公司内市场,就能克服外部市场和市场不完整所造成的风险和损失。最后是谋求比较优势,凡是本国已趋于比较劣势的生产活动都存在对外直接投资的动力,传统工业部门到国外生产要素和技术水平相适应的地区进行投资,其优势远比在国内新行业投资要大。

但是,从跨国公司的实际运作过程来看,许多企业成为跨国公司与其说是选择的问题,还不如说是生存的问题。

1. 降低生产成本

当本企业的竞争者可以在国外获得较低成本的生产要素时,跟随它们在海外进行投资是维持企业国内生存的前提条件。事实上,处于竞争行业的公司不得不经常抓住任何一个降低成本的新机会,不是为了获得超额收益,而是为了赚取正常利润和生存。

2. 实现规模经济

在一个竞争市场中,价格会被迫趋向于边际生产成本。因此,固定成本相对于变动成本更高的企业必须扩大销售以达到盈亏平衡点,因此企业必须向海外扩展业务。

3. 建立多个生产基地

设立多个生产基地的好处是可以通过威胁将某个生产基地转向其他国家作为控制工资水平的手段。同时,拥有提供相同产品的多家工厂也能降低各种不可控风险的影响,例如罢工、地震等。建立多个工厂还使企业能将生产从一处转移至另一处,利用汇率变动或廉价劳动力降低生产的单位成本。

4. 获取技术和知识

有些企业进入国外市场完全是为了获得海外市场的信息和外国企业的经验。通过海外投资,企业可以系统有效地收集国外创新的信息,并将这些信息应用于公司的研发、营销和生产中。此外,国外市场的激烈竞争,这本身就是一种极有价值的经验,许多跨国公司都相信要想在任何地方成功地竞争,首先必须竞争于最艰苦的市场,投资于竞争最激烈的海外市场,所学到的经验是无价的。

5. 守住国内客户

为跨国公司提供商品或服务的企业通常会跟随国内客户到海外进行跨国经营,以确保为它们持续提供商品或服务。否则,这些跨国经营的国内客户可能选择当地的供应商,而这些海外的供应商又可能是本企业的国内竞争对手。对这些企业而言,跨国经营是一种生存的选择,要么跟随客户走出国门,要么承担国内外生意上的损失。

(二)全球扩展战略的设计

技术或营销上的竞争优势可以使公司在短期内获得发展,但最终这些竞争优势会消失,公司又会陷入日益激烈的国内外竞争。正确的战略应是不断努力获得使企业能在全球生存与发展的政策和投资机会。这一战略包括以下 5 个相关的步骤。

1. 关注可盈利的投资机会

企业必须关注那些最能盈利的投资机会，投资战略应该集中于确立竞争优势，增强公司的差别化优势。例如，当规模经济至关重要时，投资战略应当侧重建立数量竞争优势；当范围经济至关重要时，投资战略应当侧重扩大产品范围。

2. 选择市场进入模式

全球投资计划要求系统地评价每种进入战略，对其进行比较并选择最佳的进入模式。

3. 审核市场进入模式的有效性

全球扩展战略的关键步骤就是不断地审视当前市场进入模式的有效性，观察市场进入战略对销售潜力的影响，并随着对外国市场了解程度的加深或潜在销售量的增加，不断调整市场渗透战略。一个经典的案例就是 20 世纪 80 年代佳能公司通过在美国销售低端复印机，而不是仿效施乐公司出租大型高端复印机的做法，迅速抢占了美国市场。

4. 采用合适的评价标准

系统投资分析要求使用恰当的评价标准，虽然许多投资方案的基本原理都能转换为传统的资本预算标准，但是判断该项目对公司现金流量和风险的真正影响不能仅仅局限于项目本身的收益分析。例如，考虑海外投资对克服贸易壁垒或压制企业竞争对手的作用也非常重要。

5. 估计竞争优势的寿命

企业必须估计某种特定竞争优势的寿命。如果这一优势很容易被模仿，国内外的竞争者会很快地在其经营中应用相同的观念、工艺流程或者组织结构。所以，企业必须经常审视和维护它的竞争优势，形成有效的进入市场障碍。如果这些障碍消失了，公司必须能够及时做出反应，再建或新建竞争优势。但是，任何进入障碍都不能永远存在，跨国公司必须持续不断地投资，开发出适用于全球市场并且不容易被竞争者模仿的新的竞争优势。

第五节　国际营运资金管理

国际营运资金管理包括两方面的内容：跨国公司的流动资产管理和跨国财务体系管理。流动资产管理着眼于各种类型的资金处置，目的是使现金余额、应收账款和存货处于最佳的持有水平。跨国财务体系管理则是监督与处理跨国公司通过内部财务转移机制将资金和利润在各分支机构之间进行转移的效率，这些转移机制包括内部交易商品和服务的转移价格、公司内部贷款、股利支付、提前和滞后公司间支付、费用和特许权使用费等，这种不同于国内企业的资金流动模式可以带来更多获利机会。

一、跨国公司流动资产管理

(一) 现金管理

这里的现金是指包含备用金、银行(活期)存款、各种存单以及有价证券等在内的营运资金项目。其特点是流动性极强,但盈利性较差。现金管理需要考虑几个关键问题:持有何种类型的现金、持有时间、持有币种、外汇风险等。

与国内企业类似,国际企业现金管理的根本目标在于确定投资于现金的最佳水平,具体说,就是在企业资金使用最优化前提下使企业持有的现金数量最小化。企业持有现金出于三种动机,而现金管理目标与之紧密联系。

(1) 交易动机。此是指持有现金以应付预期的日常需求。与此相联系的管理应该是现金预算,其目的是更准确地预计日常现金的流出规模和变动因素。

(2) 谨慎动机。此是指持有现金以防止不能预期的预算现金流量变化。与之相应的管理目标是注重信息的及时性和全面性,注重企业内部各实体的流动性状况。

(3) 机会动机。此是指持有现金以便及时抓住盈利机会。与之相应的管理目标是将各种投资机会的盈利性与风险性进行对比,做出最佳决策。

国际企业现金管理的方法主要有:现金集中管理、多边净额结算、短期现金预算、多国性现金调度系统等。

1. 现金集中管理

国际企业在主要货币中心或避税的国家设立现金管理中心,要求它的每一个子公司所持有的当地货币现金余额仅以满足日常交易需要为限,超过此最低需要的现金余额,都必须汇往管理中心,它是国际企业中唯一有权决定现金持有形式和持有币种的现金管理机构,这就是现金集中管理。

现金集中管理具有以下优势:① 规模经营优势。由于将各子公司现金集中于本部,有利于公司有充足的资金投资于大型项目,抓住有利时机占领市场。② 信息优势。由于现金管理中心专门从事现金调度,所以有充足的时间进行信息的搜索,而且能够提供在各种货币市场上进行操作的经验。③ 全局性优势。管理中心在现金管理上能从全局考虑问题,防止各子公司的次优化观点。

例如,某中国公司有三家国外子公司,分别设于韩国、美国、日本。各子公司为满足日常交易性现金需求和预防性现金需求均持有一定量的现金余额。公司的政策是所要求的现金总余额等于三家子公司的预期日常现金需求的标准差之和。要求这三个标准差能够反映出公司的实际估计值,即有 99.87% 的概率保证子公司将有足够的现金来满足日常交易性现金需求和预防性现金需求。设现金需求在各个国家呈正态分布,且各子公司现金余额的分布相互独立。各子公司日常交易性现金需求和预防性现金需求的金额如表 11.5 所示。

表 11.5　中国某公司日常交易性现金需求和预防性现金需求金额

(单位：百万美元)

	日常交易性现金需求	一个标准差	所需的现金余额
韩国	10	1	13
美国	6	2	12
日本	12	3	21
总计	28	6	46

注：所需的现金余额等于日常交易性现金需求加上 3 个标准差的现金需求。例如，韩国子公司估计必须持有 1000 万美元以备日常需要，日常需求的标准差为 100 万美元，所以还需再持有 300 万美元作预防之用。得出总的现金余额需求为 1300 万美元。

若考虑将三家子公司的现金余额全部存入位于东京的集中存款中心，由于概率分布相互独立，方差是可叠加的，预防性现金余额账户总额的标准差将减少到 3741657 美元。计算过程为

$$\sqrt[2]{1^2+2^2+3^2}=3.741657(百万美元)$$

因此，如果公司使用了集中存款中心的方法，它为满足日常现金需要持有 2800 万美元，再加上作为预防性需求的现金余额 11224971（即 3×3741657）美元，总现金余额为 39224971 美元。换言之，公司要求持有的现金总余额将从 4600 万美元下降到 39224971 美元，可以节约 6775029 美元。节省下来的现金可以投资于流动性较差但利率较高的账户或无形资产。

2. 多边净额结算

多边净额结算是双边净额结算的扩展，双边净额结算是指如果两家公司有相互交易，那么可以用某种固定汇率，把双方相互间的交易额抵消结算。由于跨国公司对遍及全球的子公司现金进行集中管理，而母子公司之间、子公司之间购销商品和劳务的收付款业务很繁杂，因此为了减少外汇暴露风险和资金转移成本，国际企业可以在全球范围内对公司内部的收付款进行综合调度及多边净额结算。

多边净额结算给国际企业带来多方面的优势，主要体现在：① 从数量上看，由于实际资金转移数量的减少可以大大减少各种费用的支出。首先，多边净额结算可以减少因大量交叉现汇交易引起的外汇成本。其次，由于在途资金的减少，使因汇率波动带来的外汇暴露风险减至最低，同时减少了在途资金的利息损失。② 由于多边净额结算一般是以固定的汇率在确定的日期统一进行的，所以可以充分利用跨国公司外汇风险管理和现金集中管理的优势，规避风险。

图 11.3 显示了一家跨国公司在位于日本、韩国、德国、美国的 4 个子公司之间进行多边净额结算的情况。

3. 短期现金预算

现金预算制度是预测和报告现金流出和流入状况的制度。现金管理中心必须逐日掌握各分支机构的信息，所以在大型跨国企业中，一般要求子公司编制短期现金预算，预算的期

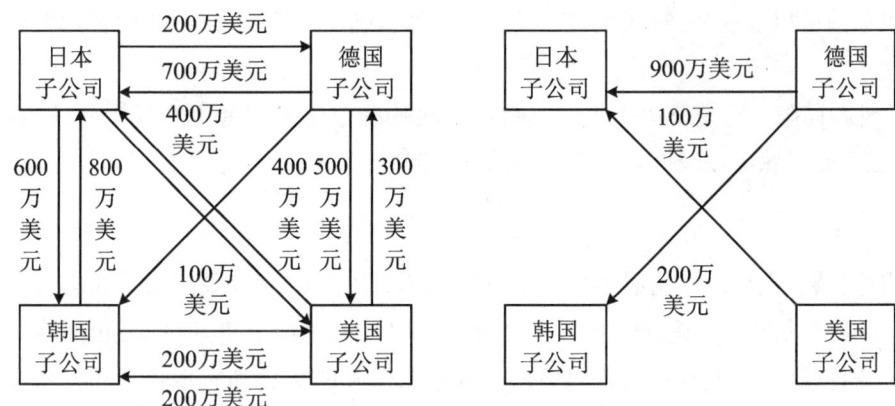

图 11.3 多边净额结算示例

间可以是一周、半周甚至每天。短期现金预算为跨国公司的现金管理中心提供了许多有价值的信息,为多国性现金调度的有效运作奠定了基础。

(二) 应收账款管理

跨国经营企业应收账款主要是由两种类型的交易产生的:一是因向企业集团内部关联企业销售产品或提供劳务而产生的;二是因向企业外部无关联企业销售产品或提供劳务而产生的。对跨国经营国际企业应收账款的管理,除要考虑企业的国际信誉、企业经济风险和东道国政治风险以外,结算货币汇率风险、利率差异等也是关键问题。

1. 跨国经营企业内部应收账款管理

跨国经营企业内部应收账款的管理常采用两种技巧:前置与后置和再报价中心。

(1) 前置与后置。前置与后置实质上是商业贷款期的改变,即提前或延期收款。发生在跨国公司内部的应收账款,提前与延迟收回比较容易实现。如果国外子公司东道国政局不稳,或面临货币贬值风险,则要求该子公司提前归还欠款;反之,则要求延迟付款。在汇率相对稳定的情况下,因利率的差异也可能运用前置与后置的技巧。如果母公司或其他子公司所在国利率升高,可要求提前归还欠款;反之,若借款子公司所在东道国利率升高,可要求延迟还款。

(2) 再报价中心。再报价中心是跨国公司设立的贸易中介机构,当跨国公司成员企业之间从事贸易活动时,商品或劳务直接由卖方子公司提供给买方子公司,但款项的收支可通过再报价中心进行。再报价中心一般设立在低税管辖区,由于在当地不进行购销业务,因而可以取得非居民资格,不必在当地纳税。再报价中心不仅可以起到避税的作用,而且当企业希望提前或延迟收回应收账款时,可以统一经由再报价中心进行。

2. 跨国经营企业外部应收账款管理

对跨国经营企业外部应收账款的管理主要是两个方面:交易币种和付款期限。

(1) 交易币种。如果交易币种汇率比较稳定,短期内不会贬值,或有升值的可能,应收账款发生金额可以多一些,时间也可以长一些;反之,则应谨慎从事,以免因货币贬值而遭受损失。

(2) 付款期限。跨国公司应收账款付款期限的确定主要应考虑交易币种、购货方资信等级、东道国政局状况以及企业自身资金状况等问题。

（三）存货管理

持有原材料、在产品或制成品形式的存货可以：① 通过随时保证供给和均匀生产达到生产过程的顺利进行；② 确保销售时供货充足。尽管从理论上讲,跨国公司面临的存货管理问题并非特殊问题,但在跨国公司通常感到控制海外的存货和实现存货周转目标要比在国内困难得多。

1. 工厂地址和存货控制

很多跨国公司避开国内生产而转向在国外生产,以利用廉价劳动力以及一系列的免税期、低息贷款和政府其他的优惠政策。但是,由于国际货物运输的延迟以及潜在的供应中断,在国外生产的公司与在国内生产的公司相比,通常会持有更多的在产品和制成品,这导致较高的存货持有成本。因此,跨国公司需要衡量不同工厂所处的政治经济风险以及它们之间的运输距离等因素,合理配置国外工厂布局和各个国外工厂的生产能力。

2. 预购存货

在很多发展中国家,由于缺乏外汇远期合约并且存在外汇管制,使得跨国公司在发展中国家的投资项目很难将多余资金及时转换为某种硬货币,从而日常存货购买经常处于外汇风险中。在这种情况下,套期保值的方法之一就是预购商品,尤其是进口商品。预购存货一般进口当地货币价格可能上涨的商品,这样即使本币贬值也能保持资产的价值。

3. 存货储备

由于运送交货时间漫长加之货币管制,对于依靠境外资源的公司来说,供给中断问题显得尤为重要。应付上述风险的传统对策是预购存货,但是为储备存货所发生的融资、保险、存储及闲置成本的代价也非常高昂。因此,跨国公司需要权衡储备成本和缺货成本,当供给中断的可能性有所上升或存货持有成本有所下降时,应该订购更多的存货。同样,如果缺货成本增加或预期未来供货更加昂贵,增加存货储备也是值得的。相反,如果上述指标呈反向变化,则应该减少存货储备。

二、跨国财务体系管理

跨国公司与分支机构之间的全部资金流动可以分解成不同的部分,这些部分与以商品、资本、服务和技术的形式进行转移的资源相关。比如,股利、利息和贷款的偿还可以与权益或债务的投入资本相匹配；费用、特许权使用费或公司管理费可以因各种公司的服务、商标或许可证而收取。跨国企业在国际间转移资金和利润可利用的各种渠道包括转移定价、再开票中心、费用和特许权使用费调整、提前和滞后付款、公司内部贷款、股利调整以及以债务或权益方式投资等。

（一）转移定价

转移价格是跨国公司在整个公司系统内转移货物或劳务所据以计算的价格。由于转出和转进的部门，也即买卖双方或进出口双方分别处于不同国家，所以又称国际转移价格。由于各国实行不同的所得税和进口税税制，同时存在不同的外汇管理条例和汇率振荡幅度，不同的通货膨胀率和竞争环境，还有其他如政治因素等也不同，所以转移价格的高低会影响整个公司系统的合并利润额。跨国公司的任务就是尽最大可能制定使公司合并利润达到最高的(国际)转移价格。转移价格不仅涉及有形资产，如原材料、包装物、半成品、零部件和制成品的价格，使用有形资产如房屋、设备的租金或租赁费，提供劳务如贷款利率、研究与开发、咨询服务等的代价；还涉及转移使用无形资产，如专利权、商标权、版权、生产工艺规程、各种预测结果、客户名单等的代价或收费标准。

国际转移价格集中管理就是指由跨国公司有关当局统一制定转移价格。价格定得恰当，可以使母公司合并利润达到最高，使整个公司的资源得到合理分配。制定合适的转移价格有许多积极作用，主要有：① 减少整个公司系统的所得税税负；② 减少整个公司系统的关税税负；③ 避让外汇管理条例；④ 支持某个子公司的财务地位；⑤ 提高某个子公司的利润份额；⑥ 掩盖某个子公司真正利润额；⑦ 避免外汇管制。

例如，假设子公司 A 制成电路板 100 万件，每件成本 10 元，将 100 万件随即销售给兄弟子公司 B。B 公司购进后以每件 22 元的价格售给外界客户。公司 A 可以按 15 元的低价和 18 元的高价两种方式销售货物给公司 B：在低价方式下 A 公司税前利润为 400 万元，高价方式下为 700 万元；B 公司税前利润相应为 600 万元和 300 万元。虽然不同的转移价格会相应增减 A、B 公司的税前利润，但是在未考虑双方所得税的情况下，无论所采取的转移定价如何，从母公司的角度看，A、B 两公司的税前利润合计是一样的。但是，假如 A、B 两公司的东道国所得税税率不同，A 公司税率为 30%，B 公司税率为 50%，转移定价的高低就会影响合并利润。如表 11.6 所示。

表 11.6　A、B 公司利润合计

（单位：元）

项目	A	B	A+B
低价税前利润	400	600	1000
所得税(30%;50%)	120	300	420
税后利润	280	300	580
高价税前利润	700	300	1000
所得税(30%;50%)	210	150	360
税后利润	490	150	640

表 11.6 中显示,由于 A 公司所得税税率更低,因此按高价转移产品给 B 公司可以使得母公司的合并利润更高。因此转移定价规律可以归纳为两点:① 如果转出公司的税率低于转入公司,那么转移定价应该适用高价格;② 如果转出公司的税率高于转入公司,那么转移定价应该适用低价格。

(二) 再开票中心

一些跨国公司为掩盖其获利能力、逃避政府审查以及协调转移定价政策,所采用的一种方法是在低税收国家设立再开票中心。尽管公司内部机构向另一关联企业或向第三方销售的商品由生产地或仓库直接运往购买者所在地,但是再开票中心取得所售全部商品的所有权。该中心向销货方支付货款,再由采购方向其支付货款。对于来自同一地区的报价,就比较容易迅速地做出使价格反映币值变化的决策。再开票中心也为公司提供了很大的选择开票货币的自由度。如果因外部的货币债务所需,可以指令当地子公司以当地货币之外的其他货币支付。在这种方式下,跨国公司可以避免从一种货币转换成另一种货币随后又转换回来所产生的成本。

(三) 费用和特许权使用费

管理服务,诸如总部的咨询费、摊销的管理费、专利和商标等,通常是独有的,所以没有参考的市场价格。由此,可以利用对这些公司资源定价的困难,改变为使用这些无形生产要素所收取的费用和特许权使用费,将其作为国际资金流动的另一渠道。对服务和无形资产的转移价格与对商品的转移价格有着类似的税收和外汇管制影响。同时,东道国政府也更愿意接受对专业技术或专利的付款,而不是汇出利润。对于跨国公司而言,这些费用作为从国外子公司输送汇回资金的渠道起着更为重要的作用,例如,在像波多黎各或新加坡这样的低税收地区,制造业子公司转移无形产品时设定较低的转移价格,跨国公司就可以获得实质上免税的利润。

(四) 提前和滞后付款

分支机构间支付的提前和滞后是从一家子公司向另一家子公司转移资金的一种常见的方式,因为通过修改一家企业给予另一家企业的信用条件来加速(提前)或延期(滞后)分支机构间的账款支付,相当于在两家企业之间提供了融资贷款。

转移流动性提前和滞后的价值取决于支付单位和接受单位双方资金的机会成本。当一家分支机构收到付款资金处于盈余头寸时,它可将多余的资金以当地现行的贷款利率投资;如果它需要营运资本,可以使用收到的付款来减少按借款利率的借款。如果付款单位有着过剩资金,它就会损失本应按贷款利率进行投资的现金;如果它的资金头寸短缺,它就必须按借款利率借款。评估分支机构间转移流动性的好处需要在权衡税后利润基础上计算借贷款利率。

提前和滞后付款策略与公司间直接贷款相比有许多优点:① 不需要正式的负债票据,而且信贷数额可以通过缩短或延长账款期限而进行调整,这种自由度在普通贷款中非常少见;② 东道国政府对公司间往来账款支付的管制一般比对直接贷款的管制要少;③ 一定期限内的提前和滞后付款所提供的融资一般不收取利息费用,而所有公司间贷款都应收取利息,从而也可以起到避税的目的。

(五)公司内部贷款

在国际上为国外经营活动融资和转移资金的主要方式是开展公司内部的贷款活动。公司内部贷款的形成和偿付经常是跨国公司唯一可行的合法转移机制。根据外汇管制的松紧程度,转移资金常用的内部贷款方式有三种,即直接贷款、背对背贷款和平行贷款。

1. 直接贷款

当资金移动受到较少限制时,跨国公司的一个机构可以以直接贷款的形式向另一机构提供信贷资金。这些贷款的利率是确定的,一般表现为资金的转移价格,标价货币可以是任何一方或第三国的货币。

2. 背对背贷款

在外汇管制较为严格的国家,跨国公司便可利用商业银行或其他金融机构做中介,以背对背贷款的形式达到转移资金的目的。跨国公司母公司将资金存放在商业银行里,银行通过国外分支机构向指定的子公司发放信贷资金,借款子公司向银行支付利息,而银行则向存款母公司或子公司支付利息,其利率是双方商定的,银行从中赚取利差和一定的服务费。这种借贷对于银行来说没有信用风险,因为有母公司存款作抵押。原理如图11.4所示。

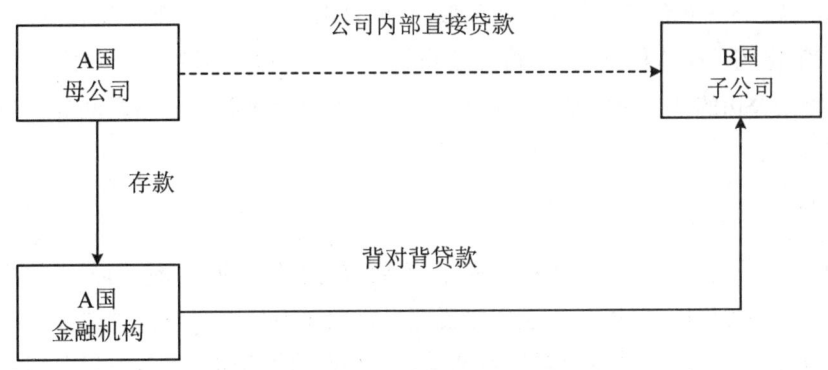

图11.4 背对背贷款原理

3. 平行贷款

在外汇管制非常严格的国家,如果跨国公司国外子公司急需资金,或需要将资金汇回国内,可以在银行或者第三方的帮助下,寻找到另一家跨国公司,其情况恰与本公司相反,于是两家母公司与子公司之间通过分别提供背对背贷款的方式达到"平行"转移资金的目的。原理如图11.5所示。

(六)股利调整

股利至今是国外分支机构向母公司转移资金的最重要手段。在做出由子公司支付股利

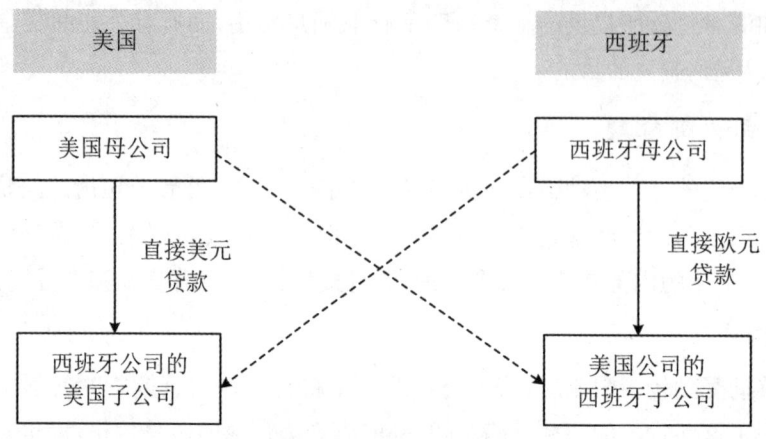

图 11.5 平行贷款原理

的决定时,跨国公司所考虑的因素有税收、财务报表影响、外汇风险、货币管制、融资需求、资金的可得性与成本以及母公司的股利支付率。

确定股利支付政策可以有许多方式,其作用也不同。① 统一比率。一些公司对于每家子公司都要求有与母公司相同的支付比率,这种做法的理由是:子公司应对股东股利支付出它们应有的份额,如果母公司的股利支付率为60%,那么,国外企业也应该贡献出相同份额。对各子公司设定一个统一比率而不是一个总体目标,也能说服国外政府,特别是那些欠发达国家的政府,即这些股利支付是必要的而非套利的行为。② 目标支付率。有一些跨国公司并不试图从每家子公司都获得同样比率的股利,而是设定一个目标支付率,即源于国外的总利润额的一定比例。在这种方法下,跨国公司就可以通过改变国外子公司之间的股利支付率,来降低跨国公司的整体税收负担,并且事实上在子公司或母子公司之间提供融资或者逃避外汇管制。

(七)权益与债务

投资于海外的资金无论是债务还是权益,都要求有相同的回报率,即公司的边际资本成本。但是,基于多种原因,跨国公司通常更愿意以贷款而不是以权益方式进行投资。

首先,因为股利汇回或减少权益资本通常由当地政府严密地控制,所以公司以利息和偿还贷款方式返回资金就有着更大的自由度。另外,权益资本的减少可能会引起东道国政府的不满,对于返回资金超过其利润的子公司来说也会产生实际问题。通过股利支付形式提取资金将会减少分支机构的股本,而使用这些资金还贷就不会影响分支机构的权益账户。此外,如果公司希望增加它的权益投资,它可以随时将贷款转换为权益资本。

使用公司内部贷款而不是权益投资的第二个原因是存在减少纳税额的可能性,这有两方面的原因:① 在东道国对借款的应付利息一般是可抵税的项目,而股利支付则不然;② 与股利不同,贷款的本金偿还一般不是母公司应税收益的一部分。

第十一章 国际企业财务管理

◆ **内容提要**

国际企业财务管理主要研究跨国公司在组织财务活动、处理财务关系时所遇到的特殊问题,涵盖了外汇风险管理、国际融资管理、国际投资管理、国际营运资金管理等方面,其核心目标是实现股东财富最大化。这意味着投资和融资决策要最大限度地增加企业价值,也意味着公司要对其所控制的资产进行有效管理,以及理解外汇风险的性质、掌握规避风险的技能与技巧、将经营风险降至最低。由此,国际企业财务管理活动才能将资本或投资机会的着眼点放在全球金融市场上,为开发市场、创办企业、一体化生产、营销、研发以及融资的价值链条提供高效服务。

◆ **关键词**

国际企业财务管理　外汇风险管理　国际融资管理　国际投资管理　国际营运资金管理　交易风险　经济风险　跨国公司流动资产管理　跨国财务体系管理

◆ **复习思考题**

1. 为什么说交易风险是可控的,而经济风险更难控制?
2. 信贷融资风险规避的方法有哪些?
3. 你认为发展中国家的企业进行对外直接投资最应该关注哪方面的动机?
4. 跨国公司流动资产管理的内容有哪些方面?
5. 跨国财务体系管理的内容有哪些方面?

◆ **思考案例**

交易风险防范与金融工具的灵活运用

2006年2月,A公司主动与郑州交行联系,告知6月9日将有一笔出口货款600万美元入账,公司想用这笔款项来兑换日元以备当月日元付汇之用。公司希望交行能为其制定一个合适的换汇方案,既可固定换汇成本,又能起到规避汇率风险的作用。

郑州交行国际部人员首先对美元兑日元的走势进行了分析,认为美联储自2004年6月至今已连续13次加息,市场担心此轮加息周期可能将于今年某一时间结束,如果这样,将对美元形成利空影响,而美元兑日元长期来看将有下跌可能。当然,这仅是一种可能情况,也有可能美联储加息周期至少会延续到2006年年末,使得2006年内美元兑日元依然存在较强升值可能性。

问题:(1) 如果郑州交行国际部人员向A公司推荐外汇远期交易和外汇期权交易两种方式供客户选择,那么两种方案各自的优点和弊端是什么(请假设你就是银行客户经理,尽可能专业地解释这个问题)?

(2) 如果交行国际部人员尝试向A公司提供了一款外汇期权组合产品,即同时买入两份期限、金额相同的美元看涨和看跌期权,以便挣取更多的期权费,你要如何说服客户?

(3) 如果A公司提出期权费作为一项财务费用在财务记账上有困难,公司也不愿意在避险方案中承担多余的成本支出。交行国际部人员最终为公司A设计了一款区间性质的外汇期权组合产品,即同时买入、卖出各一个期限、金额相同,但执行汇率不同的看涨、看跌期权,如表 11.7 所示。

表 11.7　A、B 公司利润合计

(单位:元)

	交易方向	期权类型	名义金额	期限	执行价格
期权 1	客户卖出	美元看涨 日元看跌	600 万美元	3 个月	美元/日元＝119.00
期权 2	客户买入	美元看跌 日元看涨	600 万美元	3 个月	美元/日元＝115.60

请你详细谈谈交行设计这份期权组合产品的原理以及该产品可以达到的目的?

◆ 应用训练

最小化汇率风险的最佳做法

管理横跨多国的汇率风险是一项富于挑战性的工作,因为管理人员不仅需要对法律、规制和市场条件的变化情况做到心中有数,还必须对企业风险的演进态势了如指掌。为了将汇率风险降到最低,经营者需要实行一套系统性方案。

下面列出了经营者用来最小化汇率风险的指导方针。最后一条指导方针,也就是维持生产与采购战略的灵活性,是终极解决方案。企业在众多市场上运作,每一个市场的货币稳定性、经济稳定性和政治稳定性均存在差异,因此,企业便可以尝试优化自己的运营活动。例如,戴尔公司从多个国家采购零部件和原材料,并且根据汇率等诸多因素的变化情况,可以快速从一个国家或供应商转到另一个国家或供应商。

(1) 咨询专家建议。管理层应该向银行和顾问寻求内行援助,以便制定出最小化风险的方案和战略。

(2) 对跨国公司内部的外汇管理实行集中管理。虽然某些外汇管理活动可以委派给地方性经营者,但是公司总部应该制定出一些基本原则,供各子公司参照执行。

(3) 对企业能够承受的风险等级加以确定。项目性质、处于风险之中资本数量与管理层的风险承受能力不同,企业所能承受的风险等级也不同。

(4) 创建一个衡量外汇走势与汇率风险的体系。该体系应该提供持续性反馈信息,以便管理层及时制定出实现风险最小化的适当战略。

(5) 监控主要货币的变动情况。汇率处于不断波动之中,对汇率实施持续性监控能够避免潜在错误带来的昂贵代价。

(6) 提防不稳定货币或某些受外汇管制的货币。经营者在交易时应该采用稳定的、可兑换货币。随时注意政府施加的各种影响外汇兑换能力的限制,这些限制会转而影响资产、负债、收入和支出的价值。

(7) 把握长期经济趋势和规制趋势。在利率上升、通货膨胀、劳工动荡以及新政府上台等趋势的带动下,汇率也会发生变化。

(8) 区别经济风险与交易风险、折算风险。经营者通常将重点放在降低交易风险和折算风险上。但是同时,由于经济风险能够对公司业绩产生长期影响,因而害处更大。

(9) 注意国际运营活动的灵活性。灵活的生产与采购战略有利于企业可以在不同的国家之间转移生产和采购活动。例如,经营者通常将生产最终转移到货币相对本币疲软的国家。

问题:(1) 请结合本章内容,逐条分析上述指导方针意图达到的目的?

(2) 为什么经济风险较之交易风险更难防范?

(3) 为什么经济风险一般不宜使用各类金融工具(如外汇期货或外汇期权)进行防范?

(4) 为什么说最后一条指导方针是最小化汇率风险的终极解决方案?

参 考 文 献

[1] 阿兰·斯密德.制度与行为经济学[M].北京:中国人民大学出版社,2004.

[2] 鲍尔,等.国际商务[M].12版.邱月,译.北京:北京联合出版公司,2016.

[3] 陈怀超,范建红.制度距离、中国跨国公司进入战略与国际化绩效:基于组织合法性视角[J].南开经济研究,2014(2):99-117.

[4] 陈尧,陈甜甜.制度何以产生治理效能:70年来中国国家治理的经验[J].学术月刊,2020(2):86-94.

[5] 程丽茹,周煊.国际企业管理[M].北京:对外经济贸易大学出版社,2013.

[6] 丹尼尔斯,等.国际商务环境与运作[M].15版.赵银德,等译.北京:机械工业出版社,2017.

[7] 道格拉斯·诺思.制度、制度变迁与经济绩效[M].杭行,译.上海:上海三联书店,1994.

[8] 方超.诺基亚研发人员薪酬制度的问题及解决思路[J].现代商业,2012(23):76.

[9] 冯宗宪,若夫·米尔斯,艾迪·王.国际商务[M].北京:高等教育出版社,2011:239-252.

[10] 盖伊·彼得斯.政治科学中的制度理论:新制度主义[M].王向民,段红伟,译.上海:上海人民出版社,2011.

[11] 韩福荣.国际企业管理[M].北京:北京工业大学出版社,2006:326-327.

[12] 韩玉君.国际商务[M].北京:中国人民大学出版社,2017.

[13] 韩宗英.国际市场营销[M].北京:化学工业出版社,2011.

[14] 胡鞍钢.充分发挥中国制度优势[J].学术界,2020(2):5-26.

[15] 姜波克.国际金融新编[M].6版.上海:复旦大学出版社,2018.

[16] 卡瓦斯基尔,等.国际商务新进展[M].马述忠,等译.北京:中国人民大学出版社,2012:110.

[17] 柯武刚,史漫飞.制度经济学:社会秩序与公共政策[M].韩朝华,译.北京:商务印书馆,2000.

[18] 林精华.陌生的邻居:后苏联时期俄国民族主义潮流下的中俄关系[J].俄罗斯研究,2012(4):121.

[19] 刘贝妮.领导人才职业发展模式研究:以壳牌公司为例[J].中国人力资源开发,2015(14):62-68.

[20] 刘华芹.利用丝绸之路经济带建设契机提升中俄经贸合作水平[J].国际贸易,2016(6):17.

[21] 刘勇,杨彬彬.理论、历史与现实:中国特色社会主义制度优势的三维考察[J].理论探讨,2020(2):40-45.

[22] 刘宇,彭剑锋.跨国企业全球人力资源管理模式研究:以汇丰为例[J].中国人力资源开发,2015(2):68-74.

[23] 刘玉操,曹华.国际金融实务[M].5版.大连:东北财经大学出版社,2017.

[24] 龙长海.信任困局的破解路径:中蒙俄经济走廊建设的非正式制度供给与软法合作[J].求是学刊,2019(4):90-102.

[25] 卢现祥.西方新制度经济学[M].北京:中国发展出版社,2003.

[26] 鲁楠."一带一路"倡议中的法律移植:以美国两次"法律与发展运动"为镜鉴[J].清华法学,2017(1):38.

[27] 陆铭,李爽.社会资本、非正式制度与经济发展[J].管理世界,2008(9).

[28] 罗静,卢妍燕.壳牌的人力资源管理[J].企业管理,2011(12):42-43.

[29] 迈克尔·钦科陶,伊卡尔·隆凯宁,迈克尔·莫菲特.国际商务基础[M].张珺,译.北京:北京大学出版社,2006.

[30] 诺思·托马斯.西方世界的兴起[M].厉以平,蔡磊,译.北京:华夏出版社,1999.

[31] 潘镇,殷华方,鲁明泓.制度距离对于外资企业绩效的影响:一项基于生存分析的实证研究[J].管理世界,2008(7):68.

[32] 彭徽.国际贸易理论的演进逻辑:贸易动因、贸易结构和贸易结果[J].国际贸易问题,2012(2):169-176.

[33] 彭维刚.全球商务[M].3版.易靖韬,译.北京:中国人民大学出版社,2016.

[34] 戚风.供应链管理从入门到精通[M].天津:天津科学技术出版社,2019.

[35] 切奥尔·尤恩,布鲁斯·雷斯尼克.国际财务管理[M].8版.赵银德,刘瑞文,赵叶灵,译.北京:机械工业出版社,2018.

[36] 桑百川.中国利用外资进入新阶段:实践与论争[J].开放导报,2005(3):27.

[37] 邵军,徐康宁.制度质量,外资进入与增长效应:一个跨国的经验研究[J].世界经济,2008(7):3-14.

[38] 舒尔茨.改造传统农业[M].梁小民,译.北京:商务印书馆,1987.

[39] 苏尼尔·乔普拉,彼得·迈因德尔.供应链管理战略、计划和运作[M].5版.刘曙光,吴秀云,等译.北京:清华大学出版社,2014.

[40] 王蔷.跨国公司组织结构[M].上海:上海财经大学出版社,2010.

[41] 沃伦·基根,马克·格林.全球营销[M].6版.傅慧芬,等译.北京:中国人民大学出版社,2015.

[42] 吴绮敏.构建提升战略伙伴关系金谱写友好合作新篇章:胡锦涛主席出访取得圆满成功[N].人民日报,2011-6-22.

[43] 吴晓波,李竞,李文,等.正式制度距离与非正式制度距离对海外进入模式影响:来自中国跨国企业的经验研究[J].浙江大学学报(人文社会科学版),2017(5):169-184.

[44] 希尔.国际商务[M].11版.郭羽诞,等译.北京:中国人民大学出版社,2019.

[45] 习近平.坚持和完善中国特色社会主义制度推进国家治理体系和治理能力现代化[J].求是,2020(1).

[46] 夏皮罗,沙林.跨国公司财务管理基础[M].6版.蒋屏,译.北京:中国人民大学出版社,2010.

[47] 薛求知,刘子馨.国际商务管理[M].2版.上海:复旦大学出版社,2002.

[48] 杨振兵,张诚.文化非正式制度是外资企业生产的催化剂吗?——来自中国省际工业部门的经验证据[J].上海财经大学学报,2015(2):54-64.

[49] 杨震宁,赵红.中国企业的开放式创新:制度环境、"竞合"关系与创新绩效[J].管理世界,2020(2):139-160.

[50] 叶彦.儒家文化与企业过度投资行为[J].财经问题研究,2018(2):115-123.

[51] 赵有广.国际商务[M].北京:高等教育出版社,2013.

[52] 祖延科.俄罗斯社会对中国在俄境内投资活动认知的演变[J].西伯利亚研究,2015(5):56.

[53] Bobby W, Watson J R, Gangaram S. "Global Pay Systems: Compensation in Support of a Multinational Strategy" Business[J]. Management and Economics,2005,37 (1): 33-36.

[54] Boyd R, Richerson P. Culture and Evolutionary Process[M]. Chicago: University of Chicago Press,1985.

[55] Chacar A, Newburry W, Vissa B. Bringing Institutions into Performance Persistence Research[J].

Asia Pacific Journal of Management,2010(41):1119-1140.

[56] Cuervo-Cazurra A, Dau L. Promarket Reforms and Firm Profitability in Developing Countries[J]. Academy of Management Journal,2009(52):1348-1368.

[57] Cullen J B, Parboteeah K P. Multinational Management: A Strategic Approach[M]. Mason:Cengage Learning, 2011.

[58] Darwish T K, Singh S, Wood G. The Impact of Human Resource Practices on Actual and Perceived Organizational Performance in a Middle Eastern Market[J]. Human Resource Management, 2015,55(2):261-281.

[59] Detrouzos M L, Lester R K, Solow R M. Made in America[M]. Cambridge, MA: MIT Press, 1989.

[60] Du X, Weng J, Zeng Q, et al. Culture, Marketization and Owner-Manager Agency Costs: A Case of Merchant Guild Culturein China[J]. Journal of Business Ethics,2017(2):353-386.

[61] Dyreng S D, Mayew W J, Williams C D. Religious Social Norms and Corporate Financial Reporting [J]. Journal of Business Finance & Accounting, 2012(39):845-875.

[62] Fan D, Zhang M Q, Zhu C J. International Human Resource Management Strategies of Chinese Multinationals Operation Abroad[J]. Asia Pacific Business Review,2013, 49 (9): 9-35.

[63] Ferraro G P. The Cultural Dimension of International Business[M]. Upper Saddle River, NJ: Pearson Prentice Hall, 2006.

[64] Govindarajan V, Gupta A. The Quest for Global Dominance [M]. San Francisco: Jossey-Bass/Wiley, 2001.

[65] Hannah S, Avolio B, May D. Moral Maturation and Moral Conation[J]. Academy of Management Review,2011(36):663-685.

[66] Hofstede G J. Cultures and Organizations: Software of the Mind[M]. NY: Mc-Graw Hill, 2005.

[67] Hofstede, Geert. Culture's Consequences: International Difference in Work-related Values[M]. Thousands Oaks CA: Sage Publishers Inc. , 1984.

[68] Ijigu A W. The Effect of Selected Human Resource Management Practices on Employees' Job Satisfaction in Ethiopian Public Banks[J]. Emerging Markets Journal, 2015, 5(1):1-16.

[69] Jie S, Fu M J. Factors Influencing Chinese Female Expatriates' Performance in International Assignments[J]. International Journal of Human Resource Management,2015,26(3):299-315.

[70] Li Z. Analysis of the Existent Salary System of Enterprise[M]. Berlin:Springer Press,2013.

[71] Lux S, Crook T, Woehr D. Mixing Business with Politics[J]. Journal Management Studies, 2011 (37):223-247.

[72] Muller A G,Whiteman. Exploring the Geography of Corporate Philanthropic Disaster Re-sponse: A Study of Fortune Global 500 Firms[J]. Journal of Business Ethics,2009(4):589 - 603.

[73] Muller A, Kolk A. Extrinsic and Intrinsic Drivers of Corporate Social Performance: Evidence from Foreign and Domestic Firms in Mexico[J]. Journal of Management Studies, 2010(1): 1-26.

[74] Nakane C. Japanese Society. Berkely[M]. CA: University of California Press, 1990.

[75] Peng M W. How Entrepreneurs Create Wealth in Transition Economy[J]. Academy of Management Executive,2001(15):95-108.

[76] Peng M W. Institutional Transitions and Strategic Choices [J]. Academy of Management Review,2003 (28): 275-296.

[77] Perlmutter H. The Tortuous Evolution of the Multinational Corporation[J]. Columbia Journal of World Business,1969(1):9-18.

[78] Philippe D, Durand R. The Impact of Norm-conforming Behaviors on Firm Reputation[J]. Strategic Management Journal,2011(32):969-993.

[79] Ricks D A. Big Business Blunders: Mistakes in Multinational Marketing[M]. Homewood, IL: Dow Jones-Irwin,1983.

[80] Rosenzweig P, Robert S. McNamara and the Evolution of Modern Management[J]. Harvard Business Review,2010(12):87-93.

[81] Scott W R. Institutions and Organizations[M]. Thousand Oaks, CA: Sage, 1995.

[82] Stevens C , Cooper J. A Behavioral Theory of Governments Ability to Make Credible Commitments to Firm[J]. Asia Pacific Journal of Management, 2010(27):587-610.

[83] Terpstra V, David K. The Cultural Environment of International Business[M]. Cincinnati, OH: Southwestern,1991.

[84] Triandis H G. Culture and Social Behavior[M]. New York: McGraw-Hill, 1994.

[85] Zhu J S. Chinese Multinational Corporations' Responses to Host Country Trade Unions: An Eclectic Approach[J]. Journal of Industrial Relations, 2015,57(2):232-249.